［英］西德尼·李　著　　黄四宏　译

莎士比亚传

中国出版集团公司
華文出版社

图书在版编目（CIP）数据

莎士比亚传 / (英) 西德尼 · 李著 ; 黄四宏译. --
北京 : 华文出版社, 2019.11
（华文全球史）
ISBN 978-7-5075-5135-8

Ⅰ. ①莎… Ⅱ. ①西… ②黄… Ⅲ. ①莎士比亚(
Shakespeare, William 1564-1616)—传记 Ⅳ.
①K835.615.6

中国版本图书馆CIP数据核字(2019)第117072号

莎士比亚传

作　　者：[英] 西德尼 · 李
译　　者：黄四宏
选题策划：
插图供应：029—85504182
责任编辑：陈红升
出版发行：华文出版社
社　　址：北京市西城区广外大街305号8区2号楼
邮政编码：100055
网　　址：http：/ / www.hwcbs.com.cn
电　　话：总编室010—58336239
　　　　　发行部010—58336212
经　　销：新华书店
印　　刷：三河市国英印务有限公司
开　　本：710 × 1000　1 / 16
印　　张：33.75
字　　数：430千字
版　　次：2019年11月第1版
印　　次：2019年11月第1次印刷
标准书号：ISBN 978-7-5075-5135-8
定　　价：130.00元

出版前言

随着中国开放的大门的越开越大，关注世界各国尤其是西方国家文明的源流、发展和未来已经成为当下世界史研究的一个热点，为了成系统地推出一套强调“史源性”且在现有世界史出版物中具有拾遗补阙价值的作品，我们经过认真论证，推出了“华文全球史”系列，首次出版约为一百个品种。

“华文全球史”系列从书目选择到人名地名的规范，从书稿中图片的采用到译者的确定，都有比较严格的遴选规定、编审要求和成稿检查，目的就是要奉献给读者一套具有学术性、权威性的高质量的世界史系列图书。

书目的选择。本系列图书重视世界史学科建设，视角宽阔，层级明晰，数量均衡，有所突出。计划出版的华文全球史中，既有通史，也有专题史，还有回忆录，基本上是世界历史著作中的上乘之作，同时也是填补国内同类作品出版的空白。

人名地名规范。本系列图书中人名地名，译名规范，重视专业性。同时，在人名翻译方面，我们坚持“姓名皆全”的原则，加大考据力度，从而实现了有姓必有名，有名必有姓，方便了读者的使用。另外，在注释方面，书中既有原书注，即完整地保留了原著中的注释；也有译者注，又体现了译者的研究性成果。

书中的插图。本系列图书的一个重要特征是书中都有功能性插图，这些插图全方位、多层次、宽视角反映当时重大历史事件、或与事件的场景密切相关，涉及政治、军事、经济、社会、外交、人物、地理、民俗、生活等方面的绘画作品与摄影作品。全景插图与文字结合，赋予文字视觉的艺术，增加了文字的内涵。

译者的确定。本系列图书的翻译主要凭借的是一个以大学教师为主的翻译团队，团队中不乏知名教授和相关领域的资深人士。他们治学严谨，译笔优美，为确保质量奉献良多。

“华文全球史”系列作为一套具有较高学术价值的优秀的世界历史丛书，对增加读者的知识，开阔读者的视野，具有积极的意义。但也要看到，很多西方历史学家虽然也包含着一些正确的即符合事实的观点，但很多都存在错误的历史观，甚至还有较多的史实的歪曲，对于这些，我们希望读者不要不加分析地对它们全盘接受或全盘否定，而是要批判地吸收外国文化中有益的东西。

华文出版社

2019 年 8 月

作者序

去年[1]，我为《英国人物传记辞典》第五十一卷撰写了一篇关于莎士比亚的文章。本书就是在拙文的基础上加工而成的。然而，为了能单独出版，我进行了大幅修改并增添了不少内容，从而使之独立命名成册。本书总体上还是遵循了《英国人物传记辞典》中规定的各项原则。我向读者清晰如实地描述了伟大戏剧家莎士比亚的生平，力求语言简洁明确、内容完整。我设法为莎士比亚的研究者提供详细的记录，力求相关史实和日期有据可依。我的研究并非基于单纯的审美批评视角。我之所以对莎士比亚的戏剧及诗歌做出了一些价值评判，也只是为了履行传记作家的义务，以便清晰展现莎士比亚一生笔耕不辍的特点。莎士比亚美学研究的著述已有很多，无须画蛇添足再做重复研究。但据我所知，莎士比亚的文学研究方面仍需要一部著作，能在简洁之余详尽有序地阐述诗人生平、成就和名声等方面的事实。如果能保证时间上的连贯性，则可以将猜测降到最低，同时所有参考的信息来源都要做到证据可靠。我研究伊丽莎白一世时代的文学、历史、传记已达十八年，深信自己不是胡乱凭空假想，且一定可以尝试弥补这一研究缺陷，提供一部完整可靠地介绍莎士比亚生平及作品的参考书。本书读者将为我的写作理念做出最有力的验证。

我并不是说我的研究一定会有什么惊人的发现，但应该能消除前辈们

① 本书写于1898年，因而书中作者所提及的诸如“现在”之类或相关的时间都应以1898年为参照，而不能以我们当今的实际时间为参照。（本书中除原注外，均为译者注，不再另行说明）

的某些困惑，帮助澄清莎士比亚生平中一两个迄今为止仍晦涩含糊的话题。本书将涵盖以往莎士比亚传记中未曾涉及的一些具体细节，主要是以下几方面内容：《空爱一场》和《威尼斯商人》的创作背景；莎士比亚戏剧中影射诗人自己故乡的内容；莎士比亚父亲向宗谱纹章院[①]申请纹章的细节；1601 年莎士比亚与本·琼生及童伶的关系；詹姆斯一世及英格兰王室对莎士比亚戏剧的喜爱；第一对开本的出版背景及莎士比亚画像的历史。另外，本书扩充了发表在《英国人物传记辞典》上的文章涉及莎士比亚经济事务的内容，修改了文中莎士比亚经济状况估算的相关细节并补充了新的史实。

书中涉及的十四行诗都力求使用经过核实的原始诗句。近来，批评界认为，莎士比亚的十四行诗具有纯粹的自传色彩。作为莎士比亚的传记作者，我责无旁贷地进行了严格审核，并不认同上述观点，但为示尊重，也尽力提供了详细的评价依据。马修·阿诺德[②]明智地指出："能让我们在未来受益匪浅的批评，只能以知识和艺术为目的，并且视欧洲为伟大的联邦体，共同行动，努力实现共同目标。"正是有了这种自由化原则的鼓舞，批评才特别适用于莎士比亚及其同代人创作的浩瀚的十四行诗。唯有采纳这种批评，才可以得出准确有益的结论，阐明伊丽莎白一世时期十四行诗文学的意图。基于马修·阿诺德建议的批评方式，我比较研究了莎士比亚的十四行诗与当时英格兰、法兰西王国和意大利流行的十四行诗。此外，我还努力学习了当代欧洲批评家和读者们的文学研究成果。虽说我的研究只是沧海一粟，但我认为我已设法证明，将莎士比亚的十四行诗集视为个人或自传性记叙的观点是站不住脚的。

附录 3 和附录 4 分别是莎士比亚的保护人第三代南安普顿伯爵亨利·莱奥斯利的传记，以及他与同代文人关系的相关记载。第三代南安普顿伯爵亨利·莱奥斯利不仅与十四行诗有关联，而且在莎士比亚早期舞台生涯时

① 纹章是表明特定的个人、家庭或团队的身份标志，在盾形、图案、色彩等方面有较多讲究。纹章最初源自中世纪的战场。

② 马修·阿诺德（1822—1888），英格兰诗人和文化批评家，曾任学校督学，常就当下社会问题训斥并教导读者，颇具圣贤作家特色。

期接济了莎士比亚。埃德蒙·马龙的莎士比亚传记中（1821年的集注版本）也有第三代南安普顿伯爵亨利·莱奥斯利的简介。我也认为第三代南安普顿伯爵亨利·莱奥斯利的生平应当是完整的莎士比亚传记中不可或缺的部分。附录5记载了1609年托马斯·索普出版莎士比亚十四行诗集的来龙去脉。人们普遍认为，第三代彭伯克伯爵威廉·赫伯特[①]是莎士比亚的朋友兼保护人，进而常常想当然地将他当成十四行诗的主角。附录6、附录7、附录8回顾了一些事实，我自认为可以用来反驳上述公认观点[②]。附录9考察了1591年至1597年伊丽莎白一世时期其他诗人创作的大量十四行诗。这些诗与莎士比亚十四行诗密切相关。附录10提供了研究1550年至1600年法兰西文学与意大利文学相关特点的参考文献。

自《英国人物传记辞典》中关于莎士比亚的文章发表以来，我收到了许多来信，接受了许多批评和建议，对文中某些错误予以了纠正。某些与莎士比亚及其作品有关的参考文献和资料纯属伪造，大部分都是半个多世纪以前约翰·佩恩·科利尔发布的。但有的通信者对这些文献和资料信以为真。因此，我在附录1“相关传记知识来源”中附上了一份误导性的记录，这份记录单应当比别处的更加完整。

六幅插图[③]的选取均秉承实用性而并非艺术性原则。卷首插画采用最新发现的德罗肖特[④]版莎士比亚画像[⑤]。之所以选择这张画像，还得从其历史及发现经过说起，书中第420页至第424页已做阐释。非常感谢埃德加·弗劳尔先生和斯特拉福莎士比亚纪念馆委员会的其他成员允许我再次使用这

① 第三代彭伯克伯爵威廉·赫伯特（1580—1630），英格兰贵族、政治家和朝臣，詹姆斯一世时期曾担任牛津大学校长，并创建了牛津大学彭伯克学院。

② 关于莎士比亚与第三代彭伯克伯爵威廉·赫伯特、第三代南安普顿伯爵亨利·莱奥斯利两位伯爵的关系，我已有部分研究论文在《双周评论》（1898年2月）和《康希尔杂志》（1898年4月）上发表，非常感谢期刊所有者允许我在本书中再次使用自己的材料。——原注

③ 原著所有图片，均因年代久远而质量较差，无法印刷，故译作未附。即本书所附插图会与原作者提及的图片不一致，请谅解。

④ 德罗肖特（1601—1650），佛兰德斯裔英格兰雕刻师，因替1623年版莎士比亚戏剧集对开本制作了卷首画像而闻名于世。

⑤ 如今保存在埃文河畔斯特拉福莎士比亚纪念馆。——原注

幅画。第三代南安普顿伯爵亨利·莱奥斯利的早年肖像现存于维尔贝克庄园。感谢波特兰公爵不仅同意我为本书拍印画像，而且将底片借给我制作了这页插图。加里克文学俱乐部允许我拍摄了他们收藏的莎士比亚半身像[①]，但由于雕像是用黑色陶土铸成的，因而没有令人满意的底片。我所使用的图版拍自存于斯特拉福纪念馆的白石膏半身像。其余三幅插图是莎士比亚的五个亲笔签名——真实性毋庸置疑。遗嘱上的三个签名拍自萨默塞特宫的原稿，并征得了遗嘱检验法庭庭长弗朗西斯·热恩爵士的同意。1613年莎士比亚购买黑衣修士房产的签名也获得了伦敦市图书馆委员会的许可，拍自市政图书馆原件。同年同处家产抵押契约的签名经受托方许可，拍自大英博物馆原件。封面上莎士比亚的盾徽和箴言复印自纹章设计图边缘的装饰，原件现存于宗谱纹章院。

书稿撰写过程中得到了许多热心人士的帮助。伯德特-库茨男爵夫人有两册非常有意思有价值的第一对开本。伯德特-库茨男爵夫人特别友好，给我提供了大量机会审查这两件收藏品[②]。埃文河畔斯特拉福的理查德·萨维奇先生，即出生地信托基金会秘书，以及斯特拉福莎士比亚纪念馆图书馆员索尔特·布拉辛顿先生都很客气地答复了我的一些口头疑问或信件咨询。特别要感谢国家肖像美术馆主管莱昂内尔·卡斯特先生帮我鉴定了莎士比亚肖像的真伪。此外，书籍出版过程中，我的朋友比钦牧师和威廉·詹姆斯·克雷格先生提出了许多有价值的建议。托马斯·赛康比先生还热情地帮我校对了付印清样。非常感谢所有人的付出与帮助。

1898年10月12日

① 半身像相关历史记载请参见本书第294页。——原注
② 参见本书第319页到321页。——原注

译者序

莎士比亚出生于英格兰埃文河畔的斯特拉福，是文艺复兴时期伟大的诗人、戏剧家、文学家，在欧洲乃至世界文学史上占据着举足轻重的地位。他笔耕不辍，著作等身，为人类留下了一笔巨大的精神财富。莎士比亚的一生充满了戏剧般的传奇色彩，他的奇思妙语、笔下人物及创作天赋将永载史册，散发着智慧的光芒。几百年来，莎士比亚及其作品已经成为，并将继续成为全球文学界和批评界经久不衰的经典研究话题。

本书正文共二十一章，以时间为序，以莎士比亚的诗歌创作和戏剧创作为主线，穿插着莎士比亚的身世、婚姻、保护人、现实生活、后世评价及各国对他的研究等细节，详尽地介绍了诗人短暂却卓越的一生。除正文外，另有10篇附录，内容涉及莎士比亚的身份争论、莎士比亚唯一的保护人第三代南安普顿伯爵亨利·莱奥斯利的生平介绍、十四行诗中的疑点分析、莎士比亚研究的伪造物件等，为传记提供了大量珍贵的史料补充，是整部著作中不可或缺的一部分。全书史料丰富、信息量大、内容翔实，确如作者所言，“力求相关史实和日期有据可依”。相比一般的莎士比亚传记，作者并不满足于简单的人物生平介绍，而是要“消除前辈们的某些困惑，帮助澄清莎士比亚生平中一两个迄今为止仍晦涩含糊的话题”。此外，作者态度严谨，论证有理有据，“所有参考的信息来源都要做到证据可靠”，不凭主观臆断乱下结论。正是这些亮点才凸显了本传记的价值所在。因而，本传记自1898年出版后受到极大关注，短短七年间就发行了五个版次，虽然距今已有一百多年，但仍不失为一部极具参考价值的学术著作。近一百年来，我国现代戏剧的萌芽和发展都深受莎士比亚戏剧的影响，国内的莎士比亚研究也正在如火如荼地进行，取得了令人瞩目的成就，研究成果层出不穷。值得一提的是，四川外国语大学还创办了中国唯一的莎士比亚研究刊物《中国莎士比亚研究通讯》，标志着我国莎士比亚学研究的重要进展。

作者西德尼·李爵士是英格兰著名传记作家、批评家，毕业于牛津大学贝利奥尔学院，主修现代历史，曾担任《英国人物传记辞典》编辑，为该辞典撰写了八百多篇文章，介绍了许多伊丽莎白一世时期的作家和政治人物。此外，他还编辑出版了莎士比亚戏剧第一对开本的牛津版复制本及莎士比亚著作全集。1911 年，西德尼·李获授爵士，1913 年至 1924 年任东伦敦学院英语语言教授。除编辑英语经典作品，西德尼·李个人著作颇丰，主要包括《维多利亚女王》（1902）、《16 世纪英格兰杰出人物》（1904）、《莎士比亚与现代戏剧》（1906）、《莎士比亚时期英格兰的生活和礼仪》（1916，合著）和《爱德华七世》（1925）等。《莎士比亚传》是作者基于自己在《英国人物传记辞典》中介绍莎士比亚的文章撰写而成的。

本人并非专职译者，之所以能在繁忙的工作之余，耐住寂寞，甘做苦行僧，见缝插针地完成这部译作，动力完全来自享受到的“译事之乐”。莎士比亚是我自小仰慕的文学巨匠之一，能有幸向读者呈现他的生平，实乃一大乐事！第一次这么近距离地走近这位伟大人物，与他同悲同喜，不能不说是一次震撼心灵的体验。我时而因诗人不堪偷猎风波苛责远走他乡而心生怜惜，时而为诗人一次次挑战创作巅峰而喝彩，时而对温婉有礼的诗人在诗中的谩骂之语而困惑不解。当我译至莎士比亚逝世后葬于斯特拉福教堂内，“旁边就是纳骨堂，专门存放从教堂墓地挖出来的尸骨”，已是夜深人静，悲切伤感无以自抑，脊背顿生一股凉意，久久不能释怀。唯有沉醉于翻译，才能如此静心聆听作者娓娓道来的每一处细节，真正置身于作品中，体会着言语间的真情实感，这何尝不是一种乐？“译事之乐”还来自“语言文化使者”身份的职责。虽然背着“媒婆”“不忠的美人”等种种黑锅，但每当想到自己是在为诸多如饥似渴的爱书人排忧解难，有可能会为他们献上一部钟情的作品，自豪感便会油然而生。赠人玫瑰，手有余香。我往往会沉浸于咬文嚼字后豁然开朗的喜悦之中，为自己斟酌之后写下的每一个通顺的词句而沾沾自喜，为苦思三日后突然有了灵感译出某首诗的韵脚而激动不已。不畏惧“戴着脚镣跳舞”的拘束，尽情享受着传播异国文化、琢磨语言文字的成就感，这何尝不是一种乐？当然，“译事之乐”最终在于学有所获。作者凭着“研究伊丽莎白一世时代的文学、历史、传记已达十八年”的积累与学识，不仅让我了解到莎士比亚的生平及其作品，而且熟悉了伊丽莎白一世时期的一些文学传统。最让我受益的是作者严谨踏实的学术态度，这从原作丰富细致的脚注和附录中可见一斑。作者对待科学研究的一丝不苟令人肃然起敬，值得我们当代每一位青年学者认真学习。

当然，自古以来，翻译就是“吃力不讨好”的活儿。身为译者，我也深刻体会到了“译事之难”。首先，作为一部较全面地介绍世界文豪莎士比亚的传记，涉及知识面的内容之多、范围之广，如果没有足够的背景知识是无法驾驭的。两百多个日日夜夜，我基本上把莎士比亚的作品浏览了个遍，把能搜集到的各种传记和评价也一一过目，尽量扩充自己的百科知识库，唯恐辜负了严谨负责的原作者和虔诚爱书的读者。其次，原作中有些词汇是伊丽莎白一世时期的英语或中古英语，还有许多人名用了缩写，我查阅了大量文献进行一一核实，以飨读者。最艰巨的要数诗歌翻译了，不单单是英语的，德语、法语、拉丁语等应有尽有。诗歌翻译本身就难，天书诗歌难上加难！由于本人语言能力有限，只能读懂英语，面对着一堆不懂的语言符号确实有些一筹莫展。因此我借助了大量的工具书、词典，询问了许多专业人士，全力以赴地扫除一处处语言障碍。最后需要说明的是，书中所有诗歌，包括莎士比亚的十四行诗，尽管有些已有现成汉语版本，但一为尊重其他译者，二为突出自己的特色，我还是逐一提供了自己的译文。虽说有可能会稍逊一筹，但我仍努力兼顾原诗内容与语言形式之美，期待着读者的鉴定与评价。总之，整个翻译过程中，尽管我已设法尽力解决种种困难，但鉴于能力有限，仍不免留下些许遗憾。譬如，原作中的许多注释信息不够完整，或没有出版年份，或书名使用了简称等，本着严谨和忠实的原则，我对无把握的信息没有进行主观随意的补全，以免误导读者。此外，其他纰漏之处肯定在所难免，敬请各位读者不吝批评指正。

本书翻译过程中，尤其要感谢杭州师范大学外国语学院法语老师谢洁莹。她冒着酷暑，不厌其烦地细读了我的大部分法语诗歌译文，提出了许多建设性的意见。感谢我的爱人詹宏伟，他主动承担了一部分家务，耐心辅导孩子的功课，风雨无阻地陪伴孩子上兴趣班，以便我能腾出更多时间来专心翻译，使译作能如期完成。另外，他还帮我通读了一遍译稿，提出了一些措辞上的修改意见。最后，还要感谢我的儿子詹睿文，他偶尔的三言两语和阳光健康的性格给我带来了许多灵感。没有他们的付出和帮助，就没有大家手中的这本《莎士比亚传》！

于杭州西湖西斗书斋

2018 年 7 月

目录

第 1 章

家世与出生

姓氏分布——莎士比亚的祖先——莎士比亚的父亲——定居斯特拉福——莎士比亚的母亲——莎士比亚的出生与洗礼——认定的出生地

莎士比亚的家族姓氏起源于中世纪。当时，英格兰很多地方的居民都姓莎士比亚，譬如坎伯兰郡的彭里斯、约克郡的柯克兰和唐克斯特，以及几乎中部所有郡县。这个姓氏的含义最早与尚武精神有关，意指挥舞长矛的能力[①]。第一个有记载的姓莎士比亚的人叫“约翰·莎士比亚”，1279年居住在弗雷恩顿，可能就是今天肯特郡的弗里特登[②]。15世纪，诺尔镇著名的中世纪圣安妮同业公会就有多位姓莎士比亚的人加入，公会成员多为沃里克郡的主要居民[③]。到了16世纪和17世纪，沃里克郡姓莎士比亚的人明显比其他地方多了很多。据卷宗记录，16世纪时，姓莎士比亚的家庭至少遍布二十四个沃里克郡乡镇，17世纪时已上升至三十四个乡镇。这些家庭中，威廉是个非常普通的教名。16世纪，沃里克郡人丁最兴旺的莎士比亚家族之一居住在距斯特拉福北部十二英里、同属巴里克威百户区的罗英顿。仅在罗英顿就至少有三个人叫“理查德·莎士比亚”，并且都有叫“威廉”的儿子。这从1560年、1591年和1614年三人分别留下的遗嘱中就能得到证实。同一时期至少还有另一位罗英顿居民叫“威廉·莎士比亚”。诗人莎士比亚同时代有这么多的同名人，如此一来，别人的成果也就免不了会张冠李戴地算在他名下。

① 威廉·卡姆登：《遗稿》，1605年，第111页；理查德·维斯特根：《恢复》，1605年。——原注

② 参见坎克：《地方人名记录卷宗（爱德华一世登基第7年）》；《备忘和查询》，第1辑，第11卷，第122页。——原注

③ 参见比克利：《诺尔镇圣安妮同业公会登记簿》，1894年。——原注

亨利七世

至于莎士比亚的祖先，目前还不能下绝对定论。1596 年莎士比亚的父亲申请纹章时，声称祖父（即莎士比亚的曾祖父）在战争中服役立功，获得国王亨利七世颁发的沃里克郡的土地奖赏①。然而，与此项荣誉有关的任何确切证据尚未出现。祖父建立战功的故事或许是为了让家族得到纹章而杜撰的。但也有可能莎士比亚就是出身于优良的自耕农家庭，祖上四五代已经拥有面积相当可观的土地②。亚当·莎士比亚是 1389 年在巴德斯利克林顿庄园服兵役的佃农，

① 参见本书第12章。——原注

② 参见1895年10月14日的《泰晤士报》；《备忘和查询》，第8辑，第8卷，第501页；斯特普太太1897年在《宗谱杂志》上所撰文章。——原注

似乎是某个叫理查德·莎士比亚的人的曾祖父，至少在16世纪的最初三四十年里，就在沃里克郡的洛克斯霍拥有土地。另一位理查德·莎士比亚，据推测是洛克斯霍那家人的近亲，1528年在距埃文河畔斯特拉福北部只有四英里远的斯尼特菲尔德村定居①。这位理查德·莎士比亚有可能就是诗人莎士比亚的祖父。1550年，他在斯尼特菲尔德租了罗伯特·阿登的家宅和土地，1560年年底去世。1561年2月10日，伍斯特遗嘱认证法庭将他的财产和债务管理信函下发给他儿子。他的财产估价三十五英镑十七先令②。除了一个叫“约翰·莎士比亚”的儿子，斯尼特菲尔德的理查德·莎士比亚应当还有一个叫“亨利·莎士比亚”

埃文河畔

① 詹姆斯·奥查德·哈利威尔-菲利普斯：《莎士比亚生平概览》，1887年，第2卷，第207页。——原注

② 当时的购买力是现在的八倍，此处及下文的金额数应当乘以八才能与现在的货币相比（参见本书第204页注释①）。斯尼特菲尔德的理查德·莎士比亚财产管理的有关信函现存于伍斯特遗嘱认证法庭的地区登记处，曾经由詹姆斯·奥查德·哈利威尔-菲利普斯全文复印刊登在《莎士比亚之旅》（1887年自己私人发行）的第44页到第45页，未收入其《莎士比亚生平概览》的任何版本中。经核证的部分片段可参阅《备忘和查询》第8辑，第7卷，第463页到第464页。——原注

的儿子。此外，1563 年至 1583 年，目前仍身世不明的托马斯·莎士比亚在斯尼特菲尔德已拥有可观的土地，有可能是理查德·莎士比亚的另一个儿子。这个亨利·莎士比亚一直在斯尼特菲尔德靠耕种为生，但收成日渐萧条，最后生活困顿，于 1596 年 12 月去世。接手理查德·莎士比亚家产的儿子约翰·莎士比亚极有可能就是诗人莎士比亚的父亲。

1551 年前后，约翰·莎士比亚离开了自己的出生地斯尼特菲尔德，在埃文河畔的斯特拉福附近寻求发展。很快，他通过各种方式做起了农产品生意。他主要经营玉米、羊毛、麦芽、肉类、皮革等商品。后来也有文件称他为“手套贩卖商”。莎士比亚的首位传记作者约翰·奥布里按传统称他为“屠夫”。这两种职业应当是他生意门类中的重要部分，但不能代表他所有的经营范围。他家在斯尼菲尔德耕种的土地为他的生意提供了丰富的货源。父亲在世时，约翰·莎士比亚似乎经常回斯尼菲尔德，并且，与父亲和兄弟们一样，直到自己的父亲去世时，他才被认为是当地的农民或“农夫”。不管怎样，他的生活主要还是和埃文河畔的斯特拉福联系在一起的。

1552 年 4 月，约翰·莎士比亚住在亨里街。那是一条通向集镇亚顿区的亨里的主道。区机构首次提到他的记录中指出，1552 年 4 月，因为屋前有一堆土，他被罚十二便士。后来，当地法庭的记录中便经常提到他。他经常因债务问题而卷入官司，有时是原告有时是被告。由此可见，他热衷于做生意。约翰·莎士比亚早年生意做得还不错，1556 年 10 月在斯特拉福买了两处有永久产权的房屋，其中一处带个花园，位于亨里街①，另一处在格林希尔街，带一个花园和一个小农场。从那时起，约翰·莎士比亚开始在市政事务中担任重要角色。1557 年，他当选为品酒师，主要负责检测面包和麦芽酒的质量，同期还被选为市议员、镇议员。1558 年 9 月和 1559 年 10 月 6 日，由民事法庭陪审团投票，约翰·莎士比亚两次当选为四位低级警长之一。1559 年和 1561 年，他又分别当选为报价人。当时，有些违法行为可以任意惩罚，如果在法律文件中没有明确规定如何惩罚，那么罚金就由报价人决定。1561 年，约翰·莎

① 毗邻今日公认的莎士比亚出生地。——原注

士比亚成为市机构两位财务主管之一，一干就是两年。1564 年 1 月，他向主管部门递交了第二份对账单。核实文件的过程中，他偶尔会做些标记。从斯特拉福存档卷宗来看，他的文笔非常流畅，被认为有财政天赋。即使后来不当财务主管，市里的账本由计算师算过后，也会交给他审计。他不止一次给自治当局预付了小笔款项。

约翰·莎士比亚生性机灵，娶了家境殷实的玛丽·阿登为妻。玛丽·阿登是富农罗伯特·阿登的小女儿，住在斯特拉福附近的阿斯顿坎特洛教区的温姆柯克。阿登家族的主要支脉定居在沃里克郡的帕克霍，在当地颇有影响力。这一分支的祖先叫“罗伯特·阿登”，1438 年担任沃里克郡和莱斯特郡的郡长。1575 年，罗伯特·阿登的直系后裔爱德华·阿登担任沃里克郡的名誉郡长，1583 年因涉嫌串通罗马天主教策反伊丽莎白一世被处死[①]。约翰·莎士比亚的

伊丽莎白一世

① 乔治·拉塞尔·弗伦奇：《莎士比亚宗谱》，1869年，第458 页起；参见本书第199页。——原注

妻子属于阿登家族略平庸的一支，目前尚无任何确凿证据表明这两个分支间是否有亲属关系。1501 年，玛丽·阿登的祖父托马斯·阿登在斯尼特菲尔德买了一处房产。后来，该房产连同其他财产一起由她父亲罗伯特·阿登继承。约翰·莎士比亚的父亲理查德·莎士比亚是罗伯特·阿登在斯尼特菲尔德的佃户之一。罗伯特·阿登的第一任妻子生了七个女儿，只有两个未成家。约翰·莎士比亚的妻子似乎最小。罗伯特·阿登的第二任妻子叫“安妮”，是比尔利富农约翰·希尔的遗孀。安妮比罗伯特·阿登寿命长，却没有给他生一儿半女。1556 年年底罗伯特·阿登去世时，其在温姆柯克有一幢农舍和许多耕地，在斯尼特菲尔德有上百英亩土地，还有两间租给佃户的农舍。从他 1556 年 12 月 9 日制定的死后财产清单可以看出，他生前过着极其舒适的生活。当时，中产阶级把“彩绘布”当挂毯用。他的房子里有多达十一块这种装饰物。他的遗嘱起草于 1556 年 11 月 24 日，公布于 1556 年 12 月 16 日。从遗嘱的开头可知，他是个恪守教规的天主教徒。他指定两个女儿爱丽丝·阿登和玛丽·阿登为遗产继承人。玛丽·阿登不仅获得了六英镑十三先令四便士，而且获得了艾思彼斯的绝对处理权。这是罗伯特·阿登在温姆柯克的主要房产，包括一幢房子和五十英亩土地。根据先前的一份协议，玛丽·阿登还获得了斯尼特菲尔德两处家宅的利息①。然而，她虽然得到了丰厚的财产，但显然没有受过什么教育。好几份文件上都只有她的画押，也没有任何证据表明她会写自己的名字。

1557 年秋天，约翰·莎士比亚与玛丽·阿登在阿斯顿坎特洛的温姆柯克教区教堂②举行婚礼。1558 年 10 月 15 日，他们的长女琼在斯特拉福教堂受洗。1562 年 12 月 2 日，二女玛格丽特受洗。然而，两个女儿均幼年夭折。1564 年 4 月 22 日或 1564 年 4 月 23 日，约翰·莎士比亚与玛丽·阿登的长子出生，即我们的诗人威廉·莎士比亚。一般以 1564 年 4 月 23 日作为他的生日，主要因为这个日期也是他的祭日——后文会提到。这个日期无法考证，但根据斯特拉福教区记录，1564 年 4 月 26 日莎士比亚受洗。

---

① 詹姆斯·奥查德·哈利威尔-菲利普斯：《莎士比亚生平概览》，1887年，第2卷，第179页。——原注

② 该教堂后来才开始有登记簿。——原注

威廉·莎士比亚的出生地

关于认定的诗人出生地还有些疑问尚待考证。亨里街北边有一幢由两套并排房屋组成的独立建筑。1556年，约翰·莎士比亚买下了靠东的房子。有证据显示，直到1575年以后，他才得到了西边的房子。自1759年起，西边这套房被认定为莎士比亚的诞生地。据称，莎士比亚就是在一楼某间房出生的[①]。这两套房后来由莎士比亚的孙女遗赠给莎士比亚的妹妹琼·哈特的家族。东边的房子租给外人长达两个多世纪。租户把房子改成了客栈。直到1806年，哈特家族的人才住进了诗人的“出生地”，并在那儿经营肉类生意。西边的房子长期由诗人的旁系亲属居住，这为其出生地提供了更有力的证据。1846年，两套房子名义上由一个公众基金会的捐赠者们收购，经大幅度修复之后，改

① 詹姆斯·奥查德·哈利威尔-菲利普斯：《给艾尔兹的信》，1888年。——原注

造成了一幢独屋，用作公共博物馆。1866 年，通过签署信托协议，斯特拉福自治当局代为接管了公共博物馆。许多伊丽莎白一世时期的木材和石制品得以保存了下来。唯一一处维持了诗人出生时原貌的地方恐怕是位于“出生地”下面的地窖[①]。

① 詹姆斯·奥查德·哈利威尔-菲利普斯：“文件和草图”，见《莎士比亚生平概览》，1887年，第1卷，第377页到第399 页。——原注

第 2 章

童年、教育和婚姻

精彩看点

父亲在市政机构任职——兄弟姐妹——父亲的经济困难——莎士比亚的教育背景——莎士比亚的古典文学知识储备——伊丽莎白一世亲幸的凯尼尔沃思城堡——莎士比亚与圣经——辍学——莎士比亚的婚姻——休特瑞的理查德·海瑟薇——安妮·海瑟薇——安妮·海瑟薇的小屋——清除婚姻障碍的担保——女儿苏珊娜·莎士比亚出生——莎士比亚可能没有正式订婚

1564年6月，莎士比亚三个月大时，斯特拉福爆发瘟疫。疫情来势凶猛。莎士比亚的父亲约翰・莎士比亚慷慨地救济了贫困的灾民。命运也同样眷顾他。1565年7月4日，他的官职升至市议员。1567年起，自治当局的卷宗中，他的姓名前面开始加上了尊贵的"先生"头衔。1568年米迦勒节[①]，他获得自治当局授予的最高职位，当上了郡长。他在任的一年里，自治当局首次在斯特拉福招待了演员。女王剧团和伍斯特伯爵剧团均收到了约翰・莎士比亚的邀请[②]。1571年9月5日到1572年9月30日，约翰・莎士比亚任市议员。1573年，他的妻姐艾格尼丝・阿登的丈夫亚历山大・韦布让他担任自己的遗嘱掌管人。1575年，约翰・莎士比亚在斯特拉福买了两幢房子，其中一处应该就是位于亨里街的莎士比亚出生地。1576年，约翰・莎士比亚捐了十二便士给教区执

① 米迦勒节是纪念天使长米迦勒的节日。有些西方教会历法定于9月29日。而希腊和罗马尼亚东正教会则在11月8日庆祝这个节日。通常正逢西欧很多地区的秋收时节，因而节庆活动非常隆重。在英格兰、威尔士和爱尔兰，这一天也是每年的四个账目结算日之一。

② 托马斯・卡特牧师在1897年的《莎士比亚、清教徒和叛逆者》（修订版）中想竭力显示，从处理宗教事务时的表现来看，约翰・莎士比亚是个清教徒，有不信奉国教的倾向。他推断的依据是，约翰・莎士比亚在斯特拉福政府部门任要职期间，自治当局曾下令损坏宗教圣像（1562—1563），并出售教会法衣（1571）。然而，这些仅能表明，斯特拉福这位市议员和他的参赞们是在严格遵循伊丽莎白一世早期颁布的新宗教法规，并不能说明他个人的宗教观念。另外，约翰・莎士比亚是第一位鼓励演员访问斯特拉福的郡长，仅凭这点就足以证明他不是清教徒。因为当时的清教徒对所有形式的戏剧演出都持敌对态度，而他对戏剧却一直情有独钟。根据吉利姆的《纹章概览》（1610），伊丽莎白一世时期的清教徒厌恶盾形纹章，而约翰・莎士比亚与儿子却一直致力于向纹章院申请纹章。（参见本书正文第196页起）——原注

来势凶猛的瘟疫

事发薪水。但从1572年的米迦勒节之后，他就不再那么积极地参与市政事务了。他不再定期出席立法会会议，并且很快有迹象表明，他的好运一天天消失了。1578年，他的同事们都捐了四便士救济穷人，并且出资为自治当局派去县里参加训练队的三名长枪兵、两名行李员和一名弓箭手提供装备，而他都未能参与同事们的捐资活动。

与此同时，约翰·莎士比亚家不断添丁，除了诗人莎士比亚，还有三个儿子和一个女儿，分别是吉尔伯特·莎士比亚（1566年10月13日受洗）、理查德·莎士比亚（1574年3月11日受洗）、埃德蒙·莎士比亚（1580年5月3日受洗）和琼·莎士比亚（1569年4月15日受洗）。女儿安·莎士比亚1571年9月28日受洗，1579年夭折，1579年4月4日下葬。为了应付日益增长的家庭开销，这位父亲从妻子的亲戚那儿借钱。1578年11月14日，夫妻俩把玛丽·阿登最值钱的财产，即温姆柯克的艾思彼斯住所，以四十英镑的价格抵押给了埃德蒙·兰伯特。此人住在巴顿荒野，是玛丽·阿登的姐姐琼·阿登的丈夫。他对约翰·莎士比亚的借款不收利息，但要收取房产的租金和利润。艾思彼斯房产从此不再归约翰·莎士比亚夫妇所有。1579年10月15日，夫妻俩把玛丽·阿登在斯尼特菲尔德的财产以四十英镑[①]的价值转让给了罗伯特·韦伯。罗伯特·韦伯应该是亚历山大·韦伯的亲戚。

显而易见，约翰·莎士比亚因失去了妻子的财产而蒙羞恼火。他希望这种失去是暂时的，于是，1580年秋天提出偿还抵押。但他的连襟埃德蒙·兰伯特借口他还有另一笔欠款，也要一起还，否则分文不收。虽说大多数诉讼案最初都想通过协商解决，但约翰·莎士比亚与埃德蒙·兰伯特二人的协商最后以失败告终。1585年至1586年，债主约翰·布朗一直对约翰·莎士比亚纠缠不休，使他处境尴尬。而且在拿到扣押财产传票后，约翰·布朗还告诉当地法庭，说欠债人没有财产可以用来抵押[②]。1586年9月6日，因长期缺席立法会会议，约翰·莎士比亚失去了议员职位[③]。

值得高兴的是，约翰·莎士比亚不惜代价地让四个儿子接受教育。孩子们在斯特拉福文法学校享受免费上学的权利。这所学校在中世纪爱德华六世时期原有的基础之上进行了重建。大儿子威廉·莎士比亚可能于1571年入学，当时的校长是沃尔特·罗奇，1577年由托马斯·亨特接任。威廉·莎士比亚或许对托马斯·亨特校长略有了解，在那里，他主要接受了拉丁语言文学方面的教育。那个时期的男孩们在斯特拉福的那种学校，由教员引领着，从学习拉丁语的词法起步，接着学习《基础句型》和《威廉·李利语法》之类的对话书籍，

① 这笔金额在一处资料中被认为是四英镑（詹姆斯·奥查德·哈利威尔-菲利普斯：《莎士比亚生平概览》，1887年，第2卷，第176页），在另一处被认为是四十英镑（同上，第179页）。后者可能性更大。——原注

② 詹姆斯·奥查德·哈利威尔-菲利普斯：《莎士比亚生平概览》，第2卷，第238页。——原注

③ 近来，有研究试图将莎士比亚父亲的困境归到斯特拉福的另一个约翰·莎士比亚身上，但回应甚少。1584年，另一个约翰·莎士比亚或莎士贝尔（他的姓有时这样拼写）来到斯特拉福，当时他还是个年轻人，而且十年来一直是布里吉大街的一名富裕的制鞋商，1592年担任造鞋者公司的大师傅——说明他经济状况稳定。1594年他离开斯特拉福（参见詹姆斯·奥查德·哈利威尔-菲利普斯：《莎士比亚生平概览》，1887年，第2卷，第137页到第140页）。——原注

再后来精读塞涅卡、特伦斯、维吉尔、普劳图斯、奥维德、贺拉斯等作家的作品。与维吉尔的诗相比，初学者们往往更喜欢文艺复兴时期当红诗人巴蒂斯塔·曼图亚[①]的田园诗。伊丽莎白一世时期的文法学校偶尔也会给水平不错的学生讲授希腊语基础知识。但莎士比亚戏剧中发现的与希腊戏剧表达上的巧合似乎只是出于偶然，而并非在文法学校或别处学习希腊戏剧使然[②]。

理查德·法默博士在他的论文《论莎士比亚的学问》（1767）中指出，莎士比亚只懂自己的语言，他所显示的古典著作、希腊文学和法兰西文学方面的知识要归功于英文翻译。然而，莎士比亚从中获取戏剧情节的好几本法语和意大利语书籍——如贝勒弗雷的《历史悲剧》、乔万尼·菲奥伦蒂诺先生[③]的《蠢货》及钦提奥[④]的《寓言百篇》——都没有英文翻译，他无法阅读。鉴于更多

---

① 巴蒂斯塔·曼图亚（1447—1516），意大利加尔默罗修会改革家、人道主义者、诗人。

② 詹姆斯·拉塞尔·洛威尔发现莎士比亚的有些用词与希腊剧作家们非常类似，他大胆地提出，莎士比亚有可能学了希腊语或拉丁语版的古代戏剧。我认为詹姆斯·拉塞尔·洛威尔所说的类似只不过是一种奇妙的巧合——只能证明在思想上比较接近，而不能说明莎士比亚借用了相关内容。索福克勒斯的《厄勒克特拉》在主题上和《哈姆雷特》非常接近，厄勒克特拉以为俄瑞斯忒斯已去世，合唱中安慰厄勒克特拉的语句，与哈姆雷特的母亲和叔叔安慰哈姆雷特一样，都是些司空见惯的内容。《厄勒克特拉》中，第1171行到第1173行诗句大意如下：记住，厄勒克特拉，你的亲生父亲已经去世。俄瑞斯忒斯也已去世。因此，不要过分悲伤，我们所有的人都要偿还这个痛苦的债。从《哈姆雷特》第1幕第2场第72行起也能看到这些熟悉的句子：

你知道这是常有的事儿；
所有活着的人都会死……
但你必须知道，你的父亲也失去了父亲；
父亲的父亲也失去了，
失去了他的……但一直陷于
倔强的哀悼中，
就踏上了一条有悖天理的愚蠢顽固之路。

参见索福克勒斯的《俄狄浦斯在科罗诺斯》第880行：正义的事业中，弱者击败强者（杰布译），《亨利六世》第3幕第2场第233行：他理直气壮，仿佛身披三重盔甲。莎士比亚《哈姆雷特》第1幕第5场第40页和《十四行诗》第107首第1行中的“先知之魂”可能与欧里庇得斯《安德洛玛刻》第1075行中的内容相吻合。哈姆雷特的《烦恼之海》第3幕第1场第59行与埃斯库罗斯《波斯人》第443行相仿。所有莎士比亚戏剧和希腊戏剧角色中，麦克白夫人和埃斯库罗斯笔下的克吕泰墨斯特拉非常相似，“在参与男人的决策中没有一颗善良的女人心”（《阿伽门农》）。然而，对相似点的研究结果显示，莎士比亚不了解埃斯库罗斯，只是两位诗人都有着共同的悲剧天赋。——原注

③ 乔万尼·菲奥伦蒂诺（生卒年不详），意大利佛罗伦萨作家。

④ 钦提奥（1504—1573），意大利小说家、诗人。

威廉·莎士比亚

常规性的原因，莎士比亚无知论遭到了许多理由充分的反驳。像莎士比亚那样绝顶聪明的男孩，学生时代就接触了拉丁文古典著作，将来几乎不可能不去接触法兰西文学和意大利文学。

事实上，莎士比亚已经在自己的作品中宣告了他具备拉丁语和法语知识、熟悉学校课程中接触过的许多拉丁诗人。《亨利五世》中很多场景的对话都用了法语，即使语言不甚顺畅，语法也是准确的。莎士比亚戏剧中有些角色是学校老师，如《空爱一场》里的荷罗孚尼和《温莎的风流娘儿们》中的休·伊凡爵士。他们所说的拉丁语都直接挪用自《威廉·李利语法》《基础句型》和《曼图亚作品精选》。无论是诗歌还是戏剧，莎士比亚早期的整个文学创作都很明显地受到了奥维德[①]的影响，尤其是《变形记》的影响，这从莎士比亚最后的戏剧《暴风雨》第 5 幕第 1 场第 33 行起可见一斑。牛津大学图书馆有一本阿尔定版的奥维德《变形记》（1502），标题处就有“W.S.”字样的签名。专

《温莎的风流娘儿们》剧中场景：福斯塔夫向福特夫人求爱

① 奥维德（公元前43年—公元18年），奥古斯都时代的罗马诗人，与维吉尔、贺拉斯并称为“拉丁文学三大经典诗人”。

《空爱一场》剧中人物罗莎琳公主

家称——当然不是很肯定——这个签名是莎士比亚的真迹[①]。莎士比亚应该很熟悉奥维德的拉丁语文本。莎士比亚戏剧中的内容与奥维德《变形记》极其接近，但使用较多的往往是非常流行的阿瑟·戈尔丁[②]英文译本中的词汇。1565年到1597年，阿瑟·戈尔丁的译文发行了七次。莎士比亚《错误的喜剧》情节来自普劳图斯，但也可能只是因为普劳图斯的戏剧有英文译本。莎士比亚并不是什么古典文学学者，自然可以随意地参考译本。因为莎士比亚自身严谨精确的学问及涵养不足，也难怪博学的朋友本·琼生说他“拉丁文懂得很少，希腊语懂得更少”了。但约翰·奥布里[③]认为莎士比亚“拉丁文相当好”。我们

① 麦克雷:《牛津大学图书馆年鉴》，1890年，第379页。——原注

② 阿瑟·戈尔丁（1536—1606），英国翻译家，用英语翻译了三十余部拉丁文著作，其中较著名的有奥维德的《变形记》、恺撒评注、约翰·加尔文的布道辞等。

③ 约翰·奥布里（1626—1697），英国古文物研究者、自然哲学家、作家，是考古学和民俗学先驱，对应用数学和天文学也饶有兴致。代表作为短篇传记集《短暂的生命》。

无需去反对。估计莎士比亚的法语知识和拉丁文知识不相上下。他的意大利语应该也不错，唯此他才能分辨出漂流到国外的意大利诗歌或小说[①]。

上学的那些日子里，莎士比亚能读到的英文书并不多，其中最主要的就是英文版《圣经》，有可能是1560年首次以全译本发行的著名的日内瓦《圣经》，也有可能是1568年主教的修订版。1611年，钦定版《圣经》问世。莎士比亚戏剧中参照《圣经》人物和事件的地方虽然不够明显，但仍取材于《圣经》各部分，是《旧约全书》与《新约全书》中大家都耳熟能详的情节，也是任何聪明孩子平日在学堂或周日在教堂定能掌握的内容。莎士比亚更多的是引用或改编圣经里的词语，而不是引用《圣经》中的故事片段。但许多词语已像格言一样广为流传，而那些默默无闻的词语则是莎士比亚从霍林谢德《编年史》[②]和一些世俗作品中取材时借用过来的。通常情况下，莎士比亚对《圣经》词汇和《圣经》故事的使用并无两样，体现出来的仍是存于他脑中的儿时记忆，吸收程度依旧停留于早期的理解水平。这说明莎士比亚成年后并未认真、持续地学习《圣经》[③]。

1575年7月，莎士比亚还在上学，伊丽莎白一世的宠臣莱斯特伯爵罗伯特·达德利有一座位于沃里克郡的凯尼尔沃思城堡。莎士比亚的《仲夏夜之梦》第2幕第2场第148行至第168行透过奥布朗的视角，提及了凯尼尔沃思庭院举行了精彩的露天表演和化装舞会招待伊丽莎白一世。莱斯特伯爵罗伯特·达德利的住所离斯特拉福只有十五英里，莎士比亚有可能同父亲一起目睹了一些庆典活动。但1576年发行了两份详细描述庆典的小册子，莎士比亚才得以从中了解整个事件的经过[④]。上学期间，莎士比亚想去斯特拉福以外的地

① 托马斯·斯宾塞·贝恩斯：《莎士比亚在学校学了什么》，载于《莎士比亚研究》，1894年，第147页起。——原注

② 霍林谢德《编年史》又称霍林谢德《英格兰、苏格兰及爱尔兰编年史》，是一部全面描述英国历史的巨著，1577年首次出版。

③ 查尔斯·华兹华斯主教在《莎士比亚的圣经知识和使用》（1892年，第4版）中，用了很长的篇幅列举了莎士比亚可能受益的《圣经》内容。但关于莎士比亚对待宗教的虔诚程度，查尔斯·华兹华斯主教所花笔墨却不多。——原注

④ 参见本书正文第10章。——原注

莱斯特伯爵罗伯特·达德利

方玩耍还是没那么容易的。父亲的经济状况日益艰难，最终，莎士比亚年纪尚小就辍学了。1577 年左右，莎士比亚十三岁时，父亲让他当帮手，以期能时来运转。约翰·奥布里写道，“此前，有邻人告诉我，莎士比亚很小的时候就帮父亲打理生意”，约翰·奥布里说的生意是指开肉铺。可能是因为这段时期运气很糟糕，约翰·莎士比亚不得不当起了全职屠夫。以前运气好的时候，他只是偶尔干干这行。儿子可能是正式跟着父亲当学徒。从前曾有斯特拉福人叫莎士比亚“屠夫的徒弟”①。约翰·奥布里接着写道：“宰牛时，莎士比亚非

① 参见汤姆·唐达尔的笔记（1838年出版），1693年汤姆·唐达尔曾到沃里克郡旅游。——原注

常高调，会做个演讲。那时候，镇子里另一位屠夫也有个儿子，智力毫不逊于莎士比亚，是莎士比亚很熟悉的同代伙伴，可惜英年早逝了。”然而，这部分内容难以令人信服。

1582 年年底，未满十九岁的莎士比亚结婚了，原本指望能稍微减轻父亲的焦虑。根据墓碑上的介绍，莎士比亚比妻子小十岁。尼古拉·罗尔①称，“莎士比亚的岳父姓海瑟薇，据说是斯特拉福附近一位富有的自耕农”。

1581 年 9 月 1 日，斯特拉福镇休特瑞村“农夫”理查德·海瑟薇立了遗嘱，并于 1582 年 7 月 9 日公布。这份遗嘱如今保存在萨默塞特宫。理查德·海瑟薇的房子和“两个半威尔格”②土地一直由家族享有不动产权，因而他去世时家产富裕。根据遗嘱，妻子琼是主要继承人，应该在长子巴塞洛缪·海瑟薇的帮助下经营农场，所得收益也将分给巴塞洛缪·海瑟薇一份。另外三儿三女六个孩子都继承了一定数目的现金。大女儿艾格尼丝·海瑟薇和二女儿凯瑟琳·海瑟薇各自分到六英镑十三先令四便士，但要“在结婚日兑现”，这是当时遗嘱中的流行用语。

16 世纪时，安妮和艾格尼丝是同一教名的不同写法。毫无疑问，理查德·海瑟薇去世几个月后，他遗嘱中的女儿“安妮·海瑟薇”就成了莎士比亚的妻子。

如今我们把休特瑞的房子称作“安妮·海瑟薇的小屋”。小屋与斯特拉福之间有田间小道相通，应该曾是理查德·海瑟薇的农舍，尽管后来几经改造和翻新，但仍然保持着伊丽莎白一世时期茅草屋顶农舍的许多特色。虽说 1746 年以后海瑟薇家族没了男丁，但 1838 年以前，屋子一直归这个家族所有。1892 年，这座屋子由出生地信托基金会以公众的名义收购。

现存记录中没有发现莎士比亚婚礼庆典的相关记载。尽管休特瑞属于斯特拉福教区，新郎新娘也都是教区居民，斯特拉福教区却没有任何登记信息。19 世纪，当地有传闻指出，莎士比亚的婚礼仪式搬到了附近的村子或是卢丁顿礼拜堂教区举行，但教堂和教区都没有相关记录。不过，有个非常重要的文件保

---

① 尼古拉·罗尔（1674—1718），英国戏剧家、诗人、作家，1715年获“英国桂冠诗人”称号。

② 威尔格是英国古代耕地计量单位，一威尔格是两头牛所犁的地，等于三十英亩。

安妮·海瑟薇的小屋

存了下来，直接证明了莎士比亚的冒险婚姻。根据伍斯特主教教区登记簿的记录，1582 年 11 月 28 日，“斯特拉福农民”富尔克·桑德尔和约翰·理查森在主教常设法庭用四十英镑担保，要求主教免除所有不利因素，以免当时正在筹划中的威廉·莎士比亚和安妮·海瑟薇的婚姻在现场受到法律上的阻碍——“因为婚约”或血亲的缘故——而破坏婚姻的有效性。如果没了阻碍，安妮·海瑟薇获得了“朋友们”的同意后，婚礼进行时，只要“向二人询问一次结婚预告”便可以了。

16 世纪常设法庭的登记簿中也记录了其他类似意图的担保，只是细节不同。担保时需要向主教的委员们支付一笔费用，便可以加快婚姻进程。牧师则无须担心，不会因可能违反教规而承担后果。但担保并不常见。像安妮·海瑟薇和年轻的莎士比亚那样地位相对卑微的人，很少举行烦琐的婚礼仪式，总是会有更简单、更便宜、更随意的结婚方式，只需要“询问三次结婚预告”便可。

莎士比亚一家在安妮·海瑟薇的小屋中

另外，莎士比亚结婚前的担保措辞在很多重要的方面与其他已知担保书都不一样[①]。其他担保书中无一例外地都会提到，婚姻未经新郎新娘双方父母或监护人同意将不得举行。严格的常规程序中，对于“年幼”新郎的婚事而言，征得父母同意绝对是非常重要的。但牧师有时会对事实视而不见，宁愿冒险主持庄严的“年幼”婚姻仪式，也不去询问父母的意见。为莎士比亚和安妮·海瑟薇主持婚礼的牧师应该就是这样随意操办的。虽说新娘到了法定年龄，但莎士比亚自己还差几乎三岁。他的担保书中仅规定了要征询新娘“朋友们”的同意，并没有提到新郎的父母。不同之处不止这一点。其他类似的婚前担保契约中，新郎本人或新郎父亲的名字会作为两位担保人中的第一担保人出现。按常规，莎士比亚的父亲应该是这桩婚事中代表“年幼”儿子的主要方。但莎士比亚的

① 经核查伍斯特常设法庭登记簿中的类似文件之后得出该结论。16世纪的卷宗中，父母认可子女婚姻的正式宣言书仍然有许多保存了下来。

担保书中，仅有的担保人是休特瑞农民富尔克·桑德尔和约翰·理查森，他们是新娘的老乡。富尔克·桑德尔是新娘父亲遗嘱的“监督人”，在担保书里成了“我信任的朋友和邻居”。

在莎士比亚的婚前担保协议中，休特瑞农民的重要地位揭示了事情的真相。代表女方家庭的富尔克·桑德尔和约翰·理查森无疑是想确保婚姻顺利进行的主动方。因为莎士比亚与农夫朋友的女儿行为过于亲密，生米已煮成熟饭。通过担保，莎士比亚就不大可能逃避责任，从而保证了女方的名声。婚礼可能未经新郎父母的同意——可能没有告诉他们。担保契约签好后不久，婚礼就举行了。不出六个月，1583 年 5 月，莎士比亚的女儿出世，1583 年 5 月 26 日在斯特拉福教区教堂以“苏珊娜”的名字接受洗礼。

莎士比亚的辩护者们已尽力表明，当时，公众婚约或正式“订婚”通常是婚礼的前奏，同样具备婚姻要求的所有条件。但莎士比亚详细描述过婚礼前的订婚仪式及庄严的口头约定，无法从中找到支撑上述观点的有力证据①。另外，种种迹象表明，莎士比亚和新娘很有可能没有经过订婚这个步骤。订婚仪式上，双方父母必定是最重要的角色，但担保书的措辞似乎就是在预告：在这场匆忙上演的婚姻戏剧中，新郎的父母只是普通的群众演员而已。

有些关于莎士比亚婚事的著述指出，有位“威廉·莎士比亚”——很难确定是否与诗人莎士比亚为同一人。伍斯特主教登记簿有条记录称，担保书签订的第一天，即 1582 年 11 月 27 日，威廉·莎士比亚获得结婚许可证，批准他和坦普尔格拉夫顿的安妮·惠特利的婚姻。首先，认为莎士比亚妻子的婚前姓氏为惠特利，这种说法站不住脚。其次，认为主教的办事员在登记颁发结婚许

---

① 《第十二夜》，第5幕第1场第160行到第164行：

爱之永恒保障的契约，
由你们彼此牵手得到确认，
在神圣的互吻中得到证实，
在交换戒指那一刹更加牢固，
一切婚约的仪式
都通过我的（即牧师的）证词确定下来。

《一报还一报》中，克劳迪奥就错在订婚之后、正式结婚之前，与朱莉娅发生了亲密行为。（参见第1幕第2场第155行；第4幕第1场第73行）。——原注

可证这条记录时，犯了个大错，把“休特瑞的安妮·海瑟薇”写成了“坦普尔格拉夫顿的安妮·惠特利”，这种说法也是很冒险的。将安妮·惠特利的丈夫认定为诗人莎士比亚是毫无根据的。这位丈夫应该另有其人，毕竟伍斯特主教教区有那么多的“威廉·莎士比亚”。如果诗人莎士比亚 1582 年 11 月 27 日就获得了结婚证[①]，休特瑞的农民第二天就不可能去提出“排除障碍”的担保。按要求，这应该是颁发结婚证之前的程序。而领了结婚证之后再担保就是多此一举了。

① 坦普尔格拉夫顿的现存卷宗中，这一时期的婚姻登记记录没有说明安妮·惠特利是否真正嫁给了这位威廉·莎士比亚，也没有准确记录婚姻双方姓名。斯特拉福住有一个惠特利家族，但也不知与坦普尔格拉夫顿的那个安妮·惠特利有什么关联。婚姻许可和婚姻担保书中涉及的不是同一对夫妻。不认同文中上述观点的主要理由是，两个都叫威廉·莎士比亚的人，不可能前后两天相继跟伍斯特主教的官员安排婚事，又都涉及比当时社会卑微阶层的常规婚姻更详细昂贵的程序形式。暂且不说无论是自己主动还是朋友们主动，但伍斯特主教教区管辖范围很大，有很多莎士比亚家族，分属不同级别的上流阶层。这位获准与安妮·惠特利结婚的威廉·莎士比亚或许社会地位更高，因而颁发结婚证应当是合适的。既然有人一定要毫无根据地认为婚姻担保书中的威廉·莎士比亚与结婚许可证中的威廉·莎士比亚是同一人，一个非常浪漫的观点也随之应运而生，那便是：坦普尔格拉夫顿的安妮·惠特利认为自己与诗人莎士比亚结婚是合法的，当得知安妮·海瑟薇的朋友们的行动计划时，就立即办理结婚证，并赶在休特瑞农夫们前一天采取行动，以保证莎士比亚能忠于自己许下的承诺。——原注

第 3 章

告别斯特拉福

精彩看点

新婚生活——查莱克特园偷猎——无根据的传说——沙洛法官——逃离斯特拉福

安妮·海瑟薇的负担日益加重，再则当初有可能是她的朋友们强迫诗人娶她，预示了这段婚姻毫无幸福感可言。尽管将莎士比亚戏剧中的话语曲解为个人经历的影射很冒险，但莎士比亚总强调女人应当嫁给“比自己年长的”[①]男士，坚持认为婚前的亲密行为会造成“无趣的反感、冷眼相对的不屑及不和谐”，这应当就是他的个人阐释[②]。除了上述两个不被看好的原因，莎士比亚自己也缺乏营生手段。同时，他后来的生活轨迹也表明他对待家庭关系极不耐心。1585 年年初，莎士比亚有了一对龙凤胎：儿子哈姆尼特·莎士比亚和女儿朱迪思·莎士比亚。两个孩子都于 1585 年 2 月 2 日接受洗礼。所有证据表

---

① 《第十二夜》，第2幕第4场第29行：

女人要嫁给一个
比自己年长的男人；
这样两人才更适合，
永远能保持在丈夫心中的地位……——原注

② 《暴风雨》，第4幕第1场第15行到第22行：

在一切完整而神圣的仪式
完全授予你权力之前，
若你改变了她的处女身份，
上天将不再洒下甘露
来帮助这婚姻成长；
然而，无趣的反感，
冷眼相对的不屑及不和谐，将布满
你们杂草丛生的床笫，如此令人生厌，
进而你们都不再为之欣喜。——原注

明，或者从莎士比亚后来再没有其他孩子这一点也可以肯定，1585 年稍后几个月，他离开了斯特拉福，尽管没有完全与家庭脱离关系，但长达十一年没怎么回家探望自己的妻儿。从 1585 年冬到 1596 年秋——正值莎士比亚文学生涯的第一次全盛时期——斯特拉福卷宗记录中只有一次隐约提到了他的名字。1587 年，通过 1578 年抵押契约获得艾思彼斯的埃德蒙・兰伯特去世。几个月之后，在一份宣告提议失败的正式确认书中，作为一笔偶然利息的所有者，莎士比亚与父母的名字列在一起。提议原本是要将绝对的房产继承权转让给埃德蒙・兰伯特的儿子兼继承人约翰・兰伯特，但由于莎士比亚取消了抵押并且支付了二十英镑，提议宣告失效。但这份法律文书并未指明是莎士比亚亲自办理了这件事①。

莎士比亚早期的文学作品表明，在乡村生活时，他如饥似渴地研究了鸟类、花朵和树木，详细了解了马和狗的知识。乡亲们都是农民，与他们待在一起时，年轻的莎士比亚必定参加过很多田野运动项目。他早期的戏剧和诗歌中②常常会满怀同情地提到鹰猎、枪猎、犬猎和钓鱼。他的运动经历有时超越了传统界限。据一可靠说法，冒险偷猎是他久别故乡的直接原因。1709 年，尼古拉・罗尔写道，“与当时很多年轻人一样，莎士比亚曾不幸误入一个经常偷鹿的不法团伙，当中有些人不止一次地让他跟着去抢劫一个猎园。猎园主人是斯特拉福附近查莱克特的托马斯・卢西爵士。为此，托马斯・卢西爵士起诉了莎士比亚。莎士比亚觉得太过分了。为了报复这种不公正待遇，他编了一首关于爵士的歌谣——有可能也是他的第一首诗。这首诗尽管没有保留下来，但据说非常尖刻，使控诉又加一倍。结果，莎士比亚被迫放弃自己的生意，离开沃里克郡，离开家人，前往伦敦避难。”17 世纪末，格洛斯特郡萨佩顿的教区牧师阿奇迪肯・戴维斯在独立证词中指出，莎士比亚“受够了偷鹿、偷兔子时遭遇的不幸，尤其

① 詹姆斯・奥查德・哈利威尔-菲利普斯：《莎士比亚生平概览》，1887年第2卷，第11页到第13页。——原注

② 参见亨利・尼科尔森・艾拉康比所著《垂钓者莎士比亚》（1883）；詹姆斯・埃德蒙・哈廷所著《莎士比亚的鸟类学知识》（1872）；道奇森・汉密尔顿・马登阁下的著作《威廉・赛利恩斯大人的日记：莎士比亚和伊丽莎白一世时代的运动研究》（1897），该书融娱乐和学术为一体，可谓是论及莎士比亚运动知识的最佳著述。——原注

查莱克特猎园

是托马斯·卢西爵士家那次。他常常挨棍子，有时还入狱，最后被迫远离故土寻求远大前程”。根据莎士比亚时代的法律[①]，偷鹿者要被判处三个月囚禁，并支付损失的三倍罚金。

这一传说也遭到质疑，因为 16 世纪还没有查莱克特猎园。但托马斯·卢西爵士拥有一片很大的野兽园，在查莱克特有一个养兔场。有些雄鹿会偶尔到这安家。1794 年，塞缪尔·爱尔兰德获悉，莎士比亚偷的鹿不是查莱克特猎园的，而是几英里外的弗尔布洛克猎园的。他在《关于埃文河沃里克的见解》（1795）中提供了一件存于弗尔布洛克村老屋的雕刻，断定莎士比亚被捕后临时拘禁于这个屋子。屋子毗邻一间破旧小茅房，这就是多年来当地闻名的莎士比亚“鹿棚”。弗尔布洛克猎园的范围涵盖了这些建筑占据的场地——现已拆除，但伊

① 《伊丽莎白一世登基第5年》，第21章。——原注

沃尔特·司各特爵士

丽莎白一世时期没有一处属于托马斯·卢西的财产。后来，1828 年，查莱克特猎园的主人又修改了塞缪尔·爱尔兰德的传闻，并郑重地告诉了沃尔特·司各特爵士，内容显然也是空穴来风[①]。

据称，莎士比亚在查莱克特猎园大门上贴了一首歌谣。尼古拉·罗尔承认，这首歌谣没有保存下来。歌谣开头几句为“一位议员，维护和平的法官”。据一位 1703 年去世、家住斯特拉福附近的老者称，此诗为莎士比亚所作。这种诗句毫无价值，真实性亦无从考证。但这件传说中的事情在莎士比亚戏剧中留

① 参见查尔斯·霍尔特·布雷斯布里奇：《莎士比亚不是偷猎者》，1862年；洛克哈特：《司各特传》，第7章，第123页。——原注

下了很明显的印记。沙洛法官应当就是影射查莱克特猎园的主人。萨佩顿的教区牧师阿奇迪肯·戴维斯指出，莎士比亚的“报复行为非常之大，以至于”通过漫画化的手法，将托马斯·卢西描绘成了“克洛德佩特法官”。阿奇迪肯·戴维斯接着说，这位法官在舞台上是“一个伟大的人物”，佩戴着“三只跃立的狗鱼图案纹章”，这是利用狗鱼图案的英文谐音暗指他的姓氏“卢西”。沙洛法官就是戴维斯所说的“克洛德佩特法官”，诞生于《亨利四世下篇》(1598)，后来又在《温莎的风流娘儿们》开场出现。法官从格洛斯特郡前往温莎处理一件星法院[①]案子，与他家房产遭劫有关。“三只跃立的白斑狗鱼”是查莱克特卢西家族的纹章图案。莎士比亚在这幕剧继续提到了沙洛法官“旧外套上”的“许多白斑狗鱼”，这充分表明沙洛法官指的就是托马斯·卢西。

偷猎插曲最有可能发生在1585年。但也有人质疑，莎士比亚逃脱了托马斯·卢西的诉讼，是否立刻在伦敦找到了避难所？威廉·比斯顿是17世纪的

温莎

① 星法院原本是枢密院的司法委员会，1570年，伊丽莎白一世将其改组为直属皇家出版法庭，旨在加强封建统治，并负责监管当时的新闻传播行业。

一名演员，他记得曾听说过莎士比亚在“年轻时”做过乡村教员。刚刚离开斯特拉福时，莎士比亚很有可能在附近的村子找了这种工作。也有一种说法，认为 1585 年年底，莎士比亚与一群当地的年轻人在莱斯特伯爵罗伯特・达德利的领导下去了低地国家[①]服兵役。莱斯特伯爵罗伯特・达德利的凯尼尔沃思城堡离斯特拉福很近。这种说法显然将莎士比亚和他的同名者们混为一谈了[②]。莎士比亚在戏剧中展示出来的战士生活知识，与他所知的其他任何领域的人类活动相比，并没有什么特别之处。除非证据确凿，不然，认为莎士比亚的写作全部或部分来源于实际经历，就是低估了他靠想象展现众生百态的能力。

① 低地国家主要包括荷兰、卢森堡、比利时。

② 参见威廉·约翰·汤姆斯:《关于莎士比亚的三封短柬》, 1865年, 第16页起。——原注

第 4 章

伦敦剧院生涯

精 彩
看 点

伦敦之行——老乡理查德·菲尔德——剧院工作——剧院仆人——表演剧团——宫内大臣剧团——宫内大臣剧团的成员——伦敦的剧院——伦敦的住所——演员在外地巡演——传说中莎士比亚巡演过的地方——莎士比亚在苏格兰——莎士比亚在意大利——莎士比亚扮演过的角色——演员称谓遭到的蔑视

1586年，莎士比亚应该是徒步长途跋涉，途经牛津、海威科姆，来到伦敦[①]。据说莎士比亚喜欢的是这条路线，而不是取道班伯里[②]和艾尔斯伯里[③]的那条路线。约翰·奥布里认为，“莎士比亚在《仲夏夜之梦》中碰巧采用了巡警幽默”的场景就是牛津附近的格伦顿——我们可以认为，莎士比亚所要表达的意思就是“无事生非”——但英格兰到处都有这种看守警长，或许斯特拉福也不例外。长期以来，人们一直认为牛津卡法克斯附近的克朗客栈[④]是莎士比亚的休憩地之一。

莎士比亚去伦敦之前，可能只有一个伦敦居民认识他[⑤]，就是理查德·菲尔德。他是斯特拉福人，其父和莎士比亚的父亲是朋友。1579年，理查德·菲尔德离开斯特拉福，跟着伦敦印刷商托马斯·沃特拉利尔做学徒，1587年离开英格兰出版同业公会，不久就和莎士比亚合作，一个负责写作，一个负责出版。但有人说他在托马斯·沃特拉利尔的印刷室里为莎士比亚工作，这纯属凭空想

① 约翰·韦斯利·黑尔斯:《莎士比亚详注》，1884年，第1页到第24页。——原注

② 班伯里是位于英格兰牛津郡查威尔河畔的历史名镇。

③ 艾尔斯伯里是英格兰白金汉郡首府。

④ 以前的谷物市场大街3号。——原注

⑤ 通常认为，和莎士比亚来往的主要演员理查德·伯比奇是斯特拉福人，这种说法是错误的。理查德·伯比奇出生于肖迪奇，父亲是赫特福德郡人。也有人说，莎士比亚的另一位演员朋友约翰·赫明是斯特拉福人，这更不可能。约翰·赫明出生于伍斯特郡的德罗伊特威奇。托马斯·格林是17世纪早期红牛剧院的著名喜剧演员，也有人毫无根据地猜测他是斯特拉福人。莎士比亚跟他绝对没有任何联系。——原注

泰晤士河畔的伦敦

象[①]。也有人尝试证明莎士比亚曾谋职担任律师手下的职员，我同样不想赘述。值得众人关注的是，莎士比亚能准确使用法律术语。究其原因，结合莎士比亚日常所表现出来的敏锐的领悟力，可能部分得益于他对父亲所涉案件法律程序的观察，部分得益于早期同律师学院成员的交往[②]。

传统说法及类似常识都指出，莎士比亚到伦敦时，伦敦仅有两家剧院[③]。其中一家就是他早期的固定工作场所。据说，最初莎士比亚在剧院的工作是帮来访者看守放在门外的马，《诗人传》（1753）的编者[④]最早叙述过这回事。

---

① 威廉·布雷兹：《莎士比亚与印刷术》，1872。——原注

② 约翰·坎贝尔勋爵：《莎士比亚的法律才能》，1859。这一时期，在所有诗歌和戏剧中，法律术语都非常频繁地使用，如巴纳比·巴尔内斯的《十四行诗》（1593）和《泽费莉娅》（1594），参照附录9。——原注

③ 剧场剧院和帘幕剧院。——原注

④ 一般都认为编者是西奥菲勒斯·西伯，但由罗伯特·希尔斯和其他雇佣文人撰写，西奥菲勒斯·西伯编辑校对。——原注

据这位编者说，这个故事是威廉·戴夫南特爵士讲给托马斯·贝特顿听的。托马斯·贝特顿又将这个故事告诉了尼古拉·罗尔。尼古拉·罗尔并没有采纳。当时，这两家固定剧院都有一些骑马的时髦男士光顾。剧院老板詹姆斯·勃贝奇在史密斯菲尔德有个代养马房。故事本身有一定可能性。塞缪尔·约翰逊博士拓展了这个故事。他的版本是，莎士比亚的工作是组织童伶们提供服务，帮来访者照料马匹。这种说法就值得怀疑了。

所有研究一致认为，莎士比亚很快就有了剧院内的工作。1587 年，名义上分别由伊丽莎白一世和莱斯特伯爵罗伯特·达德利赞助的两家主要剧团在外省巡演后返回伦敦，其间也到了斯特拉福。还有两家级别低点儿的剧团，据称分别由第二代艾塞克斯伯爵罗伯特·德弗罗和斯塔福德勋爵赞助，同年也在斯特拉福镇演出。莎士比亚的朋友们可能提醒了巡回演出的演员，让他们回去关注一下这个无家可归的小伙子，想必他在伦敦剧院找工作的谣传应该已经传到

伦敦剧院

埃德蒙·马龙

斯特拉福。莎士比亚获得名誉和好运的机会似乎从那些小插曲中突然冒出。尼古拉·罗尔曾隐约提到，“莎士比亚后来加入了剧团，起初级别非常低”。17 世纪末，斯特拉福教区职员威廉·卡斯尔常跟参观者们说，莎士比亚进剧院当了仆人。1780 年，埃德蒙·马龙记录了一条来自剧院的传说，指出“莎士比亚在剧院的第一个职位是台词提示员的侍从”，或者是演员出场呼唤者。凭着自己的聪明才干及亲切友善，莎士比亚尽显才能，可能很快就得到了认可和提拔。

莎士比亚最早因当演员而出名，尽管从事戏剧写作也很快让他声名鹊起，相比演戏有过之而无不及。但直到生命的最后一刻，他始终是一名非常出色的演员。1571 年颁布的议会法案[①]经 1596 年[②]修改后又重新颁布。根据该法案，演员必须获得许可证后，才能接受本国贵族或更高层次的重要人物的邀请，否则只能沦为流浪汉。伊丽莎白一世和当时许多贵族都可以自由颁发许可证。很少有演员得不到法定许可证。这样一来，演员有了比较体面的社会地位，就不用担心会沦为流浪汉或“身强体壮的乞丐”之流了。伊丽莎白一世统治早期，持许可证的演员组成了固定的剧团。1587 年之后，有三家剧团由获得相关许

圣保罗大教堂

① 《伊丽莎白一世登基第14年》，第2章。——原注
② 《伊丽莎白一世登基第39年》，第4章。——原注

威斯敏斯特宫

可证的童伶组成。这些小演员们原是圣保罗大教堂和皇家礼拜堂的唱诗班歌手和威斯敏斯特宫的门生。此外，伦敦至少还有六家持许可证的成人演员剧团，其中五家以各自的许可证颁发者命名，分别是莱斯特伯爵罗伯特·达德利、牛津伯爵爱德华·德维尔、苏塞克斯伯爵亨利·拉德克利夫、伍斯特伯爵威廉·萨默塞特和海军大臣埃芬加姆的查尔斯·霍华德勋爵，还有一家剧团叫“女王剧团”，其演员许可证是女王伊丽莎白一世颁发的。

保护人与剧团的主要关系似乎只是颁发或更新演员许可证。由于保护人的亡故或其他变故，剧团名称经常会改变，因而很难确切地追溯每家剧团的历史。然而，1588 年 9 月，最有影响力的莱斯特伯爵剧团的保护人莱斯特伯爵罗伯特·达德利去世。当天，剧团就移交给费迪南多·斯坦利，也就是之后 1592 年 9 月 25 日受封的第五代德比伯爵。第五代德比伯爵费迪南多·斯坦利 1594 年 4 月 16 日去世后，保护人及许可证颁发者先是第一代亨斯顿勋爵亨利·凯里——1596 年 7 月 23 日获封“宫内大臣”，后来是第二代亨斯顿勋爵乔治·凯里。1597年3月，乔治·凯里也获封为宫内大臣。1603年5月，国王詹姆斯一世接管后，剧团晋升为国王剧团，地位提高，虽名字几经更改，但自始至终一直维持着尊贵的地位。

可以推断，这就是莎士比亚最初加入并且度过一生的剧团。据文献记载，1594年12月，莎士比亚成为剧团成员，1603年5月成为领导之一。剧团的四个主要成员——当时最伟大的悲剧演员理查德·伯比奇，以及约翰·赫明、亨利·康德尔和奥古斯丁·菲利普斯都是莎士比亚的终生朋友。另外，莎士比

第一代亨斯顿勋爵亨利·凯里

亚的大部分戏剧都是在这家剧团的赞助下得以首次登台亮相的。据称，只有两部戏剧——《泰特斯·安德洛尼克斯》和《亨利六世（第三部）》——似乎是由其他剧团首次上演[①]。

莎士比亚初加入时，宫内大臣剧团的演出场所应该是位于肖迪奇的剧场剧院——1576 年由著名演员理查德·伯比奇的父亲詹姆斯·伯比奇建造。剧场剧院毗邻芬斯伯里田野区,位于城市边界之外。伦敦当时仅有的另一家剧院——穆尔菲尔兹的帘幕剧院近在咫尺。帘幕剧院的名称取自肖迪奇的帘幕路。但莎士比亚演艺生涯早期，他所在的剧团总是在寻找落脚处。1592 年 2 月 19 日，剧团属于斯特兰奇勋爵名下时，演员们创办了伦敦的第三家剧院，即投机戏剧经理菲利普·亨斯洛建于萨瑟克区泰晤士河畔的玫瑰剧院。剧院开张那天，莎士比亚所属剧团临时与海军大臣剧团联合。著名演员爱德华·阿莱恩就在海军大臣剧团。好几个月，混合剧团都是由爱德华·阿莱恩带领。但不久两个剧团分开，莎士比亚再也没有机会跟爱德华·阿莱恩共事。玫瑰剧院应该是莎士比亚作为演员和戏剧家的最早成名地。随后，1594 年，莎士比亚频繁地在纽因顿巴茨的另一家新剧院登台演出，1595 年到 1599 年则现身于帘幕剧院和肖迪奇剧场剧院更古老的舞台上。帘幕剧院一直开放至内战时期，但 1600 年之后不敌新兴剧院，光环日渐黯淡。1599 年，理查德·伯比奇和兄弟卡斯伯特·伯比奇拆除了剧场剧院的老建筑，又主要靠着拆卸下来的材料，在泰晤士河畔建成了著名的环球剧院。环球剧院呈八边形，是木质结构。莎士比亚《亨利五世》开场合唱中提到的“这个木质的 O 形”，应该就是指环球剧院[②]。1599 年以后，环球剧院主要由莎士比亚所在剧团使用。莎士比亚获利颇丰。从开业到莎士比亚退休，环球剧院——很快在伦敦剧院中成为龙头老大——似乎是与莎士比亚有业务合作的唯一一家剧院。同样耳熟能详的黑衣修士剧院是演员理查德·伯比奇的父亲詹姆斯·伯比奇 1596 年年底基于一幢民宅建成的。后来很多年中，这家剧院都租给了童伶剧团，即众所周知的“女王礼拜堂的孩子们”。直到

① 一部由苏塞克斯伯爵剧团上演，另一部由彭伯克伯爵剧团上演。——原注

② 而不是帘幕剧院。——原注

爱德华·阿莱恩

1609 年 12 月或 1610 年 1 月，莎士比亚所在剧团才开始在黑衣修士剧院演出，而那时莎士比亚的演艺生涯已几近结束[①]。

在伦敦时，莎士比亚住在剧场剧院附近。据爱德华·阿莱恩回忆，1596 年，诗人住在“萨瑟克区的熊园”。1598 年，一位叫“威廉·莎士比亚”的人住在圣海伦教区的主教门区，拥有价值五英镑的财产。津贴征收官向他征收了十三先令四便士的税。但不能确定这位纳税人就是我们的戏剧家[②]。

---

① 黑衣修士剧院的旧址现在用作《泰晤士报》报社办公室，位于英国伦敦的维多利亚街。——原注

② 《伦敦金融城财政补贴》，公共档案馆，第146页到第369页；《备忘与查询》，第8辑，第8卷，第418页。——原注

莎士比亚时代和现代社会的戏剧表演主要的不同之处在于，伊丽莎白一世时代的舞台没有场景布置，没有出场服装，也没有女演员。直到 1660 年王政复辟时期，公共剧院才开始出现由男人或男孩扮演的女性角色[①]。结果，为了能让观众产生必要的想象，演员所需的演技远远超过后来的时期。但伊丽莎白一世时期，演员的职业习惯在很多方面与他们的现代同行非常相似，程度常常超出我们的想象。当时在外省巡演比现在更频繁、更有规律。夏季或初秋时节，没有几家剧团会留在伦敦。每年 5 月到 10 月，每个拥有两千余居民的乡镇都会迎来一次巡演。如果随机抽取约七十个城市的现存卷宗飞快地浏览一下，就会发现，1594 年到 1614 年，莎士比亚所在剧团经常在一些城镇演出，譬如巴恩斯特普尔、巴斯、布里斯托尔、考文垂、多佛、法弗舍姆、福克斯顿、海斯、莱斯特、梅德斯通、马尔伯勒、新罗姆尼、牛津、苏赛克斯的拉伊、萨弗伦沃

① 《皆大欢喜》结尾部分，罗莎琳德大笑着对男观众说，“如果我是女人，我会亲吻你们当中很多男人”等，借此，莎士比亚暗指男人或男孩扮演的女性角色。无独有偶，在《安东尼与克莉奥帕特拉》第5幕，第2场，第220行，克莉奥帕特拉溃败后，懊恼地说道：

喜剧演员们很快就会
即兴编演关于我们的戏剧……我将会看到
某个吱吱叫的男孩装腔作势地扮演克莉奥帕特拉

扮演女性角色的男人似乎戴了面具。《仲夏夜之梦》第1幕第2场第53行中，坎斯就要求弗鲁特扮演提斯柏时“戴面具”。同期的法兰西王国和意大利，女人似乎可以在剧院登台演出。但在英格兰，民众觉得女性在舞台上公开亮相是伤风败俗的事，即使已名声扫地的女人也很少会冒这个险，这种偏见一直持续到王政复辟时期。但令人好奇的是，王室的做法却大为不同。在宫廷中，伊丽莎白一世鼓励有爵位的女贵族参加私人的娱乐性假面剧和露天短剧表演，詹姆斯一世和查理一世时期的宫廷更是频繁如此。詹姆斯一世时期，王宫内的假面剧表演都会有舞台装饰，常常由伊尼戈·琼斯设计。但直到王政复辟时期，公众舞台没有任何布景设计，有的只是一块从中间拉开的幕，舞台后面还有一个靠几根柱子撑起的楼厅或上层平台，有时候部分对话会从那里传出来，尽管有时楼厅里似乎都是观众（参照1596年从荷兰来伦敦的参观者所画的关于天鹅剧院的简图，《卡尔·特奥多尔·盖德茨关于古老的英格兰舞台的知识，并首次披露伦敦天鹅剧院真实内景》，不来梅，1888年）。针对伊丽莎白一世时代观众在剧院面临的困难，菲利普·西德尼爵士曾幽默地形容道，由于没有舞台布景，观众只好想象着花园、岩石海岸、洞穴和战场在这些光秃秃的板上相继飞快地闪现（《为诗辩护》，第52页）。三声嘹亮的喇叭宣告着演出开始，两幕之间会有小提琴乐队演奏，前后场景之间则不中断。——原注

尔登和什鲁斯伯里[①]。莎士比亚可能因尽职尽责地完成了自己的工作而受到称赞，他在十四行诗里提到了一些旅行过的地方，应该就是暗指早年巡演。另外，有人反复强调，莎士比亚曾与所在剧团一同访问了苏格兰[②]。

1599年11月，英格兰演员在劳伦斯·弗莱彻和一个叫马丁的人的带领下抵达苏格兰，受到了苏格兰国王的热烈欢迎[③]。1603年，劳伦斯·弗莱彻是莎士比亚的同事，但二人之前是否曾共事不得而知。莎士比亚所在剧团从未有过叫"马丁"的演员。1601年10月，劳伦斯·弗莱彻又去了一次苏格兰[④]，但没有证据表明随同者包括莎士比亚所在剧团的演员。同样，莎士比亚在《麦克

---

① 参见詹姆斯·奥查德·哈利威尔-菲利普斯的《莎士比亚所在剧团访问英格兰省级城市和城镇》（私人刊印，1887年）。根据这本书以及别处获取的零散信息来看，可推测出如下不完整的行程安排：

1593年：布里斯托尔和什鲁斯伯里
1594年：马尔伯勒
1597年：费佛宣、巴斯、拉伊、布里斯托尔、多佛和马尔伯勒
1603年：里士满（萨里郡）、巴斯、考文垂、什鲁斯伯里、莫特莱克和威尔顿庄园
1604年：牛津
1605年：巴尔内斯特普尔和牛津
1606年：莱斯特、萨弗伦沃尔登、马尔伯勒、牛津、多佛和梅德斯通
1607年：牛津
1608年：考文垂和马尔伯勒
1609年：海斯、新罗姆尼和什鲁斯伯里
1610年：多佛、牛津和什鲁斯伯里
1612年：新罗姆尼
1613年：福克斯顿、牛津和什鲁斯伯里
1614年：考文垂——原注

② 参见查尔斯·奈特：《莎士比亚传》，1843年，第41页；弗雷德里克·加尔·弗莱：《戏剧史》，1890年，第135页到第136页。——原注

③ 詹姆斯六世毫不掩饰自己对这些英格兰演员的喜爱，以至于苏格兰教会的头头们怀恨在心。英格兰代理人乔治·尼科尔森在1599年12月12日从爱丁堡发出的密电（迄今未出版）中写道："这个镇的四位长老教会牧师（只提到了我们英格兰演员劳伦斯·弗莱彻和默尔丁[即马丁]的名字，并未提及所在剧团），不知道国王已有法令允许演员们大声表演，却下令这伙人要克制，并且不得从事或出入于世俗的游戏、运动或戏剧表演。"于是，国王在议会中召集这些长老教会牧师，用最严厉的法律威胁他们。开始这些牧师们还很顽固，后来同意减少对演员们的敌意。乔治·尼科尔森补充道，最后，"国王这天用角声宣告，演员们可以自由表演，从而禁止了教会牧师们的阻挠或控告"。国家文件手稿，苏格兰道明会，P.R.O.英国档案局第65卷，第64号文件。——原注

④ 弗雷德里克·加尔·弗莱：《戏剧史》，1890年，第126页到第144页。——原注

詹姆斯一世

白》中提到因弗尼斯气候“敏感”而“甜润”[1]，逼真地传达了苏格兰高地的荒野印象。大家断定这种描写来自个人经历，但可能是过分解读了莎士比亚本人的意图。詹姆斯一世登基后，莎士比亚不可避免地会和伦敦及剧院的苏格兰男人交往，因而写出这部分内容不足为奇。

莎士比亚时期，一些英格兰演员会时不时地一起到外国进行专业巡演。当

① 参见邓肯的台词（抵达麦克白因弗尼斯城堡时）：

这座城堡的位置真是令人愉悦；
空气敏感而又甜润地迎面轻拂着
让我们备感温柔

班柯：夏天的客人，
经常光顾寺庙的燕子，
也在此筑起心爱的家园，因为它们从空气中
嗅出了诱人的气味。

（《麦克白》，第1幕第6场第1行到第6行）——原注

然，各国宫廷无一例外地都会给予热情的招待。1580 年到 1630 年，丹麦、神圣罗马帝国、奥地利、荷兰和法兰西王国的王室成员都看过很多由英格兰演员表演的戏剧[①]。莎士比亚绝不可能参加了每一次巡演。可能有少量国内演员加入，但国外职业巡演的现存名单中找不到莎士比亚的名字。事实上，无论是从个人才干还是职业能力来说，莎士比亚都没必要踏上欧洲大陆巡演之旅。他

莎士比亚戏剧中的麦克白

① 艾伯特·科恩：《莎士比亚在德意志》，1865年；迈斯纳：《英格兰戏剧家莎士比亚在奥地利》，维也纳，1884年；乔恩·斯蒂芬森："莎士比亚在埃尔西诺"，载于《当代评论》，1896年1月；《备注与查询》，第5辑，第9卷，第43页和第11卷，第520页；以及让·朱尔斯·朱瑟朗关于英格兰演员在法兰西王国的文章载于《19世纪》，1898年4月。——原注

《维洛那二绅士》剧中场景：瓦伦丁向西尔维亚求爱

反复地讥讽着这股巡游国外的热潮[①]。莎士比亚总是提到意大利，尤其是意大利北部的几个城市，譬如威尼斯、帕多瓦、维洛那、曼图亚和米兰。他经常在作品中信手拈来地描绘着许多意大利生活和情感的画面。然而，莎士比亚在《维洛那二绅士》第 1 幕第 1 场第 71 行提到瓦伦丁从维洛那坐船到米兰，在《暴风雨》第 1 幕第 2 场第 129 行到第 144 行提到普洛斯彼罗在米兰大门处登船。从这些事实来看，莎士比亚的北意知识几乎不可能是出于个人观察[②]，而应该

① 《皆大欢喜》，第4幕第1场第22行到第40行。——原注

② 弗里德里希·卡尔·埃尔策：《随笔》，1874年，第254页起。——原注

是从去过意大利的朋友那儿或从书中获悉。因为有些内容他还没有完全消化，并不能栩栩如生地再现原貌。

1592年，出版商亨利·切特尔写道，莎士比亚“擅长刻画人物特性”[①]。17世纪时，老演员威廉·比斯顿也肯定了“莎士比亚的表演非常棒”[②]。但莎士比亚具体扮演了哪些出色的角色缺少记载，几乎没有什么现存文献直接论及他的表演。1594年圣诞节期间，莎士比亚与当时首屈一指的喜剧演员威廉·肯普和最伟大的悲剧演员理查德·伯比奇等著名演员为伍，于圣史蒂芬日和婴儿蒙难日——1594年12月27日和1594年12月28日——在格林尼治宫为伊丽莎白一世上演了“两幕喜剧或插曲”。演员们获得了“十三英镑六先令八便士的报酬，加上女王陛下赏赐的六英镑十三先令四便士，总共收入二十英镑”[③]。但戏剧名称和人物角色都没有提及。本·琼生的戏剧《个性互异》(1598)首演时，莎士比亚名列演员表第一位。在他的《西姜努斯》(1603)首版中，演员的名字分成两栏，莎士比亚排在第二栏首位，与第一栏首位的理查德·伯比奇并排，但同样未注明各自扮演的角色。尼古拉·罗尔仅仅确定了莎士比亚扮演过的一个角色，即“《哈姆雷特》中的鬼魂”，认为该角色是“莎士比亚表演的最高水平”。赫里福郡的约翰·戴维斯注意到，莎士比亚“扮演了一些运动界的高贵人物”[④]。威廉·奥尔迪斯提到，莎士比亚有个弟弟，通常被认为是吉尔伯特·莎士比亚，年幼时常来伦敦看哥哥扮演自创戏剧中的角色。上了年纪之后，吉尔伯特·莎士比亚的记忆有些衰退，回忆说自家兄长曾扮演过《皆大欢喜》中的亚当。在1623年的《莎士比亚全集》对开本中，前言部分有一份“所有戏剧中的主要演员”名单，莎士比亚的名字位列第一。

某些场合下，莎士比亚会因演员的称谓而感到恼火，这可以从他的《十四行诗》中推断出来。诗中，莎士比亚责骂自己成了“视觉小丑”——参见第2首。

---

① “特性”一词在伊丽莎白一世时期的英语中是“演员职业”的专门术语。——原注

② 约翰·奥布里：《名人传》，安德鲁·克拉克编，1898年，第2卷，第226页。——原注

③ 詹姆斯·奥查德·哈利威尔-菲利普斯：《莎士比亚生平概览》，1887年，第2卷，第121页；夏洛特·卡迈克尔·斯托普斯夫人：《莎士比亚在德意志》，1896年，第32卷，第182页起。——原注

④ 参见约翰·戴维斯《愚蠢的灾难》，1610年，第159首。——原注

在他的名字有了品牌效应后，他斥责命运让自己沦为了“要靠公共礼仪滋生出的抛头露面的方式来谋生”——参见第 11 首第 4 行到第 5 行。如果说诗歌字面上传递了诗人的自怨自艾，但反映出来的也只是一种稍纵即逝的情绪。面对一切有助于高效实现自己事业的事情，莎士比亚终身都保持着积极的兴趣。他热衷于评论演员们的台词。在《哈姆雷特》中，他直截了当地谴责了演员的共同过失，但又清晰而充满希望地指明了改进的方法。剧院工作早期，莎士比亚的最大抱负远非满足于演员一职，而是想努力成为一名成功的剧作家。即便如此，莎士比亚对待演员这一职业始终忠心耿耿，未曾间断。直到临终前几年，他才卸下了所有的剧院事务。

第 5 章

早期戏剧创作

精彩
看点

莎士比亚的戏剧创作时期（1591—1611）——借用的情节——戏剧修改——戏剧创作年代表——韵律尝试——《空爱一场》（1591）——《维洛那二绅士》（1591）——《错误的喜剧》（1592）——《罗密欧与朱丽叶》（1592）——《亨利六世》（1592）——罗伯特·格林的抨击（1592）——亨利·切特尔的道歉——《亨利六世》的其他作者——莎士比亚的合作者——莎士比亚的吸收能力——约翰·李利在喜剧方面的影响——克里斯托弗·马洛在悲剧方面的影响——《理查三世》（1593）——《理查二世》（1593）——向克里斯托弗·马洛致谢——《泰特斯·安德洛尼克斯》（1593）——《威尼斯商人》（1594）——夏洛克和罗德利哥·洛佩兹——《约翰王》（1594）——《错误的喜剧》在格雷律师学院大厅上演（1594）——疑似莎士比亚早期戏剧——《费佛斯汉的阿登》（1592）——《爱德华三世》——《缪琦德勒丝》——《美丽的艾姆》（1592）

莎士比亚整个戏剧创作的开始和结束大概在二十年内，即 1591 年至 1611 年，正是他二十七岁到四十七岁之间。如果按传统观点，有别人的作品算在了他名下，那么，他的部分作品也有可能算在了别人名下。这样扯平之后，二十年间，莎士比亚还是平均每年都创作了两部戏剧，而且几乎每部戏剧都达到了文学作品的巅峰。另外，他还出了三部诗集。演员们经常告诉本·琼生，“莎士比亚无论写什么内容，都从不涂改一行”。“第一对开本”的编辑们也证实，“他轻而易举地就表达出了自己的所思所想，我们在他的手稿中几乎找不到任何涂改”。虽说莎士比亚作品中也不乏仓促成文的痕迹，但与他高效的创作速度相比，也就可以忽略不计了。

从某种程度上说，借用情节时，莎士比亚可以省点儿心。但大多数情况下，他都会进行改编。莎士比亚很系统地借用了当时一些著名文学作品中的情节，如霍林谢德《编年史》、托马斯·诺斯的译作《普鲁塔克名人传》[①]、广为传阅的言情小说和成功的戏剧。之所以这样做，可能并非出于节省精力的目的。这一点上，莎士比亚体现出来的性情与后来处理生活事务时体现出来的实际性情大相径庭。当时，莎士比亚仿佛是受命于自己的天赋，乐此不疲地改编着那些已经攫取大众眼球的主题。尽管这些情节出自不如他的作家或戏剧家，但他的主要意图应该还是想照顾大众口味。

① 普鲁塔克（46—120），古希腊传记作者、随笔作家。

职业编剧将自己的戏剧全部销售给任何一个表演剧团。剧本交到戏剧经理手中之后，编剧不再继续享有其法律权益[①]。剧本上演之前，戏剧经理往往会请原作者以外的人进行大幅度修改，重演时又会再修改。莎士比亚成为编剧时，最初的经历就是在幕后修改或改写那些已经成为经理财产的戏剧。他负责修改的部分具体作品可能还未经认定。有些剧本莎士比亚只做了细微的调整，但一般来说他是非常喜欢创新的，因而从事改编工作时，丰富的原创性思想使他无法仅局限于剧本修订。正因为这种才能，他的大多数劳动成果都够格纳入原创作品之列。

确定莎士比亚戏剧创作的确切顺序主要靠猜测。可以用作外部证据的事情不是很多，而且，这些事尽管极具参考价值，但也并非定论，毕竟出版日期不能代表创作日期。公认的三十七部莎士比亚戏剧中，只有十六部在他生前出版，是否在他的监督之下出版也是值得怀疑的[②]。但莎士比亚戏剧的主题和韵律大致可以提供一些线索来确定作品的创作日期。在莎士比亚的早期戏剧中，喜剧或悲剧的呈现方式非常简单。随着写作能力逐渐成熟，莎士比亚用更错综复杂的手法描绘生活，并且运用巧妙的洞察力，刻画人物情感的微妙变化，描述人类激情的奇妙运作。莎士比亚的喜剧和悲剧逐步混为一体，他的剧作最后发展出一种悲怆之美，唯有阅历丰富者才能品味。

同样，莎士比亚作品中的韵律也逐渐摆脱固定规则的阻碍和限制，变得十

---

① 戏剧家罗伯特·格林受到起诉的一起罪状就是他经常欺骗，将同一部戏剧交给两个剧团。他的原告责问他：“问问王后剧团，你有没有把《疯狂的奥兰多》以二十个金币（即大约七英镑）的价格卖给他们，他们在乡下又把这部戏剧以更高的价格卖给了宫内大臣剧团。”载于卡斯伯特·科尼-卡切尔《欺骗的辩词》（1592）。——原注

② 剧院的权威人士抨击戏剧出版，认为剧本传播会影响到剧院的收入。伊丽莎白一世和詹姆斯一世统治时期，仅有很少一部分戏剧在表演后交付出版社，其中大部分现在都已丢失。然而，在那个缺乏版权法的年代，出版商常常藐视剧本所有人的意愿。一部著名的戏剧常常要备好几份给演员们，如果其中一份碰巧落入出版商手中，那么，惯常的结果就是，剧本未经作者或经理的许可就出版了。1599年3月，戏剧经理菲利普·亨斯洛得知一位出版商弄到了一份剧院剧本，是托马斯·德克、亨利·切特尔和威廉·霍顿编写的喜剧《耐心的格里塞尔》。他试图用两英镑贿赂出版商，诱劝他放弃出版这部戏剧。因此这部戏剧的出版日期一直延迟到1603年（参见菲利普·亨斯洛的《日记》，第167页）。直到1633年，托马斯·海伍德才写道：“有些演员认为剧本出版不利于他们获取自己独特的利润。”（《英格兰旅行者》，前言）——原注

分灵活，足以应对人类情感的每个阶段。莎士比亚早期戏剧中的无韵诗严格地在每行末尾停顿，两两诗行经常押韵。渐渐地，他开始忽略那些做作的限制，很多地方不再有韵脚，更频繁地借助散句，停顿也没有确定的规律。与严格的韵律规则相反，有时行末或行中常常会出现多余的音节，行末词经常是弱读的或非重读的连词或介词[①]。早期作品中比比皆是的古怪奇喻和双关语在莎士比亚的晚期戏剧中已经难觅踪影。与诗学能力逐步平稳成长的其他任何天才作家相比，莎士比亚整个职业生涯的成就更有说服力。尽管如此，我们还是得留点余地来看看莎士比亚艺术进程中的潮起潮落。莎士比亚早期作品中的有些特点只是昙花一现，在晚期作品中却已司空见惯。而晚期作品中偶尔也会闪现一些早期作品的特色。要确定精准的创作年代表，不能单纯机械地依靠韵律统计表来检测。只有考虑每一部戏剧的所有内在特点及其已知的外部历史，才能有把握地推断出年表中的作品顺序。但目前看来，各种假设前提含糊不清，自相矛盾。迄今为止，仍没有一份公认的、各方面都令人满意的创作年表问世。

没有外在证据证明莎士比亚在 1592 年春天以前插手过任何作品。1597 年以前，莎士比亚没有出版任何戏剧。1598 年以前，他的名字也不曾出现在任何剧本的扉页上。但可以确定的是，莎士比亚最早的随笔写作始于 1591 年。从时间上来看，《空爱一场》应该是莎士比亚最早的戏剧作品。仅凭内部证据就能得知这部作品的写作时间，推断出是莎士比亚的早期尝试。但从题材上来看，作者应该已经获得观察伦敦生活和礼仪的大量机会，而这在他刚刚落脚大都市的头几年里是根本没法实现的。《空爱一场》体现了对当时城乡社会各阶层生活的敏锐观察，男主角俾隆的台词措辞巧妙，蕴涵着许多至理名言。《空爱一场》没有从别处借用情节，因而在所有莎士比亚戏剧中尤显单薄，又因为公然嘲弄了当前社会政治生活中一些人尽皆知的特点和事件，越发显得形单影

① 威廉·西德尼·沃克和查尔斯·巴瑟斯特两人分别在《莎士比亚的诗律》(1854)和《莎士比亚不同时期诗律的差异》(1857)中最早指出这些基本事实。英格拉姆博士载于《新莎士比亚学会会刊》(1874年第1卷)的论文《微弱的结尾》很有参考价值。弗雷德里克·加尔·弗莱先生的韵律表首次出现在上述学会《会刊》中(1874)，经弗雷德里克·詹姆斯·弗尼瓦尔博士修改后，重新刊登在自己为格维努斯的《评注》所撰写的导读中，以及自己的《利奥波德版莎士比亚》中。本书所有相关信息都是从这些韵律表中获悉。——原注

只。剧中主要人物的名字都取自法兰西内战的领导人——这场内战从 1589 年持续到 1594 年，引起了英格兰子民的密切关注[①]。这部剧以巧妙的幽默嘲讽了林林总总的现象，譬如，当时学术对年轻人的约束、时尚圈流行的时髦话和时髦穿着、伊丽莎白一世政府最近与俄国沙皇的谈判、农村警察的不作为、乡村教师和助理牧师迂腐地卖弄学问等。1597 年，剧本修改了一次，可能是准备在宫廷上演。1598 年，剧作第一次出版，扉页上有“最新修改和扩充”字样。莎士比亚的名字作为剧作者首次出现在出版物上。

同期另一部喜剧《维洛那二绅士》讲述的是一个关于爱情和友情的浪漫故事，欢乐成分更少些。1584 年，《菲力克斯和菲洛米娜的故事》在王宫上演。剧本已失传。《维洛那二绅士》极有可能是这部老戏剧的改写版——或者可以算得上是改善。《维洛那二绅士》的剧情与西班牙田园浪漫爱情剧《戴安娜》

---

① 主角是纳瓦尔国王，场景设在他的领地。剧中他的两名主要贵族随从叫俾隆和朗格维，名字和现实中纳瓦尔国王两名最忠诚的支持者完全一样（俾隆后来的经历成了乔治·查普曼两部戏剧的素材，即《俾隆公爵的阴谋》和《俾隆的悲剧》。两部戏剧都于1605年问世）。《空爱一场》中杜曼勋爵的名字是法语人名德缅因或德迈昂的普通英语称呼，在谈及与纳瓦尔运动有关的法兰西事件时，常常会提及这一名字，于是，莎士比亚把杜曼勋爵也纳入了纳瓦尔的支持者之列。莫特，或拉莫特，是那个英俊灵巧的小听差，和一位一直很受伦敦人喜爱的法兰西大使同名。尽管1583年这位大使离开了英格兰，但《空爱一场》写了很久之后，戏迷们和剧作家们仍然对他念念不忘。乔治·查普曼《幽默一天中的快乐》（1599年）中的莫特先生是法王身边活跃的奉承者，他的名字同样取自现实，且与莎士比亚的戏剧一样，利用了“尘埃”（即mote）一词的谐音。直到1602年，托马斯·米德尔顿在《布勒特大警长》，第2幕第2场第215行中写道：

嚯，上帝！嚯，上帝！我真的为之狂欢
当莫特先生作为大使待在这儿时。

阿玛多“这个想入非非的西班牙人”经常出入于纳瓦尔的宫廷，是另一位奉承者，被称为“一个幽灵，国王的影子”。作者用他讽刺现实中一个近乎疯狂的西班牙人，人称“想入非非的女王追随者”，多年来在伊丽莎白一世的宫廷晃荡，还总是幻想他有多艘轮船将要抵达伦敦港。他去世时，托马斯·丘奇亚德写了一首诗，叫《想入非非的女王追随者的墓志铭》，雷金纳德·斯科特的《发现巫术》（1584年，第54页）也提到了此人。阿玛多这个名字应该是1588年远征时出现的。乔治·查普曼《亚历山大港的盲乞丐》中的戈丁诺也来自同一原型。《空爱一场》的一个场景（第5幕，第2场，第158行开始）中，王妃的情人们压紧外套，装扮成俄罗斯人的模样，这也应该是效仿现实中1584年伊丽莎白一世王宫的女贵族们接待俄国大使的情景。当时，大使们来到伦敦，想在英格兰女贵族中为沙皇物色一位妻子（参见霍尔西的《旅行》，邦德编，哈克鲁特学会）。若想进一步了解莎士比亚这部戏剧中的某些话题所影射的具体事实，请参见本人的文章《<空爱一场>的新研究》，载于1880年10月的《绅士杂志》以及《新莎士比亚学会会刊》第3卷，第80页。另外，有人尝试证明，学校老师荷罗弗尼是影射意大利教师和词典编纂者约翰·弗洛里奥，理由似乎不够充分（参见第134页、135页注释）。——原注

《维洛那二绅士》剧中场景：拯救普罗特斯的西尔维亚

中“牧羊女费丽斯梦娜”的故事雷同。《戴安娜》系乔治·德·蒙特梅尔所著，长期深受英格兰观众的喜爱，但一直没有出版完整的英译本，直到1598年巴塞洛缪·扬的译本问世。托马斯·威尔逊1596年献给第三代南安普顿伯爵亨利·莱奥斯利的手抄本可能很早就开始流通了。早在1591年，菲利普·西德尼爵士就翻译了《戴安娜》的部分内容，并与自己的诗作一起发行。巴纳比·里奇《阿波罗尼奥斯与西拉》[①]中的内容也给了莎士比亚一些启发。后来，他在《第

① 来自钦提奥的《寓言》。——原注

小丑朗斯

十二夜》中再次借用了这个故事。《维洛那二绅士》随处都是轻浮的幻想，惹人生厌，但也有体现高尚诗学境界的内容。另外，小丑朗斯和斯皮德——一长串乖僻仆人中的领头人——荒诞滑稽的言语比比皆是。《维洛那二绅士》没有在莎士比亚生前出版，最早出现在1623年的对开本中，而且很有可能是修改后的版本①。

接着，莎士比亚在《错误的喜剧》中尝试喧闹的荒诞剧写作。这部剧也是1623年首次出版。与《空爱一场》相似，莎士比亚再次影射了法兰西内战。剧中，法兰西王国发动了反对王位继承人的战争——第5幕第2场第125行。

① 参见弗雷德里克·加尔·弗莱：《莎士比亚传》，1886年，第188页起。——原注

莎士比亚这部荒诞剧可能基于一部叫《错误的故事》的戏剧。《错误的故事》曾于 1576 年在汉普顿宫上演过，却没有版本保存下来。《错误的喜剧》主题和普劳图斯的《孪生兄弟》很接近，讲述的是一对孪生兄弟的故事，他俩长得一模一样，难以区分，因而造成了很多误会。其中，第 3 幕第 1 场中，以弗所的安提福勒斯被关在了自家门外，他的妻子和哥哥在里面吃饭。这情景很容易让人想到普劳图斯《安菲特律昂》中的一个片段。莎士比亚应该是直接取材于

《错误的喜剧》中的孪生兄弟

普劳图斯及其老剧，也有可能读过普劳图斯作品的英译本。《孪生兄弟》最早的译本直到 1594 年 6 月 10 日才获得出版许可，并于次年出版。此前没有其他普劳图斯剧作的英译本问世。但首次出版的《孪生兄弟》英译本的前言里提到，译者“W.W.”应该是威廉·沃纳。他精通伊丽莎白一世时期的英语，以前曾经把这部戏剧和其他“各种”普劳图斯喜剧“翻译成了英语”并且以手稿的形式流通传阅，“以取悦那些无法读懂普劳图斯原文的私人朋友们，并供他们使用”。

莎士比亚的上述戏剧尽管体现了不同寻常的戏剧创作潜力，但肯定还不能被称为卓尔不群的作品。正是通过自己的第一部悲剧《罗密欧与朱丽叶》，莎士比亚才真正证明了自己空前的诗学和戏剧天赋。在这部剧中，他一改常规，讲述了一个有过很多英文版本的意大利爱情悲剧[①]。此前，1562 年，阿瑟·布卢克将这个故事从班戴洛的意大利版本改编成英语诗篇，1567 年威廉·佩因特也改成散文体纳入自己的《欢乐宫》并出版。莎士比亚的情节取自阿瑟·布卢克译自班戴洛的版本，改动甚少，但洋溢着诗学热情。为了减轻悲剧程度，莎士比亚发挥了莫枯修的幽默，嫁接了一个新的喜剧人物——奶妈[②]。莎士比亚用至高至美的抒情语言描绘了年轻人欣喜若狂的激情，尽管偶尔还是不由自主地偏好奇思妙喻和荒诞诡辩，但作为一部以爱情为主题的诗歌体悲剧，《罗密欧与朱丽叶》在文学界所向披靡。剧中奶妈说道，“距地震已经十一年”——第 1 幕第 3 场第 23 行。如果按字面意思理解这句话，该剧肯定创作于 1591 年，因为 16 世纪时，1580 年之后，英格兰再没有发生过地震。1592 年，塞缪尔·丹尼尔的《罗莎蒙德的哀怨》出版，与《罗密欧与朱丽叶》颇有几分相似，很有

① 这个故事最早可追溯至公元2世纪的作家色诺芬·以弗所在《安西亚和阿布罗科美斯》中讲述的古希腊爱情故事。1470年左右，马萨丘的《故事集》（参见威廉·乔治·沃特斯先生的翻译，第1卷，第33篇，第155页到第165页），似乎是现代欧洲中最早讲述它的。路奇·达·波托的小说《朱莱塔》（1535）和班戴洛的《短篇小说集》（1554年，第2卷，第9篇）都是改编自马萨丘的版本。班戴洛的版本成为经典，并由贝勒弗雷翻译，载入《悲剧故事》（里昂，1564年）。莎士比亚创作《罗密欧与朱丽叶》时，洛佩·德·维加正在为自己的西班牙戏剧《凯普莱特家族和蒙塔古家族》改编这个故事。若要分析洛佩·德·维加的这部最终以喜剧结尾的戏剧，请参见《莎士比亚集注本》，1821年，第21卷，第451页到第460页。——原注

② 参见《原件及类似物》，彼得·奥古斯汀·丹尼尔编，新莎士比亚学会，第1卷。——原注

莫枯修

可能莎士比亚也是在同一年完成了自己的著作。1597年，《罗密欧与朱丽叶》首次出版，但并未注明作者，由约翰·丹特根据不完整的表演剧本偷偷刊印。1599年，该剧本第二次出版，是一个四开本[①]。底稿是一个真实版本，但可能在初稿完成之后经过了修改[②]。

我们知道得更详细的是同一时期的另外三部戏剧——三部《亨利六世》——

① 托马斯·克里德为卡思伯特·伯尼印刷的版本。——原注

② 参见彼得·奥古斯汀·丹尼尔编，《平行文本》，新莎士比亚学会；弗雷德里克·加尔·弗莱：《莎士比亚传》，1886年，第191页起。——原注

《亨利六世（第一部）》中的福斯塔夫

的舞台原型。从这三部剧可以看出，莎士比亚毫不掩饰改编他人剧本的行为。尽管它们不能算作诗人独立创作的作品，但仍有助于我们理解莎士比亚的早期写作方式，梳理他与其他剧作家的关系。

1592 年 3 月 3 日，斯特兰奇勋爵剧团在玫瑰剧院上演新剧《亨利六世》。这应该就是后来人们所知的莎士比亚《亨利六世（第一部）》。首演就大获全胜。托马斯·纳什在自己的《贫穷的皮尔斯》——1592 年 8 月 8 日许可出版——中提及塔尔博特去世的惊人场面时，写道："想想，塔尔博特——法兰西人惧怕的人——在自己的坟墓里躺了两百年之后，如今再次趾高气扬地出现在舞台上。上万名观众一遍遍地重新泪洒他的尸骨，把悲剧演员当成塔尔博特本人，想象着目睹他鲜血淋漓的模样！此情此景将会让勇敢的塔尔博特多么高兴！”没有相关记录直接提及第二部《亨利六世》的主题，但这样的第二部很快就出现了。第三部是关于亨利六世统治末期的一些事情，1593 年初秋上演时也引起了众多关注。

历史剧《亨利六世》三部曲的完成所带来的喝彩引起了戏剧行业的慌乱。老一代戏剧家们清醒地认识到，这个陌生的年轻人已经危及他们的知名度，并在他们之间占了一席之地。于是，一名老剧作家立刻不怀好意地发出了抗议。1592 年 9 月 3 日，罗伯特·格林去世。在临终的床上，他写下了一份动机不良的告别词，题目为《百般懊悔换得的一毫智慧》。他告诫三位剧作者同事——克里斯托弗·马洛、托马斯·纳什和乔治·皮尔或托马斯·洛奇——要当心“借我们之口说话”的木偶，警惕“用我们的外貌装扮的滑稽行为”。他还说：“有只暴发户乌鸦用我们的羽毛美化自己，‘演员的外表之下包裹着一颗老虎心’，以为自己也可以写出像你们的作品一样漂亮的无韵诗。一个跑腿的打杂工狂妄地以为自己是举国上下唯一的摇撼舞台者……再也不要交出你们受人尊重的创作给那些念台词的傻瓜们，因为那群蠢笨之人竟然要取悦于粗鲁的养马人，实在太可惜了。”“唯一的摇撼舞台者”是谴责莎士比亚的双关语[①]。一名年轻演员——剧院杂役工——有能力修改前辈们的剧作，手法精湛，以致影响到了他们在经理和戏迷心中的威望，这让一位有地位的作者怀恨在心，写下了这篇言辞激烈的长篇演说稿。斜体的引文歪曲地改写了莎士比亚《亨利六世》第三部的诗行：

哦！女人的外表下包裹着一颗老虎心。

但莎士比亚亲切善良，多才多艺，已经拥有许多仰慕者。他的成功赢得了比罗伯特·格林更友好的同事们的同情与尊重。1592 年 12 月，在一本反映当

① 莎士比亚这一名字的意思为“挥舞长矛”。

时社会生活的小册子《仁心之梦》的序言中，罗伯特·格林临终文章的出版者亨利·切特尔为他抨击年轻演员莎士比亚一事表达了歉意："我非常抱歉，好像这篇演讲稿是我自己写的一样，因为我看到，莎士比亚彬彬有礼，举止文雅，而且许多贵族都说他为人正直，足以表明他是诚实之人。另外，他优雅出色的文笔也说明了他杰出的艺术才能。"

《亨利六世》三部曲的第一部最早在《莎士比亚全集》中出版，第二部和第三部后来在对开本中接在第一部后面，但后两部的最初印刷版本在形式上与对开本中的很不一样。各种评论已经证明，三部剧中，莎士比亚只不过是在别人作品的基础之上做了些增加、修改和更正。《亨利六世（第一部）》圣堂花园那一场，竞争政党在花园里采摘红玫瑰和白玫瑰作为各自的象征、莫蒂默的

竞争政党在花园里采摘红玫瑰和白玫瑰作为各自的象征

萨福克向玛格丽特求爱

临终话，或萨福克向玛格丽特求爱才体现了莎士比亚自己的风格。1594 年，一部匿名作者的关于亨利六世统治的第二部剧做出版，取名为《约克与兰开斯特两个著名议会的争斗之第一部》。底稿源自一份粗糙的舞台剧本。次年，关于亨利六世的第三部戏剧以《约克公爵理查德的真实悲剧，善良的亨利六世之死，由彭伯克伯爵剧团多次表演》为名出版，受到了更多关注。这两部戏剧里都可以看到修改痕迹。《争斗》中，杰克·凯德的多处幽默应该只有可能是出自莎士比亚之手。可能在别人的帮助之下，他匆忙修改了这三部作品的原稿之后，于 1592 年将它们搬上了舞台。前两部由莎士比亚所在剧团——当时的斯

《亨利六世（第三部）》：逃亡中的亨利六世

特兰奇勋爵剧团——表演。第三部因有特殊安排，由彭伯克伯爵剧团表演。但莎士比亚并未就此罢休。短短的空档期间，可能是为了重演，他开始了更彻底的修改——仍然是与另一位作家联手。彻底修改后的《争斗（第一部）》摇身变成对开本中的《亨利六世（第二部）》，有一半的诗行都是新的。《真实的悲剧》则变成了《亨利六世（第三部）》，修改幅度不大，三分之二的内容维持原样，三分之一的内容全部翻新了①。

《亨利六世》接连两次的修改中，莎士比亚的合作者是谁还不得而知，全凭猜测。有观点认为，罗伯特·格林和乔治·皮尔是三部《亨利六世》的原创作者，莎士比亚只是在他们的创作基础之上修改。这有助于解释罗伯特·格林为何义愤填膺，斥责莎士比亚为“一只暴发户乌鸦”，借他和同行剧作家的“羽

① 参见弗雷德里克·加尔·弗莱：《莎士比亚传》，1886年，第235页起；《新莎士比亚学会会刊》，简·李女士，1876年，第2卷；阿尔杰农·查尔斯·斯温伯恩：《莎士比亚研究》，1879年，第51页起。——原注

毛来美化自己”。或者不妨说，莎士比亚与他最伟大的前辈克里斯托弗·马洛为伍。《争斗》和《真实的悲剧》的首次修改就是他们合作的成果。第二次修订中的大多数新篇幅看起来应该是莎士比亚一个人的功劳，但有些内容看似也存在着前一次那种搭档关系。有可能起初是克里斯托弗·马洛开始了最后一次修改，但因他逝世而中断，所以大部分修改工作就落到他年轻的合作者身上了。

莎士比亚和其他天才共同具备的接受能力使他们能够消化同代人的大多数智慧结晶，并且进行加工改造，从廉价的粗矿中锻造出昂贵的纯金。即使莎士比亚不是同代人旧剧本的职业修改者，他自己的作品中应该也留有学习同代人

克里斯托弗·马洛

作品的痕迹。托马斯·沃森、塞缪尔·丹尼尔、迈克尔·德雷顿、菲利普·西德尼爵士及托马斯·洛奇的诗句如潺潺溪流，不断地往莎士比亚的诗学与抒情创作的大河中输送着养分。悲剧作家对手托马斯·基德和罗伯特·格林在莎士比亚早期的悲剧创作中肯定有着或多或少的影响。然而，无论是在喜剧创作还是在悲剧创作方面，让莎士比亚实实在在或绝对明确地受到恩惠的只有两位同行剧作家，他们就是克里斯托弗·马洛和约翰·李利。尽管莎士比亚的能力超越了他的《亨利六世》合作者克里斯托弗·马洛，但莎士比亚早期的悲剧常常

迈克尔·德雷顿

菲利普·西德尼爵士

留下忠实效仿克里斯托弗·马洛的痕迹，猛烈地描绘着悲剧激情。而莎士比亚早期的喜剧则显现出了与约翰·李利作品的相似之处。

众所周知，约翰·李利是浪漫剧《尤菲绮斯》的作者。1580 年到 1592 年，他创作了八部不切实际的小喜剧，其中六部采用散文体，一部是无韵诗，另一部是韵律诗。从《空爱一场》到《无事生非》，莎士比亚喜剧中的许多对话都离不开漫无边际的幻想、双关或对照。这也是约翰·李利作品中大多数角色特别沉迷的交流方式。约翰·李利有四分之三的喜剧都会稍稍围绕经典或虚构的神学主题——莎士比亚《仲夏夜之梦》的一举成名正是得益于这种方式。莎士比亚笔下的古怪人物，如《空爱一场》中的亚马多和他的儿子莫斯，读来就像约翰·李利笔下的索帕斯爵士。这是一名虚荣自负的骑士，他和儿子艾皮顿是

道格勃里警长

喜剧《恩底弥翁》中的人物。而约翰·李利这部剧中的看守者明显预告了莎士比亚的道格勃里警长和贝赫斯。男人装扮成害相思病的少女是约翰·李利的写作特色之一。莎士比亚后来也常用这种手法，第一次尝试是在《维洛那二绅士》中。另外，虽说约翰·李利的作品相对而言不足称道，但他喜剧中的诗歌散发着种种抒情魅力，这也是莎士比亚在喜剧创作中从他那里借用的众多有趣特点之一[①]。

① 莎士比亚晚年的作品《哈姆雷特》中，波洛尼厄斯给雷欧提斯的建议就是从约翰·李利的《尤菲绮斯》中借用的。然而，不管莎士比亚如何看待那个教条爱情故事中的道德情绪，他还是看不起那种做作的散文风格。对此，莎士比亚在《亨利四世（上篇）》（第2幕，第4场，第445行）中有这么一段耳熟能详的嘲讽：“因为，尽管紫菀草遭受的践踏越多，长得越快，然而青春浪费得越多，便也越早耗尽。”——原注

莎士比亚的同时代人中，唯有克里斯托弗·马洛功不可没，在 1592 年和 1593 年莎士比亚事业巅峰之际，实质性地影响了莎士比亚的悲剧创作。莎士比亚最早的两部历史悲剧《理查三世》和《理查二世》，以及后来的喜剧《威尼斯商人》中夏洛克的故事，明显是有意要坚定地步克里斯托弗·马洛的后尘。

《理查三世》是莎士比亚独立完成的，里面涉及的有关英格兰历史的内容在《亨利六世（第三部）》也有。《亨利六世（第三部）》明显是和克里斯托弗·马洛合作的成果。剧作家们已十分熟悉这个主题，但莎士比亚在霍林谢德《编年史》中找到了所需材料。自 1579 年以来，托马斯·莱格同一主题的拉丁文作品深

戏剧《理查三世》中的理查三世

受学术界好评和读者喜爱。1594 年，出自他人之手的《理查三世的真实悲剧》以匿名作者的形式出版,但莎士比亚的作品与这两部作品都没有什么相似之处。整部《理查三世》中，诗人都在极力模仿克里斯托弗·马洛，这是不争的事实。阿尔杰农·查尔斯·斯温伯恩先生认为，悲剧《理查三世》“激情炽烈，目的单纯，处处精于修辞，尽管语言表达还不够夸张，但简直与克里斯托弗·马洛的《帖木儿大帝》如出一辙”。当然，这部激情澎湃的作品很受欢迎。主角由理查德·伯比奇扮演。这也是他最成功的表演之一。“一匹马，一匹马！我的王国只值一匹马！”这句诗之所以能像格言一样广为流传，正是归功于他掷地有声的演绎。

《理查二世》似乎是紧接着《理查三世》创作的。后来，两部剧均于1597 年以匿名作者的形式出版，因为“此前已由尊敬的宫内大臣的剧团公开

戏剧《理查二世》中的理查二世

演出”。但由于主题不合女王口味，《理查二世》中证词那一场早就删去了。整部剧没有一处散文体，很明显是莎士比亚的早期作品，可能创作于 1593 年年初。克里斯托弗·马洛式暴风骤雨般的激情在《理查二世》中没有在《理查三世》中那么明显。然而，如果说《理查二世》在风格和手法上受克里斯托弗·马洛的影响不及《理查三世》那么深，看看他的《爱德华二世》便一目了然。贯穿整个主要基调——国王软弱性格的形成和崩溃——的阐述过程中，莎士比亚的历史悲剧《理查二世》都在极其贴切地模仿克里斯托弗·马洛的历史剧《爱德华二世》。莎士比亚的史实取自霍林谢德，但也有许多虚构细节，包括冈特的约翰口中的英格兰颂词，洋洋洒洒、恢宏壮观。

《皆大欢喜》第 3 幕第 5 场第 80 行中，莎士比亚顿呼克里斯托弗·马洛，怀念他和这位老剧作家的交情，表达了自己所有的感激之情：

已故牧羊人！现在我发现了你话里的分量：
“谁曾爱过，却不是一见钟情？”

第 2 行引自克里斯托弗·马洛的诗《海洛与勒安德尔》第 76 行。在《温莎的风流娘儿们》第 3 幕第 1 场第 17 行到第 21 行中，莎士比亚借休·伊文爵士之口，念出了克里斯托弗·马洛迷人的抒情诗句“来跟我一起住吧，做我的爱人”。

1593 年 2 月到 1593 年年底，由于瘟疫盛行，伦敦的剧院都停业了。莎士比亚应该是跟着所属剧团在国内巡演，但依旧笔耕不辍。截至 1594 年年末，他已经有许多杰出成果。这是他高效创作的最好证明。

莎士比亚生前，人们都说《泰特斯·安德洛尼克斯》是他写的。然而，1678 年，爱德华·雷文斯克罗夫特提供了一个新版本，并指出：“我曾经从一些以前熟悉舞台的人那里获悉，这不是他原创的，而是一位匿名作者创作的。他只是提供了一两个主要部分或人物的重要细节。”爱德华·雷文斯克罗夫特的论断可以接受。这部悲剧描绘了罗马帝国没落的血腥画面，诗句有力，场景壮观，但与公认的莎士比亚作品相比，情节和手法太令人反感，经典暗射太过铺张。本·琼生称赞这部戏剧很受欢迎，与托马斯·基德的《西班牙悲剧》不相上下。从文本自身特点来看，托马斯·基德也能胜任《泰特斯·安德洛尼克斯》中许多内容的撰写。《泰特斯·安德洛尼克斯》借鉴了《提图斯和维斯帕西安》。1592 年 4 月 11 日，《提图斯和维斯帕西安》由斯特兰奇勋爵剧团表演[①]。英格兰演员在神圣罗马帝国上演时的德文剧本保存了下来，并于 1620 年出版[②]。显然，《提图斯和维斯帕西安》演出后不久，《泰特斯·安德洛尼克斯》就提上了日程，为的是趁热打铁。1593 年或 1594 年 1 月 23 日，苏塞克斯伯爵剧团承担了《泰特斯·安德洛尼克斯》的演出——当时是作为一部新剧上演的。但我们从现存最早的 1600 年版本扉页上获悉，莎士比亚所在剧团随后也表演了这部剧。扉页上称，表演过这部戏剧的有德比伯爵剧团和宫内大臣剧团[③]及彭伯克伯爵和苏塞克斯伯爵剧团。1594 年 2 月 6 日，《出版记录》中记录了交由约翰·丹特出版的《泰特斯·安德洛尼克斯》[④]。杰拉德·朗培恩称看过这个日期的版本，但据目前所知，没有发现比 1600 年更早的版本。

《威尼斯商人》中，两个浪漫的爱情故事巧妙地与悲剧主题融合在一起，部分情节参照了《蠢货》，这是 14 世纪乔万尼·菲奥伦蒂诺写的一部意大利故事集[⑤]。在这册集子中，一个犹太债主要求拖欠债款的基督徒用自己的一磅肉来偿还；在朋友的妻子贝尔蒙特夫人的辩护之下，欠债的基督徒获救了。莎士比亚亦步亦趋地模仿了意大利小说中的这个情节。中世纪时，一本非常受欢迎的趣闻集《罗马人传奇》中也勾勒了类似的故事和另一个关于棺材的故事。莎士比亚在《威尼斯商人》中把这两个故事糅合在一起。但莎士比亚的《威尼斯商人》很大程度上还参考了其他来源，包括好几部前人的戏剧。史蒂芬·葛森在自己的《欺骗团伙》（1579）中提到了一部失传的戏剧，叫《把犹太人

① 菲利普·亨斯洛：《日记》，第24页。——原注

② 参见艾伯特·科恩：《莎士比亚在德意志》，1865年，第155页起。——原注

③ 这是莎士比亚所在剧团前后使用的两个名称。——原注

④ 爱德华·阿尔伯：《英格兰出版同业公会登记簿副本》，第2卷，第644页。——原注

⑤ 威廉·乔治·沃特斯的《蠢货》译本，第44页到第60页。这册集子到1558年才出版，莎士比亚借用的故事在当时除意大利原创版本外，没有其他任何语言的版本。——原注

安东尼奥和夏洛克

拉到肉铺前示众，足见势利选择者的贪得无厌和高利贷者的血腥残忍》。根据他的讲述，我们可以了解到，在《威尼斯商人》之前，出于戏剧表演的种种目的，一磅肉和棺材这两个故事已经合二为一。莎士比亚戏剧中描写了安东尼奥和夏洛克谈判的场景。而1584年罗伯特·威尔逊的戏剧《伦敦的三位夫人》中，犹太债主杰罗特斯和基督徒欠债人之间对话的情景也大同小异。这部剧有现存版本。剧中，犹太人开始攻击基督徒欠债人时，说道：

莫尔卡托先生，你为何不还我钱？你认为我会成为这件事的笑柄吗？

你已经是第三次愚弄我了——看来你不把我的恐吓放在眼里。

老老实实地还我钱吧，就现在，立刻。

否则，有强大的穆罕默德作证，我发誓我会立刻让你进监狱！

后来，当法官宣布了有利于欠债人的判决时，犹太人插话了：

且慢，尊敬的法官大人。莫尔卡托先生，想想你要怎么办。
还我本金吧，利息我不要了。

最有意思的是，《威尼斯商人》是莎士比亚最后一次明确模仿克里斯托弗·马洛的作品。尽管罗伯特·威尔逊的小喜剧启发了莎士比亚在剧中对宗教的关注，使《威尼斯商人》与克里斯托弗·马洛的《马耳他岛的犹太人》主题截然不同，但莎士比亚戏剧中描写犹太人夏洛克变仁慈的内容，显然与他讽刺犹太人巴拉巴这一细节有关。莎士比亚很快就超越了师父。《威尼斯商人》只 在中心人物的整体构思方面受到了克里斯托弗·马洛的启发。毫无疑问，伊丽莎白一世的犹太医生罗德利哥·洛佩兹 1594 年 2 月的受审及 1594 年 6 月的被处决引起了大众的关注。于是，莎士比亚对犹太人角色展开了不同的、更加细致的研究①。由于夏洛克是戏剧主角，犹太人受审和惨败时，观众的兴致达到了高潮。

① 1586年以前，罗德利哥·洛佩兹是莱斯特伯爵罗伯特·达德利的医生，之后成了伊丽莎白一世的主要御医。他是一名卓有成就的语言学家，朋友遍及欧洲各地。1590年，应第二代艾塞克斯伯爵罗伯特·德弗罗的要求，他成为安东尼奥·佩雷兹的翻译，安东尼奥·佩雷兹是腓力二世迫害事件中的受害者。第二代艾塞克斯伯爵与同伴把他带到英格兰是为了激发英格兰民众对西班牙的敌对心理。安东尼奥（那时人们一般都这样称呼这位难民）性格暴躁苛刻。罗德利哥·洛佩兹和第二代艾塞克斯伯爵罗伯特·德弗罗为此有过一次争吵。西班牙政府驻伦敦代表贿赂罗德利哥·洛佩兹，让他毒死安东尼奥和伊丽莎白一世。从现有文献来看，罗德利哥·洛佩兹同意去谋杀的证据并不充分，但当时他被指控犯了背叛罪。尽管伊丽莎白一世拖延了很久才在死刑令上签字，1594年6月7日，他还是在泰伯恩刑场被处绞刑。罗德利哥·洛佩兹的审判和死刑展现了伦敦群众反犹太主义的鲜明立场。当时几乎没有什么犹太人在英格兰定居。另有观点认为，伊丽莎白一世统治时期，一名叫安东尼奥的基督徒迫害了英格兰最著名的犹太人，并且在当时的戏剧中有所体现。这个古怪的观点认定罗德利哥·洛佩兹就是夏洛克的原型。参见以下文献：罗德利哥·洛佩兹的文章，载于《英国人物传记辞典》；本人的文章《夏洛克的原型》，载于《绅士杂志》，1880年2月；海因里希·格雷茨博士所著《传奇、戏剧和历史中的夏洛克》，克罗托申，1880年；《新莎士比亚学会会刊》，1887年到1892年，第2卷，第158页到第192页；阿瑟·迪莫克牧师：《洛佩兹博士的谋反》，载于《英格兰历史评论》，1894年，第9卷，第440页起。——原注

《威尼斯商人》剧中场景：犹太人受审

眼看悲剧就要发生，莎士比亚大胆地从那个庄严的场面跳转到一系列充满诗意的幽默事件，温和地收尾，娴熟地展现着自己精湛的舞台艺术。尽管观众的兴致一直持续到最后，但随着夏洛克的退场，兴致也降了一个调。1594 年 8 月 25 日，经理菲利普・亨斯洛在玫瑰剧院开演的《威尼斯喜剧》可能就是《威尼斯商人》的最早版本，后来进行了修改。直到 1600 年，《威尼斯商人》才出版。当时市面上有两个版本，底稿分别来自不同的舞台剧本。

《约翰王》与《错误的喜剧》和《理查二世》一样，都没有使用散文体，肯定也写于 1594 年，直到 1623 年才出版。《约翰王》直接改编自一部名不见经传的戏剧《惹人厌的约翰王的统治》（1591）。1611 年和 1622 年，《惹人厌的约翰王的统治》先后再版了两次，弄虚作假地分别署名为“W.S.”和“W.莎士比亚”。没有足够的证据表明这部旧剧与克里斯托弗・马洛有什么关联。

《错误的喜剧》中的以弗所的安提福勒斯、以弗所的官长和德罗密欧

莎士比亚竭尽全力修改了这部戏剧，才打造出了真正的悲剧主题。三个主要人物——小气残忍的国王、品德高尚却永远被冤枉的康斯坦斯和英勇的幽默人士法孔布里奇——都是莎士比亚的原创，并且和刻画夏洛克一样，落笔之处沉稳自信，表明诗人的创作能力在飞快走向成熟。剧中有这样一个情节：彬彬有礼的男孩阿瑟从休伯特处获悉，国王下令要挖出他的双眼。字里行间，情到深处，堪比悲剧作品的任何篇章。

1594 年年底，莎士比亚早期的滑稽剧《错误的喜剧》上演。诗人的名声一时受了些影响，但他有可能是无辜的。那天是 1594 年 12 月 28 日，恰逢婴儿蒙难节，格雷律师学院大厅内，观众济济一堂，大多是学院主管、学生及他们的朋友。当晚，来自内殿律师学院的宾客有些骚乱，他们对提供的座位不满，生气地退场了。一位同期年代史编者说：“所以那天晚上自始至终都处于混乱和错误当中，后来一度被叫作‘错误的夜晚’。”[①] 同一天，莎士比亚在格林尼治为伊丽莎白一世表演，他是否到了格雷律师学院还有待确定。次日，听审裁判庭委员会调查了骚乱的起因，归结为一名巫师“混入一个卑微平庸的剧团上演了一部有关错误和混乱的戏剧，制造了我们的骚乱”。

1591 年至 1594 年，两部作者不明的戏剧引起了大众的关注——《费佛斯汉的阿登》[②] 和《爱德华三世》[③]。有观点认为，两部剧均出自莎士比亚之手，主要是因为两部剧蕴涵的悲剧能量是现存其他同代作家的作品无以媲美的，但却找不到任何外部证据来支撑这一观点。1551 年，费佛斯汉发生了一起妻子谋杀丈夫的命案。霍林谢德详细地报道了这起谋杀案。《费佛斯汉的阿登》就是取材于这一卑鄙事件，语气强烈，洞察力深邃，与我们熟悉的莎士比亚题材类型迥然不同。尽管有可能像阿尔杰农 · 查尔斯 · 斯温伯恩一口咬定的那样，这部剧是“一个年轻人的作品”，但无论是从主题还是从风格来看，都无法与年轻的莎士比亚 1591 年或 1592 年的早期作品扯上关系。《爱德华三世》与克里斯托弗 · 马洛的作品一脉相承，算在莎士比亚名下着实不妥。1760 年，爱德华 · 卡佩尔将《爱德华三世》载入自己的《序幕》中，并指出“应当是莎士比亚的作品”。整部剧人物台词丰富。其中，第 2 幕第 2 场——索尔兹伯里伯爵夫人拒绝爱德华三世套近乎——显示了大师手笔。然而，即使有这些风格上的成就，许多方面还是与公认的莎士比亚作品不匹配，恰好说明应是出自克里斯托弗 · 马洛某个天赋稍差的学徒[④]。第 2 幕第 1 场中有一行[⑤] 与莎士比

---

① 1688年《葛莱历史》出版，底稿是当时的一份手稿。1895年12月6日，伊丽莎白舞台学会在格雷律师学院大厅再度上演了《错误的喜剧》。——原注

② 1592年4月3日获出版许可，同年出版。——原注

③ 1595年12月1日获出版许可，次年出版。——原注

④ 阿尔杰农·查尔斯·斯温伯恩：《莎士比亚研究》，1879年，第231页到第274页。——原注

⑤ “烂百合花闻起来远不及杂草香”。——原注

亚的《十四行诗》第 94 首第 14 行中的一模一样[①]。莎士比亚向来绝不会直接一字不漏地抄袭自己的诗句。剧中这行诗应是取自《十四行诗》的手稿。

也有人略带挑衅地说，同期另外两部很受欢迎的戏剧《缪琦德勒丝》和《美丽的艾姆》也是莎士比亚写的。在查理二世的藏书室，两部戏剧都捆在“莎士比亚第一卷”中。有人偶尔会贸然寻找证据来证实这一标签的正确性。

《缪琦德勒丝》是一部稚嫩的爱情喜剧，可以追溯至伊丽莎白一世统治初期，1595 年经过修改后首次出版，1610 年“增订新版本”再次发行。1878 年，约翰・佩恩・科利尔先生私自刊印的莎士比亚集中转载了这部剧，并认为，1610 年版本中新增的一场[②]显示了唯有莎士比亚才具有的天赋。然而，尽管评论界愿意承认这一场超过了作品的其他部分，却少有人认同约翰・佩恩・科利尔先生的大胆猜测。《缪琦德勒丝》有可能是莎士比亚的某位仰慕者或模仿者的成果[③]。

尽管直到 1631 年，《美丽的艾姆》才出版，但莎士比亚所在剧团表演这部剧时，剧团保护人是斯特拉奇勋爵。1592 年，罗伯特・格林在《告别愚昧》中从该剧摘录了一些诗行用于讥讽和嘲笑。《美丽的艾姆》也是爱情喜剧基础阶段的尝试，甚至没有《缪琦德勒丝》那样可圈可点的场景。

---

① 参见本书第101页。——原注

② 瓦伦西亚国王哀悼儿子。——原注

③ 罗伯特・多兹利：《古老的戏剧》，威廉・黑兹利特编，1874年，第2卷，第236页到第238页。——原注

第 6 章

才华初露

精彩看点

《维纳斯与阿多尼斯》出版（1593）——《鲁克丽丝受辱记》出版（1594）——诗作受到热烈的反响——莎士比亚和埃德蒙·斯宾塞——王宫保护人

1591 年至 1594 年，莎士比亚勤奋耕耘，在戏剧创作领域初露锋芒，同时也在大众面前展现了另一种文学才能。1593 年 4 月 18 日，莎士比亚的老乡，出版商理查德·菲尔德获得了《维纳斯与阿多尼斯》的出版许可。《维纳斯与阿多尼斯》是一部韵律诗体经典爱情故事，一两个月之后就出版了，扉页上没有作者的名字，但莎士比亚的全名出现在写给第三代南安普顿伯爵亨利·莱奥斯利[①]的常规性献词中。当时，第三代南安普顿伯爵亨利·莱奥斯利二十多岁，是王宫内公认的最英俊的男子，风流倜傥，家产殷实，受过良好的教育，热爱文学，一生慷慨资助过很多文人[②]。莎士比亚当时写道："我不知道将如此粗糙的诗句献给阁下您是否有所冒犯，也不知道世人将如何谴责我选择如此强大的靠山来支持如此轻微的负担……但如果我创作的第一部作品是丑陋的，我将会为它有如此高贵的保护人而深感内疚。""我创作的第一部作品"表明这首诗的创作或至少是构思时间早于莎士比亚的戏剧。这首诗形象生动，韵律甜美，但从字里行间似乎可以看出，如果是诗人年少时的作品，那他当时已经非常早

① 第三代南安普顿伯爵亨利·莱奥斯利（1573—1624），莎士比亚两首叙事诗的致献对象，也常常被视为其《十四行诗》中的年轻男子。即本传记中莎士比亚的保护人。

② 参见附录3、附录4。——原注

熟；如果是诗人成年后的作品，那就应该是为了迎合保护人特定的风流品性。扉页上有一句摘自奥维德《爱情三论》的优美的拉丁文箴言[①]：

Vilia miretur vulgus; mihi flavus Apollo
Pocula Castalia plena ministret aqua.

莎士比亚《维纳斯与阿多尼斯》中的故事在奥维德的《变形记》中讲到过。莎士比亚这首诗很多细节方面明显受了奥维德的影响，但主题最初应该是取自同时代的其他作品。托马斯 · 洛奇 1589 年的《希拉的变形》不仅采用了同样的韵律[②]，而且序言中描述了同样内涵的事件。毫无疑问，他给了莎士比亚部分灵感[③]。

1594 年，即《维纳斯与阿多尼斯》出版一年后，莎士比亚出版了另一首风格类似的诗，但笔法要成熟得多。尤其是论及时间破坏力量的那部分题外话——第 939 行到第 959 行，表明诗人的思考已经达到一个新高度，不再停留于早期的诗歌水准。韵律也有所变化，七行诗节[④]取代了六行诗节。1597 年

---

① 参见奥维德：《爱情三论》，第1卷，挽歌第15首第35行到第36行。1589年左右，克里斯托弗·马洛翻译了《爱情三论》或称《爱情挽歌》，首次出版时扉页上没有日期，可能是在1597年。这8年空档期间，大概可以读到克里斯托弗·马洛的手稿。上述扉页引文在他的译作中解释如下：

让低劣自负的脑袋仰慕邪恶之物去吧，
英俊的福玻斯领着我奔向缪斯的智慧之泉！——原注

② 六行诗节，押韵方式为ababcc。——原注

③ 詹姆斯·里尔登：《莎士比亚的<维纳斯与阿多尼斯>和洛奇的<希拉的变形>》，载于《莎士比亚学会会刊》，第3卷，第143页到第146页。请参见维纳斯发现阿多尼斯受伤时托马斯·洛奇的相关描写：

她伸出秀丽的手挠着心爱的人
她的红唇贴着他苍白的面颊
她叹息着，逐渐露出凝重的表情和眼神，
她极度恐惧，激动的情绪稍稍温雅
她趴在他失去知觉的身体上，哭得那么伤感
好像眼前的这个男孩就要撒手人寰。

莎士比亚详细描述追赶野兔时（第673行到第708行），与法兰西戏剧家艾蒂安·若代勒1574年《诗作杂集》中的《狩猎之歌》（猎鹿篇）出奇地像。——原注

④ 乔叟的高贵押韵方式，ababbcc。——原注

乔叟

5月9日，《出版记录》登记了这首诗，取名为《一本叫鲁克丽丝受辱记的书》，同年以《鲁克丽丝受辱记》为名出版。理查德·菲尔德负责印刷，约翰·哈里森负责出版，并在圣保罗教堂回廊的白灵缇招牌处销售。鲁克丽丝受辱的经典故事在奥维德的《岁时记》中有简单记录，但乔叟在《贞节妇女的传说》中又讲述了这个故事。莎士比亚应该是读过乔叟的故事。从话题和格律上来看，莎士比亚这首诗同样又让人想到另一位同代诗人的作品。六行诗节的《维纳斯与阿多尼斯》固然与托马斯·洛奇的《希拉的变形》颇有关联。但相比之下，同为七行诗节的《鲁克丽丝受辱记》与塞缪尔·丹尼尔的《罗莎蒙德的哀怨》(1592)

关系更紧密。莎士比亚的悲情女主角就是塞缪尔·丹尼尔笔下纯洁高贵的女主角的再现[①]。描写时间的那段是托马斯·沃森《激情诗百首》第七十七首中相应内容的详述[②]。莎士比亚的第二首诗献给了第一位保护人第三代南安普顿伯爵亨利·莱奥斯利，主要是因为二人忠厚的友谊，这在当时保护人与诗人之间的交往中非常普遍。但也说明自一年前将《维纳斯与阿多尼斯》献给伯爵后，莎士比亚和这位杰出的年轻贵族的关系更近了，那时献词的语言还有些拘谨。莎士比亚在《鲁克丽丝受辱记》前几页写道："我对阁下的爱永无止境，这本册子包含的只是多余的一小部分……我做过的属于您；我要做的属于您；而我本人是我所拥有的一部分，也应该一并奉送给您。"

最初正是这些诗使莎士比亚获得了全世界读者的喜爱。广大读者以无法比拟的热情迎接他的诗句。伦敦的戏迷对莎士比亚的名声早有耳闻，知道他是一位有前途的演员和编剧。但戏剧表演一结束，莎士比亚的剧作手稿就要上交给剧院经理——他们才是剧本手稿的所有人。起初，莎士比亚的早期戏剧并没有给他带来什么文人名气。莎士比亚之所以能凭着自己非凡的天赋在大范围内令同代人印象深刻，刚开始靠的并不是自己多才多艺的剧作家身份，而是受限的

---

① 塞缪尔·丹尼尔的诗中，亨利国王不尊重罗莎蒙德时，她陷入了沉思：

但什么？他是我的国王，可以约束我；
无论我是否屈从，我已把名声丢。
世人会认为王权俘获了我，
他的宠爱就是对我的评判，我便因此蒙羞；
我们看到漂亮遭谴责，永远都只能输，
如果我屈从，那便是趋权附势的羞辱，
如果不屈从，君前失宠，世人对我的看法依然如故。——原注

② 托马斯·沃森提及自己的诗或关于时间的激情时，评价道（第77首）："激情这部分内容主要取自塞拉菲诺·戴尔·阿奎拉的十四行诗第一百三十二首：

随着时间的推移，几年，几个月，几小时过去了，
随着时间的推移，财富、帝国、王国消失了，
随着时间的推移，名声、荣誉、堡垒、智慧远去了
随着时间的推移，年轻、美貌及其他……"

托马斯·沃森补充说他为了"押韵"或者"其他正当的考虑"颠倒了塞拉菲诺·戴尔·阿奎拉诗行的顺序。贾尔斯·弗莱彻的十四行诗集《丽西娅》（1593）中第二十八首也涉及类似主题，莎士比亚应该不会陌生。——原注

第三代南安普顿伯爵亨利·莱奥斯利

改编者角色，即为英格兰读者改编那些广为人知的奥维德寓言。莎士比亚的诗句无比甜润，《维纳斯与阿多尼斯》和《鲁克丽丝受辱记》富有诗歌意象。严肃的批评家们几乎不再谴责作品大胆放纵的主题。评论家们竞相热情洋溢地称赞，宣称这个幸运的作者将会在诗坛之巅永远占有一席之地。迈克尔·德雷顿[①]在《玛蒂尔达的传奇》（1594）中写道："鲁克丽丝在另一个年代又复活

① 迈克尔·德雷顿（1563—1631），伊丽莎白一世时代英格兰著名诗人。

约翰·维沃

了。”1595 年，威廉·克拉克[1]在《玻丽曼缇亚》中将“一切赞美”给予了出自“甜美的莎士比亚”之手的《鲁克丽丝受辱记》。约翰·维沃[2]在《隽语》（1595）的一首十四行诗中致“甜言蜜语的莎士比亚”，称赞莎士比亚这两首诗令其他诗作都黯然失色，但他也提及了《罗密欧与朱丽叶》和《理查三世》，

① 威廉·克拉克（活跃于1595年），英格兰作家。

② 约翰·维沃（1576—1632），英格兰古文物研究者、诗人，代表作《隽语》（1599）涉及莎士比亚、本·琼生及其他同代诗人。

以及“更多叫不出名字的”戏剧。同一时期，理查德·卡鲁将莎士比亚与克里斯托弗·马洛相提并论，认为莎士比亚可以称得上是英格兰的卡图卢斯[①]。两首诗的印刷商和出版商想尽办法满足购买者如饥似渴的需求。1594 年到 1602 年间，《维纳斯与阿多尼斯》出版了不下七次，后来在 1617 年又出了第八版。莎士比亚去世那年，《鲁克丽丝受辱记》出了第五版。

莎士比亚诗界同仁中最著名的埃德蒙·斯宾塞很有可能也在这两首诗的仰慕者之列。毋庸置疑，《克劳茨回家记》（1594）中，埃德蒙·斯宾塞以一个人们熟悉的希腊专有名词将莎士比亚比作雄鹰：

> 最后却同样重要的是，那只雄鹰，
> 别处无法找到如此彬彬有礼的牧羊倌，
> 诗神之笔充满了深邃思想的创新，
> 正如他自己，拥有英雄般的健康与强悍。

最后一行似乎指的是莎士比亚的家姓。我们可以认为这是一种相互钦佩。任何场合下，莎士比亚都显示出了对埃德蒙·斯宾塞作品的极其熟悉。《仲夏夜之梦》第 5 幕第 1 场第 52 行到第 53 行显然就参考了他的《缪斯的眼泪》（1591）：

> 九位缪斯沉痛哀悼
> 近来沉沦消亡的学术

这两行讲述的应是剧中庆祝提修斯婚礼时的一项消遣活动。在《缪斯的眼泪》中，九位女神轮流叹息自己对这个时代的文学和戏剧创作的影响日益减弱。在《仲夏夜之梦》中，提修斯用合理的评论取消了这一提议：

---

① 理查德·卡鲁：《杰出的英语》，载于威廉·卡姆登的《遗稿》，1605年，第43页。——原注

那是讽刺，尖刻而挑剔，

不是用来庆祝婚礼的。

在《缪斯的眼泪》中，塔利亚哀悼逝世不久的“我们快乐的威利”，但没有理由认为埃德蒙·斯宾塞喻指莎士比亚[①]。威利在当代文学作品中是耳熟能详的常用名，这里不是指莎士比亚的洗礼名。菲利普·西德尼爵士的一些挽歌作者也称他为“威利”。喜剧演员“刚刚离世”，这里作者显然就是字面意思。17世纪初的一位评论家认为，当时，埃德蒙·斯宾塞是在哀叹喜剧演员理查德·塔尔顿的离世给英格兰喜剧带来的损失[②]。这一观点应该是无可厚非的。无独有偶，埃德蒙·斯宾塞在后面的诗节中提到，一个“彬彬有礼的灵魂”坐在“闲置的小屋中”，写出并非低劣的文字。我们也没有理由认为此处就是指莎士比亚[③]。

---

①

这喜剧舞台上的一切，
优雅地展示着无尽愉悦和老练机智，
男人曾描绘的最喜爱的装扮，
皆被眼前情形全部摈弃……
这名男子，与生俱来就深谙
模仿女人、以假乱真的本事
借助模仿善意地反串
他就是我们快乐的威利，啊，他刚刚离世，
所有的愉悦欢闹，
或随之消逝，或被哀伤萦绕。
（第2首第198行到第210行）——原注

② 詹姆斯·奥查德·哈利威尔-菲利普斯在一本1611年版的埃德蒙·斯宾塞的《作品集》中发现了关于此影响的一个注释，出自一位17世纪初评论家的真迹。（参见詹姆斯·奥查德·哈利威尔-菲利普斯：《莎士比亚生平概览》，1887年，第2卷，第394页到第395页）——原注

③

但同一个彬彬有礼的灵魂，他的笔
可以涌出大量琼浆玉液，无比甜润，
蔑视着那些下作的人如此放肆
胆敢鲁莽地抛出他们的愚蠢之言，
宁愿选择坐在闲置的屋角
也不愿像那样去出售笑料。
（第2首第217行到第222行）——原注

埃德蒙·斯宾塞

与此同时，莎士比亚个人也获得了演员圈和文人圈之外的尊重。他的天赋及亨利·切特尔所说的“文雅举止”引起了第三代南安普顿伯爵亨利·莱奥斯利和其他文学与戏剧权贵保护人的注意。1594 年圣诞节，莎士比亚被召进宫与当时著名的演员们同台演出，可能部分原因就是有人对他感兴趣。伊丽莎白一世很快表露出对莎士比亚的特别喜爱。直到女王统治末年，莎士比亚的戏剧都在她跟前不断反复上演。1597 年圣诞节，修改版《空爱一场》在白厅上演。传闻女王一直盼望着能早些看到稍晚才出场的福斯塔夫，毫不掩饰自己的热切心情。伊丽莎白一世的继任者统治时期，莎士比亚大大巩固了在王室受恩宠的地位。但本·琼生认为，女王的赏识与詹姆斯一世不相上下。

本·琼生在致莎士比亚的挽歌中写道：

> 泰晤士河两岸那些虚构的剧情，
> 确实迷住了伊丽莎白一世和我们的詹姆斯一世。

其中就包括许多莎士比亚戏剧的舞台演出。伊丽莎白一世统治的最后十年里，莎士比亚和演员同伴们在白厅、里士满宫或格林尼治宫上演了这些戏剧。

第 7 章

十四行诗及其文学渊源

精 彩
看 点

伊丽莎白一世时期十四行诗的盛行——莎士比亚的早期尝试——莎士比亚大部分十四行诗写于 1594 年——十四行诗的文学价值——手稿的流通——1609 年盗印发行的莎士比亚十四行诗集——《情女怨》——托马斯·索普和“W.H. 先生”——莎士比亚十四行诗集的形式——缺乏连贯性——两部分诗——第一“部分”的主要话题——第二“部分”的主要话题——1640 年诗集版本中的顺序——伊丽莎白一世时代的十四行诗缺乏真情实感——伊丽莎白一世时期的十四行诗依赖法兰西和意大利模式——对十四行诗的诗人不真诚的容忍——十四行诗伪造情感在当时受到的指责——《骗人的十四行诗》——莎士比亚戏剧中对十四行诗的轻蔑影射

莎士比亚十四行诗的存在应该归功于他与王宫贵族们的私交。整个 16 世纪，意大利和法兰西非常盛行创作和传播十四行诗组并献给杰出的人物。直到 16 世纪最后十年，英格兰才断断续续有了这种风尚。在亨利八世统治时期，托马斯・怀亚特和萨里伯爵托马斯・霍华德开创了用英语写十四行诗的先河。托马斯・沃森耗费大量精力追随这一写作模式。那时，莎士比亚还是个小男孩。1591 年，菲利普・西德尼爵士的十四行诗集《爱星者与星》[1] 首次出版。直到那时，十四行诗才明显或持续在英格兰受到青睐。接下来的六年里，无论是单独的还是系列的，英格兰关于十四行诗创作的文学活动比其他任何地方、任何时候都要频繁 [2]。伊丽莎白一世时代有文化的贵族们，无论男女都鼓励诗人们用单首诗为他们歌颂美德和礼仪。于是，在同一保护人之下，大量诗组应运而生，并且都沿袭了彼特拉克及其后继者们的方式，或多或少都充满了想象力，描述着爱情的喜怒哀乐。1591 年到 1597 年，英格兰但凡有抱负的诗人都借着这股流行之风，试手十四行诗，以期博得保护人的宠爱。莎士比亚一直引领着自己那一时代的文学品味潮流，并在十四行诗的鼎盛时期凭着自己所有的诗歌天赋也投入到了火热的十四行诗创作中。

① 本诗集还可译为《爱斯曲菲尔和斯泰拉》。

② 本书附录9简单地介绍了1591年到1597年的大量诗集。这些诗集是伊丽莎白一世时代十四行诗空前盛行的见证。——原注

文学生涯伊始，莎士比亚就浅尝了十四行诗写作。他最早的戏剧《空爱一场》中有三个精巧的例子可以为证。《罗密欧与朱丽叶》中的两首合唱采用了十四行诗的形式。在他的早期戏剧《终成眷属》中，女主角海伦的信同样采用了十四行诗格式。1591 年，约翰·弗洛里奥出版了一本意英对照的对话题材学生用书《第二批水果》。有人甚至突发奇想，认为该书序言部分那首稍显拙劣的《法厄同致朋友弗洛里奥》也出自莎士比亚之手。这一观点难以令人信服[①]。不过，上述诗作都只是零星的尝试。直到 1593 年春天，莎士比亚最早的出版物《维纳斯与阿多尼斯》得到贵族赞助后，他才开始大量创作十四行诗。除了戏剧内的十四行诗，莎士比亚还专门进行了十四行诗创作。其中，有一百五十四首保存了下来，大部分都可能是创作于 1593 年春天到 1594 年秋

---

① 威廉·明托：《英诗的特点》，第371页和第382页，1885年。这首十四行诗全文如下：

甜蜜的朋友，你的名声与日俱增，
春天的到来尤其适合你！
当枝条不再繁茂如昔，
当夏日满眼深绿的树荫不再欢腾：
春天，让寒冬的风暴归于寂静无声，
让每一生灵都享受着她普惠的权力：
雏菊冒出了新芽，小鸟哼起了曲子，
一草一木都尽情炫耀着重返自由的心声。
因此，当所有的英格兰才智都销声匿迹，
（除了桂冠依然碧绿耀眼）
你将自己的果实撒遍荒芜的田地，
让争奇斗艳的花儿再次笑开颜。
那些传承美德的果实和小花，
自此离开了自己的意国之家。

参照莎士比亚的十四行诗第98首。开头两行如下：

当斑斓的四月，穿上了新装，
把青春的灵魂献给了万物。

但类似描写春天和夏天的主题在当时所有十四行诗中非常普遍。很多著述都认定莎士比亚与约翰·弗洛里奥有交情。理查德·法默和威廉·沃伯顿主教认为，《空爱一场》中的荷罗孚尼就是莎士比亚对约翰·弗洛里奥的揶揄。二人主要从约翰·弗洛里奥《单词的世界》夸夸其谈的序言和他翻译的蒙田《随笔》（1603）中得出结论。这个观点无从考证。约翰·弗洛里奥写得更多的是阿玛多，并非荷罗孚尼。阿玛多也是贵族人士的语言教师，但除此之外，与荷罗孚尼没有别的共同点。约翰·弗洛里奥是第三代南安普顿伯爵亨利·莱奥斯利的门徒，莎士比亚应该认识他，并且欣然读过他精美的《随笔》译文，还在剧作《暴风雨》中引用了相关内容。（参见本书第139页）。——原注

天之间，也就是他三十一岁左右时。莎士比亚在诗中偶尔会提到自己的衰老，这是当时十四行诗作者的传统——最早可追溯至彼特拉克——但不能信以为真，直接按字面意思来理解①。从主题和方式来看，大量诗歌都显示了作者不过三十出头。毫无疑问，莎士比亚偶尔也会重新回归十四行诗的创作。1594年到1603年，即詹姆斯一世继位的九年时间里，莎士比亚也会不定期写写十四行诗。但诗人现存的十四行诗中，能确定是1594年之后写的寥寥无几。第一百零七首明确提到了伊丽莎白一世驾崩，通常被认为是他效忠于伊丽莎白一世时期冗长的十四行诗流行风的最后诗作。所有内部和外部证据都表明，这首姗姗来迟的诗是莎士比亚戏剧天赋抵达巅峰前的绝妙佳作。

---

① 莎士比亚在十四行诗中写道：

我镜中的容貌怎能老去。
（第22首第1行）
但当镜子把我的模样告诉我自己时，
黑炭般的古人相貌无法令我满意。
（第62首第9行到第10行）
在我身上或许你将看到这个季节，
枯黄的树叶，有的全部凋谢，有的所剩无几（第73首第1行到第2行）
我的青春韶华已逝（第138首，第6行）。

1591年，塞缪尔·丹尼尔才二十九岁，他在《迪莉娅》（第23首）中声称：

我的年龄已逼近漫长的黑夜，
……我的日子不多了。

1594年，理查德·巴恩菲尔德才二十岁，在《深情的牧羊人》和一系列十四行诗中，他对男孩伽倪墨得斯说（爱德华·阿尔伯编，第23页）：

看我满头灰白，布满银丝，
我的皮肤皱不拉几，脸上沟痕丛生。

同样，1594年，迈克尔·德雷顿才三十一岁，他在那年发表的一首十四行诗（《伊迪亚》，第14首）中写道：

看着镜子里我的青春遭受的悲惨不少，
我看见了那丑陋的脸上满是扭曲的烦恼
失望的皱纹让额头也变得衰老；

没过几年（1599年版第43首）他又一次感叹：

衰老在我脸上画下条条皱纹。

所有这些诗行都是回应彼特拉克。相比同仁们，莎士比亚和迈克尔·德雷顿更加接近意大利大师约翰·弗洛里奥的语言。参见彼特拉克的十四行诗第143首（《致活着的劳拉》），或者第81首（《致死去的劳拉》）；后者开始几行如下：

我常常看见镜子里的自己，心灵疲惫，皮肤长满皱纹，智慧和力量也日益衰败。它在忠实地告诉我：什么都无法隐藏，你老了。——原注

晚年的伊丽莎白一世

莎士比亚十四行诗的文学价值卓越不凡。许多诗作在抒情旋律和思想精神层面令其他诗歌无以媲美。在他最优秀的诗作中，节奏韵律柔和甜润，思想感情深邃强烈，意象丰富逼真，表达热情奔放，显示了莎士比亚美妙绝伦的诗歌才能。然而，由于过多的狡黠诡辩和奇思妙喻，许多诗歌又沦为浅薄之流。综合长处和不足，莎士比亚十四行诗表露出他早期戏剧作品的特征，行文间高尚的诗歌气质与低俗的语言把戏交替出现。在措辞方面，莎士比亚的十四行诗常与《空爱一场》《罗密欧与朱丽叶》等早期剧作非常贴近。尽管莎士比亚的古罗马女主角的台词偶尔也非常紧凑有力，但十四行诗中表达强烈情感的语言比《维纳斯与阿多尼斯》或《鲁克丽丝受辱记》要密集得多。莎士比亚十四行诗的能量之所以能更胜一筹且更平稳持久，不是因为它们与日俱增的力量，而是因为诗歌形式的内在原则和严谨的韵律，使他的十四行诗创作实现了思想和语言的融合与凝练。

莎士比亚的十四行诗没有出版，而是以手稿的形式传播。这在当时是比较普遍的做法[①]。尽管他本人还未打算公开这些诗，但这些诗依然名声见长，并且激发了大众读者的兴趣。约 1595 年以前创作的戏剧《爱德华三世》就引用了下面这行诗：

> 烂百合花闻起来远不及杂草香。
>
> （第 94 首第 14 行）

1598 年，弗朗西斯 · 米尔斯热情地称赞了莎士比亚“在私人朋友间传阅

① 菲利普·西德尼、托马斯·沃森、塞缪尔·丹尼尔和亨利·康斯特布尔的十四行诗一直都是以手稿传播，并且与莎士比亚的诗作命运相同，都落入了从事非法翻印的出版商之手。手稿传播多年之后，1591年，一名不负责任的商人托马斯·纽曼出版了菲利普·西德尼的十四行诗，并在自我推销的献词中指出，这部诗集的“手抄本广泛传播”“很多地方已经被不良抄写者损坏”。1592年，亨利·康斯特布尔授权出版了一部诗集《戴安娜》，总共二十首十四行诗。但1594年，一名印刷商和一名出版商没有告知他或者说没有经过他本人同意，在一部混杂诗集中转载了这些诗。这部混杂诗集中，约有八十首十四行诗出自菲利普·西德尼和其他众多诗人之手，亨利·康斯特布尔的诗作散乱地穿插其中；更放肆的是，这些出版商竟然还将混杂诗集命名为《戴安娜》，这原本是亨利·康斯特布尔的诗集名称。塞缪尔·丹尼尔的遭遇也差不多。更多相关内容请参见附录6。很多证据表明，文学作品以手稿形式流通非常普遍。1587年，富尔克·格雷维尔在写给岳父弗朗西斯·沃尔辛厄姆的信中表达了自己的遗憾，因为当时未刊印且未经校订的手稿副本《阿卡狄亚》“随处可见”。加布里埃尔·卡伍德出版了罗伯特·索斯韦尔的《玛利亚·玛达肋纳在葬礼上的眼泪》。1591年，这位出版商写道，这部作品的手抄本长期以来到处传播，“速度不慢，错误不少”。1594年，托马斯·纳什在《夜之恐惧》序言中描述了自己这部随笔的流通过程：先是一位朋友从他那里“抢走”，然后“没有经过他本人同意从一家抄写人的店传到另一家，最后竟顺理成章地成了各家店挂出去的常见招牌之一，就像一式两份的契约似的”。——原注

的甜蜜[1]十四行诗”，而且还交相辉映地谈及了诗人的两首叙事诗。1599年，威廉·杰戈德把莎士比亚最成熟诗组中的两首——第138首和第144首——私自加入了自己出版的《热情的朝圣者》。

1609年，出版社盗印了莎士比亚的十四行诗。这一盗版的策划者托马斯·索普是出版大军中的一名游窜人士，专门负责搜集那些作者无法掌控的、在外广泛流通的文学作品手抄本，并付诸刊印出版。由于当时的法律尚未认可作者对自己的创作成果的合法权利，实际拥有者有权随意处置任何文学作品手稿，而无须考虑作者本人的意愿。托马斯·索普的手抄本出版生意一开始就顺风顺水。1600年，他一炮打响，出版了克里斯托弗·马洛翻译的《卢坎作品（第一部）》。1609年5月20日，他获得了《莎士比亚十四行诗》的出版权，这个充满商业气息的题目不仅出现在出版经销同业公会的登记簿里，而且印在了书的扉页上。托马斯·索普雇佣乔治·埃尔德印刷手稿，请两名售书商威廉·阿斯普雷和约翰·赖特负责发行。两位售书商的名字分别出现在书的前后两部分。1609年6月，诗集发行[2]。虽然献词序言由手抄副本所有者撰写并用名字缩写署了名，但读者并没有产生任何误解。如果没有其他特殊原因，献词由出版商而不是作者执笔，在当时表明作者没有插手出版过程。1593年和1594年，莎士比亚经手出版了自己的两首叙事诗，除此之外，没有想过要出版自己的其他作品，而且任由他人批量盗印他的剧作或假冒剧作。莎士比亚的消极不抵抗态度与当时版权法的不完善无疑都助长了这些行为。

当然，莎士比亚对1609年托马斯·索普出版的诗集无须承担任何责任。托马斯·索普肆无忌惮地随意添加了一首《情女怨》。这首诗以前没有刊印过，共四十九行，每七行一个诗节，讲述了一个女孩哀怨负心情人对她的背叛。《情女怨》传承了埃德蒙·斯宾塞的文雅之风，与《莎士比亚十四行诗》无关，即便有可能出自莎士比亚之手，也应该是他早年的作品。

托马斯·索普的前言及其在出版过程中的角色引起了一些误会，从而导致

---

① 若想了解更多用该词来形容莎士比亚作品的例子，请参见本书第189页，注释①。——原注

② 那个月，演员爱德华·阿莱恩花五便士买了一本（参见乔治·弗雷德里克·沃纳：《达利奇手稿》，第92页）。——原注

批评家们对莎士比亚的诗作也产生了不少误解[①]。托马斯·索普在献词中使用了他惯常的浮夸措辞，宣称莎士比亚是“我们不朽的诗人”。作为出版的主要倡导者，托马斯·索普称自己为“怀着美好心愿的宣传冒险家”，并且高调地将这笔投机买卖中的生意伙伴“W.H. 先生”称为保护人，用当时传统的献词格式祝愿“W.H. 先生”“幸福”“永生”。莎士比亚在诗句中也按惯例用了“永生”一词来预言自己的十四行诗长久不衰。1600 年，托马斯·索普着手安排克里斯托弗·马洛的《卢坎作品（第一部）》出版事宜时，获得了生意伙伴爱德华·布朗特的赞助。“W.H.”应该也是类似的人，极有可能是一位叫“威廉·豪尔”的书商助手，跟托马斯·索普一样，专门获取“副本”。1606 年，“W.H.”在这个行业取得显著成效，并用这个熟悉的姓名缩写处理交易。同年，“W.H.”宣称自己弄到了一首被人忽略的诗歌手稿《四重冥想》，作者是 1595 年被处死的耶稣会会士罗伯特·索思韦尔。“W.H.”在献词中大肆吹嘘自己实在是鸿运当头，竟能遇上此等稀世之宝。托马斯·索普吹捧“W.H. 先生”是“唯一能拿到这些十四行诗的神捕手”，但仅指出，此保护人是盗印出版商队伍中拿到莎士比亚十四行诗手稿并建议暗中发行的第一人。按惯例，托马斯·索普只提供了威廉·豪尔的姓名缩写，因为威廉·豪尔是他们那个朋友圈的亲密同事，大家只要一看到姓名缩写就知道是谁。威廉·豪尔在大众读者中的名气还不够大，所以即使印上他的全名，也不会因此吸引更多的关注或是有更多读者前来购买。

一般认为，托马斯·索普夸夸其谈的前言中没有明确公开的这位年轻的受赠者“W.H. 先生”就是莎士比亚原本的致献对象。这种观点忽略了当时出版

① 近年来批评界出版的莎士比亚十四行诗集主要有爱德华·道登教授（1875年，1896年再版）、托马斯·泰勒先生（1890年）和乔治·温德姆议员（1898年）的版本。杰拉尔德·梅西先生的《莎士比亚十四行诗的秘密戏剧》——所有诗歌文本都附有评论——1888年第二次修订版问世。很遗憾，我本人或多或少或完全不同意这些作者的观点，但有一点是认同梅西先生的，即莎士比亚的许多十四行诗都是献给年轻的第三代南安普顿伯爵亨利·莱奥斯利的。也有观点认为，这些十四行诗是献给第三代彭伯克伯爵威廉·赫伯特的，若想查看持此观点的具体文献，可参考本书附录6“威廉·赫伯特先生”中注释①。——原注

交易的基本原则，尤其是托马斯·索普从事的这类交易[①]。他做生意的方法在当时没有什么神秘稀奇之处，尽管现在看来有很多不讲规则的成分。无论他是为这本书还是其他任何书选保护人，都纯粹以商业利益为出发点，从不考虑也不会去考虑莎士比亚的私人生活。除了早年时期，莎士比亚毕生的社交圈子都是托马斯·索普无法企及的世界，因而两人之间隔着无法逾越的障碍。托马斯·索普全然不会想到故弄玄虚地靠一篇致辞来迷惑他的读者。

此外，那时没有贵族的名字可以缩写成"W.H. 先生"。莎士比亚年轻时与第三代彭伯克伯爵威廉·赫伯特没有什么亲密接触——尽管有些人执意认为并非如此[②]。即使有充分的证据证明二人后来有交情，也无法解释托马斯·索普提到的"W.H. 先生"。从出生之日到 1601 年继承爵位，第三代彭伯克伯爵威廉·赫伯特一直被尊称为"赫伯特勋爵"，并没有其他称谓。人们也不曾用"W.H. 先生"来指代他。1609 年，第三代彭伯克伯爵威廉·赫伯特成为高官后，很多献给他的书使用的称呼都是他的各种官衔。任何出版商或作者若在出版物中不使用他的头衔，都会受到星法院的处罚。托马斯·索普后来也献了两本书给第三代彭伯克伯爵威廉·赫伯特，由此不仅可以看出这位出版商深谙必要礼仪，而且显而易见的是，在阿谀奉承的本性驱使下，他急于将社交礼仪中的充分奴性发挥。但无论如何，致献"W.H. 先生"的进一步考察应属于托马斯·索普及其朋友传记的内容，而不应纳入莎士比亚传记的研究范畴[③]。

与 16 世纪的法兰西十四行诗作者一样，伊丽莎白一世时期的十四行诗作

① 有人错误地推断，莎士比亚在十四行诗第135首、第136首和第143首中肯定了有些十四行诗是赠给一位与他的教名"威尔"相同的年轻朋友（参见附录8查看所有这些十四行诗）。另外，还有人天真地认为，有一行诗（第20首第7行）中提到一位年轻人"秀色倾城，无人能敌"，还用这一普通词语"秀色"的其他用法来形容这位男子，就是在暗示这位男子姓"休斯"。有些批评家很较真，断定这位朋友就叫威廉·休斯，这种说法还没有其他证据。当时有位音乐家叫这个名。但还没有哪位威廉·休斯在年龄或地位上与莎士比亚十四行诗中年轻的倾诉对象有任何相似之处。——原注

② 参见附录6"威廉·赫伯特先生"和附录7"莎士比亚与第三代彭伯克伯爵威廉·赫伯特"。——原注

③ 托马斯·索普的献词中，除1609年莎士比亚十四行诗集前言中的一篇外，还有四篇保存了下来。我考察了托马斯·索普的生平经历、生意经和献词的意义，所有考察结果详见附录5"托马斯·索普和W.H.先生的真实故事"。——原注

星法院

者也尊奉彼特拉克为大师。莎士比亚的《十四行诗》却没有沿用彼特拉克那种略显复杂的韵式，而是效仿托马斯·怀亚特和萨里伯爵托马斯·霍华德的原创韵律。在同仁们的追随下，莎士比亚的十四行诗韵律终究要比意大利和法兰西的简洁得多。莎士比亚的十四行诗由三组十音节的四行诗和一个结尾对句组成，每四行诗内交替押韵[①]。

① 莎士比亚采用的十四行诗节形式绝不是他独创的。早在他开始作诗以前，这种韵律就是伊丽莎白一世时代英格兰作家们公认的正确通用形式。乔治·加斯科因在《英语作诗成韵的若干指导要点》（载于乔治·加斯科因：《诗句》，1575年）中将十四行诗定义为“十四行，每行包括十个音节。前面十二行中，四行为一组诗句，隔行押韵，最后两行互韵且作为全诗的结尾”。菲利普·西德尼的《爱星者与星》收录了一百零八首十四行诗，其中二十一首都是采用外国韵律模式，最后结尾没有对句。但也有例外。伊丽莎白一世时代的众多十四行诗集中，不难发现，莎士比亚的一首十四行诗有十五行，另一首只有十二行；另有一些出自其他诗人之手、由押韵对句组成的十二行诗（参见托马斯·洛奇：《菲利斯》，第8首和第26首）；莎士比亚还有一首诗（第145首）是八音节诗句。但第126首和145首是否真正属于莎士比亚的十四行诗集还值得怀疑，有可能是诗人独自撰写的抒情诗；参见本书第106页，注释①。——原注

单首十四行诗往往不能独立成诗。当时法兰西和意大利的十四行诗及埃德蒙·斯宾塞、菲利普·西德尼、塞缪尔·丹尼尔和迈克尔·德雷顿的十四行诗中，有时需要连续两三首来表达一连串思想。莎士比亚十四行诗集的一百五十四首诗中出现了许多长系列的独立诗组，每组诗数目不一，最长的一组有十七首，即托马斯·索普版本中最前面的一组诗。

莎士比亚十四行诗集中的诗很有可能不是按照创作时间的先后顺序印刷的。研究者们已绞尽脑汁，试图根据诗篇的原始排列顺序推出前后连贯的叙述，却发现叙述线索总是中断①。

莎士比亚的十四行诗集一般分为两“部分”，一“部分”是托马斯·索普排列的第1首到第126首，倾诉对象是一名年轻男子，另一“部分”从第127首到第154首，倾诉对象是一名女子。目前还不能证明这种分类是否正确。第一“部分”中，约有八十首的称呼是使用男性人称代词或一些别的含糊标记，可见倾诉对象为男人；但剩下的四十首中没有这种明确标记，且多首都是思想独白，没有呼告任何人——参见第105首、第116首、第119首、第121首。也有一些诗顿呼死亡、时间、“生病的好处”等抽象事物。第126首诗，即第一“部分”的最后一首，感觉像是呼告化身为男孩的丘比特或爱神这类传统诗歌的变体②。这四十首中其他诗作的倾诉对象都是同一位女子——参见第21首、第46首、第47首。同样，诗集第二“部分”——第127首到第154首——

① 售书商的混杂十四行诗集《戴安娜》(1594)囊括了各类涉及各个季节的情爱主题，且每首诗依次编号。如果像考察托马斯·索普的莎士比亚十四行诗集一样，采用连续性叙事线索的鉴定技巧，便可发现，《戴安娜》有可能是想和托马斯·索普发行的诗集一样，展示某个情人的系列情绪。如果没有相反的外部证据，这一点是足以令人信服的。所有伊丽莎白一世时代的十四行诗，不仅几乎采用了相似的韵律，而且听起来几乎也是千篇一律的乞求或渴望的音调。这样一来，每每初读任何一部诗集时，几乎都会产生华而不实、迷惑虚幻的感觉。——原注

② 莎士比亚只是警告他“可爱的男孩”，尽管现在是自然界“快乐”的“宠儿”，但也无法藐视时间是不可阻挡的这一法则。菲利普·西德尼《爱星者与星》(第46首)中的顿呼对象似乎离丘比特更远一些——他称为“失明的男孩”。同样，迈克尔·德雷顿有三首十四行诗(1594年版第26首，1605年版第33首和34首)，富尔克·格雷维尔的诗集《卡里卡》中也有六首(参见第84首，开篇为“再见了，甜蜜的男孩，不抱怨我的事实”)呼告丘比特。约翰·李利的《萨福和保》(1584)和《勃姆茜妈妈》(1598)中也有类似风格的诗歌，其中一首顿呼“哦，残忍的爱！”另一首则是“哦，丘比特！统治国王的君主”。约翰·福特1633年的悲剧《伤心》中有一首诗叫《爱情曾快要死去》，与莎士比亚十四行诗集中第126首的主题也类似。——原注

也没有统一的题名。其中，有六首没有呼告任何人。第 128 首极力恭维一名弹奏乐器的女子。第 129 首是关于贪婪的哲学探讨。第 145 首是一首幽默的八音节抒情诗，与约翰·李利的诗歌《爱神和康帕》很相似，声调也和这首及约翰·李利其他诗作很接近。第 146 首呼告男人之心。第 153 首和 154 首是独白，讲述了一则古希腊寓言，与爱神之火的力量有关[①]。

每一“部分”在话题选择和承接上都没有做到真正的连贯。第一“部分”开篇的长系列组诗，即第 1 首到第 17 首中，诗人呼吁一位年轻男子去结婚以便将自己的年轻貌美传承给下一代。相比之下，在话题处理和措辞风格上，后面两首诗——第 18 首和第 19 首——几乎截然相反，极尽夸耀之能事，声称唯有自己的诗句才能让朋友的年轻和成就永生。同样的情形在后续十四行诗中也反复出现——参见第 55 首、第 60 首、第 63 首、第 74 首、第 81 首、第 101 首、第 107 首。有些诗按部就班地谈论着传统话题，或奉承诗人仰慕对象的美貌——参见第 21 首、第 53 首、第 68 首，或描写感情缺乏进展的影响——参见第 48 首、第 50 首、第 113 首。也有许多诗反映了爱人夜间所受折磨——参见第 27 首、第 28 首、第 43 首、第 50 首、第 61 首，以及与爱人分别后对春夏之美的漠然——参见第 97 首、第 98 首。有时，诗人会谴责沉迷于色欲的年轻人，也会提到年轻男子趁诗人离开时，伺机博取诗人情人的欢心，但诗人会原谅他——参见第 32 首到第 35 首、第 40 首到第 42 首、第 69 首、第 95 首、第 96 首。十四行诗第 70 首中，诗人笔下年轻的倾诉对象又有了完全不同的性情和经历：

你展现了纯洁无瑕的早春。
你已冲出年轻岁月的埋伏，
不仅未遭攻击，而且已让对手屈服！

有时，忧郁笼罩着诗人。他对腐败的时代极其失望——参见第 66 首，责

① 参见本书第121页，注释①。——原注

备自己的淫荡之过——参见第 119 首，厌烦自己的演员职业——参见第 111 首和第 112 首，甚至预言自己临近死期——参见第 71 首到第 74 首。有的整首诗充满谄媚之语，告白年轻的保护人，奉承他作为唯一保护人所具备的才干——参见第 23 首、第 37 首、第 100 首、第 101 首、第 103 首、第 104 首。但有一组诗中，诗人又十分难过，责备保护人赞助了自己的对手——参见第 78 首到第 86 首。首版诗集第一“部分”靠后的三首诗中，诗人作了各种允诺，确信自己对男人女人无一例外的坚贞友情或爱情——参见第 122 首、第 124 首、第 125 首。

第二“部分”中，有两首赞美了情妇的黑肤色、黑头发和黑眼睛。有十二首激烈地谴责了“黑”情妇傲慢蔑视诗人对她的喜爱，并多次背叛他，和别的男人交往。显而易见，诗人接着第一部分的某个主题，直言斥责女子以美色诱骗诗人的朋友——参见第 133 首到第 136 首。另在别处，诗人挖苦了其他十四行诗作者对这位女性的奢华赞誉之词——参见第 130 首，也会略微调侃一下自己教名的多重含义——参见第 130 首到第 136 首。第二“部分”许多诗和第一“部分”一样，在语气和主题上缺少前后衔接的明显标记。

要说托马斯·索普 1609 年的诗集编排顺序逻辑上具有承接性，细读文本就可予以反驳。近年来，学者们一直致力于此。据历史记载，16 世纪的读者和出版商也承认，诗集首次问世时，里面诗歌的排列顺序并没有什么特殊意义。1640 年，当这些十四行诗再次印刷时——距离第一次已有三十一年——排列顺序已经完全不同，而且每首诗或每组诗都加上了描述性的短标题，表明这是一部由零散诗篇组成的诗集，各诗篇彼此独立，又或多或少与爱情有关。

有观点认为，莎士比亚十四行诗属于作者的自传性文献。无论以什么顺序研究这些诗作，这种观点都算不上百分之百正确。伊丽莎白一世时代的十四行诗只是诗人幻想之下的矫揉之作。有时可以从单首诗中识别出人的某种感情，但在一些系列诗组中又很难追溯到同种感情。不过，当时的十四行诗很少涉及作者本人的告白。典型的十四行诗集都是剽窃的拼凑之物，是模仿研习的大杂烩，主要基调都是回应法兰西或意大利十四行诗人柏拉图式的理想主义。

彼特拉克

这些回应自身往往具有独特的音乐特征。塞缪尔·丹尼尔有一首精美的十四行诗是关于“驱愁的睡神”的。尽管诗的灵感直接来自法兰西诗作，但相比皮埃尔·德·布拉赫[①]在十四行诗中顿呼“我的睡眠守护神”，或菲利普·德波特在十四行诗中乞求“睡眠，孤独夜晚的宁静之子”，塞缪尔·丹尼尔的诗能让人体会到更优美的旋律[②]。但毋庸置疑的是，整个伊丽莎白一世时代的十四行诗文学深受意大利和法兰西的影响[③]。1569年，埃德蒙·斯宾塞在文学生涯刚起步时，公开翻译了许多约阿希姆·杜·贝莱和彼特拉克的十四行诗，

① 皮埃尔·德·布拉赫（1547—1604）。参见皮埃尔·德·布拉赫：《诗歌作品》，莱因霍尔德·德泽梅力斯编，1861年，第1卷，第59页到第60页。——原注

② 参见附录9。——原注

③ 本书附录10提供了一份1550年到1600年法兰西十四行诗的参考文献及一份16世纪意大利十四行诗作者名单。——原注

因而被朋友加布里埃尔·哈维称为“英格兰的彼特拉克”——批评界认为这是英格兰十四行诗作者获得的最高称赞[①]。托马斯·沃森《激情诗百首》中的十四行诗采用的都是不规则韵律。1582 年，他在每首诗前加上了一段散文，记录了每首诗的创作起源和意图，称每首诗就是一篇“激情”。他向读者坦言，有一篇“激情”“完全译自彼特拉克”，另一篇“激情”“匆忙模仿并扩充了龙萨的一首颂词”，还有一篇“‘意思或内容’取自塞拉菲诺·戴尔·阿奎拉的《西西里八行情诗》”。他给每种情况提供了确切的外语原文，还时常附上引文[②]。1594 年，迈克尔·德雷顿在十四行诗集《伊迪亚》的十四行献词中称，

① 加布里埃尔·哈维热情洋溢地赞美了彼特拉克的十四行诗（“彼特拉克的创作就是纯洁的爱情；彼特拉克的演说就是纯洁的美人”）之后，在《皮尔斯的额外工作》中证实，英格兰十四行诗模仿彼特拉克已成惯例，因为“所有最高贵的意大利、法兰西和西班牙诗人都以自己的方式传承了彼特拉克；最优雅神圣的诗神成为彼特拉克的学习者也是一种荣耀，因为最友善的创作和最美丽的言说就是出自这些学习者之手。”法兰西和英格兰的十四行诗作者往往都承认自己经常受到指控，指责他们剽窃彼特拉克致劳拉的十四行诗（参见约阿希姆·杜·贝莱《恋情》，贝克德·富基耶尔编，1876年，第186页，以及塞缪尔·丹尼尔的《迪莉娅》，十四行诗第38首）。意大利十四行诗杰作《劳拉在世时所做的十四行诗》第103首（有些版本是第88首）的第一行为“这不是爱，莫非是我内心的感觉吗？”而法兰西诗人让-安托万·德·巴伊夫的《弗朗辛的爱情》（贝克德·富基耶尔编，第121页）第一行为“这如果不是爱，那就是我的内心感觉”，英格兰托马斯·沃森《激情诗百首》中第5首的第一行则为“这如果不是我感觉到的爱，那会是什么呢？”相比之下，英格兰和法兰西十四行诗对彼特拉克的依赖一览无遗。自萨里伯爵托马斯·霍华德和托马斯·怀亚特的早期创作始，模仿彼特拉克已成为整个16世纪英格兰十四行诗的特点。如果比较一下早、晚期的诗人在重释这位意大利大师时所用的技巧，会有一些非常有趣的发现。约1530年，托马斯·怀亚特爵士翻译了彼特拉克《劳拉在世时》中的一首（第80首或81首，第一行为“恺撒，埃及的叛徒”）。无独有偶，后来（1602年），弗朗西斯·戴维森也翻译了这首诗并载入自己的《狂想诗》（阿瑟·亨利·布伦编，第1卷，第90页）。彼特拉克的另一首十四行诗（第95首或第113首）也单独由托马斯·怀亚特（参见乔治·普顿汉：《英语诗歌的艺术》，爱德华·阿尔伯编，第23页）和霍桑登的威廉·德拉蒙德译成了英文（阿道弗斯·威廉·沃德编，第1卷，第100页、第221页）。——原注

② 据托马斯·沃森本人叙述，他的十四行诗中，八首译自彼特拉克；十二首译自塞拉菲诺·戴尔·阿奎拉；四首译自龙萨和意大利诗人斯特罗扎；三首译自意大利诗人阿格诺罗·费奥伦佐拉；两首译自法兰西诗人艾蒂安·福卡德尔，或称福卡特鲁斯、意大利人吉罗拉莫·帕拉博斯克和埃涅阿斯·西尔维厄斯；同时，还有许多诗参考了索福克勒斯、忒俄克里托斯、罗德岛的阿波罗尼奥斯（史诗《阿尔戈船英雄记》的作者）等希腊作者作品的部分段落，或参考了拉丁语作家维吉尔、提布鲁斯、奥维德、贺拉斯、普罗佩提乌斯、辛尼加、蒲林尼、卢坎、马提雅尔和瓦勒里乌斯·弗拉库斯等，其他意大利作家，如波利提安、巴蒂斯塔·曼图亚等，以及其他法兰西作家，如模仿维吉尔和巴蒂斯塔·曼图亚的田园诗人索缪城的杰尔瓦塞斯·塞宾亚斯。——原注

霍桑登的威廉·德拉蒙德

“近来窃取菲利普·德波特或彼特拉克作品的不端行为太常见了”[①]。托马斯·洛奇没有像同行那样指出具体的借用内容，但也直言不讳地表达了自己受益于菲利普·德波特的作品，他写道：“没有几个人能生发出菲利普·德波特那样甜美的奇思妙想，他的诗作通常是人手一份。”[②]贾尔斯·弗莱彻在十四行诗集《丽西娅》（1593）中描写了情人感情急剧波动时的情绪变化，和大多数对手一样，同是成功的模仿之笔。他在扉页中坦言自己的诗作全部“模仿自最出色的拉丁语诗人及其他作家”。1603年，霍桑登的威廉·德拉蒙德写了一组诗，

① 不要以为迈克尔·德雷顿比他的同仁们更坚守原创性。他的“我不是别人智慧的扒手”这行诗恰恰一字不差地窃取自菲利普·西德尼爵士的一首十四行诗。

② 托马斯·洛奇：《珍珠》，第79页。参见附录9中菲利普·德波特十四行诗（《狄安娜》，第2卷，第3首）文本和托马斯·洛奇《菲利斯》中的译文。托马斯·洛奇在自己的爱情诗《罗莎琳德》（亨特利安学会转载，第74页）和诗集《希拉的变形》（第44页）中又为菲利普·德波特这首诗提供了另两篇不同的译文。他的《菲利斯》第33首十四行诗也直接译自龙萨，但他从菲利普·德波特那受到的恩惠应是非同寻常的。——原注

乔万尼·巴蒂斯塔·马里诺

共六十八首，其中许多爱情类十四行诗的出处都可以追溯至意大利的十四行诗，上至彼特拉克的诗作，下至乔万尼·瓜里诺·瓜里尼、彼得罗·本博、乔万尼·巴蒂斯塔·马里诺、托尔夸托·塔索、雅各布·桑纳扎罗等16世纪诗人的作品①。伊丽莎白一世时代十四行诗中虚构情妇的名字也是借自近期法兰西作品，且纷纷效仿用作诗集的名称。塞缪尔·丹尼尔效仿莫里斯·塞弗②，为自己的诗集取名《迪莉娅》；亨利·康斯特布尔跟随菲利普·德波特，为自己的诗集取名《戴安娜》；1594年，迈克尔·德雷顿不仅在自己的十四行诗

① 参见霍桑登的威廉·德拉蒙德：《诗集》，阿道弗斯·威廉·沃德编，载于《缪斯文库》，1894年，第1卷，第207页起。——原注

② 1544年莫里斯·塞弗的《迪丽》在里昂首次出版。——原注

集扉页上用了法语词“爱情”，还为虚构的女主角取名“伊迪亚”，尽管这一称谓也有其他法兰西同仁采用，但原本似乎应是克劳德·德·庞图克斯[①]的首创。

出于好意，菲利普·西德尼爵士警告大众不要指望从当时的十四行诗人那获得“内心的触动”。他是这样形容诗人们的：

（那些人）埋头于字典当中
生成了朗朗上口的行行诗句；
（那些人）在可怜的彼特拉克久已安息的哀叹处
加入了一些新的叹息和借来的智慧，便开始吟诵。

菲利普·西德尼宣称自己的诗作更真诚，这令人难以信服。“即使有些激情洋溢的十四行诗，具备最华丽最甜蜜的世俗风格，也只是令人愉悦的才智所制造的美味”，1593年，加布里埃尔·哈维在《皮尔斯的额外工作》中如是写道。迈克尔·德雷顿的十四行诗比当时的同行更接近莎士比亚的水平。然而，迈克尔·德雷顿告诉诗集《伊迪亚》[②]的读者，谁如果想从中获取真情实感，那最好另觅他处。他称自己“玩笑般地安排了一切情节内容”。1593年，贾尔斯·弗莱彻介绍自己仿写十四行诗集《丽西娅，或爱情诗》时，提醒道，“现在由于我写了有关爱情的十四行诗，千万别将我的文风套用于我的感情，说我处于热

---

① 克劳德·德·庞图克斯（1530—1579）。——原注

② 迈克尔·德雷顿一百多首十四行诗中，有两首诗（1594年版第13首和24首，1619年版重新编号为第32首和53首）暗示说，他的“伊迪亚美人”的特点可以从自己熟悉的一位女性身上找到，另外两首小诗中又再次暗示这一点；但在1594年版的第18首十四行诗中，迈克尔·德雷顿又明确阐释了自己创作十四行诗时遵循的基本原则。

诗歌中，有些爱情故事都是他们虚构的，……
我只呼唤我圣洁的伊迪亚美人。

迈克尔·德雷顿之前，有些法兰西诗人就创作了向“伊迪亚美人”倾诉的十四行诗，约阿希姆·杜·贝莱就是其中一员。他在一首诗末尾明确坦言了自己的意图：

哦，我的灵魂。在至高无上的天神的指引下，
你可以认出这位伊迪亚美人
她是这个世界上我喜爱的美人。

（约阿希姆·杜·贝莱：《奥利芙》，1568年，第113首。）——原注

恋中。……另外，请记住，……不在恋爱中的人也可以写爱情，正如不耕地的人可以写农活，巫师以外的人可以写巫师，肮脏的人可以写圣洁。”[①]

十四行诗人传播伪造的感情故事。情节单调机械，都是关于“身陷不被看好的爱情中的苦闷”或感情得到回报后的喜悦，必然会招来同期批评界的非难。当时，极具威望的作者们的嘲讽抗议声此起彼伏。早年，加布里埃尔·哈维在自己的《一首名为学生的爱或恨的多情可憎的十四行诗》[②]中机智夸张地戏仿了传统十四行诗中杂糅奉承和谩骂的手法。1595 年，乔治·查普曼写了一组十四行诗，叫《致哲学情妇的王冠》，乞求文学同仁放弃爱情类十四行诗“花里胡哨的陈列柜”，换上货真价实的保险柜。最严厉地指责这股十四行诗创作之风的要数诗人兼律师约翰·戴维斯爵士。1596 年左右，他在一首致朋友安东尼·库克（诗集《伊迪亚》的保护人）的十四行诗中猛烈抨击“混蛋的十四行诗”带来了“低俗作诗者”“自己的羞辱”，导致了“诗歌的不雅”。

约翰·戴维斯急于扑灭这股愚蠢之风，写了九首“骗人的十四行诗”样本或者说是传统十四行诗的模仿之作，并以手稿的形式流通[③]。即使是莎士比亚似乎也未能幸免于他的指责。有些十四行诗人使用的奇思妙喻跟法律术语有关，约翰·戴维斯特别苛刻地批评了这一行为。他在第 8 首“骗人的十四行诗”中就嘲笑了借法律术语来指感情之事的做法，很有可能就是隐射莎士比亚十四行诗第 87 首和 124 首使用法律词汇[④]。不妨看看约翰·戴维斯十四行诗第 9 首第一行：

我深爱着的主啊，我就是为您效忠的侍从

很明显，这一行必定是戏仿莎士比亚十四行诗第 26 首的第一行：

---

① 本·琼生敏锐地注意到了十四行诗韵律规则的内在把戏，他告诉霍桑登的威廉·德拉蒙德，“笔者责骂了彼特拉克将无韵诗改编成十四行诗的行为，在笔者看来，十四行诗就是暴君的床，太矮的人要拉长肢体，太高的人要砍去多出来的身体”（本·琼生：《对话》，第4页）。——原注

② 参见本书第128到第129页。——原注

③ 1873年，格罗萨特博士为切萨姆学会编辑了《法默博士的手稿》，在第1卷第76页到第81页登载并首次出版了这九首诗。《法默博士的手稿》底稿保存在曼彻斯特的切萨姆图书馆，是十六七世纪常见的一本书。1876年，格罗萨特博士还编辑出版了约翰·戴维斯爵士的《作品集》，这九首诗在第2卷第53页到第62页。——原注

④ 参见本书附录9中约翰·戴维斯爵士十四行诗第8首。——原注

我敬爱的主啊，我效忠于您……[①]。

令人奇怪的是，莎士比亚戏剧中提及十四行诗创作时几乎都在附和这种敌对的批评。在《空爱一场》第 4 幕第 3 场第 158 行中，俾隆感叹道：“呸！除了无聊的流浪诗人，没有人喜欢写十四行诗。”从《维洛那二绅士》第 3 幕

《空爱一场》剧中人物：俾隆、杜蒙、国王和朗维尔

① 参见本书第135页到第189页。——原注

第 2 场第 68 行起，普罗透斯向多情的公爵传授了传统十四行情诗的写作秘方，口吻极其讽刺：

你必须设圈套来扰乱她的芳心

你所写的诗句

应当充满信誓旦旦百般奉承的诺言……

口口声声地说俯首于她美貌的圣坛

你甘愿献上你的哀叹，你的泪水和你的真心

莫枯修嘲笑罗密欧时，暗指了伊丽莎白体十四行诗，语气更加不屑地说道：“现在，他满脑子都是彼特拉克的诗。跟他的女人比起来，劳拉不过是厨房里的女佣，好在她的情人更能干，会为她作诗。”① 后来的戏剧中，莎士比亚对十四行诗的鄙视亦是有增无减。从《亨利五世》第 3 幕第 7 场第 33 行起，法兰西王太子极其荒唐夸张地称赞了自己的战马后，说：“我曾经写过一首十四行诗赞扬我的马，是这样开始的：‘自然的奇迹啊！’”奥尔良公爵反驳道：“我听过一首写给情妇的十四行诗，也是这样开头的。”王太子回答道：“那是他们模仿了我写给骏马的诗；我的马儿就是我的情妇。”在《无事生非》第 5 幕第 2 场第 4 行到第 7 行中，女仆玛格利特捉弄班尼迪克，叫他“作一首十四行诗赞美她的美貌”。后来在第 5 幕第 4 场第 87 行中，令朋友们好笑的是，班尼迪克“绞尽脑汁、费尽枯肠想出一首蹩脚十四行诗”，赞美了比阿特丽斯，被指证为“口是心非”的凭据。

① 《罗密欧与朱丽叶》，第2幕第4场第41行到第44行。——原注

第 8 章

莎士比亚十四行诗集中借来的奇思妙喻

精彩看点

莎士比亚十四行诗集中的少量自传成分——模仿成分——莎士比亚自诩其十四行诗会永生的奇思妙喻也是借自他处——向女子倾诉的十四行诗中的奇思妙喻——赞美黑色——谩骂主题的十四行诗——加布里埃尔·哈维的《爱恨交加的十四行诗》——艾蒂安·若代勒的《反爱情诗》

初读莎士比亚，会觉得他的十四行诗中个人告白的成分比同代人要多得多，但若想想伊丽莎白体十四行诗的传统创作手法，以及莎士比亚无以媲美的戏剧天赋和才华——他可以感受人类任何一种情感——即便不删去任何内容，莎士比亚诗中的自传成分已经算是很少的了。试将莎士比亚十四行诗集与16世纪末英格兰、法兰西、意大利出版的大量十四行诗加以比较研究，便会发现，莎士比亚诗作中很大一部分内容都是作者在尝试专业写作技巧，以求笔法更加极致。他自称是应付同代诗人的挑战。正如他的剧作借鉴同仁的小说和戏剧那样，莎士比亚毫不愧疚，特意从塞缪尔・丹尼尔、迈克尔・德雷顿、托马斯・沃森、巴纳比・巴尔内斯、亨利・康斯特布尔、菲利普・西德尼的十四行诗中汲取思想和词汇，尤其受益于迈克尔・德雷顿[①]。莎士比亚十四行诗与彼特拉克、菲利普・德波特诗

① 弗雷德里克・加尔・弗莱先生在《英格兰戏剧年谱》，1891年，第2卷，第226页之后，列表平行对照了莎士比亚和迈克尔・德雷顿的十四行诗集。两部诗集的任何读者必定还可以继续补充更多内容。乔治・温德姆先生在自己的莎士比亚十四行诗集版本（1898）的第225页指出，迈克尔・德雷顿剽窃了莎士比亚的作品。这一观点虽说主要基于他人的文献，但并不正确。迈克尔・德雷顿的诗集《伊迪亚》中有一百多首十四行诗保留了下来，但并非诗人自己同一次出版。1594年，迈克尔・德雷顿自己首次出版的唯一单行本中有五十三首；1599年第二次印刷时，《伊迪亚》中新增了六首诗，并且和《女杰书简》一起成书；之后在1600年、1602年、1603年、1605年依次出版发行的作品集中，又陆续删去了二十四首，换上了三十四首新的诗作。1619年，迈克尔・德雷顿作品的最后版本中，《伊迪亚》诗集中又新加了十二首诗，同时删去了十二首老诗，此时总共六十三首十四行诗。乔治・温德姆先生坚持认为，迈克尔・德雷顿的最新版十四行诗集与莎士比亚的非常相似，或多或少地带有托马斯・索普1609年版莎士比亚十四行诗集的特点。然而，迈克尔・德雷顿所有一百首十四行诗中，除十二首之外，其他的早在1609年之前就印刷发行。不难发现，1594年最早出版的五十三首诗和后来陆续出

作的相似之处也一目了然，想必是研习了他们的英格兰模仿者的诗作之后所写。龙萨的九百首十四行诗中，大多数诗及许多抒情诗都有英语版本，莎士比亚应该都可以阅读到，但看不出来莎士比亚的诗与龙萨有什么直接关联。

莎士比亚诗集中随处都是改编或模仿的奇思妙喻，技巧运用得非常完美，但从中还是可以看出一些借鉴内容。莎士比亚许多优美的十四行诗都描绘了春夏两季、夜晚和入睡，以及它们对爱情的影响。这些都是文艺复兴时期诗歌的常见主题，原本来自意大利大师彼特拉克、法兰西大师让－安托万·德·巴伊夫、菲利普·德波特及其英格兰学徒们的十四行诗，未经改头换面，又重新出现在莎士比亚的诗句中[①]。十四行诗集第 24 首中，莎士比亚提到将爱人的画像画在心上，就改编自龙萨的奇思妙喻。十四行诗第 122 首中，诗人提到朋友送给他

版的四十七首诗，都与莎士比亚的十四行诗非常相似。内部证据显示，除一两首之外，迈克尔·德雷顿所有的十四行诗都是在1594年的十四行诗创作热潮之下应运而生的。那时，几乎所有这些诗应该已经有手稿在流通，尽管1594年只出版了五十三首。莎士比亚应该已经读过迈克尔·德雷顿的手抄本诗集。1856年，约翰·佩恩·科利尔先生重印了迈克尔·德雷顿1594年到1619年出版的所有十四行诗，并编辑成诗集，由罗克斯伯勒俱乐部出版。18—19世纪中，迈克尔·德雷顿其他版本的诗集只重印了1619年版本中的六十三首诗。——原注

① 16世纪，有许多十四行诗都提及诗人在春天没有爱情（参见莎士比亚十四行诗第98首和第99首）。几乎所有此类诗作在感情和措辞方面都不同程度地借鉴了彼特拉克著名的《劳拉去世后》第42首。该十四行诗开始几行如下所示：

西风再度轻拂，一片明媚春光，
花草芳香，春日的伙伴们纷至沓来；
燕儿叽叽喳喳，黄莺尽情歌唱，
如此清纯灿烂多彩的春日。
草原露出笑脸，天穹欢呼回荡；
宙斯端详着女儿爱神，甚是欢喜，
爱在空气、水和土壤中尽情流淌；
万物竞相拥抱暖暖的爱意。
然，唯独我，深陷不幸，只能沉重地哀叹
痛苦来自心灵深处，……

霍桑登的威廉·德拉蒙德的十四行诗集第2卷第9首即为本诗的英语译文。类似的关于四月、春天、夏天等题材的法语、英语十四行诗和抒情诗非常多（参见贝克德·富基耶尔：《让-安托万·德·巴伊夫作品选集》，以及《龙萨及其同仁作品选集》，第108页，雷米·贝洛译；第129页，阿玛迪斯·杰明译，等处）。关于夜晚和睡眠的描写尤其要读龙萨的《情歌》（第1卷第186首，第2卷第22首）、《颂歌集》第4卷第4首，以及他的《根深蒂固的颂歌》（载于龙萨《作品集》，普罗斯珀·布兰奇玫因编，第2卷，第392页到第394页）。另外，巴纳比·巴尔内斯《帕耳忒诺珀和帕斯诺普》第83首、第105首中也有类似描写。——原注

“记事本”，以及朋友如何“刻”在他的脑海中，有几分重复了龙萨的用词[①]。十四行诗第99首中，诗人责骂花儿偷走了原本属于他爱人的魅力，这一内容改编自亨利·康斯塔布尔致戴安娜的十四行诗第9首，也有可能和其他诗集有关。莎士比亚还有些诗思考了理论问题，认为人是土、水、空气和火四种物质的混合体——参加第40首到第45首[②]。所有的这些诗里，莎士比亚充分发挥着自己润色语言的才华，再现了塞缪尔·丹尼尔、迈克尔·德雷顿、巴纳比·巴尔内斯、托马斯·沃森直接取自法兰西和意大利的词汇和情感。有两三处地方，莎士比亚采用了不同的陈述方式来表达同一常见的奇思妙喻，无非是向读者表明，自己只是在练习文学写作而已。十四行诗第46首和第47首中，莎士比亚两次转述了——使用了很多托马斯·沃森的词汇——一个不讨人喜欢的观念，即眼睛和心灵无休止地在爱人那争宠[③]。莎士比亚最后两首十四行诗中涉及了同一则寓言的两个不同版本。这则寓言解释了爱情的力量，最初出现在希腊诗选中，后来译成拉丁文，接着陆续引起了英格兰、法兰西和意大利十四行诗人的关注[④]。

---

① 龙萨：《情歌》卷，第178首；《致阿丝特蕾的情诗》，第6首。后者开头几行如下：

我的爱人，你无须再用其他记事本
我心中的那些已将你铭刻许久，
爱，我们的主，已经亲手
将你和你完美的优雅一并刻下印痕。——原注

② 巴纳比·巴尔内斯：《帕耳忒诺珀和帕斯诺普》，第77首；富尔克·格雷维尔：《卡里卡》，第7首。——原注

③ 莎士比亚的十四行诗第24首的话题与这一奇思妙喻类似。龙萨有首颂歌（第4卷第20首）也记录了眼睛和心之间的类似对话。这个奇思妙喻可追溯至彼特拉克。他的十四行诗第55首或第63首讲述了诗人和自己眼睛的对话，而第99首或第117首则是这个对话的姊妹篇，发生在诗人和自己的眼睛之间。参见托马斯·沃森：《幻想之泪》，第19首、第20首（这两首十四行诗和莎士比亚两首诗的主题很接近）；迈克尔·德雷顿：《伊迪亚》，第33首；巴纳比·巴尔内斯：《帕耳忒诺珀和帕斯诺普》，第20首；亨利·康斯特布尔：《戴安娜》，第6首第7行。——原注

④ 这首希腊短诗载于《巴拉丁诗选》第9卷第627页，1529年拉丁语译文载于巴塞尔的《讽刺短诗选集》。希腊诗句和莎士比亚的十四行诗一样，讲的都是一位仙女想把爱神的火炬放入泉水中熄灭，结果导致水温变热。1593年，贾尔斯·弗莱彻《丽西娅》第27首转述了这首短诗，并且加上了如下细节：当诗人的爱人在泉中沐浴时，“触碰到了水，水和爱人一起燃烧起来”，而且

现在由于她的行为水具备了福佑之效
所有疾病片刻消除。

莎士比亚在十四行诗第154首中借用了这个新加的细节，不仅提到了爱神丘比特的“火炬”落入“清凉的泉水”，“带来了永恒的爱神之火”，而且描写了水变成“热气腾腾的温泉，能消除人间百疾。”——原注

莎士比亚在许多十四行诗中都吹嘘自己的诗句必定能成为不朽之作，可以让倾诉对象流芳百世，但并没有说这是他独有的信念，或精神境界的自然升华，或感情的瞬间迸发。此话题由龙萨、菲利普·德波特效仿自品达、贺拉斯、奥维德和其他古典诗人，虽然在最近欧洲诗歌中已经很常见，但莎士比亚只是在证明，自己可以运用自如并且效果不错[①]。菲利普·西德尼爵士在《为诗辩护》（1595年）中指出，诗人常常会习惯性地“告诉你他们的诗句会让你永生”[②]。托马斯·纳什在1593年出版的《贫穷的皮尔斯》中写道，“诗人让伟大的人

① 希腊诗歌中，品达的《奥林匹克颂歌》第11首、贝克《希腊抒情诗集》第16首中莎孚创作的一个片段均涉及了永生话题。拉丁文诗歌中，涉及此话题的有：西塞罗《论老年》（约207行）中所引用的恩尼乌斯的诗句；贺拉斯《颂歌》第3首第30行；维吉尔《农事诗》第3首第9行；普罗佩提乌斯第3首第1行；奥维德《变形记》第15卷第871行起和马提雅尔诗集第10卷第27行起。法兰西十四行诗人中，龙萨对永生话题的发挥最引人注目。他在颂歌和十四行诗中极尽夸张之辞，用千篇一律的豪言壮语做出承诺，保证致献对象将名垂史册。下列诗行选自龙萨《颂歌集》第一卷第7首《致卡纳瓦莱爵士》，诗人的常用手法可见一斑：

这不愧是一件美差
为值得称赞的人立荣颂德
任时光荏苒，岁月如筛
他们都是唯一的胜者。
光洁的大理石或精琢的青铜
纵使凝聚着千锤百炼的劳辛
也远不及诗神之笔的情衷
倾注于美德此等挚爱之心。
……
神圣的众诗神，悉心
于家宅珍藏着你的荣耀，
用神授司祭的默祷，
做成了我的诗琴，
奏出这曲庄严的赞歌。
你的种族受到仰慕，
这种高贵，虽然我不甚清楚，
却定能让你永载史册。

（普罗斯珀·布兰奇玫因：《龙萨作品集》，第2卷，第58页、第62页）

本书第124页注释①中，我引用了龙萨的另外两个例子。菲利普·德波特也喜欢使用这一奇思妙喻；参见菲利普·德波特《克莱奥尼塞》第62首十四行诗，塞缪尔·丹尼尔挪走了整首诗，收入自己的诗集《迪莉娅》（十四行诗第26首）。菲利普·德波特告诉情人，她犹如凤凰涅槃，在他的诗歌中永生。——原注

② 菲利普·西德尼：《为诗辩护》，沙克伯勒编，1595年，第62页。——原注

物名垂千古是理所当然的。”[1] 在伊丽莎白一世时代十四行诗人的笔下，诗歌的“永生”功能成为一个常用的且确实非常必要的话题。埃德蒙·斯宾塞在十四行诗《小爱神》（1595 年）第 75 首中写道：

我的诗将会让你可贵的品质永生，
在天国中写下你荣耀的大名。

迈克尔·德雷顿和塞缪尔·丹尼尔堂而皇之地再三发挥了这一奇思妙喻。迈克尔·德雷顿称自己的诗作为“不朽的诗歌”——参见《伊迪亚》第 6 首第 14 行，“流芳百世的诗句”——参见《伊迪亚》第 44 首第 7 行。请看下列他自我吹嘘的诗行：

于是我的笔努力让你不朽。
（《伊迪亚》第 44 首第 1 行）
纵使岁月流逝，我的诗句将永存。
（《伊迪亚》，第 44 首第 2 行）
我的姓名也将永生。
（《伊迪亚》，第 44 首第 14 行）
我所追求的就是让你不朽。
（《伊迪亚》，第 47 首第 14 行）

塞缪尔·丹尼尔也不甘示弱：

这首诗会为你立下永久的丰碑。
（《迪莉娅》第 37 首第 9 行）
你在后世依然会受人尊重，

① 《贫穷的皮尔斯》，莎士比亚学会，第93页。——原注

这些诗句永远不会让你埋没。

（《迪莉娅》，第 39 首第 9 行到第 10 行）

我的诗句就是方舟，会立起奖杯

让你的名字经得起岁月蹉跎；

我的诗句必定会保护你神圣的口碑

让你免受黑夜与时间的无情肆虐与穿梭。

（《迪莉娅》，第 50 首第 9 行到第 12 行）

莎士比亚也会提及自己“不朽的诗行”——十四行诗第 18 首第 12 行，会用塞缪尔·丹尼尔的原词，向倾诉对象保证自己的十四行诗是“丰碑”——参见第 81 首第 9 行和第 107 首第 13 行。这种做法只是为了迎合当时流行的口味而已。最值得一提的是，十四行诗第 55 首中，莎士比亚对永生话题的发挥堪称登峰造极，没有哪位诗人可以相媲美[①]：

任何大理石，任何金铸的纪念碑

即使是王侯将相的，也没有我这强大的诗句活得长久[②]；

---

① 涉及永生话题的其他各处可以参见莎士比亚十四行诗第19首、第54首、第60首、第63首、第65首、第81首、第107首。——原注

② 参见第122页注释①中龙萨的引文。龙萨的颂歌《他的诗神》（《颂歌集》第5卷第32首）与这首十四行诗也非常相像，开头几行如下：

我的著作大功告成，它固若金汤
纵使光阴脚步直前不退
任凭风雨洗刷，或是暴雨虐伤
历经岁月蹉跎，都不能将它摧毁。
若是那天我终将离却，
彼时彼刻，我身栖墓穴，
永远沉睡，龙萨也不会全部消逝如烟
他的精髓仍会留驻人间。
……
诗神将我的荣耀带到天堂，
宣告着我获取的胜利，
我正目睹并经历，
……

你在这些诗句中会散发出明亮的光辉
不比那未打扫的石头，任由邋遢的时光涂抹、腐蚀。
破坏性的战争会掀翻雕像，
彻底铲除那石工之作，
但哪怕是战争之火也无法烧光
人们对你记忆的鲜活。

也可参见龙萨《情歌》（第1卷）第72首，

诗人宣称情人的名字会被
功成名就的人们和王侯
从我诗神的羽翼中窃走

但像龙萨一样，莎士比亚熟悉贺拉斯著名的颂歌（第3卷，第30首），

我造了一座纪念丰碑，
比青铜更坚固，比皇家金字塔更雄伟，
任雨水冲蚀，北风呼虐，抑或岁月洗刷，
纵使时光飞逝都无以将它摧毁。

毫无疑问，莎士比亚也直接参考了奥维德《变形记》结尾几行（第15卷，第871行到第879行）：

这部作品已经完成；这就是我的书，
任凭主神朱庇特怎么发脾气，
战争、火灾、洪水多么凶残
抑或吞噬生命的岁月多么无情，都不能将其摧毁。
尽管让那天早晨如期而至吧
我身上的这副皮囊将停止工作，
生命历经沧桑撒手人寰
然而，我的名字却将腾空化作天籁之音
斗转星移，永不消逝。

莎士比亚很熟悉这个片段，在他最喜爱的书——阿瑟·戈尔丁翻译的《变形记》——中读到过。译文开始几行如下：

现在我完成的这部作品，无论主神朱庇特发多大脾气
不管宝剑多么锋利，烈火多么疯狂，岁月多么无情，
都无法将其摧毁，……

弗朗西斯·米尔斯在《智慧的宝藏》（1598）中评价了莎士比亚的十四行诗之后，引用了贺拉斯和奥维德这两段诗篇的部分内容，并且译成了拉丁文，认为莎士比亚和另外四位同代诗人会比较喜欢自己的拉丁语译文。他在译文中用了战神马耳斯的名字，莎士比亚十四行诗第55首第7行中也提到了战神，尽管算不上是什么证据。托马斯·泰勒先生也想当然地认为，莎士比亚采用了自己喜欢的评论家的用词，因而这首诗应该是1598年之后所作。阿瑟·戈尔丁的译文中，在我引用的这几句诗之前，就已经用到了战神的名字，莎士比亚应该是从这里看到的。莎士比亚的诗句与弗朗西斯·米尔斯的译文无关，但弗朗西斯·米尔斯有可能很大程度上是受了莎士比亚十四行诗的影响。——原注

超越死亡，蔑视让人忘却美好的恨憎，

你一往无前；依然能找到，
所有子孙后代给你的赞美和名声，
直到沧海桑田天荒地老。
如此，在审判唤醒你之前，
你在诗中永生，常伴情人爱慕之眼。

莎士比亚有些十四行诗的倾诉对象明显是女子。这些诗中，模仿的痕迹一目了然。第135首和第136首中，他有意在自己的名字“威尔”与一位女子的“心愿”——伊丽莎白一世时代英语中will一词兼有“欲望”和“难以克制”之意——之间玩起了文字游戏，嘲讽并击败了十四行诗对手们，尤其是巴纳比·巴尔内斯的琐碎的奇思妙喻。巴纳比·巴尔内斯夸大了傲慢情妇的各种“心愿”，而且使用“文雅”一词时，也像莎士比亚处理“心愿”一样，故意模棱两可[①]。同样，莎士比亚十四行诗第130首开篇写道：

我情人的眼睛无法与太阳比；
嘴唇也远不及那珊瑚红艳
……
头发如丝，唯见她的黑丝满头现[②]。

① 附录8“与‘威尔’/‘心愿’有关的十四行诗”阐释了莎士比亚的这个奇思妙喻及巴纳比·巴尔内斯的相关作品。——原注

② 丝用来指头发是十四行诗人作诗的独特用法。塞缪尔·丹尼尔1591年的《迪莉娅》第26首中用了“金发变银丝”；托马斯·洛奇1595年《菲利斯》中用了“看到她美丽的如丝卷发而脸红”；巴纳比·巴尔内斯《帕耳忒诺珀和帕斯诺普》第48首十四行诗中则用了“她满头金丝极其优雅”。嘴唇比作珊瑚虽说并非伊丽莎白体十四行诗的独有特点，但也用得很多，如“珊瑚色的红唇”（《泽费莉娅》，1594年，第23首）、“她的嘴唇不像珊瑚”（托马斯·洛奇：《菲利斯》，1595年，第8首）。龙萨《情歌集》第1卷第23首就是以“美丽的珊瑚”开始的，还用了石头、金属等来形容女性。——原注

莎士比亚这里讽刺了珍贵的石头、金属、鲜花等十四行诗人们常常用来形容情人的传统词汇。

莎士比亚在两首十四行诗中——第 127 首和第 132 首——极其亲切地注意到了情人的黑肤色、黑头发和黑眼睛，表达了自己的喜爱之情，并且指出这种颜色赛过诗歌中常常称颂为美的其他一切颜色。他夸赞“黑女郎”拒绝随大流，不改变自然肤色和发色。此处，莎士比亚几乎一字不差地照搬了自己《空爱一场》第 4 幕第 3 场第 241 行到第 247 行的诗句。剧中，莎士比亚描写女主角罗莎琳肤色“黑如乌木”，“秀眉浓黑”，“哀叹那些赶时髦的姐妹们”整日沉溺于梳妆打扮的虚荣之术。罗莎琳的爱人大发感慨，“黑色的脸蛋才最漂亮”。但无论是戏剧中还是十四行诗中，对黑色的赞美都不是莎士比亚本人的首创。此前，菲利普·西德尼爵士在《爱星者与星》的第 7 首十四行诗中就早已尝试过。他情人的“目光”“包裹在黑色之中”，蒙上“这层丧服”，

虽然都说黑色是美貌的克星，
可她即使身着黑色也能让一切美貌相形见绌[①]。

《空爱一场》中赞美“黑色”时，莎士比亚发现了这个奇思妙喻的自相矛盾之处，加上了一个幽默却又刻薄的评论[②]。同样，在这两首十四行诗中，黑色容颜被称作是美貌的标记，但在后面的一些诗中，诗人又自相矛盾地指出，

① 莎士比亚那首十四行诗和那部戏剧都直接采用了菲利普·西德尼此处的措辞；后面诗句提到女子的双眼蒙上了“这层丧服”是为了“纪念那些所有为她流血而丧生的人”，这些奇思妙喻又出现在莎士比亚十四行诗第132首中——上文讨论的两首之一——他告诉情人她的眼睛“穿上了黑色”，成为他“深爱的悼念者”，虽然她并没有接纳他的求爱。——原注

② 噢，这是多么自相矛盾！黑色是地狱的标记，
是地牢的颜色，是黑夜的愁容
（《空爱一场》第4幕第3场第254行到第255行）
扫烟囱的人为了学她，将煤灰涂满全身，
从今往后煤矿工也成了英俊的男子，
阿比西尼亚人也因自己的肤色沾沾自喜
黑夜不再需要蜡烛，因为黑色就是光明。
（《空爱一场》第4幕第3场第266行到第269行）——原注

黑肤色的女人很丑，道德必定卑鄙，长着一颗黑心。与戏剧中表达喜爱时使用的措辞几乎一模一样，但莎士比亚将黑头发和黑眼睛变成了贬义，两次嘲笑了“黑女郎”。

这两首嘲笑黑色的十四行诗来自比较特别的一组诗，共十二首诗。诗中，莎士比亚一改其他一百二十四首十四行诗中的甜蜜感情风格，出言不逊，猛烈抨击一位女子，辱骂她无视诗人的情感付出。求爱受挫者常会通过大声的谩骂来表达痛苦，但受挫后自然而然的盲目愤怒等过激情绪似乎并未在莎士比亚充满谩骂之语的诗句中真实地体现出来。莎士比亚天生就比其他诗人更擅长将强烈的戏剧性气氛引入谩骂类十四行诗。但他的这类诗中也不乏慷慨激昂的陈述和华丽辞藻的铺陈，可见诗人的情感是伪装的，只是为了表达一种态度。莎士比亚告诉自己傲慢的情人，说她“黑如地狱，暗如黑夜”，“丑陋的面貌”是任由“所有男人停靠的港湾”。由此可见，与这些谩骂类十四行诗所标榜的不同，诗人并非真心想赢得情人的芳心。

然而，外部物证更能证明这些谩骂类诗歌实属模仿之作。再次比较一下莎士比亚这组诗和当红十四行诗人的作品，便一目了然。16 世纪的每位十四行诗人都会在某一时期致力于谩骂无情女子的诗篇创作。龙萨像莎士比亚一样，使用了大量的愤怒之语，斥责“凶猛的母老虎”“女谋杀者”“美杜莎蛇发女妖”。巴纳比·巴尔内斯在十四行诗中假装与女“暴君”“美杜莎蛇发女妖”和“岩石”争吵，并哀叹道：“女人”“天生如魔鬼般骄傲”。谄媚之语枯竭时，十四行诗人往往会单调做作地开始谩骂。这种手法在英格兰和法兰西都成为笑柄。莎士比亚早年时，加布里埃尔·哈维在自己的《爱恨交加的十四行诗》[①] 中戏谑地模仿了这一传统手法。他先是称赞情人的美貌和品德盖过阿瑞提诺的安吉莉卡、彼特拉克的劳拉、卡图卢斯的莱斯比亚及其他八位在诗歌中久享盛名的爱慕对象，随后笔锋突转，采用滑稽的韵脚指责她是“在育雏的毒蛇”“有毒的癞蛤蟆”“大理石的心肠”“和木头一样没有感情的铁石心肠”。诗末，他告诉情人：

① 这首戏仿诗歌不是十四行诗的格式，载于加布里埃尔·哈维的《书信册》（卡姆登学会，第101页到第143页）中。——原注

如果有女恶魔附身之事，
那么所有的恶魔都与你融为一体。

法兰西职业十四行诗人艾蒂安·若代勒大多数时候都因戏剧创作而闻名，但在16世纪后半叶，也通过模仿，独自创作了类似的诗歌，以期抑制谩骂类十四行诗的流行之风。他构思了一部包括三百首诗的诗集，献给“女人之恨”，并且取了个合适的题目——《反爱情诗》，以区别甜蜜十四行诗的常用名《爱情诗》。仅有七首反爱情诗保存了下来，但不难发现，这些诗的基调与莎士比亚谩骂类十四行诗如出一辙，且从莎士比亚的谩骂中可以找到来自艾蒂安·若代勒讽刺思想的火花[①]。因此，莎士比亚十四行诗中的黑女郎有可能是他想象

① 艾蒂安·若代勒《反爱情诗》第7首全文如下：

这黑头毛丑如希腊女怪美杜莎，
多少次我的诗句却为它染上靓金发？
多少次我竟为这黑容貌如痴如醉，
好像只见鲜艳的百合与玫瑰？
布满皱纹的额头却也被
抚平舒展？我的诗神到底干了些啥？
她疯狂地欺骗自己，将那粗浓大眉
描成爱之细柳，频送秋波。
我又如何修饰了这深陷的眼窝？
如何美化了这红红的大鼻背？
以及这嘴唇，这满口黑牙？
还有这身躯的其他部位？
她，自觉已从死神那遭了无数罪，
却能在我的红尘纷扰中快乐安家？

（艾蒂安·若代勒：《作品集》，1597年，第91页到第94页）

这首诗应与莎士比亚十四行诗第137首、第148首、第150首对照着读。艾蒂安·若代勒假装懊悔自己曾经赞美过情人的黑发和黑肤色，算得上是与莎士比亚最奇特的巧合之一。在他的《反爱情诗》第6首中，诗人虚伪地将情人描述为美人，接着又斥责这位“背叛者”，最后结尾为：

我竟一直将恶魔当成天使，
你让我双眼只留意不平的赞词，
却让我无视不公的痛苦。

试与莎士比亚十四行诗第144首第9行到第10行比较：

我的天使是否会沦为魔鬼
我有些怀疑，却不能直接下定论。

霍桑登的威廉·德拉蒙德翻译了马里诺（《诗歌》，1602年，第1部，第76页）一首堆砌谩骂辞

中的一个人物。很有可能莎士比亚在现实生活中遇到过一个黑肤色的美貌女子，由于此女子性格傲慢，莎士比亚与她的交往可能不够愉快。但十四行诗中没有必要解释清楚“黑女郎”的来历。莎士比亚之所以在自己的诗歌中塑造了“黑女郎”形象，应当是受十四行诗传统创作手法的影响，而非缘于自己的经历或情感[①]。有人将“黑女郎”与莎士比亚在戏剧《安东尼与克莉奥帕特拉》中成功塑造的人物形象克莉奥帕特拉女王相提并论，虽然有失偏颇，但也不无道理。一方面，两位女性受到的指责有可能都差不多。另一方面，要想在莎士比亚的个人生活环境中寻找十四行诗“黑女郎”或埃及艳后的原型，同样都是捕风捉影。

藻的传统十四行诗，并非常奇怪且不合适地收录在他自己的“甜蜜”十四行诗集内（参见威廉·德拉蒙德：《诗歌》，沃德编，1602年，第1部，第35首；威廉·德拉蒙德：《诗歌》，沃德编，1602年，第1部，第69首，第217页）。——原注

① 很多观点都认为，莎士比亚所有向女子倾诉的十四行诗中，倾诉对象都是这位“黑女郎”，应该就是第三代彭伯克伯爵威廉·赫伯特的情人玛丽·菲顿。这是毫无根据的臆测。从保存下来的肖像来看，玛丽·菲顿本人非常漂亮。之所以将她牵扯进来仅仅是因为有人错误地认为，第三代彭伯克伯爵威廉·赫伯特是莎士比亚的保护人，莎士比亚的大多数十四行诗都是献给他的，因而诗人与保护人的情人可能会有交情。参见附录7。莎士比亚两首谩骂类十四行诗提到，傲慢的情人“抢过别人床第的租金”（第142首第8行），“打破了床上许下的誓言”（第152首第3行），可见，他责骂的这位女子已为人妻。这里第一处引用仅表示她与已婚男人有染，但两处引用似乎都是一般的责骂用语，表达的意思并不一定要相同。——原注

第 9 章

第三代南安普顿伯爵亨利·莱奥斯利的赞助

精彩
看点

致献类十四行诗中的传记史实——莎士比亚唯一的保护人第三代南安普顿伯爵亨利·莱奥斯利——第三代南安普顿伯爵亨利·莱奥斯利宠幸的其他诗人——莎士比亚害怕的一位劲敌——巴纳比·巴尔内斯可能是主要劲敌——关于劲敌身份的其他见解——友情主题的十四行诗——文学奉承浮夸成风——致献保护人时使用爱情词汇的习惯——友情主题的十四行诗中直接提及第三代南安普顿伯爵亨利·莱奥斯利——年轻的第三代南安普顿伯爵亨利·莱奥斯利——肖像可证——友情主题十四行诗组的最后一首——暗射女王伊丽莎白驾崩的诗作——暗射第三代南安普顿伯爵亨利·莱奥斯利出狱的诗作

透过莎士比亚十四行诗中借用的奇思妙喻和诗歌人物，我们可以了解到诗人创作的外部生活境况。如果不能确定篇幅中有多少内容属于诗人的自我情感展示，那么可以肯定的是，许多内容都展现了诗人与保护人的关系、诗人如何努力尝试进入保护人的文学家臣圈。或许是为了特别申明，有二十首十四行诗，包括第 23 首、第 26 首、第 32 首、第 37 首、第 38 首、第 69 首、第 77 首到第 86 首、第 100 首、第 101 首、第 103 首、第 106 首，都命名为“致献”诗，直言不讳地宣布是献给保护人的诗作。第 78 首中，莎士比亚断言：

我常奉你为我的缪斯
如此尽力助我吟诗作赋
故每一支笔都纷纷效仿模拟
以你的名义到处散播诗句。

接着，诗人遗憾地指出，保护人准备接纳其他诗人门客，似乎是有意让他离开这个遭人忌妒的位置，失去保护人的恩宠。

作为莎士比亚的传记作者，凡是与他有明确关系的人士，我都有义务进行身份确认。保护人问题比较简单。莎士比亚毫不含糊地说自己有且仅有一位保护人。

尼古拉·罗尔

> 赞美的高歌献给尊贵的阁下，
> 给予我生花妙笔的缪斯。
> （第 100 首第 7 行到第 8 行）
> 我的诗句无以表达其他内容，
> 唯有书写您的儒雅与天赋。
> （第 103 首第 11 行到第 12 行）

通过研究传记材料的结果来看，莎士比亚叙事诗的保护人第三代南安普顿伯爵亨利·莱奥斯利是莎士比亚唯一的保护人。当时没有文献或传闻明确指出莎士比亚曾结交或依附其他任何有爵位者。据一可靠传闻证实，1593 年和 1594 年，莎士比亚分别在《维纳斯与阿多尼斯》和《鲁克丽丝受辱记》的献词中提及了自己与第三代南安普顿伯爵亨利·莱奥斯利的亲密关系。首位担任莎士比亚传记作者的尼古拉·罗尔指出，“有一次，第三代南安普顿伯爵亨利·莱奥斯利阁下听说莎士比亚想处理一桩买卖，就给了他一千英镑。在任何时候，这都是一笔数目可观且罕见的慷慨赠金。单单这个例子就足以显示莎士比亚这位保护人的卓越。我确定了是威廉·戴夫南特爵士流传下来的之后，才敢采纳，因为他可能比较了解莎士比亚的情况”。

莎士比亚的十四行诗中多处明确提及了自己的保护人，从中我们不难发现第三代南安普顿伯爵亨利·莱奥斯利的特点。二十首致献类十四行诗中，只有三首用诗歌语言复述了《鲁克丽丝受辱记》中的例行献词内容。致第三代南安普顿伯爵亨利·莱奥斯利的献词如下：

> 我对阁下的爱[①]永无止境。这本册子中只是一小部分多余的内容。有了您高贵的品质作担保，我原本毫无价值、稚气未脱的诗句才得到了承认。我做了的属于您；我要做的属于您；而我本人是我所拥有的一部分，也应该一并奉送给您。若我有更大的才能，我将尽更大的义务；同时，谨以此敬赠阁下，祝您长寿安康。
>
> 永远效忠阁下的威廉·莎士比亚

十四行诗第 26 首用华丽的辞藻转述了上述句子：

> 我敬爱的主啊，我效忠您
> 您高贵的品格让我的义务与您紧密相连，
> 我将这份文字使者献给您，
> 以见证我的义务，并非让我的才智外显：

① 伊丽莎白一世时代的英语中，“爱人”和“爱”分别是“朋友”和“友谊”的常用近义词。布鲁特斯呼告罗马市民时，开门见山就说“罗马人、乡亲们、爱人们”，后来称呼尤利乌斯·恺撒时，用的也是“我最优秀的爱人”（《尤利乌斯·恺撒》，第3幕第2场第13行到第49行）。波西亚提到丈夫巴萨尼奥的知己安东尼奥时，称之为“我夫君的知心爱人”（《威尼斯商人》，第3幕第4场第17行）。本·琼生在致约翰·多恩的信件中，一般都自称为“最真诚的爱人”；迈克尔·德雷顿在写给霍桑登的威廉·德拉蒙德的信中，称自己是对方文学作品的仰慕者，并且爱上了他。“爱”一词常常用于表达作者和保护人之间的感情。1594年，托马斯·纳什在《杰克·威尔顿传》致第三代南安普顿伯爵亨利·莱奥斯利的献词中称其为“诗人们自己及其爱人们的亲爱的爱人”。——原注

义务如此之大，而我的才智如此贫瘠
词不达意，义务难以展现，
但我希望您的一些妙想奇思
存于心灵深处，真诚直率地将它安顿其间；
直至有导航之星指引我前进，
和蔼仁慈地指点我，使我的运气改变，
让我破旧的爱心穿上绸锦
证明我配得上您的真心待见；
到那时我才敢自豪地说我对您的爱有多深；
到那时我才能向您展示我经得起考验的思想之本[①]。

《鲁克丽丝受辱记》的献词提到，仅凭保护人的爱就可以让诗人“稚气未脱的诗句”变得有价值。这种套近乎再次出现在十四行诗第32首中。当时，莎士比亚可能处于情绪低落之际：

若我气数已尽之日你依然健在，
当粗鄙的死神将我的尸骨埋掩，
你亡友贫瘠粗鄙的诗句尚能免于此灾
请闲时偶尔再次翻阅查看，

① 约翰·戴维斯爵士的“骗人的”十四行诗第9首和最后一首戏仿了这首十四行诗，他嘲笑了有才智之人应当让自己的才智臣服于他人这一观念。

我深爱着的主啊，我就是为他效忠的侍从，
因此我的才智现在由他看守；
然而才智有了他的保护，
我想他不会放手让它溜走……
成年之后，他甜蜜地让我的才智恢复了自由
（当我已满二十一岁）
可为何，我的爱预告了才智的自由
却依然得忍受囚禁之罪？
我担心我的主又有了一个权力
如今要替一个傻瓜拽着我的才智。——原注

当与彼时佳作一一比较，
即使不及任何后起文才之笔，
请念及我的情谊继续将其收好，
尽管拙诗难敌快活后人之才气。
哦，倘若如愿，请屈尊赐予我情深意切之感言：
“重读亡友诗作，回忆往昔情意
纵使岁月流逝，其作之珍贵愈发显现，
于今文才辈出之时仍应有一席之地[①]；
然斯人已离去，生花妙笔层出不穷，
阅读为品诸风格，而及亡友，为其情意更浓。”

十四行诗第38首中，类似风格在思想上有所升华：

只要你一息尚存，就会往我的诗作注入灵感
我的诗神何愁找不到素材，
你甜蜜的言语如此精湛
粗鄙的纸张何以重现你的文采？
哦，应该感谢你自己，若我的诗行
依然还值得你细细品味；
你既已照亮他人的灵感想象
即使哑巴也会开口赞叹你的灵魂之美。
成为第十位诗神吧，你远比
诗人们求助的原来九位更有才干；

① 托马斯·泰勒先生认为此诗应是写于1598年甚至更晚，因为1598年约翰·马斯顿出版的《皮格马利翁的形象》中，有诗节提及“在更华丽的战事装备中享有一席之地”，莎士比亚这行诗有可能模仿自此处。这一理由未免过于荒谬。早在约翰·马斯顿之前，类似措辞就经常出现在伊丽莎白一世时代文学作品中。1589年，托马斯·纳什在罗伯特·格林的《梅纳风》序言中就提到，诗人托马斯·沃森的作品“与古代任何诗人同样享有荣耀的一席之地”。——原注

让呼唤你的人手执创作之笔
带来不朽的传世诗篇。
若我卑微的诗神能愉悦世人
痛苦归我，而赞美属于你这位新诗神。

本诗主要的一处奇思妙喻发挥得极好——保护人因激发了受保护人的创作灵感，可以视其作品如己出——当属最传统的奉承类献词之列。1592 年，塞缪尔·丹尼尔献给第二代彭伯克伯爵夫人玛丽·赫伯特一部十四行诗集《迪莉娅》，他在十四行序言中也采用了类似腔调，结尾两行诗几乎与莎士比亚如出一辙，具体诗句如下：

我卑微诗句的高贵保护人，
您卓越的品质激发了我的灵感
……
噢，请不要停止在我的文字中注入您的优雅
……
诗作的任何阵痛我都会从容肩挑，
然，夫人，属于您的一定只有荣耀。

从莎士比亚十四行诗集中，我们也能略微觉察到诗人效仿《鲁克丽丝受辱记》前言献词的倾向。莎士比亚重新运用了献词中的大胆言论，称保护人是自己“所有中的一部分”。我们经常可以在莎士比亚十四行诗中读到如下表达：

我依赖你荣耀的那部分而得以生存；
（第 37 首第 12 行）
你是我优秀的那一部分；
（第 39 首第 2 行）

我的思想属于你，这是我优秀的那一部分。

（第74首第8行）

莎士比亚向第三代南安普顿伯爵亨利·莱奥斯利发誓“这份爱无止境”，然而在献给年轻男子的十四行诗中又公然使用了“永恒的爱”——第108首第9行，以及“永无止境的”——第110首第9行——奉献等词语。

莎士比亚看到劲敌们“堆砌华丽的辞藻”“谈论”着保护人所赐“赞美”，因此心生妒意。考察这些劲敌的身份比识别保护人要难得多。劲敌们可以运用“各位诗神珍藏的绝妙词汇”——第85首第4行，必定曾作诗颂扬过第三代南安普顿伯爵亨利·莱奥斯利，并且同样受其赞助。这个选择面可不小。第三代南安普顿伯爵亨利·莱奥斯利自幼受文学和文人阶层的熏陶，1594年在当时文人圈子所受的赞扬之多，令其他贵族难以望其项背[①]。1594年，托马斯·纳什在自己的《杰克·威尔顿传》中致献第三代南安普顿伯爵亨利·莱奥斯利，公正地称他为“诗人们自己及其爱人们的亲密爱人和恩主”。托马斯·纳什写了许多感情真挚的十四行诗献给了第三代南安普顿伯爵亨利·莱奥斯利。多产的十四行诗人巴纳比·巴尔内斯和多才多艺的文学实践者杰维斯·马卡姆也承认，1593年和1595年，他俩分别在十四行诗中表明自己非常仰慕第三代南安普顿伯爵亨利·莱奥斯利的人格魅力，并渴望得到他的夸赞与支持。他们的十四行诗热情洋溢，丝毫不逊于莎士比亚。同样，1598年，第三代南安普顿伯爵亨利·莱奥斯利的意大利籍家庭教师约翰·弗洛里奥在《单词的世界》（一部意英词典）致第三代南安普顿伯爵亨利·莱奥斯利的献词中写道，“阁下荣耀和优雅的光芒照耀着我和其他许多人，带给我们光明，惠及我们的生活。”传统观点认为约翰·弗洛里奥是莎士比亚熟悉的文人[②]。

莎士比亚视第三代南安普顿伯爵亨利·莱奥斯利的门徒为特别危险的竞争对手，但依旧大度且谦虚地称之为“能干”“更优秀”的“灵魂”“更有才华

① 参见附录4，可查阅关于第三代南安普顿伯爵亨利·莱奥斯利与托马斯·纳什及其他文人的详细描述。——原注

② 参见本书第98页注释①。——原注

的大手笔”，一艘“雄伟高大、气势磅礴”的舰艇，并指出，相比之下，自己只是“一只毫无价值的小木船”。莎士比亚发现了这位门徒精湛的写作技巧，且有些夸张地说，此人的“灵魂”“受到了各路神灵的指导，故能超凡脱俗地写作”，而且“一个仁慈熟悉的幽灵”每个夜晚都用智慧哄骗他。莎士比亚还说，当看到自己的保护人着迷于“这位竞争者气宇轩昂的诗句”时，格外恐慌，有段时间创作灵感几近停滞——参见十四行诗第86首。

至于莎士比亚是否公正地赞扬了“另一位诗人的”能力，这一点无须过于好奇。此人大概刚迈入文学圈子。尽管如此，仁慈的前辈们仍非常震惊，在钦佩他的成就之余，更多的是赞叹他的美好前程。加布里埃尔·哈维当时写道，“修辞和礼节的使用都是非常慷慨的，夸张的”，并补充说，仁慈的作家们期望年轻人获得成就，因而在语言上习惯于宣扬、夸大这种成就，声称年轻朋友们已经取得卓越的成就。当认定莎士比亚眼中的竞争对手就是年轻的诗人、学者巴纳比·巴尔内斯时，一切尘埃落定。他是第三代南安普顿伯爵亨利·莱奥斯利的诗歌体颂词撰写人，是一位多产的十四行诗人，是当时批评家眼中的伟大诗人。1593年，巴纳比·巴尔内斯的第一部十四行诗集《帕耳忒诺珀和帕斯诺普》刊印发行，主要是颂歌，也夹杂着一些情诗；1592年，第二部十四行诗集《圣灵十四行诗百首》问世。第一部诗集反响很好，许多诗都改编自古典诗人及意大利和法兰西诗人，虽然不乏粗劣之笔，但有些诗句还是非常迷人的，至少有一首十四行诗称得上近乎完美。托马斯·丘奇亚德称巴纳比·巴尔内斯为“彼特拉克的学生”；博学的加布里埃尔·哈维嘱咐他“走向成熟，因为他的创作酝酿期已经开始”，并且争取“成为埃德蒙·斯宾塞那样豪迈的诗人”；托马斯·坎皮恩也评价他的诗句“令人陶醉、感情强烈”。巴纳比·巴尔内斯这部最早的诗集中，有一首是献给“品德高尚的”第三代南安普顿伯爵亨利·莱奥斯利的。诗人宣称，保护人的眼睛是“散发着诗神光芒的天堂里的明灯”，他本人唯一的抱负就是“飞腾而起”，以便能配得上保护人的“美德”。莎士比亚在十四行诗第78首中伤心地指出，恩主的眼睛

教聋哑者高唱颂诗，
助无知者腾空而飞，
为博学者新添羽翼，
赐优雅者双份高贵。

但紧接着，在第 79 首十四行诗中，莎士比亚断言，这位自己畏惧的“更有才华的大手笔”劲敌在接受保护人恩赐的“美德”同时，犯了剽窃之罪，因为他从保护人的“德行”那里“窃取了美德这个词”。巴纳比·巴尔内斯也强调自己从第三代南安普顿伯爵亨利·莱奥斯利“优雅的眼睛里”获得灵感，并反复提及保护人的“美德”，由此可见，在第三代南安普顿伯爵亨利·莱奥斯利的家臣们激烈争宠的形势下，莎士比亚通过这些十四行诗，直接视巴纳比·巴尔内斯为自己的主要劲敌。十四行诗第 85 首中，莎士比亚写道：“他对着那位能干的灵魂[①]撰写的每一首赞歌都高喊阿门。”当时英格兰很少有诗人像龙萨那样，习惯给各种诗都取名为“赞歌”，但巴纳比·巴尔内斯两次用“赞歌”为自己的爱情诗命名[②]。另外，莎士比亚在十四行诗第 80 首中用了与海洋有关的隐喻，暗指自己和对手同保护人的关系：

我轻快的小船远不及他的……
你只要稍微拉我一把便可助我浮游海面。

诗人似乎有意使用了与巴纳比·巴尔内斯同样的隐喻：

伤心的洪流使我的幻想之舟处处颠簸
依然来回漂浮于危险之中

① 即他的劲敌。——原注

② 巴纳比·巴尔内斯：《帕耳忒诺珀和帕斯诺普》，1593年，情歌第1首第12行；十四行诗第17首第9行。——原注

杰维斯·马卡姆

真的害怕我思想的快艇撞上你坚硬的岩石[①]！

无独有偶，杰维斯·马卡姆在献给第三代南安普顿伯爵亨利·莱奥斯利的十四行诗中也强调保护人“眼睛”的功效，称这双眼睛替“最杰出的大手笔”——可能指莎士比亚——加冕。托马斯·纳什在诗歌中同样热情洋溢地赞美了第三代南安普顿伯爵亨利·莱奥斯利，比杰维斯·马卡姆的文学气息更胜一筹。不过，根据莎士比亚对竞争者文学作品的描述，情况应该更符合积极上进的巴纳比·巴尔内斯，而不是杰维斯·马卡姆和托马斯·纳什。

莎士比亚在多首十四行诗中坦言，竞争对手的天赋及其对保护人的影响令他非常惊讶。许多批评家便认为这种恐惧更有可能是来自乔治·查普曼，而非其他同代诗人。但很明显，直到1598年，乔治·查普曼开始翻译荷马著作时，才创做出了“伟大的诗歌”；尽管1610年他在自己的完整版译文中添加了一首献给第三代南安普顿伯爵亨利·莱奥斯利的十四行诗，但这首诗非常正式，措辞毫无热情。乔治·查普曼还专门创作了献给贵族们的十四行诗组，并暗示

① 巴纳比·巴尔内斯：《帕耳忒诺珀和帕斯诺普》，1593年，十四行诗第91首。——原注

自己之前与这些贵族没有任何往来。致第三代南安普顿伯爵亨利·莱奥斯利的诗只是其中一首①。迈克尔·德雷顿、本·琼生、约翰·马斯顿都曾由不同的批评家视为莎士比亚的"诗敌"，但这几位作家都未曾受第三代南安普顿伯爵亨利·莱奥斯利资助，莎士比亚形容竞争对手的词语用在他们的作品上也并不合适。

除了"致献类"十四行诗，还有许多诗的倾诉对象是一位英俊富贵的年轻人。莎士比亚公开承认与此人的"爱"。"爱"这个词在伊丽莎白一世时代英语中意为"友谊"②。尽管除了那二十首命名为"致献类"的十四行诗，没有

① 认为竞争者是乔治·查普曼这一观点中，多处都很牵强附会。威廉·明托教授在《英格兰诗人的特点》第291页中指出，之所以说乔治·查普曼是这位竞争者，是因为莎士比亚称竞争者的写作是"神灵"——"他晚上的同伴"——和夜晚用智慧哄骗他的"仁慈熟悉的幽灵"教会的（十四行诗第86首）。乔治·查普曼的诗《黑夜的影子》（1594）就是关于夜晚的。威廉·明托教授认为莎士比亚的这些词语就是在暗射查诗的某些内容。乔治·查普曼在一个段落中告诫作者们，文学思想常常会自行枯竭，除非他们身上"流淌着的血液像某位熟悉的神灵"，另一处，他转而邀请"机智上进的才子"与他一起努力创作，献给"神圣的夜"。莎士比亚意指竞争者的影响力来自超自然的夜间力量，而乔治·查普曼则是信仰具有超凡力量的"熟悉的夜间神灵"，或是邀请文学同仁一起致敬夜神，这是时下的老生常谈，二者之间根本没有什么关系。同样，认为莎士比亚提及的那些广为人知的迷信行为是借用了乔治·查普曼的措辞更是画蛇添足。以此类推，不难下结论，莎士比亚此处的措辞应是取自其他作者。1594年，托马斯·纳什的散文单行本小册子《夜之恐惧》出版，比乔治·查普曼更详细明确地描写了"熟悉的神灵"的夜间习惯。1600年，出版商托马斯·索普在克里斯托弗·马洛翻译的卢坎著作（第一部）中致献朋友爱德华·布朗特时，幽默地提到了同一话题。托马斯·索普提醒自己的朋友，"常常会看到此灵魂（即克里斯托弗·马洛）的幽灵或神灵披着至少三四层床单在（圣保罗）教堂的墓园行走，有可能某个时候就是你自己熟悉的神灵"。基于上述引用，再沿用威廉·明托教授的观点，既然托马斯·纳什、托马斯·索普乃至爱德华·布朗特的"熟悉的神灵"都是指克里斯托弗·马洛，那么这三人和乔治·查普曼一样，都可以说是莎士比亚的十四行诗劲敌。另一个认定是乔治·查普曼的观点同样站不住脚。乔治·查普曼在自己的《伊里亚特》译本（1611）前言中抨击一位匿名者，说此人是"一匹忌妒心强的马，有咬槽咽气癖，上下乱窜，不辞辛劳地用自己的远大抱负去博取所有的夸耀，在每个人跟前都叽叽喳喳地诽谤我"。有观点认为，莎士比亚在十四行诗中视乔治·查普曼为竞争对手，故查在此处以牙还牙；但是如果乔治·查普曼是这位竞争者，他不可能会称那些赞美之词为"诽谤"。认为他提到的这匹"有咬槽咽气癖的马"是莎士比亚也纯属无稽之谈（参见乔治·温德姆：《莎士比亚十四行诗》，1898年，第255页）。还有人认为，乔治·查普曼《黑夜的影子》（1594）每一部分都命名为"赞美诗"，莎士比亚在十四行诗第85首第6行到第7行中称赞自己的对手擅长写"赞美诗"，这可以算是支持乔治·查普曼派最有力的观点。但是，1591年，迈克尔·德雷顿在自己的《教堂的和谐》中写了"赞美诗"。上文提及巴纳比·巴尔内斯也写"赞美诗"。"赞美诗"是伊丽莎白英语中的常用词，与16世纪的法语一样，一般取"诗歌"之意。——原注

② 参见本书第135页，注释①。——原注

别处特别提及这位年轻人是文学保护人，且没有其他更清晰的线索能证明他的身份，但我们有足够的理由认为，这位无私奉献爱与友谊的人也是第三代南安普顿伯爵亨利·莱奥斯利。常有人质疑莎士比亚在诗歌中是否会流露真情，但这些诗看上去应该是诗人在阐述自己和年轻保护人之间的真正感情。

伊丽莎白一世统治的最后几年，保护人和受保护人之间使用华丽的赞美辞藻——莎士比亚称之为“粗俗的绘画”——比其他任何时期都更加明显，其中部分原因应与伊丽莎白一世有关。年迈的伊丽莎白一世无可救药地喜欢听奉承之词。为了迎合她，许多文人堆砌热情华丽的辞藻，虚伪做作地恭维女王的美丽外表。当时文学作品中浮夸赞美的文风便是受此影响[①]。菲利普·西德尼爵

---

① 沃尔特·拉雷爵士常常告白伊丽莎白女王陛下：

哦，充满希望的爱，我的目标和发现，
哦，真正的渴望，驱使着我的幻想，
哦，最有才华的灵魂，激励着我的思想，
哦，明亮的双眸，引诱着我来喜爱；
哦，高贵的仪表，坚定了我的幻想，
神圣的念想，接纳了我的痛苦，
哦，所有这些集于一身！哦，天地为证！
坐拥快乐之椅，尽享万般宠爱！
（参见《辛西娅》，载于《拉雷诗歌》，汉纳编，第33页）

诗人告诉我们，当伊丽莎白一世不在旁边时，他“孤独凄凉的心”和“枯竭的思想”“被剥夺了”“曾经拥有的所有快乐”。沃尔特·拉雷的诗《辛西娅》只有五百行诗句（第21卷和另外一卷中的一个片段）保留了下来，整首诗都是为了向伊丽莎白一世证明自己的忠诚，所有现存诗句都和我上述引文风格相同。全诗长达二十二卷，共一万多行，是莎士比亚所有十四行诗总长的五倍。理查德·巴恩菲尔德在自己1595年的同名诗《辛西娅》中、富尔克·格雷维尔在告白辛西娅的十四行诗中都极尽奢华之词描写了伊丽莎白一世的美貌和高贵。1599年，诗人兼律师约翰·戴维斯爵士作诗献给当时六十六岁高龄的伊丽莎白一世，具体如下：

美丽的心灵，你那最美的身段
充满活力，越发矫健，
宛若甜美的仙女下凡
如盛开的花儿般永不凋谢……
哦，许多许多年后你依然
是这快乐之乡的快乐天使
（《知道自己》，献词）

同年，戴维斯出版了《阿斯特莉娅赞美诗》，共二十六首，赞美了伊丽莎白一世的美貌和高贵。其中每首诗都形成了“伊丽莎白女王”这几个字的藏头诗，几乎每一页都是假装充满爱慕之情的语言。——原注

比特阿丽斯

士极其赞赏地指出，即使保护人的地位没有那么高贵，受保护的文人也往往会大量铺陈华丽的赞美之词。他告诉读者，一旦有人对诗歌或其作者感兴趣，诗人马上就会赞美此人“最美丽、最富裕、最明智，一切都最好”。“你满脑子都是最高级……你的心里会想着但丁笔下的比特阿丽斯[①]。”[②]在莎士比亚以无私的友谊为名，向年轻人倾诉的十四行诗中，有多首都因温暖的情调格外突

① 菲利普·西德尼:《为诗辩护》，沙克伯勒编，1595年，第62页。——原注

② 诗人但丁爱慕的一位佛罗伦萨女子，她的形象曾出现在但丁的《神曲》中。

出，并且也遵循了惯例，几乎从每个方面都奉承了保护人，与菲利普·西德尼所描述的现象非常吻合①。

莎士比亚在十四行诗中明确表示，朋友不会变老——参见第104首，朋友会再现中世纪爱情中最完美的容貌和骑士品质——参见第106首。他同时表明，离开了朋友自己会非常痛苦，自己对朋友的爱慕矢志不渝。成百上千的诗人向自己的保护人公开地表达类似的允诺。撰写颂词的人不会隐瞒有些保护人的姓名，往往夸赞他们的思想和身体完美无瑕，堪比“但丁笔下的‘比特阿丽斯’”。这正是菲利普·西德尼常用的比喻。第三代南安普顿伯爵亨利·莱奥斯利只是诸多保护人中的一员。

---

① 致保护人的奉承类十四行诗出现在16世纪至17世纪许多书籍的前几页或最后几页（如1591年菲利普·西德尼致献苏格兰国王詹姆斯六世的诗集《学徒的随笔》；埃德蒙·斯宾塞《仙后》前面、乔治·查普曼《伊利亚特》和赫里福德约翰·戴维斯1603年《微观世界》末尾致贵族们的十四行诗）。其他献给保护人的十四行诗零星见于一些诗歌散集中，如本·琼生的《森林》和《灌木》、约翰·多恩的《诗集》。献给男人的十四行诗不仅可以在书籍的前几页找到，有时还会穿插在虚构的爱情主题的诗组中。迈克尔·德雷顿的十四行诗小说《伊迪亚》（1599年版本）中第11首的倾诉对象似乎就是一名男子，与莎士比亚常用的倾诉方式很接近；迈克尔·德雷顿其他十四行诗的倾诉对象性别比较模糊。约翰·苏泽恩古怪的爱情十四行诗集《潘多拉》（1584）中有些十四行诗的倾诉对象是第十七代牛津伯爵爱德华·德·维尔；《克洛莉丝》（传统的十四行诗小说）的两篇十四行前言和诗集第49首中，威廉·史密斯乞求能得到埃德蒙·斯宾塞充满爱意的关注。整个欧洲献给女人与献给男人的“致献类”十四行诗或诗歌的特点趋于一致。约翰·多恩、本·琼生和他们的同代诗人在诗中告白第三代贝德福德伯爵夫人露西·拉塞尔及其他女贵族保护人时，总是使用充满爱意、热情洋溢的词语，基调与莎士比亚的友情类十四行诗非常相似。1592年，尼古拉·布莱顿在自己的诗作《彭伯克伯爵夫人赞助的前往天堂的朝圣之旅》和另一作品《彭伯克伯爵夫人的热情》（1867年根据手稿首次印刷）中，通过令人陶醉的言语抒发了真实强烈的感情，隐晦地向这位在文学界仅赞助他一人的伯爵夫人表达了敬意。由于倾诉对象的性别不同，他和莎士比亚的诗似乎应分别纳入不同种类，但事实上二者属于同一类型，都只是向保护人展示自己的忠诚，按照当时流行的传统，尽己所能地强烈表达了个人感情。在意大利和法兰西，作者们不分保护人的性别，几乎使用完全一样的词语来表达爱慕之情。众所周知，米开朗琪罗有两组十四行诗，分别致献年轻贵族托马斯骑士和女贵族保护人维特多利亚·科隆纳，但两组诗语气相同，若仅凭内部证据，批评家们无法区分这两组诗。英格兰一位莎士比亚的同代作者出版了一组十四行诗献给一名男子。经调查，只有这位致献对象不是职业保护人。1595年，理查德·巴恩菲尔德在自己的诗《辛西娅》中，假装向一位叫“伽倪墨得斯”的年轻人表达喜爱之情。他的这些诗与莎士比亚的不属同一类型，而应属于爱情十四行诗系列，通常编造一位虚构的情人。他在诗中解释说，自己想别出心裁地将维吉尔《牧歌集》第二部分，即牧羊人科里东告白牧羊男孩亚历克西斯的那部分内容改编成十四行诗格式，以尝试改变传统十四行诗的创作手法。——原注

查尔斯·霍华德勋爵

运用这种手法的例子举不胜举。不妨看一下马修·罗伊登描写保护人菲利普·西德尼爵士的诗句：

> 他神圣的人格最令人陶醉，
> 可爱快乐的双眼
> 处处透露着高贵。
> 他言谈优雅，笑容甜蜜
> 令你仿佛已入天府之地。

埃德蒙·斯宾塞在一首精美的十四行诗中告诉保护人海军大臣埃芬加姆的查尔斯·霍华德勋爵，说他“优秀的人品和高贵的举止”已成为时下那些“老古董诗人”“所偏爱的古老的赞美对象”的榜样。自此，这一赞誉之词在同代十四行诗中频频出现。莎士比亚就在十四行诗第106首中将其发挥得淋漓尽致[①]。本·琼生称德斯蒙德伯爵为“我的最爱”。托马斯·坎皮恩告知萨福克伯爵的平庸继承人沃尔登勋爵，尽管诗神在努力表达自己的爱慕，但年轻勋爵“令人仰慕的美德”

使他的诗神失望地退却
描写最简单的事实都词不达意[②]。

约翰·多恩博士致男女保护人的“诗体书信”中有几首类似风格的十四行诗，有一首是告知身居异国的保护人，已收悉对方来信，结尾如下：

来信已阅，资助也已拿到，
那副垂死的身躯又能到处跑，
你可怜的挨饿者已喂得酒足饭饱。
盛宴之后我的思想有了文雅之语
赞美你高贵的品质，热情地去
迎接你的爱意，尽管我认为在此处
你的爱沦为饕餮之徒，可吃过的肉中，他们说
最爱你所赐，他们也吃得最多[③]。

从约翰·多恩和托马斯·坎皮恩的十四行诗中，我们可以感受到，诗人渴望得到保护人的关爱，哀怨乞求的语气与莎士比亚的诗如出一辙。因此，莎士

① 参见十四行诗第59首：

我看看你在古老书籍中的形象……
哦，我确信，以前那些才子
赞美过的主角们远不及你。——原注

② 托马斯·坎皮恩：《诗集》，阿瑟·亨利·布伦编，第148页起。参见莎士比亚的十四行诗：

哦，写到你时我的词语多么苍白。——（第80首第1行）
我的赞美无以表达你的高贵。——（第82首第6行）——原注

③ 约翰·多恩：《诗集》（载于《缪斯文库》），第2首第34行。也可以参见他的十四行诗和致罗兰·伍德沃德先生和I.W.先生的诗体书信。——原注

比亚在友谊主题的十四行诗中使用了一些与爱有关的表达。这正好说明，诗人所描述的那种亲近是当时普遍存在于文人和保护人之间的正常关系。

我们知道，第三代南安普顿伯爵亨利·莱奥斯利是莎士比亚唯一的文学保护人。有观点认为这位贵族就是莎士比亚“友谊”主题十四行诗的主角。莎士比亚有些诗描写了年轻男子的天赋与优雅。根据诗中一些含糊的赞美之辞，我们可以推断出确切的细节，足以为上述观点提供确凿有力的证据。事实上，莎士比亚每每赞扬年轻男子时，无论是闪烁其词还是直言不讳，从字面上就可以一目了然地看出此人是第三代南安普顿伯爵亨利·莱奥斯利。现实生活中的第三代南安普顿伯爵亨利·莱奥斯利集美貌、豪门背景、财富、智慧于一身，被诗人们称为伊丽莎白一世最英俊的朝臣。莎士比亚诗中的主角也是如此。从第三代南安普顿伯爵亨利·莱奥斯利的信中足以了解到他的文学造诣与品位，与莎士比亚十四行诗组的主角一样，“学问与容貌俱佳”。这十七首诗开篇就劝说一位富贵的年轻男子去结婚生子，以确保“他豪华的房屋”不至腐烂，有后人继承。当时这样的男子非第三代南安普顿伯爵亨利·莱奥斯利莫属。他未婚，家产富足，是家族的唯一男性代表。诗人感叹道，“让你儿子以后也能提起自己的父亲”，这也很符合第三代南安普顿伯爵亨利·莱奥斯利的情况。他幼年丧父，直到 1598 年才完婚。换成其他同代人，实际情况就没有这样吻合了。莎士比亚十四行诗中也不乏“淫荡言论”，描述这位年轻朋友的“例行运动”，这也是为了更形象地显示其不凡的青春美貌而精心设计的。第三代南安普顿伯爵亨利·莱奥斯利在朝廷中也有沉迷于感官享受的名声，据托马斯·纳什说，在文人间也有此名声，正好与上述描写相符[①]。

有人认为这些友谊主题十四行诗中的年轻人另有其他人选，这种观点是站不住脚的，因为所有的用词都暗示了这位倾诉对象非常年轻。这些十四行诗大多写于 1594 年，当时，第三代南安普顿伯爵亨利·莱奥斯利只有二十一岁，诗中的年轻人很明显也已成年。第 104 首中，莎士比亚提到，诗人与朋友第一次见面是在三年前，那么，按照字面意思理解，诗人有时描写的是记忆中那

---

① 参见本书第414页，注释①。——原注

个只有十七八岁的第三代南安普顿伯爵亨利·莱奥斯利[①]。但莎士比亚当年已年过三十，有了相当的生活阅历，在步入中年之际，可能会用夸张的手法，突出这位小他近十岁的贵族是何其的年轻。因此，直到后来，这男孩般的容貌和气质都令莎士比亚的熟人们记忆犹新[②]。任何稍微了解第三代南安普顿伯爵亨利·莱奥斯利的人都会用"年轻"这个词来形容他，即使他到了二十八岁。譬如，1601 年，罗伯特·塞西尔爵士称他为"可怜的年轻伯爵"。

然而，与倾诉对象身份有关的证据中，最令人震惊的是，诗人笔下年轻人的外貌特征与现存第三代南安普顿伯爵亨利·莱奥斯利年轻时的画像非常相似。莎士比亚多次提及年轻人的"画像"——参见第 16 首、第 24 首、第 47 首、第 67 首，说明诗的主角常常坐着让人画像。第三代南安普顿伯爵亨利·莱奥斯利的肖像画可能比其他任何同代人多。经认定，至少有十四幅现存画像都是他的——九幅油画、三幅小画像（彼特·奥利弗画两幅，艾萨克·奥利弗画一幅）、两幅复制画[③]。事实上，这些肖像大多数都是中年时期的画像，年轻的

① "三年"是十四行诗人惯常用于指情感发展的时间段。参见龙萨《致埃莱娜十四行诗》（第14首）开头：三年来，你的眼睛俘获了我。——原注

② 阿克提姆岬战役之后，马克·安东尼形容三十二岁的奥克塔维厄斯·恺撒为"男孩恺撒""戴着年轻的玫瑰"（《安东尼与克莉奥帕特拉》，第3幕第2场第17行起）。埃德蒙·斯宾塞在自己的《爱斯曲菲尔》中谈及菲利普·西德尼爵士不到三十三岁就英年早逝时，顿呼爵士"哦，可怜的孩子"（第133行）、"不幸的孩子"（第142行）。相反，夸大自己的年龄也是十四行诗人公认的传统。参见本书第98页，注释①。——原注

③ 上述第三代南安普顿伯爵亨利·莱奥斯利刚成年时的两幅肖像画存放于维尔贝克庄园。剩下的七幅油画中，两幅为凡·索梅尔所画，当时第三代南安普顿伯爵亨利·莱奥斯利刚入中年；一幅是半身画，非常迷人，现归安妮女王会所的詹姆斯·诺尔斯律师所有；另一幅是全身像，第三代南安普顿伯爵亨利·莱奥斯利身穿浅褐色紧身上衣和紧身裤，现存于埃文河畔的斯特拉福莎士比亚纪念馆。第三代南安普顿伯爵亨利·莱奥斯利晚年时，米勒伏尔特为他画了两幅肖像：其中一幅存于贝德福德公爵的房产沃本庄园，另一幅在国家肖像美术馆。第五幅为米顿所画，现归鲍尔斯考特子爵所有；第六幅为一不知名艺术家所画，现归温菲尔德·迪格比所有；第七幅的第三代南安普顿伯爵亨利·莱奥斯利身穿盔甲，放于他曾就读的剑桥大学圣约翰学院的院长办公室。艾萨克·奥利弗画的小画像也是第三代南安普顿伯爵亨利·莱奥斯利晚年的画像，之前由拉姆斯登·普罗珀特博士收藏，现在归汉堡的一位收藏家所有。彼得·奥利弗画的两幅小画像现在分别归杰弗瑞·怀特黑德先生和弗朗西斯·库克男爵所有。（参见《柏林顿美术馆肖像小画像目录》，伦敦，1889年，第32页、第71页、第100页。）所有这些保存完好的画像中，第三代南安普顿伯爵亨利·莱奥斯利眼睛碧蓝，头发黑中带褐。第三代南安普顿伯爵亨利·莱奥斯利最好的中年画像要数凡·索梅尔画的那幅。——原注

二十一岁时的第三代南安普顿伯爵亨利·莱奥斯利

玫瑰已凋谢，无法用来证明第三代南安普顿伯爵亨利·莱奥斯利的年轻。不过，根据那两幅存放于波特兰公爵的维尔贝克庄园的画像，可以了解到第三代南安普顿伯爵亨利·莱奥斯利“刚成人时”的一些外貌信息①。其中一幅画像是他二十一岁时，另一幅是二十五六岁时。画得早的那幅在反面又复制了一份，画面上的年轻人衣着华丽，身穿白色绸缎紧身上衣；衣领宽大，周围饰有花边，红皮制的尖形颈甲上绣着银线，颈甲一半露在外面，另一半被衣领盖住；白色紧身及膝马裤镶着金边；红白相间的刺绣腰带偶有白色丝质饰片点缀其间；佩剑轻巧细长，剑柄镀金；紫色的吊袜带镶着银线，系在膝下白色长筒袜上。画

① 友善的波特兰公爵允许我进行个人考察，因而我才得以一一描述这两幅画像。——原注

第三代南安普顿伯爵亨利·莱奥斯利的母亲玛丽·布朗

中人右边的地上放着一件华丽的金银镶花装饰的浅色护甲；他左边的桌子上放着一顶饰有白羽的头盔，上面盖着一块镶金边的紫色丝绒布。如此华丽的衣饰表明穿戴者在自己的装扮上可谓费尽了心思。但相比之下，人物的容貌更有意思。画中人眼睛蔚蓝，双颊微粉，肤色白皙，表情镇定；耳上戴着耳环；胡须刚开始长，呈亮褐色，与第三代南安普顿伯爵亨利·莱奥斯利母亲画像中头发的颜色一样。母亲的肖像也存放在维尔贝克[①]。然而，这位年轻人尽管唇边的毛发稀少，却有着一头浓密的过肩长发，现在是核桃色，以前的颜色应该浅一

---

① 参见莎士比亚十四行诗第3首：

你是母亲的镜子，从你身上

她记起了自己如四月般可爱的青春韶华。——原注

些。那张五六年后的肖像画画的是狱中的第三代南安普顿伯爵亨利·莱奥斯利。1598 年，他秘密结婚后身陷囹圄。画中人右手边的桌子上有一只猫，还有一本用珠宝装帧的书。这时他过肩的头发更加浓密，是很明显的亚麻色。胡须依旧不多，但颜色亮了些，比以前略为丰满，稀薄的小胡子往上翘着。眼神忧郁，面容憔悴，看似身体状况不佳，但与前一张画像差别不大。

莎士比亚的十四行诗有可能就是照着这其中一张肖像画来描写年轻的第三代南安普顿伯爵亨利·莱奥斯利的。他有很多次都告诉我们，这位年轻人肤色漂亮，眼睛漂亮。在第 68 首中，他提到年轻人美丽的容貌好比一幅地图，“未经任何装扮，完全是天生丽质”——在流行使用“金色的长假发”之前——毫无疑问，莎士比亚记得第三代南安普顿伯爵亨利·莱奥斯利有大量头发垂在脖子周围[①]。

莎士比亚献给年轻人的十四行诗中，只有几首是 1594 年以后写的；也只有两首从表面可以看出是诗人晚期的创作。第 70 首中，诗人不再赞美诗中主角的“年少倜傥”，而是歌颂他“突破年轻岁月的埋伏”，迈入“纯洁无瑕的黄金盛年”。第 107 首很明显是此诗组的最后一首，几乎比同组其他诗晚写了十年左右，因为诗中涉及的三件事——伊丽莎白一世驾崩、詹姆斯一世登基和第三代南安普顿伯爵亨利·莱奥斯利出狱——准确无误地发生在 1603 年。1601 年，第三代南安普顿伯爵亨利·莱奥斯利因涉嫌伙同第二代艾塞克斯伯爵罗伯特·德弗罗策反而入狱。前两件事在诗中描述如下：

人间月神忍受了百般黯淡
伤心的预言家们自嘲着曾有的预兆；
一切动乱已然不再上演
和平在宣告橄榄枝将永留树梢。

① 第三代南安普顿伯爵亨利·莱奥斯利独特的长发有时会招人反感。1598年1月，他在白厅王宫玩普利麦罗纸牌游戏。由于时间太晚，随从骑士安布罗斯·威洛比让他别玩了。第三代南安普顿伯爵亨利·莱奥斯利打了骑士。据说骑士还击时，一把扯下他好几绺头发。此事上报给伊丽莎白一世时，她“当面感谢威洛比，说他干得好”（《西德尼文稿》，第2卷，第83页）。——原注

1603年春，国家形势突然转危为安，几乎每位文人都用了类似的词语庆贺。伊丽莎白一世驾崩后，没有任何内战，苏格兰国王顺利继承王位。令人欢喜的是，关于女王驾崩后必有叛乱的预言不攻自灭。辛西娅是诗歌中公认的女王称谓，出现在理查德·巴恩菲尔德、埃德蒙·斯宾塞、富尔克·格雷维尔、沃尔特·拉雷等人的诗作中。女王的挽歌撰写人也不情愿地跟随了这一时尚。《美丽的辛西娅香消玉殒》就是其中之一。

月亮已离去；看看太阳吧
光芒中渗满湿润的泪珠，

以上诗句选自亨利·彼斗1603年的《四月的泪珠洒落在伊丽莎白一世的灵柩上》。几乎所有哀悼女王逝世的诗人都视之为描写高贵者离世的典型诗句。有位诗人写道，死神“在一个多云的夜晚遮住了她的光辉”。另一位写道：“没有什么能销蚀她的明亮，唯独她的星星在最黑暗的夜晚会散发出光芒。”还有一首诗改变了这一惯例，具体如下所示：

当冬天撒下杂草时，
我们的太阳香消玉殒。哦，最美的光芒[①]！

与此同时，作者们反复提及，詹姆斯一世继承王位时，“自己手中不是拿着一根橄榄枝，而是抱着周围整个森林的橄榄枝，因为他带来了这个国家乃至整个欧洲的和平”[②]。

十四行诗第107首中，“这宜人之际的露珠”是回应当时的另一奇思妙喻。詹姆斯一世在春天来到英格兰，毫无敌对情绪，满怀仁慈。人们认为这是最有福祉的好兆头。一位诗人赞颂道，“万物焕然一新”，“迎接尊贵的陛下”。“空

① 这里几处诗句引自剑桥作家撰写的伊丽莎白一世挽歌集《悲伤快乐》（剑桥，1603年）和亨利·切特尔的《英格兰的丧服》（伦敦，1603年）。——原注

② 杰维斯·马卡姆：《完美的高贵》，1624年。——原注

杜德利·卡尔顿

气、季节、大地”反复用于移情表达“这最最甜蜜春天”的欢乐气氛。唯有一点依然令人忧伤：第三代南安普顿伯爵亨利·莱奥斯利仍旧在狱中服刑，“未来任由命运摆布”。女王驾崩后第二天，约翰·曼宁厄姆在日记中写道，所有人都希望第三代南安普顿伯爵亨利·莱奥斯利能重获自由[①]。这个愿望不久就实现了。1603 年 4 月 10 日，“国王一声令下”，第三代南安普顿伯爵亨利·莱奥斯利的牢门被打开。两天后，约翰·张伯伦在给杜德利·卡尔顿的信中写道，

① 约翰·曼宁厄姆:《日记》,卡姆登学会,第148页。——原注

一个豁然开朗的新时代即将开始，“所有人精神抖擞……诗人们拿起了闲置的作品开始憧憬自己”的大事业[①]。塞缪尔·丹尼尔和赫里福德的约翰·戴维斯创作了欢快的诗文庆祝第三代南安普顿伯爵亨利·莱奥斯利出狱。莎士比亚不可能保持沉默。他在十四行诗第 107 首结尾几行写道，“我的爱人看上去容光焕发”，并重申了以前常用的诺言，宣告朋友将在自己“拙劣的诗句”中永生，“纵使暴君的金盔和铜墓已了无踪影”。毫无疑问，第三代南安普顿伯爵亨利·莱奥斯利苦尽甘来之日，莎士比亚借诗句迎接自己的保护人。莎士比亚凭着自己的天赋已声名远扬，无须再依靠任何保护人的私人宠幸。他的作品中也没有再提及第三代南安普顿伯爵亨利·莱奥斯利早年给予他的赞助。不过，此处是他最后一次在诗中向自己以前的保护人致敬，足以证明，诗人在余生十三年中，与第三代南安普顿伯爵亨利·莱奥斯利一直维持着友好的关系，并且，直至生命之终，莎士比亚都始终铭记着，自己尚未出名时，这位年轻的贵族所给予的帮助。

① 《詹姆斯一世时期的王宫与岁月》，1848年，第1卷，第1章，第7页。——原注

第 10 章

十四行诗中假定的私通故事情节

精 彩
看 点

泄愁与自责的十四行诗——年轻人与诗人情妇的关系——《威乐比的艾薇莎》——有关十四行诗的总结

毋庸置疑，比其他任何诗人都多产的莎士比亚，若在十四行诗中和盘托出自己的个人情感，在每个阶段都听凭自己的想象力任意驰骋，那他早就会远离当时传统十四行诗人的常规惯例，独辟蹊径。然而，莎士比亚十四行诗中的模仿成分还是非常多的。由此可见，认为他在整个十四行诗创作中力求“敞开心扉”的观点是站不住脚的。很有可能莎士比亚恭维第三代南安普顿伯爵亨利·莱奥斯利时，字里行间流露出了真情实感，但他的这些致献类十四行诗也并非忠诚于无私友情的自然迸发。那些诗句中的辞藻——莎士比亚往往会发挥成诗中极品——主要是为了颂扬保护人的恩宠，这是当时一直推崇的文学惯例。莎士比亚“甜蜜的十四行诗”中没有几首能确定纯粹是发自内心的呼唤。确实，诗人自责有罪或表达忧愁的十四行诗中，有时会令人误作是自我告白；这也只是说明这些诗有可能与众不同，显示了作者的内心意识，在这点上与莎士比亚其他文学作品的风格不符。但这些诗有可能只是这位最伟大的戏剧家进行的文学思考，针对所有人性缺陷展开。诗人仅在十四行诗竞争对手们暗示之后才尝试着开始创作。无论如何，莎士比亚充满活力的诗句通常改编自同代诗人不够连贯有力的表达，主题也几乎与所有伊丽莎白体十四行诗一致[①]。莎士比亚有一首高贵的十四行诗，主题是贪欲的灾难——第 129 首。虽说是十四行诗人老生常谈的话题，但莎士比亚诗作中的气魄和见解令人拍案叫绝。这可能要完全归功于菲利普·西德尼爵士关于“欲望”的十四行诗[②]。

莎士比亚还有一组诗，共六首，零散地分布在十四行诗集内。唯有在这组诗中才能找到一丝完全源自诗人自己的情感。诗人并不想明确表露出来，但联系整组诗来看则比较明显。这组诗讲述了一段不正常的爱情经历。请看十四行诗第 144 首的开头几行：

> 我的两位爱人分别带给我安慰与绝望
> 如两位天使般，依然在诱惑着我
> 善良的天使是位男子，眉清目秀
> 糟糕的幽灵是个女人，容颜欠妥[③]。

---

① 以下为十四行诗第119首的绝妙开头：

> 我所喝下的妖妇的泪水，
> 提取自蒸馏器，肮脏如地狱。

诗句借用了巴纳比·巴尔内斯十四行诗第49首中的表达方式。巴纳比·巴尔内斯的诗是责骂主题，先是骂情人为“妖妇”，接着笔锋突转，说：

> 从我爱人的蒸馏器中，我依然提取了泪水！

彼特拉克的十四行诗中，几乎能时常体会出每一处的伤心或自责。托尔夸托·塔索《诗集》（1582年，第2章，第26页）中的一首十四行诗（开头为“在生活的重压之下，我从未得到命运的眷顾”）后来在莎士比亚十四行诗第29首（“未得到命运的眷顾，却受尽了他人的鄙视”）和第66首（“我厌倦了这一切，向安息的死神哭泣”）中都隐约有所体现。霍桑登的威廉·德拉蒙德在自己的十四行诗（1602年，第1章，第33首）中翻译了托尔夸托·塔索这首诗；他的十四行诗第25首（“残忍的星辰带入这个世界的东西”）和第32首（“如果我凄凉的生活就是与不幸为伴”）也是同样的基调。——原注

② 这首诗来自菲利普·西德尼的《某些十四行诗》，整组诗收入了《爱星者与星》的1598年版本。1595年的《埃玛里杜夫：E.C.的十四行诗》第37首十四行诗起始句为“哦，贪欲，你这圣洁爱情的肮脏腐败者”，措辞和情感上与莎士比亚的十四行诗更接近了。1881年，《兰波特文集》（罗克斯伯勒俱乐部）转载了E.C.这部罕见诗集。——原注

③ 这首十四行诗也是改编自迈克尔·德雷顿。参见1599年版迈克尔·德雷顿诗集第22首十四行诗：

> 邪恶的精灵，你的美貌依然在纠缠着我……
> 我也变得邪恶无比
> 都是因为这美丽又邪恶的精灵，甜美的恶魔与天使。

但莎士比亚对比了男人和女人带给自己的影响，从而完全改变了原诗的视角。——原注

诗人接着写道，这位女人使男子变得堕落，并且从自己“身边”夺走了他。另外五首诗也是同一主题。向男子倾诉的三首诗中——第 40 首、第 41 首、第 42 首，作者温和地责备了年轻的朋友企图得到诗人“深爱”的情人的芳心，但鉴于朋友年轻貌美，就原谅了他的冒犯。另外两首诗中——第 133 首、第 134 首，莎士比亚向女子倾诉，指责她不仅俘获了自己而且俘获了“下一个他”——他的朋友。诗人在别处也斥责了情人无视他的付出与求爱，并且与其他职业十四行诗人一样，将情人这种目中无人归结为女性的乖戾与邪恶。唯独在这六首诗中，莎士比亚才直接认为或者暗示，情人的出轨是因为自己亲爱的朋友的美貌。伊丽莎白时代的其他十四行诗作品中，无法找到与这组诗确切相关的情节与内容。根据诗作本身的特点和手法，似乎只能将其视为莎士比亚个人经历的描述。但按情节所述，诗人为了维系与朋友的友谊，忍痛割爱将自己的情人让给了朋友。这其间到底有多少真实成分，就要由读者自己来掂量了。若直接按字面意思理解诗句，便会发现字里行间还表达了一种难以言状的自我牺牲的情愫。但若要将此事排除在莎士比亚的风流韵事之外，还是很难令人信服的。诗人讨好般地宽恕了年轻人的冒犯，大体可以由此看出，受保护人若想与任性的保护人维系和平关系，必须做到顺从。

第三代南安普顿伯爵亨利·莱奥斯利凭着自己的风流倜傥，轻而易举地就能迷住诗人钟情的美貌女子，明知是莎士比亚的爱人，但绝不会容忍自己的受保护人发出任何直言不讳的抗议。女子的身份不得而知，因而也就不深入探讨了。或许能从莎士比亚描述的“黑女郎”中得到一些启发，但诗人笔下顽固不化的黑女郎形象是套用了传统手法，而自己个人生活中的这位女子弃他而去另觅新欢，与黑女郎受辱骂的情况也毫不相干。

这段插曲带给莎士比亚的感情创伤即使在当时很强烈，也并非刻骨铭心或永无休止。莎士比亚的一位文学同行在一首诗中似乎半开玩笑地提及了此事，也让莎士比亚这段爱情经历看起来不是那么严肃和重要。该诗 1594 年 9 月 3 日获准出版，随后很快以“威乐比的艾薇莎，或一名正派女仆、良家妇女和忠贞之妻的真实画像”为题出版了[①]。整首诗由七十二个篇章组成，每个篇章由若干不等六行诗节构成。诗中的女主角良家妇女艾薇莎——前半部分是女仆的身份，后半部分是有夫之妇的身份——与许多爱慕者交谈。每次交谈中，她都坚定地拒绝对方的求爱。到了诗的中间部分，所谓的作者本人——亨利·威乐比——进入诗中，化身为热烈的追求者。最后二十九个篇章中，诗人多次求爱，艾薇莎仍不为所动。这部分之前有一段散文体情节——第 44 篇章，提到威乐比“第一次见了艾薇莎之后，就突然感染上一种不可思议的幻想症，独自忍受相思之苦。最后，难以忍受内心这种炽热如火的幻想，他向熟悉的朋友 W.S. 透露了自己生病的秘密。朋友不久前也遭遇类似的情感经历，现在刚刚有所好转。然而，朋友发现威乐比与自己是同样的问题，好一会儿都在开心地看着他受痛苦折磨，非但不想办法帮他解除，反而有意说些奇思妙喻，如锋利的剃刀一般，使他的创伤愈发大了起来”。朋友鼓励威乐比要相信艾薇莎最后会答应的，只是威乐比还需要忍受一段时间的痛苦。作者接着写，“这位糟糕的安慰者”之所以“用不可能的事情”来安慰自己的朋友，要么就是他“在窃笑威乐比的傻气”，因为“不久以前别人就是这样嘲笑自己的”；要么就是“他想看看别人的情况是不是比自己要好些”，指望在此爱情喜剧之后“看看这位新演员比自己这位老演员的结局是否更欢快。但是到最后，这部喜剧似乎变成了悲剧”。由于艾薇莎作风正派，绝不屈从，“威乐比的状况不容乐观”。令人开心的是，“时间与困境”最终成为治病良方。接下来的两个篇章中，作者使用的是直接引语。W.S. 以轻松、开玩笑的方式劝告朋友，而精神状况已受百般折磨的威乐比也接受了朋友的劝告。

仅凭名字缩写[②]，就认为威乐比的冷血朋友是莎士比亚，似乎说不过去[③]。可

---

① 1880年格罗萨特博士在自己的《作品选》中转载了这首诗，新莎士比亚学会的《典故书籍》（第1卷，第169页起）又从中节选了部分。——原注

② 莎士比亚的英文名为William Shakespeare，因此姓名缩写也是W.S.。

③ W.S.是常用的名字缩写。莎士比亚时代，至少有两位有名的作者使用这一缩写。一位是剧作家文特沃斯·史密斯（参见本书第190页）；另一位是威廉·史密斯，1595年曾出版一本爱情主题的十四行诗集《克洛莉丝》。也有人试图证明后者是威乐比的咨询对象，这也有点似是而非。但相比之下，莎士比亚的可能性更大。——原注

疑之处在于“艾薇莎”与众多求爱者之间的故事是否真实。哈德良·多雷尔在自己署名的前言中提及该诗的实际作者威乐比在国外，之后又有点莫名其妙地讨论了这首诗是否为“诗歌体小说”。1596 年的新版中，哈德良·多雷尔再次肯定了这一结论，但并未涉及 W.S. 的蹊跷之处。当时莎士比亚的名字在出版物中还很罕见。诗中提到 W.S. 是“老演员”，涉及此人与威乐比的关系时，使用了形象的戏剧用语，这与《鲁克丽丝受辱记》的一些前言作者点名称赞剧作者一定有关。上述事实为威乐比的熟人朋友 W.S. 的身份认定提供了支撑材料。如果我们认为，此人是莎士比亚，刚刚从类似的病情中“初愈”，有些恶作剧似地观望着朋友威乐比“追求艾薇莎”时受冷落，那么很明显，莎士比亚并未因另一位朋友的夺爱之恨而陷入难以自拔的悲伤中。《威乐比的艾薇莎》的作者处理 W.S. 相关情节时可能暗射了一些内容。如此一来，整首诗更像一部喜剧而非悲剧。

综上所述，莎士比亚十四行诗集中那些可以认定的创作过程与诗人的其他文学作品是一致的。这些过程充分表明莎士比亚费尽心思满足大众读者的口味，但凡发现当时所涉猎的领域有他人作品可以借用时，往往会凭着自己过人的天赋和技巧予以改编。莎士比亚大部分十四行诗创作于 1594 年。当时，兴起于意大利的十四行诗创作狂潮席卷了法兰西，然后波及英格兰。于是，大约整整六年间，英格兰文人们都满腔热情地致力于十四行诗创作。作品数量之多，是同期其他任何国家都无法企及的。从 1591 年到 1597 年，不计其数的十四行诗在英格兰流传。诗歌质量良莠不齐，有高雅的也有低俗的。每种形式和话题都在创作中充分展现。莎士比亚的诗集偶然成册，并且是在创作多年后通过不正当渠道出版的一部杂合诗集，文学造诣有时令其他作品黯然失色，但整体上反映了十四行诗流行期的各种特点。或顿呼深奥的抽象概念，或形象地描写自然美景，或奉承赞美保护人，或用形象的爱情比喻向贵族表达受保护人的敬意，或亲切地称赞女子的头发、夸奖女子弹奏乐器，或愤怒地斥责女性的不忠和薄弱意志——这些都经常出现在莎士比亚和同代诗人的十四行诗中。莎士比亚借用了竞争者们的许多词汇和思想，往往会融入自己的想象并进行改写。伊丽莎白体十四行诗很少涉及真情实感或作者的亲身经历,莎士比亚的诗作也不例外。在一些表达忧愁和自责的十四行诗中，他不经意间会流露出自己的个人情感，但他的戏剧天分是闲不住的。在这类十四行诗中，他更多的是戏剧性地呈现私密独白的假象。唯独在由六首零散的十四行诗形成的诗组中，莎士比亚所涉及的话题为其他诗人所不知，讲述的是朋友取而代之夺走了自己美丽的情人。这似乎不同于同行们的话题，直接源于个人生活。尽管这样，诗中的情感仍然不够严肃。从莎士比亚的十四行诗中，唯一可以推断出的个人实情就是：莎士比亚在自己事业的某一时期，一直都在极尽奉承之能事以求独享一位年轻贵族的慷慨赞助。外部物证与文内证据都表明，这位受到高度赞美的保护人就是第三代南安普顿伯爵亨利·莱奥斯利。对于莎士比亚十四行诗的传记作者而言，这些诗真正的价值在于证明了一个古老的传闻，即莎士比亚两首叙事诗的公开致献对象第三代南安普顿伯爵亨利·莱奥斯利，在诗人文学生涯的早期鼓励并帮助了他。因而，第三代南安普顿伯爵亨利·莱奥斯利在诗人传记中的地位相当重要，堪比阿里奥斯托传记中的阿方索·德斯特公爵或龙萨传记中的萨沃伊公爵夫人玛格丽特。

第 11 章

戏剧创作能力持续发展

精彩看点

《仲夏夜之梦》（1594—1595）——《终成眷属》（1595）——《驯悍记》（1595）——序幕中涉及斯特拉福之处——温柯特——《亨利四世》（1597）——福斯塔夫——《温莎的风流娘儿们》（1597）——《亨利五世》（1598）——第二代艾塞克斯伯爵罗伯特·德弗罗和1601年叛乱——莎士比亚的名声和影响——美人鱼酒馆的聚会——1598年弗朗西斯·米尔斯的颂词——莎士比亚的名字在出版商眼中的价值——《热情的朝圣者》（1599）——《凤凰与雉鸠》（1601）

尽管莎士比亚一直在别出心裁地向自己的保护人允诺：

> 我的诗句不会表达其他内容
> 唯有书写您的儒雅与天赋。

他的戏剧创作也一直在稳步发展。《仲夏夜之梦》约写于1595年冬季[①]。这部喜剧可能是为了庆祝一桩婚事——1594年12月12日诗人们共同的女保护人露西·哈灵顿与第三代贝德福德伯爵爱德华·拉塞尔喜结良缘，或1595年1月24日第五代德比伯爵威廉·斯坦利在格林尼治操办的婚礼。剧中煞费苦心地赞美女王为“一位圣洁的美好女子，坐享西方宝座”——参见第2幕第1场第157行起，既是感谢皇家过往的恩宠，也是希望今后女王能一如既往地恩赐宠幸。剧中第2幕第2场第148行到第168行，奥伯龙描述了一幅幻想中的场景，想象着自己看到了西边有一朵叫“爱懒花”的小花，让普克取来给他。1575年，伊丽莎白一世亲幸凯尼尔沃思时，莱斯特伯爵罗伯特·德达利设盛大庆典招待女王。有人认为剧中此处暗指庆典中的某个场面[②]。整部剧充满了

① 1600年出版了两个版本，此前没有任何版本出现。——原注

② 尼古拉·约翰·哈尔平牧师：《奥伯龙的视野》，莎士比亚学会，1843年。1576年出版的《喜庆日》中有两篇凯尼尔沃思庆典记录，分别由乔治·加斯科因和罗伯特·兰厄姆撰写。——原注

露西·哈灵顿

无比轻松愉快和高贵优雅的喜剧气氛。故事情节可以追溯到不同的来源——乔叟的《骑士传奇》、普鲁塔克的《提修斯传》、奥维德的《变形记》（第 4 卷）及奥伯龙的故事。奥伯龙是法兰西中世纪传奇故事《胡昂·波尔多》中的精灵王。1534 年，传奇故事的英译本首次出版，译者是伯纳斯勋爵。《仲夏夜之梦》中，神仙和凡人都参与的那场闹剧有几分受约翰·李利的影响。而雅典“底层劳动者”上演幽默剧《皮拉缪斯和忒斯彼》的内容，则是莎士比亚根据《空爱一场》的相关情节修改而成的。但《仲夏夜之梦》中的最后一个计谋是作者的创新，自此——实际上在文学界中是首次——虚幻的精灵世界得以真正开始在戏剧作品中受到持久关注。可以说莎士比亚攻克了一个崭新的艺术领域。

喜剧《终成眷属》中更多地涉及了比较严肃的话题。暂且认为剧本写于1595年吧。三年后，弗朗西斯·米尔斯声称《爱得其所》出自莎士比亚之手。现在还不能确定这个题目是否有可能就是《终成眷属》的曾用名。也有人说《驯悍记》就是《爱得其所》，但理由还不够充分。与《罗密欧与朱丽叶》一样，《终成眷属》的情节取自威廉·佩因特的《欢乐宫》第38篇，但最早应源于薄伽丘的《十日谈》。莎士比亚按自己的惯例，讲述了海伦娜为伯特伦付出了不值得的爱情，同时又在这感人的故事中嫁接了爱吹牛的帕洛耶、爱炫耀的拉

皮拉缪斯和忒斯彼

《终成眷属》剧中人物：海伦娜与伯特伦

佛和不够精明的小丑拉瓦奇等喜剧人物。剧中还有一个原创人物是伯特伦的母亲鲁西荣伯爵夫人，是位上了年纪却依旧迷人的女士。至于押韵频率和其他韵律特点，则非常接近《维洛那二绅士》，但较之更有力度，没有那么多奇思妙喻和粗糙之笔。全剧悲情成分较多。女主角海伦娜堪称莎士比亚笔下最伟大的女性角色。作者以触动人心的柔情描述了她“爱情遭轻视的痛楚”。

《驯悍记》——和《终成眷属》一样，首次出版都是载于对开本中——

可能在严肃戏剧《终成眷属》之后不久诞生，是根据一部老剧修改的。这部老剧与莎士比亚之前所参照的其他作品的语言风格有些不同。1594 年，喜剧《驯服悍妇》出版[①]。莎士比亚从中借取了序幕部分和男主角彼特鲁乔征服悍妇凯瑟琳的相关场景。他先注入了真实的喜剧精神。效仿老剧大致轮廓的同时，莎士比亚在修改版本中穿插了一个全新的小情节——比安卡和情人们的故事。

《终成眷属》中的海伦娜与鲁西荣伯爵夫人

① 1844年莎士比亚学会再次印刷。——原注

《驯悍记》剧中人物：凯瑟琳与彼特鲁乔

这个故事有些得益于乔治·加斯科因的《猜想》，后者改编自阿里奥斯托的《我猜想》。从风格上看——随意地引入拉丁语终场词和节拍不同的打油诗——与比安卡有关的场景很不像莎士比亚的手法，可能出自合作者之手。

《驯悍记》的序幕与莎士比亚的传记有直接关联，因为诗人添加了许多与斯特拉福和自己的县籍有关的真实细节。这在莎士比亚戏剧中并不常见，只有稍晚创作的两部戏剧《亨利四世（下篇）》和《温莎的风流娘儿们》具备类似特点。同期的外部物证表明，当时莎士比亚与斯特拉福镇的关系有了些变化，因而剧中所有涉及故土的内容可能与此有关。序幕中，修补匠克里斯托弗·斯莱[1]称自己为“波顿希斯老斯莱的儿子”。波顿希斯就是巴顿荒野。莎士比亚

① 即后文中的基特·斯莱。英语中，基特是教名克里斯托弗的昵称。——原注

有个姑母嫁给了埃德蒙·兰伯特，她和儿子们就住在巴顿荒野。另外，修补匠还坦言欠了温柯特酒店胖女主人玛丽安·哈克特的钱[①]。剧中涉及温柯特和哈克特的细节非常精确，如提到了客栈女仆叫“西塞莉·哈克特”，舞台指导中也提到了酒店“在荒野上”。

沃里克郡的三个小村庄都可以认作是斯莱的醉酒场景，且理由充分。其中，温柯特算是家喻户晓，是斯特拉福方圆四英里内的一个小村庄，只有一幢伊丽莎白一世时代的农房保留了下来。房子的位置应该与莎士比亚那时没有什么变化，位于一大片开放的荒地上，屋后有一块围起来的土地。温柯特属于奎因顿教区。据教区登记簿记载，当时住着一户姓哈克特的人家。1591 年 11 月 21 日，“罗伯特·哈克特的女儿萨拉·哈克特”在奎因顿教堂受洗[②]。然而，当时的沃里克郡人毫不犹豫地认为《驯悍记》中的温柯特应该是塔姆沃思附近的威尔纳柯特。威尔纳柯特位于沃里克郡和斯塔福德郡的边界处，离斯特拉福有些距离。剧中那个叫“温柯特”的村庄，在 17 世纪因盛产麦芽酒而驰名。遗憾的是，没有证据证明当时有这么个名字和特点都相符的地方。莎士比亚《驯悍记》创作后不到五十年，沃里克郡诗人阿斯顿·柯卡因爵士作诗献给“温柯特的克莱门特·费舍尔先生”——威尔纳柯特的著名居民，开头几行如下：

> 莎士比亚，你的温柯特酒名声远扬，
> 骗得那个乞丐如此模样
> （偶尔醉得呼呼大睡）只需三言两语
> 便真的以为自己来自名门望族。

接着，作者许诺要造访“温柯特”，即威尔纳柯特，喝一喝——

---

① 所有这些细节都是莎士比亚的原创，在老剧中没有出现。但原来的序幕中，那位平凡的酒鬼的名字前面没有加上“斯莱”。姓氏斯莱虽然在斯特拉福及附近区域很常见，但其他地方姓“斯莱”的居民也有很多。因而，仅凭旧剧中的这一姓氏还不能充分证明剧本作者是沃里克郡人。老剧中没有其他的名字和细节与沃里克郡有关。——原注

② 斯特拉福出生地信托基金会秘书、图书管理员理查德·萨维奇先生最近发现了这个有趣的事实，且十分慷慨，允许我随意使用。——原注

莎士比亚幻想中的美酒
真能让基特·斯莱飘飘欲仙许久。

因此，有可能是莎士比亚故意要让基特·斯莱及酒馆女主人的家兼备温柯特和威尔纳柯特的特色。温姆柯特是莎士比亚母亲的老家，据说一般也读成“温柯特”。有这么个传说，直到1780年，爱德华·卡佩尔的《驯悍记》注释中才首次出现文字记载，大概说的是莎士比亚常常造访“温柯特”一家客栈，与“附近一家磨坊的傻子”交往甚欢。我们现在得知，这个故事中的“温柯特”就是当地的“温姆柯特”。不过，相比温柯特和威尔纳柯特两地，莎士比亚笔下的修补匠与温姆柯特的关联则要少得多。

剧中提到了基特·斯莱的酒友——

史蒂芬·斯莱和希腊老汉约翰·纳普斯，
还有彼得·特夫和亨利·皮姆帕纳尔——

这里可能是如实回忆当时沃里克郡的生活，可以像酒鬼居住的小村庄名字一样，直接按字面意思来理解。莎士比亚的那个年代确有史蒂芬·斯莱一人，是斯特拉福一位很有主见的居民；“老汉约翰·纳普斯”的姓氏聚居地“希腊”（Greek）肯定是“格瑞特”（Greet）的笔误。格瑞特是格洛斯特郡温奇米尔附近的一个小村庄，离莎士比亚的故乡不远。

1597年，莎士比亚再次转向英格兰历史剧创作。两部关于亨利四世的戏剧文笔绝妙，均得益于霍林谢德《编年史》和一部毫无价值但很受欢迎的作品《亨利五世的显赫胜利》。1588年到1591年，《亨利五世的显赫胜利》曾多次上演①。莎士比亚的两部戏剧是一个连续的整体，即众所周知的《亨利四世》上、下篇。其中，下篇和《驯悍记》的序幕一样，直接提到了莎士比亚熟悉的许多人物和地区。两处有趣的场景——第3幕第2场和第5幕第1场——

① 此剧1594年获准出版，1598年正式出版。——原注

《亨利五世的显赫胜利》

发生在格洛斯特郡沙洛法官家中，此郡靠近斯特拉福的边界处。第二个场景中，法官的仆人戴维请主人“在旺科特[①]的威廉·瓦伊泽和希尔的克莱门特·佩克斯的案子中，照应一下威廉·瓦伊泽”。这里涉及的具体地名细节都准确无误。自16世纪以来，瓦伊泽或威伊泽家族的聚居地伍德曼科特至今仍叫“旺科特”。

① 1600年四开本中写的是旺克特（Woncote）；所有对开本上都是旺科特（Woncot）。然而，1803年克里斯托弗·马洛的集注本中毫无根据地写成了另一地名温柯特（Wincot）。自此，后继编者们都不明智地使用了这一地名。——原注

亨利四世

16世纪时，佩克斯家族则在毗邻的斯汀康比山——当地人依然熟知的“山”——兴旺繁衍。涉及科茨沃尔德丘陵的细节也很准确，这一带从斯特拉福过去非常方便。我们发现，“科茨沃尔德人威尔·斯圭尔”正是沙洛法官年轻时的朋友——参见第 3 幕第 2 场第 23 行。剧中提到，沙洛的家仆戴维得到主人的指示，初秋要往“掉头地”上撒“红小麦”。这明显是指科茨沃尔德当地的一个独特风俗，即农耕年早期常常要播种“红色夏梢”小麦[①]。

国王亨利四世当然是剧中主角。在《理查二世》中，他还是一位精力充沛的年轻人。随着担忧和年岁与日俱增，《亨利四世》中的国王已是日薄西山，

① 道奇森·汉密尔顿·马登法官在自己的《威廉·赛利恩斯大人的日记》中（第87页起，第372页到第374页）解释了这些细节，令人信服。参见布伦特：《德斯利及其附近地区》；亨特利：《科茨沃尔德方言词典》；马歇尔：《科茨沃尔德农村经济》，1796年。——原注

与冲动鲁莽、野心勃勃的臣民豪斯伯和王储哈尔形成了鲜明的对比。王储哈尔生性爱热闹，经常离开王宫与酒馆浪荡子们一起鬼混作乐。作者笔下的豪斯伯也刻画得栩栩如生，他是一位性情急躁的战士，勇敢到有点鲁莽，甚至会冒着生命危险去追求一时的尊贵感。王储哈尔尽管行为古怪，但自制力很强，也更懂常识。

《亨利四世》每次上演时，观众的主要兴趣并不在国王、王储哈尔和豪斯伯三人身上，而是聚焦于与王储哈尔成天混在一起的朋友，这是莎士比亚塑造的一个了不起的人物形象。起初，有许多人质疑此人是不是有政治或历史上的原型。莎士比亚两部《亨利四世》中，王储哈尔这位朋友原本用的都是老剧中的人物名，叫“约翰·奥尔德卡斯尔爵士”。但第八代科巴姆勋爵亨

科巴姆勋爵亨利·布鲁克

利·布鲁克表示反对。1597年年初，亨利·布鲁克继承爵位，自称是约翰·奥尔德卡斯尔爵士的后裔。1599年，表演剧团授权刊印发行的《亨利四世》上篇中，莎士比亚给王储哈尔的这位大酒桶朋友换了个名字，叫“福斯塔夫”，一直沿用至今。1600年，《亨利四世》下篇的一个可靠版本中，也用福斯塔夫代替了约翰·奥尔德卡斯尔，后记里还特地说明福斯塔夫与约翰·奥尔德卡斯尔烈士没有任何相同之处，“光荣牺牲的奥尔德卡斯尔烈士，不是剧中此人”。但后来用的“福斯塔夫”也未能免于非议。这个名字使人很快想到了历史上的一位勇士——约翰·法斯托夫爵士。他在《亨利六世》中出现过，曾经是萨瑟克区野猪头酒馆老板。根据传统的舞台指导[①]，《亨利四世》中，王储哈尔和同伴们经常光顾位于东市场路的野猪头酒馆。1662年，托马斯·富勒在初版《杰出人物》中一方面称赞莎士比亚“删去了”约翰·奥尔德卡斯尔爵士的名字，一方面又用大量篇幅指出，剧中不该如此大胆地“放入”约翰·法斯托夫，将人们记忆中伟大的战士形象重新塑造为“满口胡言乱语，遭人取笑的一介莽夫”。

约翰·奥尔德卡斯尔的冒昧引入和取消激起了人们的好奇心，在文学史上留下了印记。因为莎士比亚，历史人物约翰·奥尔德卡斯尔引起了众多关注。一些名气稍逊的戏剧家——安东尼·芒迪、罗伯特·威尔逊、迈克尔·德雷顿、海瑟薇等——试图从中获益，创作了一部真实记录约翰·奥尔德卡斯尔的蹩脚历史剧。1600年就有两个《约翰·奥尔德卡斯尔爵士》版本问世，其中托马斯·帕维尔版本的扉页上竟然称此剧出自莎士比亚之手。

福斯塔夫这一人物形象长期备受关注并非缘于相关历史传奇，况且剧中此人与历史毫无干系，其成功塑造完全得益于莎士比亚丰富的想象力。这位骑士整日无所事事地沉溺于感官享受，信口雌黄，贪图安逸，却又聪明过人，也非常快活，因而往往能为自己满身的臭毛病开脱罪名。莎士比亚尽情彰显的幽默中透露着淡淡的忧伤。毕竟福斯塔夫也有了一大把年纪，却还在过着这种放荡

① 1733年刘易斯·西奥博尔德首次使用；参见詹姆斯·奥查德·哈利威尔-菲利普斯：《莎士比亚生平概览》，1887年，第2卷，第257页。——原注

《亨利四世》中的福斯塔夫

不羁的日子。福斯塔夫的成功刻画得到了伊丽莎白一世时代观众们的一致认可。他的一些口头禅，连同其陪衬人物沙洛法官和赛伦斯法官的名字也很快为人们津津乐道。莎士比亚纯粹的喜剧才能在福斯塔夫身上发挥到极致。此人物或许可以算得上是文学史上最幽默的人物。

喜剧《温莎的风流娘儿们》极有可能是紧接着《亨利四世》创作的，颇具荒诞剧的特色，没有任何值得哀怜的成分。《亨利四世（下篇）》的后记中，莎士比亚曾经写道：“如果你肥肉还没吃腻，不才作者会再讲一个有约翰爵士的故事……届时福斯塔夫如果不被你们骂死，也要被捉弄死。”尼古拉·罗尔

《温莎的风流娘儿们》中的福斯塔夫

断言，“伊丽莎白一世非常喜欢两部《亨利四世》中的绝妙人物福斯塔夫，下令莎士比亚再写一部剧，要让福斯塔夫谈恋爱”。约翰·丹尼斯在《滑稽的勇士》（1702 年）的献词中提到，《温莎的风流娘儿们》“奉女王之命而作。女王迫不及待地想观看戏剧上演，因而下令必须于十四天内完成。据说后来演出令她非常满意”。他在后来的《信札》中再次提到写作期限时，已减少到十天。查尔斯·吉尔顿补充说[①]，十天就完成一部剧，简直“太惊人了，所有的情节都设计得如此巧妙，有条不紊”。《温莎的风流娘儿们》以温莎为背景，

① 查尔斯·吉尔顿：《评论》，第291页。——原注

有不少赞美温莎城堡的细节，看来确实是一部奉旨之作。1602 年，托马斯·克里德刊印了一部不完整版的手稿剧本[①]；1623 年对开本是第一部完整版本。剧情可能源自一部意大利小说，有很多片段都似曾相识，譬如，理查德·塔尔顿小说集《苦难新闻》（1590）中改编自斯特拉帕罗拉《欢乐之夜》第二个夜晚第二个故事的一则童话、塞尔·乔万尼·菲奥伦蒂诺《蠢货》第二天第二个故事中的意大利童话、故事集《西行觅鱼》[②] 中布伦特福德卖鱼妇的爱情故事等在《温莎的风流娘儿们》中都可以找到一些影子。剧中，莎士比亚另辟蹊径，栩栩如生地刻画了当时中层社会的人物，描写了伊丽莎白时代轻松愉快的乡村

温莎城堡

① 参见詹姆斯·奥查德·哈利威尔编，莎士比亚学会第二次印刷，1842年。——原注

② 据埃德蒙·马龙和乔治·斯蒂文斯说，1603年故事集《西行觅鱼》出版，但现在尚未发现1620年以前的版本存在。1848年，珀西学会再次印刷了《西行觅鱼》（金斯敦的金德·基特著的1620年版本）。参见《莎士比亚研究资料》，威廉·黑兹利特编，第1卷，第2章，第1页到第80页。——原注

生活，字里行间无不透露出作者个人经历留下的印记。诗人再次在作品中直接涉及了斯特拉福附近地区的一些细节。剧中提到沙洛法官的纹章图案是“白斑狗鱼”。此词与姓氏“卢西”谐音，因而法官显然是指查莱克特的托马斯·卢西爵士，是莎士比亚早年的冤家对头。剧中斯兰德老爷总是说佩奇老爷不爱动的灰狗“在科茨沃尔的比赛中没有跑赢”——第 1 幕第 1 场第 93 页，可见莎士比亚对当时科茨沃尔德丘陵地区有名的追踪狩猎比赛非常感兴趣。

生气勃勃的王储哈尔与人物塑造者莎士比亚脾性相投，在莎士比亚 1598 年创作的《亨利五世》中逝世。1599 年年初，《亨利五世》上演。演出地点可能就是刚刚新建的环球剧院。1600 年，托马斯·克里德刊印了一份残缺版本，此版本之后又重印了三次。直至 1623 年第一对开本出版，《亨利五世》完整

环球剧院

阿金库尔战役

版本才得以问世。《亨利五世》风格偏温婉。剧中有许多喜剧成分，可惜福斯塔夫去世了。他的同伴们虽然还活着，但充其量是这个饱满人物的陪衬，人去影亡。死者弥留之际那种淡淡的哀婉，无不彰显出作者卓越的艺术造诣。莎士比亚还引入了三个新的戏剧人物，分别是威尔士籍、苏格兰籍和爱尔兰籍的三名士兵。由于种族与性格不同，三个人形成了强烈的反差。爱尔兰人麦克莫里斯上尉脾气暴躁，是莎士比亚众多戏剧人物中唯一的爱尔兰人。威尔士人弗鲁爱林性情有些迂腐，但非常爱国。有一场戏中，夸夸其谈的皮斯托尔嘲笑威尔士国徽。弗鲁爱林报复他，逼他吃韭葱。整个场景充满了欢乐幽默的喜感。该剧主要由一系列小插曲组成，且相互之间连接紧密，展现了士兵、统治者和爱人等不同角色的男子汉气概，并在英格兰打赢阿金库尔战役时抵达高潮，强烈地激发了人们的爱国热情。除了《亨利五世的显赫胜利》[①]，1595 年 11 月 28

① 菲利普·亨斯洛：《日记》，第61页；参见本书第174页。——原注

第二代艾塞克斯伯爵罗伯特·德弗罗

日，菲利普·亨斯洛首次创作的同主题作品也失传了。《亨利五世》可能是莎士比亚的最后一部英格兰历史剧。自此，他的系列历史剧艺术创作完美收官，整体上形成了一部民族史诗。至于晚期的《亨利八世》，莎士比亚只是参与了部分撰写工作，这一“历史”又另当别论。

《亨利五世》中提到了当时历史上一桩激动人心的事件，从中可以察觉到莎士比亚的一些自传性叙述。第二代艾塞克斯伯爵罗伯特·德弗罗是莎士比亚的保护人第三代南安普顿伯爵亨利·莱奥斯利的好朋友。第 5 幕序幕中，莎士比亚预言，当第二代艾塞克斯伯爵罗伯特·德弗罗“扭转”爱尔兰叛乱凯旋时，一定会受到伦敦人民的热烈欢迎。诗人写道：

女王陛下的将军，

很快就会从爱尔兰返回，

叛乱在他的宝剑之下立即扭转，

和平之城定会引来万人驻足

欢迎他的到来！

——（第 5 幕，合唱，第 30 行到第 34 行）

1599 年 3 月 27 日，第二代艾塞克斯伯爵罗伯特·德弗罗踏上征途，肩负起平定叛乱的灾难性使命。也许是因为第三代南安普顿伯爵亨利·莱奥斯利一同前往，莎士比亚才公开表示同情。然而，第二代艾塞克斯伯爵罗伯特·德弗罗的努力失败了。《亨利五世》完成后不久，他被指控谋反、渎职。为了重新恢复地位，1601 年，在第三代南安普顿伯爵亨利·莱奥斯利的再次支持下，他在伦敦发动了叛乱。如此一来，莎士比亚剧中提及伦敦居民欢迎第二代艾塞克斯伯爵罗伯特·德弗罗的相关内容就种下了祸根。叛乱首领的朋友们试图寻求莎士比亚的支持，付给奥古斯丁·菲利普斯四十先令，诱惑莎士比亚所在剧团的这位主要成员在环球剧院重新上演《理查二世》——毋庸置疑当然是莎士比亚的戏剧，希望处死国王那一场能为即将来临的暴乱获取民心。奥古斯丁·菲利普斯后来提起此事，说自己当时谨慎地告诉那些预约戏剧的反叛者，理查国王这部剧“太老了，很久没有上演，当时的演员都所剩无几了”。然而，《理查二世》还是在 1601 年 2 月 7 日星期六第二代艾塞克斯伯爵罗伯特·德弗罗发动叛乱的前一天上演了。1601 年 8 月 4 日，伊丽莎白一世与威廉·兰姆巴德谈话时抱怨说，对于《理查二世》“这部悲剧”她一直心存芥蒂，那时“在露天的街道上和剧院里上演了四十次”，就是有意为叛乱煽风点火①。审判第二代艾塞克斯伯爵罗伯特·德弗罗及其朋友们时，奥古斯丁·菲利普斯出示了戏剧为何在环球影院重演的证据。第二代艾塞克斯伯爵罗伯特·德弗罗被处决，

① 约翰·尼科尔斯:《伊丽莎白一世的巡游》，第3卷，第552页。——原注

第三代南安普顿伯爵亨利·莱奥斯利入狱服刑直至女王驾崩。没有任何罪状指向演员们[①]，但莎士比亚当时非常明智，没有在剧中向公众指明第二代艾塞克斯伯爵罗伯特·德弗罗或保护人第三代南安普顿伯爵亨利·莱奥斯利的命运。

这些事件使莎士比亚顿时名声大噪。数年来，作为剧作家和诗人，他所显示出的天赋受到了批评家和戏迷的认可，社会地位和职业地位日益显著。在剧院内，他的影响力无人能敌。1598年，经理拒绝了本·琼生的第一部喜剧《个性互异》——据一条被尼古拉·罗尔透露，但遭吉福德抨击的可靠消息。莎士比亚干预此事后，事情有所转机，使这位比自己小九岁的不知名编剧的作品开始受到关注。莎士比亚还在该剧中担任了一个角色。本·琼生忌妒心强，后来竟然时常出言不逊，不屑于莎士比亚的付出。尽管本·琼生平时会表现出这些自身性格难以克服的乖戾，但毫无疑问，在莎士比亚生前，他都是发自内心地尊敬和爱戴着这位前辈[②]。莎士比亚逝世后没几年，热衷于收集名人轶事的尼古拉·莱斯特兰奇爵士写了一篇趣闻，证实了莎士比亚和本·琼生一直以来都和睦相处。尼古拉·莱斯特兰奇声称，趣闻是约翰·多恩先生披露的。据说，“莎士比亚是本·琼生某个孩子的教父。孩子洗礼命名之后，莎士比亚随即陷入了沉思。本·琼生走过来，想让他开心起来，便问莎士比亚为何这么忧郁。莎士比亚回答道，‘不，相信我，本，我没有不高兴，但我一直在想我应该送教子什么样的礼物才最合适呢。我终于有了主意。’‘请问，是什么？’‘本，实不相瞒，我会给他一打漂亮的黄铜勺子。你可以任意改造[③]。’”

福斯塔夫的塑造者可能很熟悉酒馆的生活，应该热衷于参加文人间的宴饮交际。据说，莎士比亚经常会去布雷德大街的美人鱼酒馆参加本·琼生和朋友

① 参见公共档案馆的国内手稿伊丽莎白一世篇，第278卷，第78篇、第85篇；国内政府文件汇编（1598—1601），第575页到第578页。——原注

② 参见奥克塔维厄斯·吉尔克里斯特：《关于本·琼生敌视莎士比亚等诸观点的考证》，1808年。——原注

③ 黄铜是外观像铜的一种混合金属。《温莎的风流娘儿们》第1幕第1场第165行中，皮斯托尔将斯兰德比作“黄铜宝剑”，即用这种混合金属铸成的剑。参见《奇闻轶事》第2页，卡姆登学会威廉·约翰·汤姆斯编自尼古拉·莱斯特兰奇的手稿。——原注

莎士比亚在美人鱼酒馆

们的聚会。弗朗西斯·博蒙特在写给本·琼生的诗体《书信》中描述了聚会的情景：

我们看到美人鱼
发生了什么？我们听到的言语
如此精辟，充满微妙的情感火花，
仿佛这些优美辞藻的制造专家
就是要竭智尽力地玩笑嬉戏，
下定决心活得像个傻子
以度过乏味的余生。

托马斯·富勒

托马斯·富勒在《杰出人物》（1662）中写道："很多时候都是莎士比亚和本·琼生之间的才智比拼。我认为这两人一个像西班牙大帆船，一个像英格兰战士；琼生老爷像前者，学问构架更高大、坚固，但反应较慢。莎士比亚和英格兰战士一样，虽然个头不高，但轻装航行，可以随波逐流，凭着自己的敏捷才思顺风调向。"

这段时期，许多人公开赞扬莎士比亚在文学界的名声，其中最引人注目的要数弗朗西斯·米尔斯。他是剑桥大学毕业的高材生，后来担任牧师和教员，1598 年出版了一部关于道德、宗教、文学的格言集《智慧的宝藏》。他在书中加入了《英格兰诗人与希腊、古罗马和意大利诗人的话语对比》的内容，详细全面地考察了当代英格兰的文学创作。莎士比亚以当代最伟大文人的身份出现在他的书中。弗朗西斯·米尔斯断言，“缪斯女神们如果懂英语，定会吟诵莎士比亚的精美诗句”。他还宣称，莎士比亚是“悲剧和喜剧最优秀的创作者”。他一一列出了莎士比亚的六部喜剧《维洛那二绅士》《错误的喜剧》《空爱一场》《爱得其所》《仲夏夜之梦》《威尼斯商人》和六部悲剧《理查二世》《理查三世》《亨利四世》《约翰王》《泰特斯》《罗密欧与朱丽叶》，接着提到了莎士比亚的《维纳斯与阿多尼斯》《鲁克丽丝受辱记》及“在私人朋友间传阅的甜蜜的[①]十四行诗”。弗朗西斯·米尔斯论及的这些内容都是为了证明“奥维德甜蜜机智的灵魂附身于甜言蜜语的莎士比亚”。同年，才华相当的诗人理查德·巴恩菲尔德在《幽默诗集》中充满信心地预言莎士比亚的作品将会流芳百世。具体如下所示：

莎士比亚，你的甜言蜜语
（令世人愉悦）值得一切赞誉，
你的《维纳斯》和《鲁克丽丝受辱记》如此甜美清澈
你的名字已写入不朽名誉之史册
你将会永生，至少你的名声会流芳百世：
身体会消亡，但盛名永不逝。

于是，对于那些不讲规矩的出版商而言，莎士比亚的名字非常值钱。他们企图用劣等文人的作品冒充莎士比亚的作品来欺骗顾客。1595 年，盗印《亨利五世》和《温莎的风流娘儿们》的托马斯·克里德发行了一部粗劣作品《洛克林的悲剧》，并声称是“W.S. 审阅并校正的最新作品”。《洛克林的悲剧》从以前一部叫《塞利姆斯》的作品中挪用了很多篇幅，很有可能是罗伯特·格

① “甜蜜”一词或其近义词是当时用来形容莎士比亚及其作品的习惯用语。1595年，约翰·维沃在自己的《隽语》中称莎士比亚笔下的塔奎因、罗密欧、理查三世等人物说话时“舌头如抹了糖一样甜”。《诗坛归来》（1601年？）称莎士比亚为“甜蜜的莎士比亚大师”。约翰·米尔顿在《快乐的人》中用“最甜蜜的莎士比亚”向这位大师表达了敬意。——原注

林所作，并且肯定早在莎士比亚开始写无韵诗以前就完成了。同样的姓名缩写——“W.S.”[①]——也出现在《贞洁女，或沃特林街的寡妇》(1607年乔治·埃尔德刊印）和《克伦威尔勋爵托马斯真实历史大事记》（1602年8月11日获准出版，1613年托马斯·斯诺德姆印刷发行）的扉页上。莎士比亚的全名还分别于1600年、1605年和1608年出现在《奥尔德卡斯尔传》（托马斯·帕维尔刊印）、《伦敦浪子》(纳撒尼尔·巴特出版）和《约克郡悲剧》(托马斯·帕维尔出版）的扉页上。没有任何内部证据可以确定这六部戏剧出自莎士比亚之手，但它们竟然也不加辨别地全被收入莎士比亚全集第三对开本（1664）。奥古斯特·威廉·冯·施莱格尔和其他几个有名气的批评家竟然声称在《约克郡的悲剧》中发现了莎士比亚真实作品的迹象。然而，他们提供的理由根本站不住脚。《约克郡的悲剧》是“一部粗俗、粗糙却有生气的即兴作品”，作者的写作经验明显远不如莎士比亚老练。

为所欲为的交易商们将才智稍逊的同代作家毫无价值的作品张冠李戴算在莎士比亚名下，这种欺骗行为在17世纪早期和晚期都非常流行。1611年和1622年，一部关于约翰王的老剧再版，尽管剧作本身没什么价值，却仍然声称是莎士比亚所作。汉弗莱·莫塞莱是稍晚时期的一位鲁莽出版商。1653年9月9日，他在《出版记录》中登记了《埃德蒙顿的快乐冒失鬼》和《卡丹纽的故事》，错误地认为莎士比亚参与了全部或部分创作。其实两部作品原本应是贾尔斯·弗莱彻的功劳。16世纪末，《埃德蒙顿的快乐冒失鬼》在舞台演出过，并且早在1607年10月22日，也在《出版记录》上登记过，1608年匿名出版。这是一部欢快的戏剧，充满幽默与浪漫气氛。有些场景和《温莎的风流娘儿们》有些相似，但怎么看都不像是莎士比亚的手法。《卡丹纽的故事》

① 1601年到1603年，雇佣文人文特沃斯·史密斯替剧院经理菲利普·亨斯洛写的十三部戏剧全部失传。现存剧作《德意志的威吓者》于1615年出版，注明是“W.史密斯创作”的“增订版”，应该就是文特沃斯·史密斯的作品，也是他唯一没有失传的剧作。没有任何内外部物证可以证明上述冒充莎士比亚创作的六部戏剧确实出自文特沃斯·史密斯之手。出版商使用姓名缩写“W.S.”，并不是想表明作者是文特沃斯·史密斯，而是想蒙蔽顾客，使他们误认为是莎士比亚的戏剧。——原注

已失传[①]。1662年，活跃的伦敦出版商弗朗西斯·柯克曼首次刊印了威廉·罗利的《默林的诞生》，竟然也在扉页上写上“作者：威廉·莎士比亚、威廉·罗利”。1887年，该作品收入一部所谓的《伪莎士比亚戏剧集》，在哈雷再次出版，实在不是明智之举。

诗歌的情况也好不到哪里去。莎士比亚成名之后，他根本没插手的诗作，也浑水摸鱼地算在了他名下。1599年，臭名昭著的盗版商威廉·杰戈德发行了一部诗集，题为《热情的朝圣者》，作者W.莎士比亚。开篇是两首莎士比亚之前未出版的十四行诗，接下来三首诗来自已经出版的《空爱一场》；但大部分诗是理查德·巴恩菲尔德和其他诗人写的[②]。1612年，诗集第三版问世，扉页没有更改，但无可救药的威廉·杰戈德又偷偷从托马斯·海伍德《大英帝国的特洛伊》中选了两首加了进来。托马斯·海伍德在自己《为演员辩护》（1612）的书信体献词中表达了不满，认为莎士比亚更憎恨出版商带来的伤害。他指出，“莎士比亚很生气，威廉·杰戈德竟然瞒着他，如此大胆地擅自使用他的名字”。最后，威廉·杰戈德似乎删去了一些扉页上莎士比亚的名字。同时代出版商给莎士比亚造成了诸多伤害，而唯独这一记录论及了他的抗议。

1601年，莎士比亚的大名又和《关于凤凰与雉鸠的诗体随笔》捆在了一起。这首诗出现在罗伯特·切斯特《爱情的烈士，或罗莎琳的抱怨，喻射凤凰与雉鸠的不变命运之爱情真理》的附录部分，由爱德华·布朗特出版。诗的风格不大像罗伯特·切斯特的蹩脚诗句，语言也算不上清晰明朗，却号称由莎士比亚与约翰·马斯顿、乔治·查普曼、本·琼生和“匿名者”共同执笔。附录前另

---

① 参见本书正文第263页。——原注

② 这部诗集总共包括二十首诗。莎士比亚写的五首分别是第一首、第二首、第三首、第五首和第十六首。剩下的十五首中，两首——《如果音乐和甜美的诗歌允许》（第8首）和《当那一天到来时》（第20首）——取自理查德·巴恩菲尔德的《幽默诗集》（1598）。《维纳斯和坐在她身旁的阿多尼斯》（第11首）选自巴塞洛缪·格里芬的《菲迪莎》（1596）；《我的羊群无人饲养了》（第17首）改编自托马斯·威尔克斯的《情歌》（1597）；《和我一起生活，做我的爱人》是克里斯托弗·马洛的诗；后面新加的诗节《爱的回复》，为沃尔特·拉雷爵士所作（第19首）；《易怒的老年和青年不会共处》（第12首）是伊丽莎白一世时代戏剧家们经常引用的一首流行歌曲。剩下的九首无法辨别出处（第4首、第6首、第7首、第9首、第10首、第13首、第14首、第18首）。——原注

有一面扉页，上面写着，“以下为各种诗歌体随笔，主题与雉鸠和凤凰有关，出自当今最优秀、最主要的几位作家之手。他们的姓名会在各自的作品中注明：均为首次出版，前所未有。”算在莎士比亚名下的那首诗，由十三段四行诗节组成，均为抑扬格，每行七个音节，押韵方式与阿尔弗雷德·丁尼生的《悼念》相同。结尾处的“哀颂”由五段三行诗节组成，也是抑扬格，每一节押同一韵脚。诗人以高深莫测的语言描述了凤凰与雉鸠的葬礼。这两种动物生前因为纯洁的精神恋爱而结合。该诗可能纯粹是为了展现想象力，并无深奥的意图，或者也可能有特定寓意。至于这首诗是否与后来教会、政治或玄学上的争论有关，是否是因当时几位领导逝世而表达民众悲痛，还很难断定[①]。所幸莎士比亚没有写过其他类似风格的诗。

① 罗伯特·切斯特的《爱情的烈士》仅存孤本，现置于布里特韦尔克里斯蒂·米勒先生的藏书室。1611年，原版再次发行，但更名为《英国杰出诗人年鉴》，也仅剩孤本，现存于大英博物馆。1878年，格罗萨特博士出版了诗集《作品选》，将原版《爱情的烈士》一并收入，仅用于私人流通。同年，新莎士比亚学会也出版了《爱情的烈士》。1595年，埃德蒙·斯宾塞将马修·罗伊登悼念菲利普·西德尼爵士的一首挽歌收入《克劳茨回家记》。这首挽歌描绘了菲利普·西德尼葬礼中雉鸠、天鹅、凤凰、老鹰等象征性的角色。在罗伯特·切斯特的书中，莎士比亚这首诗也描写了同样4种鸟在葬礼上的用途，与马修·罗伊登的诗句如出一辙。这表明莎士比亚可能只是随意改编了马修·罗伊登挽歌中的奇思妙喻，并没有什么秘而不宣的意义。约翰·弗莱彻的戏剧《疯狂爱人》中，诗歌《情人留给残忍情妇的遗产》就模仿了莎士比亚“哀颂”部分的韵律和措辞。——原注

第 12 章

莎士比亚的现实生活

精彩看点

莎士比亚的真实性情——莎士比亚父亲的困境——莎士比亚的妻子的债务——申请纹章之路（1596—1599）——置购新居（1597）——老乡恳求相助（1597）——1599年以前莎士比亚的经济状况——1599年以后莎士比亚的经济状况——莎士比亚晚年的收入——演员同事们的收入——1601年至1610年莎士比亚斯特拉福的财产构成——斯特拉福什一税土地（1605）——收回小笔债务（1600—1609）

人到中年的莎士比亚处理生活中的实际问题时尤显理智镇定。《拉齐的幽灵》（1605）是一部坊间传奇，主人公是臭名昭著的强盗迦玛列·拉齐。1605年3月26日，拉齐在贝德福德被处以绞刑。这个强盗在路上碰到一群演员，强迫他们为自己表演。传奇中记载，表演行将结束时，拉齐跟剧团的一名领导谈话，表现出一副玩世不恭的样子，要该领导在伦敦奉行极度节俭的生活。“你如果觉得自己的钱包装满了，在乡下买块地或买个爵位，那么，在你不想演戏的时候，你的钱还可以带给你地位和名声。”不管传奇作者是否存心说给莎士比亚听，诗人果真按着拉齐的建议一一照办了。莎士比亚功成名就之后，立刻全力以赴地致力于在故乡重振业已衰败的家族，想为自己和列祖列宗争取一个名门世家的地位。

莎士比亚背井离乡之后，父亲约翰·莎士比亚在经济上日益困窘，与债主们纠缠不休。1587年，一位叫“尼古拉·雷恩”的人上门讨债，想要回莎士比亚父亲替兄弟亨利·莎士比亚担保的一笔债，而亨利·莎士比亚还一直在斯尼特菲尔德耕种着他们父亲留下的田地。1588年至1589年的整整两年中，约翰·莎士比亚都在顽固地与一位叫“约翰·汤普森”的债主较劲。1591年，债主阿德里安·奎尼拿到了一份扣押约翰·莎士比亚财产的令状。1592年，拉尔夫·肖和伦敦印刷商理查德·菲尔德的父亲亨利·菲尔德去世。尽管约翰·莎士比亚为这两位邻居的财产清单记录作了证，但同年12月25日，他还是因缺席教会背上了违抗教会的罪名而“遭到控告”。委员们通报，约翰·莎士比亚之所以缺席，可能是因为“害怕催债的诉讼”。根据当地法院的相关程序记录，他总是以被告的身份出庭，最后一次是 1595 年 3 月 9 日。那次，他和两位生意伙伴——杂货商菲利普·格林和屠夫亨利·罗杰斯——一起作为被告。阿德里安·奎尼和托马斯·巴克要求他们偿还总共欠下的五英镑。和两位同伴不同的是，这起案子中，约翰·莎士比亚的名字后面并没有提及催促他还款的记录，后来连他的名字也一起删掉了。由此可见，诉讼过程中，约翰·莎士比亚最终退出了这些年给他带来重重灾难的生意。约 1597 年 1 月，他将自己亨里街住宅处的一长条土地转让给了一个叫“乔治·巴杰”的人。

莎士比亚离家后，妻子的状况很有可能比他父亲好不到哪里去。自 1582 年结婚到 1616 年莎士比亚离世，与莎士比亚的妻子有关的记载只找到一处，提及她某日——很明显是 1595 年以前——向她父亲以前的牧师托马斯·惠廷顿借了四十先令。1601 年托马斯·惠廷顿临终前，这笔钱仍未偿还，他便指定自己的遗嘱执行人去向莎士比亚要回这笔钱，发给斯特拉福的穷人[①]。

1596 年，莎士比亚很有可能重新回到了阔别十一年的家乡，使家里的事情发生了全新的转机。父亲在当地法院的案件全部得以了结。自此，诗人与斯特拉福的联系从未中断。一年中大部分时间他依然住在伦敦；但结束职业生涯之前，他至少每年去一次斯特拉福。人们总是非常正式的称他为“埃文河畔斯特拉福的绅士”。1596 年 8 月 11 日，他唯一的儿子哈姆尼特·莎士比亚在教区墓地落葬，年仅十一岁半。那天，莎士比亚应该在家乡。

同一天，莎士比亚的父亲尽管经济窘迫，却为恢复自己的名誉迈出了一步。当然，这得归功于莎士比亚的干预[②]。莎士比亚父亲向纹章学院提出了授

① 詹姆斯·奥查德·哈利威尔-菲利普斯：《莎士比亚生平概览》，1887年，第2卷，第186页。——原注

② 《纹章官与宗谱学家》（第1卷，第510页）中非常到位地谈论了莎士比亚的纹章。《家系及纹章杂集》（1886年，第2辑，第1卷，第109页）中展示了纹章学院所有相关文件的复印件。詹姆斯·奥查德·哈利威尔-菲利普斯将1596年和1599年不完整的纹章授予许可书草稿各自印了一份，詹姆斯·奥查德·哈利威尔-菲利普斯：（《莎士比亚生平概览》，1887年，第2卷，第56页、第60页），但并没有指出这两份磋商协议有何不同特点。——原注

1600 年前后的威廉·莎士比亚

予家族纹章的申请①。与现在一样，纹章官们授予新纹章时，一般都会假定申请者的家族历史悠久，几乎不去参考与纹章授予条件相关的传记或宗谱文献。莎士比亚或父亲第一次提交申请时就指出，1568 年约翰·莎士比亚任斯特拉福镇长和治安官员时，曾从时任英格兰第二纹章官罗伯特·库克处获得一枚纹章“图案”或草图。但这一说法并未在纹章学院中找到相关记录，很有可能是父子俩杜撰的，以期引起纹章官的注意。如果情况属实，1568 年的申请自然没有成功，否则 1596 年就不需要再次申请了。但不管怎样，1596 年 10 月 20

① 现在纹章学院依然保留这个惯例，即通知申请人，若纹章申请人的父亲在世，申请必须以父亲的名义提交，因而协议达成后似乎父亲是当事人。基于这一通告，莎士比亚在协议中充当下述角色。——原注

日，按照纹章官嘉德勋章爵士威廉·狄斯克的指示，纹章院草拟了一份协议，同意了约翰·莎士比亚的纹章申请。这位嘉德勋章爵士有些含糊其辞地说，他已经“通过可信的报告”获知申请人的“父母和已故祖先英勇、忠诚，因而蒙最英明的君主亨利七世恩赐，获得了令人难忘的提携与嘉奖。此后，该家族在沃里克郡继续享有极好的声誉”；“当事人约翰·莎士比亚娶温姆柯克绅士罗伯特·阿登的女儿玛丽为妻”。鉴于这些荣誉，嘉德勋章爵士威廉·狄斯克宣布授予莎士比亚家族以下盾形徽章：“底色为金色，黑色的斜条上放着一柄长矛。长矛上部为一只猎鹰。猎鹰羽翼全张，立于金色花冠之上，抓持一柄长矛，与前一长矛同为金柄钢尖”。这份授予许可草稿的边缘用笔尖勾勒了纹章和标识的轮廓，上方写着座右铭“并非没有对错”[①]。另一份草稿的日期也是1596年，现保存在纹章学院，与前一份相比，仅有几处改动，提到约翰·莎士比亚的先辈们时，用“祖父”替代了“祖先”，提到他的岳父罗伯特·阿登时用“先生”代替了“绅士”。然而，草稿底端出现了一些不连贯且无法核实的备忘录，应该是约翰·莎士比亚或儿子提供给纹章官的记录，大致是说约翰·莎士比亚担任斯特拉福镇长时，从英格兰第二纹章官罗伯特·库克处获得了一枚盾形纹章“图案”。约翰·莎士比亚家产殷实，妻子同样来自尊贵的家族[②]。两份草稿都没有生效，可能是提交给纹章学院的陈述中过于夸大了约翰·莎士比亚的社会和经济地位。就连常常粗心大意的纹章官都起了疑心。那些官员可能认为具体负责交涉的儿子陈述不清，造成协商困难。无论如何，莎士比亚和父亲足足等了三年——据现存文献显示，这项梦寐以求的家族殊荣才有了新的进展。

---

① 大英博物馆的一份手稿中，有件莎士比亚纹章装饰的复印件，描述为“按大纹章官威廉·狄斯克嘉德爵士指示设计的图案”；文中此处内容请参见乔治·拉塞尔·弗伦奇：《莎士比亚宗谱》，1869年，第524页。——原注

② 备忘录具体如下所示。最开始时，括号里的词语是没有的，是后来插入手稿中的，笔迹与原来的句子相仿：

（约翰出示）一份从英格兰第二纹章官库克处获得的画在纸上的图案。二十年以前。（镇上某种官员和主要人物）

（治安官员）埃文河畔斯特拉福镇长。至少十五年最多十九年以前。

他有土地和房产，生活富裕。（五百英镑）

他娶了贵族绅士阿登的女儿。——原注

1599 年，父子俩的努力终于获得成功。中途，纹章学院官员的更替加快了纹章授予进程。1597 年，第二代艾塞克斯伯爵罗伯特·德弗罗成为宫廷典礼大臣，兼任纹章学院院长——1596 年就开始任此职。1597 年，杰出学者、古文物研究者威廉·卡姆登也加入纹章学院任英格兰第二纹章官。两位官员都熟悉莎士比亚，并且很欣赏他的才华。第二代艾塞克斯伯爵罗伯特·德弗罗还是第三代南安普顿伯爵亨利·莱奥斯利的好朋友。于是，莎士比亚父亲的申请出现了新的转机，连纹章授予许可书都不需要了，没有经过任何资格审查就确认情况属实，认定 1596 年许可书草稿中提及的纹章为约翰·莎士比亚任镇长时所获。并且，按指示，纹章官们只需颁发给约翰·莎士比亚一份“确认书”或正式的“公文正本”[①]。与此同时，约翰·莎士比亚提出申请，想将自己的纹章与妻子娘家温姆柯特阿登家族的纹章合并在自己“那枚老徽章”盾面上，长子和其他孩子则可以将母亲家族的纹章置于四分之一盾面上。学院官员们自然特别满意。嘉德勋章爵士威廉·狄斯克和第二纹章官威廉·卡姆登起草了文件，按规定颁发了“公文正本”，授权了相关的徽章合并。只有在一件事上威廉·狄斯克和威廉·卡姆登没有感情用事。莎士比亚和父亲明显希望纹章官们能认可玛丽·莎士比亚——莎士比亚的母亲——佩戴当时住在帕克霍尔的沃里克郡名门阿登家族的纹章。但两个阿登家族之间的关系即使有，也并未得到确认。沃里克郡阿登家族是本郡很有影响力的绅士家族。任何草率地将他们与温姆柯克卑微的农民牵扯在一起的行为必定会遭到他们的反对。涉及徽章合并时，纹章官员们起先是在授予书草稿边缘弄虚作假地画了一个沃里克郡阿登家族的纹章，之后考虑再三还是擦掉了，取而代之换上了另一个阿登家族的纹章。这个阿登家族居住在较偏远的柴郡阿万利，毫无疑问与温姆柯克的罗伯特·阿登有嫡系血缘关系，但他们似乎并未获悉自己的纹章要与莎士比亚家族合并一事，纹章官们就不用承担太多的诉讼风险。然而，莎士比亚父子非常明智，决定不盗用柴郡阿登家族的纹章，这样纹章学院的官员们也可以高枕无忧了。唯独莎士比

① “公文正本”的格式是统一的，比重新起草一份纹章授予许可更简单。如果让纹章官们选择，他们肯定会默认申请人所述多年前家族已获纹章的情况属实，而无需劳神核实。因此，官员们就会认为，仔细审查申请人的当前状况也不属于自己的职责了。——原注

拉尔夫·布鲁克

亚的纹章立于斯特拉福教堂莎士比亚墓地上方的纪念碑上，并附有纹章学院的详细解释；也唯有莎士比亚的纹章与大女婿的纹章合并在一起，出现在大女儿苏珊娜·霍尔夫人的印章和墓碑上[①]；更只有莎士比亚的纹章成为孙女伊丽莎白·霍尔的前夫托马斯·纳什纹章上的四分之一角。

几年后，有人反对莎士比亚家族甚至反对莎士比亚个人获授纹章，但都是一些诬蔑，根本站不住脚。从 1593 年到 1625 年去世，拉尔夫·布鲁克一直任约克纹章官。17 世纪初，他很长一段时间都在与学院同事们激烈地争吵，抱怨“正式发文授予”莎士比亚的纹章盗用了毛利勋爵的纹章，因为毛利勋爵的纹章上也有“一道黑色斜条”。威廉·狄斯克和威廉·卡姆登负责处理莎士

① 莎士比亚大女婿约翰·霍尔的墓碑上，莎士比亚的纹章也同样以类似的方式与霍尔家族的纹章合并在一起。——原注

比亚家族纹章授予中的违规礼节。他俩答复说，莎士比亚家族的盾形徽章很像毛利的，也很像哈利和费勒斯家族的，这几个家族的纹章上都有“一道黑色斜条”，但事实上不同之处很明显，只有莎士比亚的“斜条”上有一柄长矛。威廉·狄斯克和威廉·卡姆登惯于精益求精，接着指出，“获授纹章者是埃文河畔斯特拉福的地方行政长官，同时兼任治安官员；娶了罗伯特·阿登的女儿为妻，有能力维系那份家产”[①]。

威廉·卡姆登

① 拉尔夫·布鲁克指控的具体细节已失传，只能从现有的两份嘉德爵士和第二纹章官的回复来推断：一份载于纹章学院W—Z卷，第276号文件；另一份略有不同，载于阿什莫尔的手稿，编号846，第9卷，第50份文件。两份都载于《纹章官与宗谱学家》，第1卷，第514页。——原注

莎士比亚新居

与此同时，1597年，莎士比亚公开以个人名义采取了更有效的行动，当着老乡们的面替自己和家人添置了新居。1597年5月4日，他购置了镇上最大的一幢房子，也就是人们常说的莎士比亚“新居”。房子是一百年前休·克洛普顿建的，看起来破败不堪。但莎士比亚花了两间谷仓和两个花园，在那时是一大笔钱，折合六十英镑。由于1597年7月1日卖方威廉·昂德希尔突然身亡，先前的财产转让交易程序就中断了。威廉·昂德希尔的儿子富尔克死于瘰疽，家产只由弟弟赫尔克里斯继承。赫尔克里斯成年后于1602年5月另立了一份协议，新居才算完全转让给了莎士比亚①。据载，约1598年2月4日，莎士比亚在教堂街区拥有一幢房子，即新居所在地，同时还有十夸脱谷物。之所以有这条记录，是因为当时镇上闹饥荒。据称只有两户人家粮食比较富足。同年，莎士比亚弄了些石头来修缮房子，并在1602年之前种了一片果园。传闻莎士比亚对这园子饶有兴致，亲手种下一棵桑树。后来，这棵桑树成为果园里一道长久的独特风景。1758年，这棵树被砍掉后，人们将其做成了许多纪

① 《备注与查询》，第8辑，第5卷，第478页。——原注

念物，几近迷信地崇拜这些物品[①]。1611年以前，莎士比亚似乎没有一直住在新居。1609年，新居或其中几间屋子由镇上的牧师托马斯·格林住着。托马斯·格林“别名莎士比亚”，据说是莎士比亚的表亲——他祖母似乎姓莎士比亚，常常担任莎士比亚的法律顾问。

毋庸置疑，1597年11月——新居买下后六个月——莎士比亚的父母在儿子的指点下着手起诉约翰·兰伯特，要求他归还抵押的温姆柯特艾思彼斯房产。这件案子拖了好些年，一直没有了断。

1598年，斯特拉福某些主要人物写了三封信。如今，这些信依然保存在镇当局的卷宗里。看到莎士比亚购置了新居，老乡们都认为他有钱有地位，写信人也同样对此深信不疑。1598年年初，曾任镇长的亚伯拉罕·斯特利写了一封信给伦敦的哥哥，说：“这封特别的问候信是父亲提议我写的。他的意思好像是，我们的老乡莎士比亚先生愿意付钱在休特瑞或我们周围买些散地什么的。父亲认为让莎士比亚来经营我们的什一税土地是很不错的选择。你可以告诉莎士比亚，他可以由此与我们成为朋友。我们认为，此事可以助他获取名声，也能给我们带来收益。”1598年秋季，理查德·奎尼，即托马斯·奎尼——后来成了莎士比亚的女婿——的父亲，由于债务缠身，于1598年10月25日写信向莎士比亚借钱。他恳请道，“亲爱的老乡，我冒昧地以朋友的身份急切渴望您能资助我三十英镑。”理查德·奎尼当时住在伦敦卡特巷的贝尔客栈，主要负责在市区争取补助，以便为斯特拉福减免税务。1598年11月4日，亚伯拉罕·斯特利从斯特拉福写来了一封信，告诉理查德·奎尼，由于粮食匮乏，镇里已经根本无法交税，希望“我们的老乡威廉·莎士比亚能资助我们一些钱，无论何时何地以何种方式，我都将感激不尽”。

---

① 直到1758年这棵树砍掉时，莎士比亚种桑树的传闻才有了记载。1760年，镇档案馆的一封感谢信提及了此传闻。信中，记录法庭的主管感谢斯特拉福镇当局给了他一个木制墨水台。但年老居民们向埃德蒙·马龙吐露（参见埃德蒙·马龙：《莎士比亚传》，1790年，第118页），莎士比亚生前，这个传说一直在斯特拉福口口相传。桑树可能种于1609年。一个叫“贝龙”的法兰西人按詹姆斯一世的指令在整个中部郡县分发了许多桑树苗，因为国王当时希望以此激励桑蚕业的发展。（参见詹姆斯·奥查德·哈利威尔-菲利普斯：《莎士比亚生平概览》，1887年，第1卷，第134页，第411页到第416页）——原注

莎士比亚的几笔交易和随之而来的信都表明他的手头很宽裕，这成为诗人一生中诸多主要神话之一，说他生活贫困潦倒是无中生有。若是研究一下当时剧院生活的情形，便可全面了解莎士比亚的实际财政状况。直到 1599 年环球剧院建立之后，莎士比亚才在剧院盈利中分得了一些股份。此前，莎士比亚身为出色的剧作家兼演员，收入也非常可观。他从事戏剧创作的收入只占个人收入的一小部分。据悉，1599 年以前，作者每写一部剧本，剧团经理所支付的最高报酬是十一英镑，最低为六英镑[①]。另外，如果剧本作者的戏首次上演就反响颇佳，作者还会额外得到一笔小费，不过数目一般不会超过十先令；按惯例，作品第二次演出时，作者便以“利润”的方式，分得一部分演出收入[②]。其他钱，则是老剧重新上演时，付给修改者的报酬，有时加起来有四英镑。从 1591 年到 1599 年，算在莎士比亚名下的戏剧可能有十九部，再加上这八年里修改旧剧的任务，莎士比亚的总收入应该不少于二百英镑，或每年约二十多英镑。其中，有八九部剧在这段时间出版，但均为出版商自行操作，与作者本人无关，同时也由出版商自担风险，自负盈亏。莎士比亚剧作的出版根本没有增加他的经济来源，但他与印刷商理查德・菲尔德私交甚好，当时尽管没有版权法，在莎士比亚诗歌持续大量销售的情况下，理查德・菲尔德应该也不会少了莎士比亚的那部分利润。

然而，在早期，正是演员这一职业才真正确保了莎士比亚稳定可观的收入。当时有很多证据表明，舞台足以让一名能干的演员过上相当富裕的生活。1590 年，罗伯特・格林在自己的小册子《永远不会太迟》中描述了他和一位

① 如果将莎士比亚的每一项收入都乘以八，我认为我们不会高估他个人收入的当前价值。但关于莎士比亚时代与当今社会金钱价值的比例关系，也没有什么权威的解释。那时谷物的价值和现在差不多；但相比之下，那时的其他生活必需品，如肉、奶、蛋、羊毛、建筑材料等真是便宜得出奇。如果我们在这些低价商品和价格偏高的商品之间取个平均数，便会发现，莎士比亚时期生活必需品的平均价格是现在的八分之一。现今奢侈品的价格与十六七世纪相比，也差不多是这个比例。一本全新的四开本或八开本书籍那时通常需要六便士，现在售价一般在三先令六便士到六先令不等。那时花半个克朗就可以在最好的剧院坐上最好的位置。伊丽莎白一世时代一英镑的购买力，无论是用于必需品和奢侈品，大体上可能相当于现在货币的八倍。——原注

② 参见菲利普・亨斯洛：《日记》，约翰・佩恩・科利尔编，第28页起。王朝复辟之后，第三次演出的收入会作为作者的“利润”。——原注

演员见面的经历。这位演员从“外在举止”来看，像“一位养尊处优的绅士”和“非常富有之人”。他告诉罗伯特·格林，职业生涯伊始，自己背着全部演戏家当徒步四处走江湖巡演，很快就发达了，“光是戏服那一部分股份就不下二百英镑”。那位演员还说，在“住一起”的邻居们看来，自己就是那个被誉为“花点钱就建了一座风车房的人”。大学生表演的戏剧《诗坛归来》（1600年）中，一名穷学生心怀忌妒地抱怨道，一名成功的演员仅凭几声喊叫就可以获得荣华富贵。相关内容如下：

> 英格兰供养着那些荣耀的流浪汉，
> 曾几何时他们背着行囊四处游荡，
> 今朝骑马过街引来路人纷纷驻足观望，
> 身着闪闪发亮的绸缎衣裳，
> 还有小跟班人前马后侍奉的排场；
> 他们装腔作势地念了几句更有才气之人写好的台词，
> 就买田置地成了高贵的绅士[①]。

早先步行跋涉走江湖的演员们肯定就是诗句中提到的后来大富大贵之人。1604年遭到强盗迦玛列·拉齐敲诈，并被迫为他免费演出的也是这些人[②]。1635年，一名出色的演员可以拿到多达一百八十英镑的固定收入。据悉，一名演员的最低工资为每日三先令，或一年约四十五英镑。1599年以前，莎士

---

① 《诗坛归来》，第5幕第1场，第11行到第16行。

② 参见亨利·帕罗特：《侍从对呆子的嘲弄或圈套》，1613年。以下为讽刺短诗第131首，题为《剧场许可证》：

> 科塔已成为人尽皆知的演员，
> 再也不用忍受长途跋涉之苦
> 他说这儿的清泉是欢乐之源
> 带给他们的养分竟如此富足：
> 灌木与细枝都已成参天香柏，
> 全靠格林《你也一样》与够味吉格舞的精彩。

罗伯特·格林的《你也一样》是一部滑稽剧，在一些较粗俗的戏迷中很受欢迎。“够味吉格舞”是笑指那些小剧院保护人喜爱的踢踏舞。——原注

比亚作为演员的报酬好像从未少于一百英镑。同时，若在王宫或贵族家中演出，按照 1594 年记录的标准推算，则至少可以再增加十五英镑。

由此可见，1599 年以前，莎士比亚的年均收入在一百三十英镑以上，相当于今天的一千零四十英镑以上。这在乡镇里是相当可观的一笔收入。《拉齐的幽灵》的作者指出，有位演员——很有可能是指莎士比亚——在伦敦过着非常节俭的生活。既然如此，1597 年，莎士比亚为何不从自己的积蓄中拿出六十英镑来买新居，这似乎没法解释。1598 年，老乡认为莎士比亚很富裕，应该也符合他的收入状况。1597 年到 1599 年，莎士比亚也完全有经济能力修缮房屋，储存足够的粮食，并了断各起诉讼案。但据传，有一次，他非常慷慨有钱的朋友第三代南安普顿伯爵亨利·莱奥斯利赠予他一大笔钱，帮“他顺利做成”一桩心仪的买卖。一份丰厚大礼，外加工作收入，足以说明莎士比亚 1599 年以前的经济状况。

1599 年以后，莎士比亚的剧院收入大幅增加。1635 年，演员理查德·勃贝奇的继承人因争夺环球和黑衣修士两个剧院的继承权而卷入诉讼纠纷。这起诉讼的相关文件尽管不够详细，却也能真实反映出莎士比亚在剧院财产中所占的股份[①]。1598 年或 1599 年冬，理查德·勃贝奇与兄弟理查德·卡斯伯特二人倾其所有一起建造了环球剧院。1597 年，他们的父亲在其去世那一年建的黑衣修士剧院也是兄弟俩的财产。环球剧院建好后的二十一年里，剧院收入的股份出租，归“莎士比亚、约翰·赫明、亨利·康德尔、奥古斯丁·菲利普斯等有功之人”所有。所有榜上有名的股东跟理查德·勃贝奇一样，都是莎士比亚所在剧团的活跃分子。股权共分为十六份，每份都附带支付剧院开销的义务，应该是自由分配的首次尝试。哈姆雷特在剧中第 3 幕第 2 场第 293 行声称，自己出色地即兴创作了一场悲剧，足以“分得一份演出的收入”。这表明一名出色的剧作家有望凭自己显著的成果获得这种奖励。《哈姆雷特》中还提到，无论是一份还是半份“演出收入”都是招人忌妒的资产——第 3 幕第 2 场第

① 这起诉讼的文件现存于公共档案馆有关宫务大臣厅的那堆文献中，詹姆斯·奥查德·哈利威尔-菲利普斯的《莎士比亚生平概览》（1887）第1卷第312页到第319页刊载了全文。——原注

294 页到第 296 行。莎士比亚最初分到多少股份无从确定。后期的分成记录显示他不多于两份。环球剧院特别大，而且非常受欢迎，可以容纳两千名观众，座位价格从两便士到半个克朗不等，因而收入很可观，每天不少于二十五英镑，一年至少有八千英镑。根据 1635 年文献记载，环球剧院演员股东一年的一份分红超过了二百英镑，再加上演员本身一百八十英镑的薪水，那么莎士比亚在环球影院的收入每年至少也超过了五百英镑。

莎士比亚在黑衣修士剧院的股份就相形见绌了，也没那么容易估算。早就有人发现，约翰·佩恩·科利尔为了证明莎士比亚是黑衣修士剧院的大股东，常常引用一些伪造文献。从 1635 年起诉书上的辩词来看，1597 年黑衣修士剧院建成之后，所有人理查德·勃贝奇家将剧院长期租赁给皇家礼拜堂儿童剧团的师父，但 1609 年年底又出资终止了租赁关系，剧院交由“剧团演员海明斯、亨利·康德尔、莎士比亚等人”“处置”。这些人及其他演员获得收入分成，总共分成八份。利润比环球剧院少得多。若莎士比亚持有一份，一年增加的收入也不会超过一百英镑。这笔收入一直持续到 1610 年。

1599 年到 1611 年，莎士比亚作为剧作家的报酬也不可低估。17 世纪初，剧作家们的报酬迅速增加①。与此同时，他们所获的戏剧“收益”也随着有增无减的戏剧热而日益增加。1599 年以后，莎士比亚的戏剧格外受观众喜爱，因而各方财路源源不断。这段时期内，莎士比亚总共创作了十七部剧，可能平均每部有二十英镑的酬金，总共就有三百四十英镑——平均每年三十英镑。同时，詹姆斯一世时期，莎士比亚所在剧团入宫演出的次数也有所增加，剧团额外获得的小费每年也能带给莎士比亚二十英镑的收入②。

可见，按当时的货币价值来算，莎士比亚晚年的年收入超过了六百英镑。靠着那么大一笔工作收入，再加上管理得当，莎士比亚轻而易举地就能实现那

---

① 1613年，一位名不见经传的剧本作者罗伯特·达博恩写了一部剧获得二十五英镑酬金。《阿莱恩文集》，约翰·佩恩·科利尔编，第65页。——原注

② 詹姆斯一世时期，剧团在王宫演出一场，一般可以获得十英镑酬金。詹姆斯一世早期，莎士比亚所在剧团每年在白厅演出不下20次。莎士比亚身兼编剧和演员双职，无疑比他的同事们得到的收入要更多些。——原注

些在斯特拉福买田置地的计划，1599 年到 1613 年总共花九百七十英镑，每年开销也不过七十英镑而已。这些家产虽说都是投资，但别忘了，更多时候是从中收取租金。另外，莎士比亚还从事农产品交易。根据 17 世纪斯特拉福教区牧师约翰·沃德的叙述，莎士比亚晚年，“据说每年花费一千英镑”。尽管我们不能排除这个数字有夸张的可能性，但以莎士比亚的财力来看，也不是什么绝对不可能的事。

1616 年，莎士比亚变卖了剧院的股份。从遗嘱得知，临终时他留下了三百五十英镑现金，一处大房产和许多私人财产。这笔可观的财富其实不算什么。莎士比亚的朋友兼同事约翰·赫明和亨利·康德尔最起码也有这么多财产。1619 年，理查德·勃贝奇去世时，除了个人财产，还有价值三百英镑的耕地。同期的一位演员兼剧院经营者爱德华·阿莱恩当时花了一万英镑买下了达利奇庄园，连同许多别的财产一起，捐赠给大众使用，还从剩下的财产中为家人储备了富足的粮食。虽说保护人时不时的馈赠也增加了莎士比亚的收入，但事实证明，莎士比亚还有更好的财路，因此没有理由去怀疑他的财富来路不明。

1599 年到 1611 年，莎士比亚大部分时间依旧住在伦敦。他在斯特拉福买下新居后，建了一处有耕地的大房产。1601 年，莎士比亚父亲去世，于 1601 年 9 月 8 日落葬，没有留下遗嘱。莎士比亚作为长子，继承了亨里街的房产，即莎士比亚父母唯一没有转让给债主的财产。莎士比亚让母亲住在其中一间房直至终老——她葬于 1608 年 9 月 9 日，其他房间则以少量租金出租。1602 年 5 月 1 日，莎士比亚以三百二十英镑的价格买下了斯特拉福富地主威廉·库姆和约翰·库姆在镇子附近的一百零七英亩耕地。当时，莎士比亚不在场，弟弟吉尔伯特·莎士比亚代办，完成了土地“交付威廉·莎士比亚使用”的转让手续[①]。紧接着，第三桩买卖来了。1602 年 9 月 28 日，在罗英顿庄园的领地法庭，一位叫“沃尔特·吉利”的人转让给莎士比亚一幢带花园的小别墅。别墅位于教堂巷，就在新居低地的对面，是一处享有绝对处理权的不动产。莎士

① 詹姆斯·奥查德·哈利威尔-菲利普斯：《莎士比亚生平概览》，1887年，第2卷，第17页到第19页。——原注

比亚每年只需支付两先令六便士的租金。从登记簿上看，房产转让当天，莎士比亚似乎没有出席庄园法庭。因而后文规定，在购买人亲自完成相关手续之前，房产依然归庄园女主人所有。后来，莎士比亚获准享有不动产权，委托两个女儿处理了未尽事项。1610 年 4 月，继 1602 年购买一百零七英亩耕地后，莎士比亚又从库姆家买了二十英亩牧场。

早在 1598 年，亚伯拉罕・斯特利曾有意要莎士比亚购买斯特拉福缴纳什一税的土地。1605 年 7 月 24 日，莎士比亚花四百四十英镑从拉尔夫・休班德处购买了斯特拉福、老斯特拉福、毕晓普顿、维尔康比的一部分什一税[①]耕地。耕地租期总共九十二年，莎士比亚买了三十一年的部分赋税，主要包括向镇里缴纳十七英镑租金，另外还需支付五英镑给前任经营者的继承人约翰・巴克。租赁到期后，镇当局可以继续出租。即使在最好的收成年份，莎士比亚每年最多也只能获利三十八英镑。加之曾表示愿意向镇当局全权负责另一部分税务的那些人拒缴税金，镇里便要求莎士比亚缴纳本归他人名下的另一部分税务。1609 年之后，莎士比亚在大法官法庭与奥斯顿的理查德・兰恩和斯特拉福镇

大法官法庭

① 什一税通常指犹太教和基督教的宗教奉献，教徒须向教会缴纳农牧产品的十分之一作为捐税。

办事员托马斯·格林两位主事人一起着手张罗一桩案件，明确所有什一税缴纳者责任，并于1612年向大法官埃尔斯米尔递交了一纸诉状。此案最终结果不详。莎士比亚与他人共同分享什一税土地所有权，在法律上终归有众多难堪之处。

莎士比亚与父亲一样，热衷于打官司，在所有的业务往来中严格地维护自己的权利。1600年3月，他在伦敦收回了约翰·克莱顿欠下的七英镑。1604年7月，在斯特拉福法庭，莎士比亚起诉了菲利普·罗杰斯。自3月起，莎士比亚给菲利普·罗杰斯提供了价值一英镑十九先令十便士的麦芽，并于1604年6月25日借给他两先令现金。菲利普·罗杰斯只还了六先令。莎士比亚欲索回一英镑十五先令十便士余款。1608年到1609年，莎士比亚又与一位老乡约翰·阿登布洛克对簿公堂。有记载显示，1609年2月15日，莎士比亚由自己的律师兼亲戚托马斯·格林代理[①]，要求约翰·阿登布洛克偿还六英镑债务，并支付一英镑五先令诉讼费。莎士比亚胜诉，但约翰·阿登布洛克离开了斯特拉福，一切泡汤。莎士比亚不甘心，接着起诉托马斯·霍恩比，即那位潜逃债务人的保释者[②]。

① 参见本书第203页。——原注

② 詹姆斯·奥查德·哈利威尔-菲利普斯：《莎士比亚生平概览》，1887年，第2卷，第77页到第80页。——原注

第 13 章

天才诗人的事业成熟期

精彩看点

1599年的文学作品——《无事生非》（1599）——《皆大欢喜》（1599）——《第十二夜》（1600）——《尤利乌斯·恺撒》（1601）——成人演员与儿童演员的冲突——莎士比亚在作品中提及演员冲突——本·琼生的《蹩脚诗人》（1601）——莎士比亚在剧院冲突中的立场——《哈姆雷特》（1602）——《哈姆雷特》的出版问题——第一四开本（1603）——第二四开本（1604）——对开本（1623）——《哈姆雷特》的知名度——《特洛伊罗斯与克瑞西达》——主题的处理——伊丽莎白一世驾崩——詹姆斯一世的赞助

令人难以想象的是，1597 年到 1611 年，莎士比亚处理着一桩桩精明生意的同时，仍创做出了自己最辉煌的文学作品——也是莎士比亚喜剧、悲剧和爱情剧中最经典、最严肃的作品。1599 年，莎士比亚以《亨利五世》终结了英格兰历史剧的创作，开始致力于撰写自己最完美的三部喜剧——《无事生非》《皆大欢喜》和《第十二夜》。三部作品幽默诙谐，似乎显示了作者最愉悦的心灵境界。每部作品中，年轻女人的欢快与温婉都巧妙地结合在一起。同时，莎士比亚凭着个人的抒情天赋谱写出许多甜美的乐曲，与戏剧中穿插的诗歌交相辉映。每部喜剧都深刻反思了人生中的一些神秘问题，似乎标志着作者的思想跨入了成熟期。1600 年 8 月 4 日，一道禁令出台，宣告不得出版此三部剧本、《亨利五世》及本·琼生的《个性互异》，尽管此前《无事生非》和《皆大欢喜》已在“出版记录”中登记过。剧团为维护自身权利，不得不采取一些行动。这道禁令只是终止剧本出版的众多举措之一，也只取得部分成效。1600 年年末，《无事生非》与《亨利五世》出版。《皆大欢喜》和《第十二夜》则均以对开本中首次出版。

《无事生非》应该是写于 1599 年。剧中关于班尼迪克和比阿特丽斯、笨拙的看守道格勃里及弗奇斯的喜剧情节精彩而富有生气，均为原创。但整部喜剧围绕着希罗和克劳迪奥之间的忧郁故事展开，原型来自意大利，要么是通过贝勒弗雷的《悲剧故事》取材于班戴洛，要么是借助约翰·哈灵顿爵士的译文取材于阿里奥斯托的《疯狂的奥兰多》。阿里奥斯托的版本之前已经改编成戏

比阿特丽斯

剧，剧中受伤的女主角叫“吉内芙拉”，情人叫“亚力欧唐德”。据宫廷狂欢活动记录显示，1583 年“忏悔星期二晚，女王陛下观看了一部关于吉内芙拉和亚力欧唐德的戏剧”[①]。莎士比亚的《无事生非》中，人性的滑稽与严肃自然地融为一体，令人信服。著名喜剧演员威廉·肯普扮演道格勃里，考利扮演弗奇斯。1600 年的四开本和 1623 年的对开本中，由于手抄者的失误，两位角色的有些台词前写的都是这两位演员的名字。

《皆大欢喜》紧接着《无事生非》问世，改编自托马斯·洛奇的浪漫传奇

① 《狂欢活动记录》，彼得·坎宁安编，莎士比亚学会，第177页；《莎士比亚集注本》，1821年，第3卷，第406页。——原注

《罗瑟琳，尤弗伊斯的珍贵遗产》（1590）。莎士比亚加进了三个特别引人入胜的角色——爱沉思的哲人杰奎斯、傻瓜塔奇斯通和野丫头奥德丽。其中，塔奇斯通堪称莎士比亚笔下刻画得最丰满的傻瓜形象。奥兰多偶遇摔跤手查尔斯那一场，以及塔奇斯通描述不同形状兽穴的情节明显都受到了《萨维奥洛的实践》的启发。《萨维奥洛的实践》是一本写于 1595 年的防身术手册，作者是伺候第二代艾塞克斯伯爵罗伯特·德弗罗的意大利籍击剑大师文森修·萨维奥洛。莎士比亚的喜剧中有一股安宁的气息，酷似牧歌戏剧，但在阐释亚顿森林所孕育的冥想哲学时，亦充满了智慧或诗歌的能量。罗瑟琳、西莉亚、菲比和奥德丽四位不同类型的年轻女子与剧中最生动的幽默形成了鲜明对照。

罗瑟琳

《第十二夜》可能写于1600年，剧名与剧情无关，应该是为了纪念主显节的庆典活动。剧中第3幕第2场第86行玛丽亚所说的“增加了东印度群岛的新版地图”指1599年或1600年理查德·哈克路特在《航海》中首次公布的著名世界地图或“水文地理描绘图”，第一次完整地显示了在新旧大陆中最新探索的“东印度群岛”①。与《错误的喜剧》一样，《第十二夜》在律师学院一上演就名声大振。1601年或1602年2月2日，《第十二夜》在中殿律师学院大厅上演，在场观看的律师约翰·曼宁厄姆描述了这场演出②。他提到，这部戏剧“很像《错误的喜剧》或普劳图斯的《孪生兄弟》，但最接近意大利的《欺骗》”。16世纪，有两部意大利戏剧叫《欺骗》，还有一部叫《骗》，均与《第十二夜》相似。莎士比亚只可能接触过第三部。《骗》取材于班戴洛的尼括拉的故事③，1538年在锡耶纳首次出版。不过，莎士比亚的情节完全有可能只借用了《里奇告别军旅生涯》(1581)中“阿波罗尼奥斯与西拉的故事”。作者巴纳比·里奇要么是直接译自班德洛的意大利故事，要么是从贝勒弗雷《悲剧故事》中的法语版班德洛作品转译过来。正如《无事生非》，《第十二夜》的主要情节以凄美哀婉的爱情为主旋律，但莎士比亚自己创作了系列快乐人物马伏里奥、托比·培尔契爵士、安德鲁·艾古契克爵士、费比安、小丑费斯特和玛丽亚，从而缓和了剧情的忧伤笔调。马伏里奥滑稽肥胖的舞台形象尤其受人喜爱。

1601年，莎士比亚从托马斯·诺斯翻译的《普鲁塔克名人传》④中取材，开启了新的尝试。普鲁塔克是传记之王。行文中，莎士比亚都尽可能地保持了原有的措辞，充分显示了诗人的文学鉴赏力。基于普鲁塔克笔下的尤利乌斯·恺撒、布鲁特斯及安东尼，莎士比亚创作了历史悲剧《尤利乌斯·恺撒》。1601年，

① 哈克路特学会出版《航海家约翰·戴威斯的航行与著作》(马卡姆船长编，1880年)时，再次附上了这幅地图。参见库特先生：《新地图笔记》，第85条到第95条。库特关于同一主题的一篇论文也载于《新莎士比亚学会会刊》，1877年到1879年，第1卷，第88页到第100页。——原注

② 约翰·曼宁厄姆：《日记》，卡姆登学会，第18页；1897年2月10至1897年2月12日，伊丽莎白戏剧学会接连三天在同一舞台反复上演了《第十二夜》。——原注

③ 班戴洛：《故事集》，第2卷，第36页。——原注

④ 1579年首版，1595年第二版。——原注

马伏里奥

约翰·维沃在《烈士之镜》中坦言，莎士比亚笔下的安东尼在恺撒葬礼上的台词堪称精妙绝伦。普鲁塔克原文中没有这段台词；可见，1601 年约翰·维沃的书出版时，莎士比亚的剧作就已经完成。《尤利乌斯·恺撒》的主题也是舞台观众们耳熟能详的。《哈姆雷特》中，波洛尼厄斯告诉哈姆雷特，自己上大学时，“确实扮演过尤利乌斯·恺撒，最后在朱庇特神庙死于布鲁特斯手中”[①]。早在 1589 年就出现过一部同名戏剧，并于 1594 年由莎士比亚所在剧团表演。

① 《哈姆雷特》，第3幕第2场第109行到第110行。——原注

恺撒之死

莎士比亚的作品中，尽管恺撒之死及其葬礼是主要情节而不是高潮，但作者敏锐深入地研究了恺撒的政治生涯。整部悲剧设计巧妙和谐。剧中讽刺了恺撒年迈之际的昏聩。布鲁特斯、安东尼和卡西乌斯才是本剧的真正主角。这些人物形象的刻画无不显示出诗人完美无瑕的精湛技艺。第5幕描写的是腓利比之役，舞台效果必定不佳，但观众仍屏息凝神，心系战败的布鲁托斯的命运。悲剧以布鲁托斯之死告终。

正当《尤利乌斯·恺撒》舞台演出一举成名之际，伦敦剧院的命运却岌岌可危，事因民众表现出的两种极不理智的偏见。较早的一种偏见尽管表面上看似更严肃，实际上无伤大雅。伦敦的清教徒们一直挑衅，要镇压所有的戏剧演出。在这些煽动者的游说下，1600年6月22日，枢密院向伦敦自治当局的官员和米德尔塞克斯、萨里的治安法官颁发了一限制令，声明最多只能保留两家剧院，一家在米德尔塞克斯，是爱德华·阿莱恩新建的“吉星剧院”，另一家在萨里，即岸边区的“环球剧院”。如此一来，煽动者们似乎占了上风。如果限制令一下，很多演员可能会失业，一些演员不得不离开伦敦另谋生路，前途未卜。令人高兴的是，萨里和米德尔塞克斯的自治当局和地方法官并未推行限制令，形势转危为安。伦敦当时所有的剧院照常营业[①]。

不久，莎士比亚所在剧团与其他成人剧团一起，经历了一场更大的灾难。剧团命运短暂逆转，不是败在了那些狂热的戏剧反对者手中，而是败在了那些口口声声拥护戏剧的戏迷手中。童伶剧团主要由皇家礼拜堂的唱诗班歌手组成，即所谓的“皇家礼拜堂儿童剧团”，自1597年始一直在新黑衣修士剧院演出。1600年后，由于观众过分偏爱童伶，儿童演员们的舞台竞争对手——老演员们变得命运多舛。莎士比亚在《尤利乌斯·恺撒》之后写的《哈姆雷特》中指出当时的危险处境[②]。莎士比亚断言，成人演员被赶出了伦敦舞台，不是由于自身演技滑坡，而是由于风靡一时的儿童表演这一“新事物”[③]。成人演员们不得不离开伦敦，在外省闯荡，名声和收入都大打折扣，因为“一窝孩子，羽翼尚未丰满”，竟然主宰了戏剧世界，独揽观众的青睐。莎士比亚哀叹道：“这就是如今的时尚。”[④]他在剧中反思了观众品味的反复无常：

---

① 1601年12月31日，枢密院上议院议员发函给伦敦市长和萨里、米德尔塞克斯的地方法官，声称十分惊讶，“我们已下达限制令一年半”，却没有看到任何限制剧院数量的举措。但之后不了了之，也没传出任何关于该枢密院限制令的消息。直到1619年，伦敦自治当局提到镇压黑衣修士剧院（未执行）时，指出限制令实际上已被取缔。詹姆斯·奥查德·哈利威尔-菲利普斯从枢密院登记簿中搜集到了此主题的所有文件，并录入自己的书中。詹姆斯·奥查德·哈利威尔-菲利普斯：《莎士比亚生平概览》，1887年，第1卷，第307页到第309页。——原注

② 只有1623年的对开本中出现了详细提及此主题的段落（第2幕，第2场，第348行到第394行）。第一四开本中只是略带提了一下“城市悲剧演员们”的不幸：

殿下，说实话，新鲜事物占了上风，
因为先前看他们演出的大多数观众
开始转向了私人戏剧
爱上了娃娃们的把戏。

此处，“私人戏剧”指由业余演员表演的戏剧，“儿童演员”可能归为业余演员。——原注

③ 近来所有评论家们都采纳了乔治·斯蒂文斯的观点，认为“新事物”指的是1600年6月枢密院下发的限制令，限定伦敦不得超过两家剧院；但限制令从未实施，绝不会影响演员的命运。第一四开本中提到儿童表演这一“新鲜事物”带来了危害，才是指明了真相。——原注

④ 《哈姆雷特》第2幕，第2场，第349行到第364行。——原注

哈姆雷特

哈姆雷特：是孩子们胜利了？

罗森克兰茨：是的，殿下，连赫拉克勒斯和他背着的地球[①]也输给孩子们了。

哈姆雷特：这不奇怪；我的叔叔是丹麦王。我父亲在世时朝他扮鬼脸的人，现在都愿意付二十枚金币、四十枚金币、五十枚金币甚至一百枚金币来买一幅他的小照片。

① 赫拉克勒斯，希腊神话中的大力神，曾经背过地球。莎士比亚所属剧团常在环球剧院演出，赫拉克勒斯背地球的形象就成了环球剧院的招牌。

演员之间的相互倾轧与猜忌也加剧了他们的困境。16 世纪末，本 · 琼生与两位剧作者兼同僚约翰 · 马斯顿和托马斯 · 德克发生了激烈的争执。同伴们基本一边倒向本 · 琼生的对手。本 · 琼生伺机报复，联合“皇家礼拜堂儿童剧团”进行攻击。经过细致的讲解后，孩子们也能表演成人演员们的戏剧。1600 年，本 · 琼生向“儿童剧团”提供了自己的讽刺喜剧《辛西娅的狂欢》，嘲笑托马斯 · 德克、约翰 · 马斯顿及其演员朋友。儿童剧团在黑衣修士剧院上演该剧时，受到了观众的好评。1601 年，本 · 琼生故伎重演，效果更胜一筹。他了解到约翰 · 马斯顿和托马斯 · 德克正与莎士比亚所在剧团的同事们一起策划一部攻击他的剧作《嘲讽剧作家》。于是，在他们完成计划之前，本 · 琼生再次联合“皇家礼拜堂儿童剧团”，创作并上演了他的作品《蹩脚诗人》。全剧恶意攻击自己的对手——剧作家和演员等人。次年，莎士比亚所在剧团在环球剧院上演了托马斯 · 德克和约翰 · 马斯顿的《嘲讽剧作家》，以示还击。但本 · 琼生的行为一度使儿童剧团焕发新的生机。戏迷们在这场争斗中倒向了童伶演员。除关注自身了解的主题之外，有一段时间，戏迷们完全聚焦于演员和剧作者引发的这场猛烈的人身攻击大战[①]。

① 当时，这场相互侵犯的人身攻击之战似乎感染了伦敦所有剧院。1601年5月10日，枢密院提醒米德尔塞克斯地方法官留意“帘幕剧院”的演员们，因为他们有含沙射影地辱骂“品行高尚”的绅士们的行为。枢密院同时指派法官在戏剧上演之前检查剧本内容（《枢密院登记簿》）。本 · 琼生随后发布了一篇《辩解台词》（附在《蹩脚诗人》的印刷版本中），略微粗暴地描述了自己对演员们的敌意：

如今，我承认我指责了那些演员们
但对有些人还是手下留情了
这些人与我仍然可以相安无事
如果他们仅凭智慧或良知
来高度地赞誉自己。但事实并非如此。他们
认为每个人的邪恶都属于整个群体；
要一起行动将之改善。他们对我的所作所为
我并去计较。如果能带给他们美味的食物
或好看的衣服，那太好不过，那是他们想要的；
对于他们，我唯一抱歉的是
那些品行略好的也被其他人拉下了水
奔跑在邪恶的跑道上。——原注

在《哈姆雷特》中，莎士比亚详细地提及了这场冲突，抗议借儿童演员之口辱骂“普通舞台”或公共剧院的成人演员们。罗森克兰茨声称孩子们“凶猛攻击所谓的普通舞台。于是许多佩剑的上流观众慑于鹅毛笔的威力，几乎不敢去公共剧院看演出了”。哈姆雷特回复时指出，为“儿童演员”推波助澜的作者实际是帮倒忙，因为孩子们长大成人时，如果想继续留在舞台，也极有可能同样会遇到前辈们目前正面临的侮辱与忽视。

哈姆雷特：什么！是一群孩子吗？谁帮他们维持生活？他们拿多少报酬？他们不唱歌后就来演戏了吗？此后，他们一旦成长为普通演员——如果没有更好的渠道，大多如此——难道不会觉得当年那些写台词的人坑了自己吗？因为他们之前讽刺挖苦的正是自己未来的前途呀！

罗森克兰茨：是真的，双方闹了不少矛盾，全国上下都在毫无愧疚地怂恿他们相互争斗；有一阵子，普通剧本都没人买，除非插进一段编剧家和演员相互攻击的台词。

哈姆雷特：果真如此吗？

吉尔登斯特恩：哎，是的，多少人撞得头破血流！

在成人演员与儿童演员的较量中，莎士比亚显然是支持前者的。不过，在具体提及诗人本·琼生与演员们的冲突时，莎士比亚俨然是一副公允的旁观者态度，并没有主动支持任何一方。1603 年创作的《特洛伊罗斯与克瑞西达》开场白中，莎士比亚告诉观众，不知到底应该称自己为诗人还是演员。此处明显暗射本·琼生的纠纷[①]。另外，本·琼生的《蹩脚诗人》中有些段落专门提到莎士比亚，指出他竟能如此淡定地坚守中立，不愧为一个和事佬。莎士比亚友善的性情一直为朋友们所赞颂，或许真的挺适合这么个称呼。

① 参见本书第230页，注释①。——原注

在《蹩脚诗人》中，本·琼生自己化身为贺拉斯。贺拉斯与朋友提布鲁斯、加卢斯不时赞美维吉尔的作品和天赋，所用措辞与本·琼生曾用于夸赞莎士比亚的措辞非常相似。因此，观众可能会认为贺拉斯、提布鲁斯和加卢斯的本意是指莎士比亚（第5幕，第1场）。本·琼生指出，维吉尔凭借敏锐直觉取得了辉煌成就，而别人需要长期孜孜以求、恪守艺术规则才能获得同样成就。

他的学问不是费力寻求华丽的学术外衣，
那只不过是别人反复咀嚼后的残渣……
他也不去寻求冗长或牵强的细节——
束缚于古怪的艺术规则中——
他只是通过直截了当的分析来总结
艺术的所有品质和一流效果。
他的诗文洋溢着生命的气息
聚集所有生命的力量，
从此长存，受世人仰慕。

提布鲁斯同样赞美了维吉尔，说他的作品用真相诠释了人生的每一次盛衰枯荣。

他笔下的文字
处处是深思熟虑后的精辟见解，
适用于我们生活中的方方面面，
只铭记他的诗行，
虽然不一定在任何严肃的问题上都能派上用场，
但可以从中体会到他的思想精髓。

最后，在剧中，恺撒任命维吉尔为贺拉斯及其诽谤者的法官。维吉尔建议判处这些冒犯者们服用泻药。这一方被案采纳后，效果令人非常满意[①]。

有观点不赞同此阐释，提出当时有位目击者证明，莎士比亚是顶着本·琼生的愤怒逆流而上，并未充当调停的和事佬，而是与本·琼生的敌人为伍，并且在他们的帮助之下，实施了《蹩脚诗人》中同样的药物治疗方案。《蹩脚诗人》上演的同一年（1601 年），“剑桥大学圣约翰学院的学生们表演”了《诗坛归来》三部曲中的第三部。与《诗坛归来》三部曲前两部一样，莎士比亚作为剧作者和诗人，获得了高度评价，尽管有几处指出他的诗有些过于夸大了“爱情中懒惰愚蠢的苦思”。在剧中，演员理查德·勃贝奇用了自己的真名。他指导一位有志于从事演员职业的人扮演理查三世，让学生吟诵莎士比亚剧中的熟悉诗行：

现在我们正处于不如意的冬季

约克的太阳将为我们带来光彩夺目的夏天——

这就是他上课的部分内容。后文紧接着就是莎士比亚的演员同事理查德·勃贝奇和威廉·肯普之间的一段散文体对话。威廉·肯普评价大学的剧作者，说道：“哎呀，我们的伙伴莎士比亚把他们都比下去了；当然，还有本·琼生。哦，本·琼生真是个害人的家伙。他抬出贺拉斯，要诗人们吃药；但我们的伙伴莎士比亚清除了这家伙的肠胃，让他露出本性。”理查德·勃贝奇接了一句：“他确实是个狡猾的家伙。”这个段落有些令人费解，有人认为从中可看出，在本·琼生与托马斯·德克及其演员朋友的冲突中，莎士比亚是坚决反对本·琼生的。但此结论并未得到证实。相反，从《哈姆雷特》中同主题的处理及《蹩脚诗人》中赞美维吉尔的言辞来看，这一观点似乎是站不住脚的。《诗坛归来》中的语句几乎不能按字面理解。其中，作者提到

① 有人认为《蹩脚诗人》中的维吉尔是指乔治·查普曼，这一观点不被看好。他的文学作品还达不到剧中所称颂的维吉尔的水平。——原注

莎士比亚给本·琼生“泻药”。“泻药”一词有可能只是用来表达莎士比亚受到的尊重超过了本·琼生。通过创作《尤利乌斯·恺撒》，莎士比亚已经证明自己能驾驭那些特别符合本·琼生风格的主题，并且在自己熟悉的领域内确实比暴躁的同伴更胜一筹①。

不管怎样，完成《尤利乌斯·恺撒》的第二年，莎士比亚又创作了一部悲剧，在成就和名声上令本·琼生以及所有的朋友和对手难以企及。这部剧作耳目一新地展示了诗人的天赋，重新确立了诠释莎士比亚戏剧的成人演员们的优势地位。儿童演员独占鳌头的局面很快就落下了帷幕。1602年，莎士比亚推出了《哈姆雷特》“那部最震撼英格兰人心灵的剧作”。早在1589年，丹麦王子的故事就曾出现在另一位作者的剧作中，因而在舞台上已经久负盛名。只可惜该剧作未能保存下来，作者应该是托马斯·基德。他的两部血腥悲剧《西班牙悲剧》和《荷罗尼摩》长期占据着伊丽莎白一世时代的舞台。当然，莎士比亚的悲剧

① 据悉，本·琼生对莎士比亚作品所做的批评中，最具有嘲讽意味的是针对《尤利乌斯·恺撒》中的一段文字。本·琼生的攻击几乎没有什么文学依据，但可以认为该剧在其他方面不合他胃口。他在《偶得》中提及莎士比亚时写道：“很多时候，他陷入那些令人忍俊不禁的事情：例如，剧中恺撒所说的话。有人对恺撒说：恺撒，你冤枉我了。恺撒回答道：我从不会做错事，只讲道理。等等此类，令人可笑。”他在《主要新闻》（1625）中嘲讽地引用了同一段话：“求你原谅，你从不做错事，只讲道理。”恺撒这段台词有可能出现在原始剧本中。或许是因为本·琼生的吹毛求疵，现在仅存的对开本中找不到同样的台词，只发现了以下唯一一处与本·琼生所引文字内容相符的台词：

要知道，恺撒不做错事，也不会不讲道理
会圆满解决事情

（第3幕，第1场，第47—48行）。从节奏与内容来看，“错事”一词之后似乎应是本·琼生死盯不放的“只讲道理”。伦纳德·迪格斯（1588—1635）是莎士比亚最仰慕的批评家之一。他在赞美莎士比亚的颂词中强调，莎士比亚《尤利乌斯·恺撒》的演出比本·琼生的罗马戏剧《卡塔林的阴谋》更受欢迎（伦纳德·迪格斯去世后，该颂词于1640年载于《莎士比亚诗集》中出版）：

我看到，当恺撒要出场时，
舞台上身佩短剑的
布鲁特斯与卡西乌斯正在谈判——哦，观众
是多么地着迷，他们满怀震撼而归；
有一天，他们会无法忍受乏味的卡塔林的
只言片语，尽管这是精心刻画的人物。——原注

很大程度上受益于失传的《哈姆雷特》[①]。这个故事在贝勒弗雷的《悲剧故事》中也出现过，而贝勒弗雷是从萨克索·格拉玛提库斯的《丹麦史》中借用的素材。1608年以前，贝勒弗雷的《汉布利特故事》还没有英语译本。莎士比亚应该读过《汉布利特故事》法语版本，但他的写作技巧娴熟，看不出来哪些内容是从研读中获得的。

理查德·勃贝奇在莎士比亚这部悲剧中扮演题名人物哈姆雷特。演出告捷之后，剧本紧接着就出版了。关于《哈姆雷特》这本书的版本也存在一些令人困惑的地方。

1602年7月26日，出版记录上登记着“《丹麦王子哈姆雷特复仇记》，最近由宫务大臣剧团表演”。1603年，尼古拉·林和约翰特朗·德尔出版了四开本剧作，扉页中写的却是该剧“在伦敦市、剑桥大学、牛津大学及其他地方上演过多次”。而且该版本文本粗糙、内容不完整，很有可能盗印自莎士比亚第一稿的手抄本。这份手抄本想必非常马虎，大部分还是老剧的内容。

1604年该剧又出版了修订版，即第二四开本，底稿应该更完整、准确。这个版本题为“《丹麦王子哈姆雷特的悲剧故事》，作者莎士比亚，最新印刷版，

① 我有一篇关于托马斯·基德的文章载于《英国人物传记辞典》(第31卷)。文中指出：“有人认为托马斯·基德早在莎士比亚之前就创作了一部关于哈姆雷特的剧作(已失传)，此观点应引起注意。1589年，托马斯·纳什(在《梅纳风》序言中)描述典型的雇佣文人时，几乎处处暗指托马斯·基德。他注意到，托马斯·基德除其他成就之外，‘还会给你看与整个哈姆雷特家族有关的作品。我可以说他有好几捆悲剧文稿’。同期流行的小册子和剧本中也提及了相关内容。在一本关于哈姆雷特的早期悲剧中，一个幽灵反复大叫道：‘哈姆雷特，报仇！’这句台词成了伊丽莎白一世时代的俚语。无独有偶，同期成为俚语的还有《荷罗尼摩》(托马斯·基德的血腥悲剧)中的一些土话，如‘什么大喊大叫把我从床上赤条条地叫了起来’，‘当心，希埃洛尼莫，闪开，闪开’等。《哈姆雷特》与《荷罗尼摩》故事情节相似，这表明《哈姆雷特》可能已经为托马斯·基德的《荷罗尼摩》提供了相应情节。在《荷罗尼摩》中，有位父亲伺机报复杀害儿子的凶手；《哈姆雷特》中的主题类似，只是父与子的情形对换了一下。《荷罗尼摩》中，父亲决定为杀子嫌疑人表演一部剧，以达到报仇的目的。可见，失传的《哈姆雷特》剧本中一定有类似的场景。莎士比亚受益于失传悲剧《哈姆雷特》只是个猜想，但他的《哈姆雷特》中台词呆板，好像有意模仿托马斯·基德《西班牙悲剧》中的做作之语，极有可能就是直接取自同一作者的作品，即失传《哈姆雷特》中的雷同片段。”莎士比亚在别处也显示出了对托马斯·基德作品的熟悉。《驯悍记》中，基特·斯莱说的“闪开，荷罗尼摩”就来自《西班牙悲剧》。莎士比亚的《无事生非》(第1幕，第1场，第271行)也从《西班牙悲剧》中一字不差地引用了一行“最终野蛮的公牛套上了牛轭”。但事实上，这行诗是托马斯·基德从托马斯·沃森的《激情诗百首》借用来的。莎士比亚可能读过原诗。——原注

内容已扩充，与原剧完全相符，来自真实完整的副本”，是詹姆斯·罗伯茨替出版商尼古拉·林印刷的。扉页上最后一句——“来自真实完整的副本”——意在表明前一版本不正宗的盗版。但很明显，第二四开本也不是完整版本，底稿应该是用于舞台表演的删减本。

第三个版本（一直以来被视为标准版本）就是1623年的对开本，首次出现了许多前两版四开本中没有的篇幅，但删减了原有四开本中的部分内容。对开本文本可能最接近原稿；但底稿应该是舞台剧本，只是删掉的内容相对而言没有第二四开本多，并且风格有所不同①。刘易斯·西奥博尔德在《莎士比亚作品原貌》中通过校对第一对开本和第二四开本，在学术上率先进行尝试，制作出了另一文本。1866年，文本经托马斯·汉默爵士、爱德华·卡佩尔和剑桥大学出版社的编辑们润色，现已成为通用版本。

《哈姆雷特》是唯一一部莎士比亚生前在剑桥大学、牛津大学都上演过的戏剧，从而引起了不同层次的演员、戏迷和读者的关注，影响力超过了莎士比亚其他任何一部戏剧。从诗人的时代直至当下，《哈姆雷特》的名声响彻世界各地，无论在法兰西、德意志、英格兰还是美国的剧院，都受到了热情追捧，最鲜明地显示了莎士比亚卓越的戏剧才能。乍一看，剧中似乎没有什么地方可以让那些文化低下、思想浅薄的观众产生兴趣。《哈姆雷特》主要是一部心理剧，多处探究了内省性情。剧情发展缓慢，有时根本没有进展；篇幅很长，在莎士比亚的剧作中名列第二，仅比《安东尼与克莉奥帕特拉》少六十行。哈姆雷特的台词总长也远超诗人名下的其他任何角色。必须承认，波洛尼厄斯和掘墓人给悲剧主题添加了些如释重负的幽默成分，效果很好。剧中有些地方（第2幕，第2场，第350行到第389行）论及那一时期的戏剧发展史。如果说这部分内容只能指望伊丽莎白一世时代观众的鉴赏力，那么对演员顽疾的斥责则是有意而为之，要让不同年龄的普通戏迷都听得明明白白。但《哈姆雷特》之所以受

① 威廉·维克多编辑的《哈姆雷特》（1891年在马尔堡出版）对照了第一四开本、第二四开本和第一对开本的文本；1860年山姆·蒂明斯先生编辑出版的《德文郡的哈姆雷特》，对比了两个版本的四开本文本；1885年乔治·麦克唐纳的《哈姆雷特》，是针对对开本文本的研究。——原注

《特洛伊罗斯与克瑞西达》

到普遍好评与推崇不是因为这些附带特征，而是因为莎士比亚设法激起了人们对主角的强烈兴趣。《哈姆雷特》无与伦比的魅力在于中心人物的悲情几乎牵引着所有不同层次观众的恻隐之心——一位出身名门、有勇有谋的年轻贵族，正欲为一桩秘密的滔天罪行报仇，但因麻痹意志的内心自省而踟蹰不前。

尽管确定《特洛伊罗斯与克瑞西达》的具体创作日期困难重重，但我们还是可以根据许多资料推测出此剧写于1603年年初。1599年，菲利普·亨斯洛邀请托马斯·德克和亨利·切特尔一起为诺丁汉伯爵剧团——莎士比亚所属剧团的竞争对手——撰写一部关于“特洛伊罗斯与克瑞西达”的戏剧。该剧本已失传，但当时无疑为莎士比亚提供了相关主题。1602年或1603年2月7日，詹姆斯·罗伯茨获许可出版“由宫务大臣剧团表演过的《特洛伊罗斯与克瑞西达》”。宫务大臣剧团即莎士比亚所属剧团[①]。詹姆斯·罗伯茨印刷了《哈

① 爱德华·阿尔伯：《英格兰出版同业公会登记簿副本》，第3本，第226页。——原注

姆雷特》第二四开本和莎士比亚其他剧作，但他尝试出版《特洛伊罗斯与克瑞西达》的算盘落空，可能剧团出面干预了。这部剧作有可能就是莎士比亚的作品。莎士比亚《特洛伊罗斯与克瑞西达》的韵律特点——规则素体诗——就足以证实该剧创作日期与詹姆斯·罗伯茨获取出版许可的日期相吻合。六年后，即1608年或1609年1月28日，另两位出版商理查德·伯尼安和亨利·沃利重新获准出版“书籍《特洛伊罗斯与克瑞西达》”①。他们比詹姆斯·罗伯茨幸运，很快就刊印了一部附有作者莎士比亚全名的四开本。该版的文本似乎非常正宗，只有一些出版原因造成的模糊之处。有些副本的扉页很普通，提及该剧本继“女王陛下的剧团在环球剧院上演”后付诸刊印。在另外一些副本中，尽管文本内容一样，扉页换成了更加做作的内容，宣称：“著名的《特洛伊罗斯与克瑞西达的故事》出色地描写了在利西亚王子潘达洛斯逞能的劝诱之下两人开始坠入爱河。”浮夸的扉页后是一篇广告或者说是前言。匿名作者以出版商的名义，极力吹捧赞美“喜剧”作家莎士比亚，甚至挑衅般地炫耀，因为“显赫的底稿持有者”不愿意提供原稿出版。这在莎士比亚生前出版的戏剧中是首次也是仅有的一次，显然是在向公众强调这些盗版书的价值。前言后文大错特错地指出这部剧是未经表演的新剧。这篇声明实在恬不知耻，可能是为了回应演员们或剧作者强烈反对剧本发行的抗议。对开本的编辑对四开本的真实性心存疑虑，所以采用了不同的底稿，很多内容有出入，不见得更好。

《特洛伊罗斯与克瑞西达》看似仓促之作，风格上尤其不一致，应该是莎士比亚中年时最平淡无奇的作品。故事围绕特洛伊战争中的一段爱情传奇展开，情节源自中世纪。莎士比亚可能读过乔治·查普曼翻译的荷马史诗《伊利亚特》，但剧作的情节得益于乔叟的《特洛伊罗斯与克丽西达》和利德盖特的《特洛伊之书》。为挑战先辈们的权威，莎士比亚笔下的克瑞西达成了一名薄情寡义的风骚女子；而在薄伽丘、乔叟、利德盖特和罗伯特·亨利森的原作中，她温柔善良，虽有些软弱，但楚楚动人，诗人们对她更多的是怜悯而非嘲讽。莎士比亚的创作虽然颇具戏剧效果，但严守道德准则。我们的剧作家经常受到指责，

① 爱德华·阿尔伯：《英格兰出版同业公会登记簿副本》，第3本，第400页。——原注

称他在《特洛伊罗斯与克瑞西达》中愤世嫉俗，竟然将希腊的经典主角们刻画为卑鄙下作的小人。从文本来看，这一观点站不住脚。莎士比亚剧中的尤利西斯、涅斯托尔、阿伽门农都是骁勇善战的大将和深谋远虑的政治家。他们的台词字字珠玑、充满哲理，许多成为格言警句流传至今。莎士比亚对希腊人的看法符合传统观念，但阿喀琉斯算是一个例外。诗人将他变成了残忍的懦夫。然而，在荷马及其模仿者笔下，这一勇士自私自利、蛮横冲动、妄自菲薄，莎士比亚塑造的形象同样不失为很好的诠释。

由此看来，有些批评家的理解是有失公允的。他们认为，本·琼生、乔治·查普曼等人尊重古希腊人及其文学作品的形式与情感，而莎士比亚处理主题的方式是心胸狭隘的表现，是为了抗议当时这些更博学的剧作家。莎士比亚尽管明明了解《荷马史诗》中的特洛伊战争，但在剧中非要援引中世纪的浪漫传奇。事实表明，莎士比亚并没有受古典人物善恶品性的影响[①]。

① 更牵强附会的是，弗雷德里克·加尔·弗莱先生和乔治·温德姆先生竟然试图证明莎士比亚的《特洛伊罗斯与克瑞西达》是为1601年至1602年发生在本·琼生与约翰·马斯顿、托马斯·德克及其演员朋友们之间的那场恶战而作，是反对本·琼生的声明。他们甚至臆断，莎士比亚借埃贾克斯无礼取笑本·琼生，通过瑟赛蒂兹来指责约翰·马斯顿。尽管约翰·马斯顿只是断断续续地对抗本·琼生，但不会受到本·琼生敌人的攻击。弗雷德里克·加尔·弗莱和乔治·温德姆认为，诗行“当讨厌的瑟赛蒂兹张开他那满是玛蹄脂的大嘴时”（第1幕，第3场，第73行）中“满是玛蹄脂”一词可以证明瑟赛蒂兹就是指约翰·马斯顿，因为后者在自己的《邪恶之灾》中曾用化名“瑟里奥-玛蹄科斯”。同样可以认为瑟赛蒂兹是指托马斯·德克，因为后者写了《嘲讽剧作家》（音同“萨提挞-玛蹄科斯”）的大部分。“满是玛蹄脂的”应该是一个没有什么深奥含义的形容词，其名词实体“玛蹄脂”就是当时普遍用于防止牙齿腐烂的一种胶体。大可不必认为莎士比亚是故意借埃贾克斯和瑟赛蒂兹来挑事。莎士比亚笔下的这两个人物的特点与乔治·查普曼翻译的荷马著作相符合。上述有争议的解读与作品年表相冲突（因为没有任何迹象表明《特洛伊罗斯与克瑞西达》创作于1601年到1602年本·琼生、托马斯·德克口诛笔伐期间），而且前文在探讨剧院冲突时引证的事实与观点似乎也可以驳倒此观点。如果这些反驳证据还不够直接，那么不妨看看莎士比亚的剧本。开场白中，作者极其幽默并且特别平静地折射了本·琼生《蹩脚诗人》的挑衅意图。由于仇人们的威胁，本·琼生称自己在剧中引入了“一种全副武装的开场白”。在《特洛伊罗斯与克瑞西达》开场白中，莎士比亚在故事开始之前描述了特洛伊战争的进展，接着指出自己的“开场白”“全副武装”，不是捍卫“作者的文字或演员的声音”，只是装扮成适合战争主题的样子，告知故事是发生在希腊与特洛伊冲突期间，而不是冲突开始之际。莎士比亚这番话足以推翻将这部剧归入影射剧院冲突背景的任何观点。——原注

尽管莎士比亚所属剧团与1601年的叛乱有牵连，与皇家礼拜堂儿童剧团有摩擦，但直到伊丽莎白一世统治结束，莎士比亚和演员同事们一直颇受王室恩宠。迟至1603年2月2日，剧团还在里士满为病榻前的伊丽莎白一世演出。1603年3月26日，伊丽莎白一世驾崩，莎士比亚早期的颂词撰写人亨利·切特尔以虚构人物默莱司尔特的名义，恳请他：

让甜蜜的诗神撒下一滴黑色的泪珠，
悼念陛下的离去增添他的功德，
让女王尊贵的耳边再次响起他的诗句[①]。

然而，亨利·切特尔白费苦心。除伤感之外，伊丽莎白一世驾崩并未给莎士比亚带来多少哀痛。故人已逝，诗人与他的伙伴立刻重新找了一位保护人。这就是对他们更慷慨、更赏识的詹姆斯一世。

1603年3月19日，詹姆斯一世登基，不久就高度称赞并认可了莎士比亚与宫务大臣剧团其他成员。他发布公文，恩准莎士比亚所属剧团“自由运用艺术并发挥才华来表演戏剧、悲剧、历史剧、序曲、伦理剧、田园剧、话剧，以及其他各类他们已钻研过、今后会用到或会钻研的戏剧，以便用我们喜爱的主题进行娱乐并给我们带来安慰与快乐。届时，他们给我们带来快乐之际，我们会庆幸今日做出的决定”。环球剧院成了宫务大臣剧团经常工作的场所，但宫务大臣剧团获准在任何郡的市政厅或审议大厅表演。公文提到了九位演员的名字。劳伦斯·弗莱彻位居名单榜首。1599年和1601年，他在苏格兰为詹姆斯一世演过戏。莎士比亚和理查德·勃贝奇分别名列第二和第三。从此，宫务大臣剧团改称为国王剧团；剧团成员成了“国王的臣仆”，级别等同于王室侍从官[②]。莎士比亚的戏剧在詹姆斯一世面前反复表演。据传，詹姆斯一世给莎

① 《英格兰的丧服》，1603年，书帖D，第3页。——原注

② 同时，伍斯特伯爵剧团成了王后赞助的剧团，成员为“王后的臣仆”；诺丁汉伯爵剧团成为威尔士亲王剧团，成员即为“亲王的臣仆”。国王当时的颂词撰写人之一吉尔伯特·达格代尔在其《荣耀的时代》（1604年，书帖B）中注意到，国王尤其尊重长期受王室赞助的演员们。——原注

威廉・戴夫南特爵士

士比亚写过一封亲笔信。这封信一度在威廉・戴夫南特爵士手中。后来，据伯纳德・林托特所言，该信落入了第一代白金汉公爵约翰・谢菲尔德手中。

1603年秋冬时节，由于瘟疫盛行，伦敦的剧院不得不关闭。国王剧团的演员们被迫离开首都，开始四处表演，收入自然受到影响。1603年10月第三周起，整整两个月，王宫临时设在第三代彭伯克伯爵威廉・赫伯特的居住地威尔顿。1603年11月末，王室官员召剧团前来演出。演员们从莫特莱克行至索尔兹伯里“抵达上述王宫”，于1603年12月2日在威尔顿庄园演出。1603年12月3日，剧团收到了内宫奉旨令，获得“国王陛下嘉赏的”三十英镑酬金[①]。王室的其他宠幸与恩赐接踵而至。1604年3月15日，莎士比亚和其他

① 具体账目由王宫财务大臣记录，1842年首次载于彼得・坎宁安的《王宫节庆记录摘要》第34页。经与公共档案馆的原稿（王宫财务大臣：《部门申报账目审计》，第388包，第41卷轴）核对，彼得・坎宁安版本准确无误。第三代彭伯克伯爵威廉・赫伯特根本不负责威尔顿庄园的演出。当时王宫正式设在他家（参见《国家机密文件汇编》，1603年10月，国内篇，第47页到第59页），王宫官员们下令演员进宫演出并承担所有开销。威尔顿庄园所有者最近首次披露，称当时演出的剧目是《皆大欢喜》。但并未发现任何同期证据可以证实这一传闻。——原注

八位剧团演员加入了国王的仪仗队，从伦敦塔游行至威斯敏斯特宫，随詹姆斯一世正式入驻伦敦。每位演员当时都获赐四点五码红布，制成斗篷披在身上。在布匹授予书上，莎士比亚的名字位列第一①。剧作家托马斯·德克当时大唱高调，有些夸张地记录了这一盛大仪式。他的文稿瞬间发行了三版。1604 年 4 月 9 日，詹姆斯一世发公函给伦敦市市长和米德尔塞克斯、萨里的治安法官，命令他们“允许并听任”国王剧团的演员们在自己的“常驻地”环球剧院“表演戏剧”，这再次表明国王极尽友善、十分关注剧团演员们的命运②。四个月后——1604 年 8 月——西班牙特使、弗里亚斯公爵兼卡斯蒂尔总督胡安·费

伦敦塔

① 《新莎士比亚学会会刊》(1877年到1879年，附录2)中的此授予书转载自公共档案馆的宫务大臣文献，现编号为660。《会刊》中标的是原来的编号，现已作废。——原注

② 公函同时宣布，在吉星剧院表演的王后剧团和帘幕剧院的亲王剧团与国王剧团享有同等特权。公函副本现存于达利奇学院（参见乔治·弗雷德里克·沃纳：《达利奇手稿目录》，1881年，第26页到第27页）。约翰·佩恩·科利尔添加了一些虚假内容刊印在自己的《莎士比亚生平的新事实》中，其中出现了莎士比亚和其他演员的名字。——原注

尔南德斯·贝拉斯科来伦敦签署《英格兰－西班牙和约》。外宾在萨默塞特宫逗留两周，受到英格兰王室盛情款待。其间，詹姆斯一世命每位剧团成员前往参加[①]。万圣节（1604年11月1日）和接下来的忏悔星期二——1605年2月初，莎士比亚所属剧团在白厅为王室表演了不下十一个场次[②]。

① 詹姆斯·奥查德·哈利威尔-菲利普斯先生《莎士比亚生平概览》(1887)第1卷第213页引用的一份王室命令所述大意如此，但未注明出处。我搜遍了公共档案馆、大英博物馆及其他地方，试图找到相关文献，结果徒劳无功。但作为王室侍从官，莎士比亚和演员同事们参加了招待来访总督的庆典活动，这一点毋庸置疑。在庆典主事埃德蒙·蒂尔尼未付印的记录中，从1603年10月到1604年10月，有条命令要求他接连三天与四名男人一起指导“招待西班牙特使”的娱乐活动(《记录通报》，公共档案馆，管乐部卷轴，2805号)。1604年8月19到8月29日期间的星期天，即和约签订日，詹姆斯一世在白厅设豪华国宴款待尊贵的总督，场面壮观，各种娱乐不断涌向高潮。上午，所有王室成员正式列队陪统帅从萨默塞特宫出发。第三代彭伯克伯爵威廉·赫伯特和第三代南安普顿伯爵亨利·莱奥斯利都在国宴中担任侍者。之后有一场舞会，接着国王的客人们观看了逗熊、逗牛、走索、马术等各类表演。(参见约翰·斯托：《编年史》，1631年，第845页到第846页；安特卫普等：《卡斯蒂尔总督一天的行程安排》)，四开本，1604年。后者是一本西班牙语册子，由埃利斯概括了内容，载于《原始信函》，第2辑，第3卷，第207页到第215页。此内容摘要的部分译文刊登在威廉·布伦奇利·赖伊先生《外国人眼中的英格兰》第117页到第124页。)——原注

② 詹姆斯一世统治早期，哈灵顿斯坦诺普勋爵多年(间断地)担任宫务财务大臣。他有一份原始记录存于牛津大学图书馆(罗林森手稿，A204)。从这些文献来看，莎士比亚所属剧团在王宫演出的日期分别为1604年11月1日、11月4日、12月26日、12月28日，1605年1月7日、1月8日、2月2日、2月3日，以及随后的忏悔星期日、忏悔星期一和忏悔星期二。——原注

第 14 章

抵达巅峰的悲剧主题

精彩
看点

《奥赛罗》（1604）——《一报还一报》（1604）——《麦克白》（1606）——《李尔王》（1607）——《雅典的泰门》（1608）——《佩里克利斯》（1608）——《安东尼与克莉奥帕特拉》（1608）——《科利奥兰纳斯》（1609）

在詹姆斯一世的赞助下，莎士比亚倍受鼓舞，创作量翻了两番，但他的作品并未显示出任何受王室隆恩的传统文学痕迹。新君主统治的前六年，莎士比亚专注于悲剧巅峰主题的挖掘，无与伦比的激情与能量几乎不受王室的束缚，因而其构思的每一场景都熠熠生辉。可以确定，1604 年，莎士比亚创作了两部剧，其中一部——《奥赛罗》——可以算是诗人最伟大的作品之一；另一部——《一报还一报》——尽管整体上比《奥赛罗》差很多，但展示了莎士比亚戏剧中最精湛的场景之一（安哲鲁与伊莎贝拉的对话，第 2 幕，第 2 场，第 43 行起）、最绝妙的台词之一（克劳迪奥惧怕死亡的台词，第 3 幕，第 1 场，第 116 行到第 130 行）。《奥赛罗》应该是为詹姆斯一世表演的首部莎士比亚新剧，1604 年 11 月 1 日在白厅上演。《一报还一报》于 1604 年 12 月 26 日上演[①]。莎士

① 这些日期来自1604年和1605年的《王宫戏剧演出备忘录》，现存于牛津大学图书馆埃德蒙·马龙收藏的手稿中，这明显是他取自当时保存在萨默塞特宫审计部的真实文献。埃德蒙·马龙去世后，审计部的材料已移至档案馆，但这份文献如今却无法在公共档案馆找到。彼得·坎宁安声称自己的《王宫庆典记录》中的文献印自原始文献（莎士比亚学会，1842年，第203页起），但很明显他所谓的原稿是自己伪造的，并且根据自己的想象给埃德蒙·马龙的回忆录添加了新成分。约翰·佩恩·科利尔在《新资料》第57页指出，1602年8月6日，《奥赛罗》在托马斯·埃杰顿爵士哈尔菲尔德的住所首次演出。此说法仅是源自布里奇沃特庄园埃尔斯米尔伯爵手稿材料中的一份文献，据称是办事员阿瑟·梅瓦林爵士当时记录的托马斯·埃杰顿爵士家庭开支账目。约翰·佩恩·科利尔在《埃杰顿文稿》（卡姆登学会）的343页转载了此文献，但1860年专家发布权威通告，宣称此文献系“一份可耻的伪造品”（参见克莱门特·曼斯菲尔德·英格尔比：《莎士比亚争议综述》，1861年，第261页到第265页）。——原注

安哲鲁与伊莎贝拉

比亚生前，这两部剧作均未出版，情节基本上都取自同一部意大利故事集——1565年首度出版的吉拉尔迪·辛提欧的《寓言百篇》。

莎士比亚创作《奥赛罗》之前，辛提欧悲哀的“奥赛罗”悲剧故事（第3组，第3篇）并未发现英译本。莎士比亚大体上忠实于辛提欧的内容，但引入了新人物罗德利哥和伊米莉亚。另外，莎士比亚的剧情中，由于埃古的背信弃义，高贵的摩尔人无端起妒，杀死了自己温柔无辜的妻子苔丝狄蒙娜。后来奥赛罗知道了埃古残忍的背叛。这种设计使悲惨结局更加恐怖、震撼人心。莎士比亚笔下有许多角色都剖析了智慧的罪恶与虚伪，其中，埃古堪称最难以捉摸的一位。整部悲剧完美地展示了作者炉火纯青的创作能力。在处理情节与人物等方面，莎士比亚保持着始终如一的沉着与冷静。

《一报还一报》中的可怕故事不仅是辛提欧爱情故事的主题，而且是辛提欧的悲剧《艾比提娅》的主题。莎士比亚创作《一报还一报》之前，乔治·惠茨通先后两次将辛提欧的爱情故事译成英语。一次是对意大利原文做了一些更改，载入自己拙劣的戏剧《普罗缪斯与卡珊德拉》（共两部分，每部分 5 幕，1578 年完成）中，另一次则意译了这个故事，收进了自己的散文故事集《礼貌会话七日谈》（1582）。然而，莎士比亚很可能也熟悉辛提欧未翻译的悲剧；莎士比亚的主要人物安哲鲁在辛提欧的故事中用的不是这个名，但在辛提欧的悲剧中（不是他的故事中）安哲鲁有个妹妹叫安哲拉。这在取名上应该给了莎

奥赛罗

士比亚一些提示[①]。在莎士比亚前辈们的作品中，原本的故事淫秽不堪且极其残忍。但莎士比亚非常慎重，几乎没有采纳他们的叙述方式。他批判性地更改了情节的发展方向，不仅显示了自己的艺术创新天赋，而且使一个原本庸俗的主题在道德上得到了升华并赋予了戏剧尊严。在各种旧版本中，伊莎贝拉都是为了挽救弟弟的生命而牺牲了自己的贞操。而在莎士比亚剧中，伊莎贝拉自始至终守身如玉，绝不屈服。其他一些更改之处，如公爵突然向伊莎贝拉求婚，则略显仓促。不过，莎士比亚塑造了住在“深沟环绕的庄园”里的悲情人物玛丽安娜——安哲鲁的合法未婚妻，伊莎贝拉未来的诱惑者——巧妙地使安哲鲁

玛丽安娜

① 理查德·加尼特博士：《意大利文学》，1898年，第227页。——原注

与伊莎贝拉的婚事（老故事版本中的情节）变得不可能。字里行间充满了哲学的玄妙。伊莎贝拉和公爵之间的那段诗体辩词是对贞洁美德的致敬。莎士比亚揭露了危害社会的种种乱情纵欲的腐朽现象，同时又交替穿插着粗俗的喜剧片段，揭示了企图借法律来抹杀自然本性的虚荣心。剧中几乎没有什么蛛丝马迹表明此剧是要进荐给王宫，并要在王宫首演。然而，剧中有两处特别提到一位统治者厌恶臣民聚集，尽管他很爱护自己的臣民。这有可能是莎士比亚暗指詹姆斯一世。詹姆斯一世害怕臣民聚集是出了名的。在第 1 幕第 1 场第 67 行到第 72 行，公爵如是说：

> 我深爱着我的臣民
> 但不喜欢出现在众目睽睽之下
> 他们掌声如雷，问候热情
> 虽并非坏事，但我感觉不好。
> 我也不认为头脑清醒之人
> 会喜好如此场面。

安哲鲁后续台词的意思相仿（第 2 幕，第 4 场，第 27 行到第 30 行）：

> 大多数人（即臣民），热衷于向国王陛下表达美好的祝福，……
> 他一出现，蜂拥而至，那种与生俱来的爱戴
> 实际上是一种冒犯。

1605 年，莎士比亚的“史诗级剧作”《麦克白》开始创作，1606 年完工。戏剧的背景与英格兰国王登基的情形完全一致。故事取自霍林谢德的《苏格兰编年史》，有些地方可能参考了早期的苏格兰作品[①]。三位女巫的超自然力与国王迷信鬼神吻合；作者极其同情詹姆斯一世的祖先班柯；而麦克白看见

① 史洛普斯夫人的一封信，载于《雅典娜神殿》，1896年7月25日。——原注

麦克白与班柯

国王手持“双重宝球和三重权杖”则明显是指詹姆斯一世时期苏格兰、英格兰以及爱尔兰的统一。守门人提及“说话模棱两可……背信弃义的家伙”时（第2幕，第3场，第9行），可能就是指耶稣会会士亨利·加内特，以模棱两可的教义辩词而臭名远扬。1606年初，他因参与火药阴谋而被处死。《麦克白》直到1623年才出版，从现存版本来看，是莎士比亚最短的一部戏剧。流传下来的版本有可能只是一本经过删减的舞台剧本。作品以大量的场景描写见长。1611年4月，西蒙·福曼博士在环球剧场观看了这部悲剧，并注意到麦克白和班柯是骑着马进场的，而且班柯的鬼魂也现身了（第3幕，第4场，第40

行起）。与《奥赛罗》一样，《麦克白》堪称古今世界戏剧史上最优秀的悲剧之一。男女主人公麦克白及其妻子的形象被刻画得极其细腻。与莎士比亚其他杰出文学作品相比，《麦克白》在三个方面略有差别。其一，悲剧故事与超自然力相互交织，命运附着在人格化的鬼怪身上。莎士比亚其他悲剧完全没有类似内容。其二，剧情发展的速度之快是莎士比亚其他戏剧难以企及的。其三，邓肯被害后，通过看守人的台词，莎士比亚更加大胆地运用了喜剧的舒缓效果（第 2 幕，第 3 场，第 1 行起）。有人认为这一部分出自他人之手，这种观点不足为信[①]。然而，不可忽略的是，第 1 幕第 2 场——邓肯会见“流血的士兵”——与该剧其他部分的风格相形见绌，有可能是剧院的雇佣作者进行了篡改。托马斯・米德尔顿稍晚的剧作《女巫》（1610）与《麦克白》的部分内容有许多雷同之处，当然可以断定托马斯・米德尔顿的剽窃行为。根据舞台指导，《麦克白》演出过程中，要唱两首歌（第 3 幕第 4 场和第 4 幕第 1 场），但剧本中每首歌都只出现了第一行，而托马斯・米德尔顿的剧本开头部分分别有相同的两首歌，但内容完整。这两首歌有可能是托马斯・米德尔顿所写。或许是在《麦克白》原稿完成后，演员们在一份舞台剧本中添加了这两行诗。

莎士比亚的悲剧才能在《李尔王》中扶摇直上，毫不迟疑地抵达了新的高度。《李尔王》写于 1606 年。1606 年 12 月 26 日晚在白厅为王室演出[②]。1607 年 11 月 26 日，剧目出现在《出版记录》中。1608 年，纳撒尼尔・巴特出版了两个残缺版本；两个版本不完全相同，与修改得相对令人满意的对开本也不尽相同。三个版本来自三个不同的剧院底稿。与剧《麦克白》一样，《李尔王》主要基于霍林谢德的《编年史》。早在 1593 年，就有相关主题改编成了戏剧。但直至 1605 年，另一部粗糙的改编剧本出版，题为《李尔王与三个女儿——戈娜丽尔、拉根和科迪莉亚——的真实编年史故事》，这才引起了莎士比亚的关注。莎士比亚并没有如实模仿该剧本。他为李尔王的故事设计了一个绝望的悲剧结局，又从菲利普・西德尼的《阿卡狄亚》中移花接木，嫁接了

① 《麦克白》，威廉・乔治・克拉克、阿尔迪斯・赖特编，克拉伦登出版社。——原注
② 四开本扉页中陈述了这一事实。——原注

暴风雨中的李尔王与愚人

同样令人沮丧的格洛斯特和两个儿子的故事[①]。埃德加装疯卖傻的台词灵感来自 1603 年哈斯尼特的《天主教的谎言》。在《李尔王》每一幕中，悲剧的遗憾与恐惧都能达到高潮。只有具备莎士比亚某些语言天赋的人才能恰到好处地刻画这样极度悲痛的场景——“生不如死”。穷凶极恶、忘恩负义的两个女儿就是把她们退位的父王——“一位愚蠢幼稚、年逾八十的老人”——逼迫到此种地步。当荒野上猛烈的暴风雨肆无忌惮地砸向老国王毫无遮蔽的头上时，他所有的原始愤怒瞬间爆发，如这凶猛的暴风雨一般激烈地倾诉着。而康沃尔残忍地弄瞎格洛斯特这一情节，比莎士比亚创作的其他任一情景都要恐怖，除非我们认为《泰特斯·安德洛尼克斯》中类似的断肢场景也出自莎士比亚之手。

① 菲利普·西德尼讲述此故事的章标题为“帕夫拉戈尼亚无情国王和瞎眼儿子的可怜状况和故事；先由儿子讲述，再由瞎眼父亲讲述”（《阿卡狄亚》，四开本，1590年，第2卷，第10章；对开本，1674年，第132页到第133页）。——原注

《李尔王》中的任何地方，悲剧的紧张程度都未曾有所松弛。国王那个忠诚弱智的弄臣唱着滑稽的颂词，赞美陛下的财富，一本正经的样子颇打动人心。这一人物形象使凄凉的悲情愈发浓烈。

尽管莎士比亚的才能毫无衰退的迹象，但完成巨作《李尔王》的第二年（1607），他又回到了早期与人合作的习惯，并在他人的帮助之下创作了两部戏剧——《雅典的泰门》和《佩里克利斯》。有一部写于1600年的戏剧保存了下来，与《雅典的泰门》主题相关[①]。但没有迹象显示莎士比亚和他的助手熟悉此剧。他们的故事应该是取自威廉·佩因特的《欢乐宫》与普鲁塔克《马克·安东尼传》中的一段简短题外话，讲的是安东尼模仿雅典人泰门·米森史洛普斯的生活方式，并处处以他为榜样。莎士比亚与合作者们可能也熟

科迪莉亚照顾生病的李尔王

① 1842年手稿所有人亚历山大·戴斯为莎士比亚学会编辑出版了此剧。——原注

雅典的泰门

悉琉善的对话录《泰门》，之前已由博亚尔多改编成喜剧《泰门》。内部证据表明，莎士比亚的同事几乎负责了第 3 幕和第 4 幕的全部内容。然而，人物泰门及其唱主角的所有场景都由莎士比亚执笔。泰门是以人物形象李尔王为原型塑造的。

有观点认为与莎士比亚合作撰写《泰门》的是乔治·威尔金斯，这似乎有些道理。乔治·威尔金斯戏剧天赋欠佳，把自己在《强制婚姻的痛苦》（1607）中首次讲到的一个故事又用作了《约克郡悲剧》的情节。但无论如何，他确实负责撰写了《佩里克利斯》的部分内容。《佩里克利斯》是一部爱情剧，与《泰门》创作于同一年。莎士比亚只负责了第 3 幕、第 5 幕和第 4 幕的一部分，并且自成一个整体，与其他场景结合得不是很好。有人怀疑另有一个才华不如托马斯·沃森的合作者（可能是职业剧本修改者威廉·罗利，偶尔有些才华），负责妓院里或妓院前三个毫无用处、粗制滥造的场景（第 4 幕第 2 场、第 5 场、第 6 场）。如此分工使这般剧自然好不到哪里去，显得很杂乱，以哑剧和开场白的方式讲述。但莎士比亚那部分犹如鹤立鸡群，措辞成熟精湛，描述了佩里克利斯寻女途中的浪漫故事。女儿玛丽娜在一次海难中出生并被遗弃。莎士比亚在不少地方都预示了自己晚期剧作中的一些细节。海难事件（第 4 幕第 1 场）的描写与《暴风雨》中的描写同样令人难忘；玛丽娜和母亲塔伊萨共处的许多细节与《冬天的故事》中潘狄塔和赫米温妮之间的情形相仿。开场白（不是出自莎士比亚之手）由扮演中世纪诗人约翰·高尔的演员念诵。14 世纪时，约

玛丽娜为佩里克利斯歌唱

翰·高尔的故事集《一个情人的忏悔》中有一首诗《阿波罗纽斯－泰尔王》，讲述的就是佩里克利斯的故事。这个故事的散文体英译文（译自法语）分别于1576年、1607年载于劳伦斯·特万恩《痛苦的经历》中。《佩里克利斯》演出之后，合作者之一乔治·威尔金斯在此基础上创作了一个故事，标题为《泰尔王子佩里克利斯的痛苦经历，戏剧 < 佩里克利斯 > 里的真实故事，最近刚由尊敬的古代诗人约翰·高尔为大家呈现》（1608）。1608年，残缺不全的《佩里克利斯》作为莎士比亚的作品出版，后来又分别于1611年、1619年、1630年和1635年出版，直到1664年才收入莎士比亚全集。

1608年5月，经戏剧许可颁发者乔治·比克爵士授权，爱德华·布朗特在《出版记录》中登记了一本“题为《安东尼与克莉奥帕特拉》的书”，但出版日期不得而知，有可能是出版计划再次受到了剧团的阻挠。1623年，悲剧《安东尼与克莉奥帕特拉》在对开本中首次出版，情节源于托马斯·诺斯《普鲁塔克名人传》中安东尼厄斯的传记。莎士比亚忠实地采用了原作的故事，不仅与原作风格相符，而且前三幕的措辞上也有许多雷同之处。只有几段小场景是原创的，但细节描写丝毫不逊于普鲁塔克，如克莉奥帕特拉沿着塞德纳斯而上去见安东尼、埃诺巴布斯对航行见闻的精彩描述（第2幕，第2场，第194行起）就是很好的例子。在第4幕和第5幕中，莎士比亚笔锋一转，天马行空地阐述着自己的素材[①]。在他的笔下，整个主题充斥着戏剧的庄严气势，甚至克莉奥帕特拉的卑微德行和安东尼的罪恶迷恋也获得了高贵的升华。安东尼的朋友埃诺巴布斯挖苦的精炼解说词更加突显了戏剧的主题意义。无论是伟大人物还是小人物，莎士比亚都注入了自己炽热的活力，倾情刻画，人物形象个个生动饱满。另外，风格上的“快乐的勇猛”——引用塞缪尔·泰勒·柯勒律治的赞美之词——也使这部悲剧几近莎士比亚成就的巅峰。同时，与《麦克白》《奥赛罗》和《李尔王》相比，《安东尼与克莉奥帕特拉》也以其迥异的特点而不相上下。

① 乔治·温德姆先生在其编辑的托马斯·诺斯译作《普鲁塔克名人传》（第1卷，第93页到第100页）的引言中，出色地评价了莎士比亚此剧与普鲁塔克的安东尼厄斯传记的关系。——原注

安东尼与克莉奥帕特拉

《科利奥兰纳斯》（1623 年首次印刷，底稿为一份残缺的孤本）同样取材于托马斯·诺斯译作《普鲁塔克名人传》中的主角，尽管莎士比亚最初可能是在威廉·佩因特的《欢乐宫》（第 4 个故事）中接触到这个故事。莎士比亚再次亦步亦趋地遵循普鲁塔克的原文，有时——甚至是在事件发展的紧要关头——一字不差地重复了托马斯·诺斯的译文[①]。但剧中的幽默场景都是莎士

① 科利奥兰纳斯为沃尔西将军奥菲底乌斯服务时完整的杰出台词，第4幕，第5场，第71页到第107页：

我叫凯乌斯·马修斯，曾经
让您和所有的沃尔西人，
遭受了巨大的伤害和麻烦；另外，我的姓氏
科利奥兰纳斯也可以作证……听任您处置。

在托马斯·诺斯翻译的《普鲁塔克名人传》中，科利奥兰纳斯的相关台词几乎用的是一模一样的措辞，开始几句如下：“我是凯乌斯·马蒂乌斯，曾经给您及所有的沃尔西人带来了巨大的伤害和麻烦。为此，我不能否认我的姓氏是科利奥兰纳斯。”同样，在第5幕，第3场，第94行到第193行，伏伦尼娅向儿子恳求时那番激动人心的台词与儿子的顺从，也直接援引自托马斯·诺斯的译文。在译文中，伏伦尼娅开始说道：“我的孩子，即使我们一声不吭，从我们的着衣情况，你也很容易得知，自从你流亡他乡之后我们在家过得怎样；但现在你自己该想想”。莎士比亚剧中母亲的第一句台词如下：

即使我们沉默不语，一声不吭，你也可以根据
我们的着衣情况及身体状况了解到，自从你被流放之后
我们的日子过得怎样。请你自己好好想想……——原注

比亚的原创，叙述顺序有时为了戏剧效果会稍做改变。根据韵律特点可以看出，《科利奥兰纳斯》与《安东尼与克莉奥帕特拉》的创作时期大致相同，可能写于 1609 年。其庄严基调在所有地方都与前辈的作品形成了鲜明的对比。科利奥兰纳斯的母亲伏伦尼娅自力更生的勇气，与科利奥兰纳斯的妻子瓦尔基莉亚的温顺形成了强烈的反差。主人公沦为自己超凡性格的牺牲品，而非狂妄的种姓优越感的牺牲品。他反复强调群氓的卑微无知，而恰恰是这些人使他彻底溃败。这种安排暗含着尖锐的嘲讽。为了反衬，米尼聂乌斯的台词表达成熟的政治智慧。与《奥赛罗》一样，整部《科利奥兰纳斯》受到了经久不衰的独特关注。

第 15 章

莎士比亚的晚期戏剧

精彩看点

晚期戏剧中的温和——《辛白林》（1610）——《冬天的故事》（1611）——《暴风雨》（1611）——解读《暴风雨》中的种种怪诞——莎士比亚的未竟戏剧——莎士比亚的佚作《卡丹纽》——《两个贵族亲戚》——《亨利八世》——环球剧院失火

莎士比亚三部晚期戏剧《辛白林》《冬天的故事》和《暴风雨》都是自己独立完成的，而且均为结局皆大欢喜的爱情主题，但注入了一些悲情成分，从而不同于纯粹的悲剧或喜剧。这三部戏剧（均未在作者生前出版）笔调异常平和，与莎士比亚之前那些优秀悲剧紧张而剧烈的风格迥然不同，因而常常成为比较研究领域的热点。大多数人认为，这种风格转变源于作者个人情感的发展，这种观点忽略了莎士比亚戏剧作品的客观性。莎士比亚所有的情感词汇都凭直觉产生，何时使用与自己的私人生活经历没有什么必然联系。到了中年，与其他人一样，莎士比亚性情日趋稳重，思想更加深邃，自然会倾向于思考一些崇高的悲剧话题，并且逐渐得心应手。这也是年近不惑时的他与年轻气盛时的他诸多不同之处。冥想爱情剧的平和笔调更符合四五十岁的他。此时，他毕竟不再年少轻狂了。然而，除此之外，并未发现莎士比亚不同的创作阶段与人生经历有其他任何直接明确的关联。如果非要从他的个人经历中找出一系列事件，并且认为正是这些事件激起了他内心所有暴风雨般的情感，进而成就了他最伟大的戏剧作品，就实在低估甚至误解了莎士比亚无法比拟的创造力和创作天赋。

在《辛白林》中，莎士比亚自由地改编了霍林谢德《编年史》中的一个片段，并且与薄伽丘《十日谈》（第2天，第9个故事）中的一个故事交织在一起。这个意大利故事主要讲述吉内芙拉的贞德受到了错误的猜疑。莎士比亚笔下的伊摩琴原型就是吉内芙拉。一本名为《西行觅鱼》的小册子中也讲到了这个故

《辛白林》剧中的场景：伊摩琴发现培拉律斯的洞穴

事。莎士比亚在《温莎的风流娘儿们》中就用到了这个片段[①]。《辛白林》的次要情节是莎士比亚的原创，讲的是贵族培拉律斯为报被放逐之仇，绑架了国王年幼的儿子，并在深山老林中把他们抚养成人。尽管剧中大部分场景都是以公元前1世纪的不列颠为背景，但与真实历史无关。几近荒唐且极不相称的是，不列颠国王的侍臣们寻欢作乐时，使用的竟是加尔文主义神学的一些术语，如“上帝的恩典”“上帝的挑选”等[②]。三条叙述线索相互交融，情节发展变化多端、错综复杂，但整体上并未偏离爱情故事的范畴。莎士比亚竭尽其才，精心塑造了中心人物伊摩琴。在他眼里，这是一位堪称最温婉最没心机的女子。

① 参见本书第181页及注释①。——原注

② 第1幕第1场第136行到第137行中，作者用神学术语将伊摩琴描述为“上帝曾经的恩典”。第1幕第2场第30行到第31行中，贵族乙说道：“如果正确的挑选是一种罪过，那她罪不可赦。”——原注

在莎士比亚完美巧妙的构思之下，伊摩琴的丈夫波修莫斯、遭她拒绝的求爱者克洛顿及她的准诱惑者埃阿基摩三人性格迥异，与伊摩琴形成了鲜明的对比。培拉律斯与迷人的男孩们隐居的深山，与《皆大欢喜》中的亚顿森林颇有几分相似之处；但《辛白林》中深山的生活极其庄重，几近冷酷，几乎没有利于冥想的宁静，不像亚顿森林的生活。经典名诗《别再害怕似火骄阳》就出自此剧（第 4 幕，第 2 场，第 258 行起）。波修莫斯看到“可怜的哑剧”（第 5 幕，

伊摩琴与丈夫波修莫斯

《冬天的故事》剧中的场景：贼头贼脑的小贩奥托吕科斯与宝琳娜

第 4 场，第 30 行起）那部分内容肯定是出自他人之手。占星家西蒙·福曼博士保存了他看戏时的一些笔记，声称自己 1610 年或 1611 年观看了《辛白林》的演出。

1611 年 5 月 15 日，西蒙·福曼博士在环球剧院观看了《冬天的故事》。11 月 5 日，该剧似乎接着又在王宫上演[①]。《冬天的故事》基于罗伯特·格林的著名爱情故事《潘多斯托》。1588 年，《潘多斯托》第一次出版，之后又多次出版，但最后一次是在 1648 年，并改名为《多拉斯塔与弗尼亚》。莎士比亚与自己的早期对手罗伯特·格林一样，误认为波希米亚濒临大海——本·琼

① 参见本书第261页注释①。卡米洛悟出“攻击神权君主”的暴民最终就是死路一条（第1幕第2场，第358行起）。有人认为此内容就是特地为了取悦詹姆斯一世的。当然这种观点还未成定论。——原注

生和后来许多批评家都把这个错误当成笑料[①]。《冬天的故事》中有几行很明显是取自《辛白林》中用过的薄伽丘的那个故事[②]，但莎士比亚创造了道德高尚的宝琳娜和贼头贼脑的小贩奥托吕科斯。小贩骗人的恶作剧已经家喻户晓。莎士比亚还设计了忌妒无理的丈夫里昂提斯与妻子赫尔迈厄尼重归于好的情节。赫尔迈厄尼有尊严的顺从和宽容为故事平添几分强烈的悲情。刻画男孩马米留斯时，莎士比亚尽情彰显童年时代的魅力。弗罗利泽和潘狄塔的求爱情节则体现了尽善尽美的温婉爱情。剧中田园生活的插曲令人耳目一新，超越了莎士比亚所有乡村生活细节的描写。

《冬天的故事》：弗罗利泽和潘狄塔的求爱

① 《与德拉蒙德的谈话》，第16页。——原注

② 《冬天的故事》（第4幕，第3场，第760行起）中，奥托吕科斯威胁说，小丑的儿子“会被活活剥皮，然后涂满蜂蜜，放在蜂窝的顶上”等。在薄伽丘的故事中，恶棍安波洛基沃罗（即莎士比亚笔下的埃阿基摩）“被绑在刑桩上，浑身涂满蜂蜜”之后，“遭够了罪，不仅被杀，而且引来了乡下盛产的众多苍蝇、黄蜂和牛虻”（参见《十日谈》，约翰·佩恩译，1893年，第1卷，第164页）。——原注

《暴风雨》中的场景：航船倾覆

《暴风雨》可能是莎士比亚最晚完成的一部戏剧。1609 年夏，乔治·萨默斯爵士率领一支舰队驶往弗吉尼亚，离开西印度群岛时，突然遭遇暴风雨。舰队司令的船“海洋探险号”被迫在迄今仍未开拓的百慕大群岛靠岸。舰队在百慕大群岛待了十个月。风和日丽的气候令他们心旷神怡，但让他们备受煎熬的是，岛上的野猪到处乱窜，各种神秘的噪音令他们毛骨悚然。于是，他们不禁浮想联翩，认为这个岛是妖魔鬼怪的住所。乔治·萨默斯一行已被认为无生还希望。但 1610 年 6 月，他们搭上了两艘运杉木的船，逃离了百慕大群岛，来到弗吉尼亚。1610 年 9 月，几名水手把他们的遭遇和安然无恙的消息传到了英格兰。水手的到来令伦敦居民分外激动。很快，至少有五篇报道发表，记录了海难事件及那个此前无人居住却成为远征队救星的神秘岛屿。1610 年 10 月，幸存者之一西尔维斯特·乔丹写的《百慕大群岛的发现》就已问世。1610 年 12 月，弗吉尼亚公司出版了第二本描述此次灾难的小册子。第三本则是舰队的一名领导托马斯·盖茨写的。莎士比亚在《暴风雨》中提到了“依然波涛汹涌的百慕斯”(第1幕,第1场,第229行),并且融合了西尔维斯特·乔丹、托马斯·盖茨及其他小册子的素材。普洛斯彼罗漂流到的岛屿气候宜人，神灵鬼怪大批出没，毫无疑问就是刚刚发现的百慕大群岛。莎士比亚同样结合了其他旅行书籍上的细节。卡利班敬奉的天神瑟塔博斯，名字就是取自伊登翻译的麦哲伦《南极之旅》（载于《旅行故事》，1577）。文中提到，巴塔哥尼亚巨人崇拜一位“叫瑟塔博斯的了不起的魔鬼”。《暴风雨》的完整剧情无从追溯。但1605年去世的德意志作家雅各布·埃尔，在剧作《美丽的西塔》中讲述了一个有些类似的故事，大致提及了普洛斯彼罗、斐迪南、埃里厄尔和米兰达等人的冒险经历①。1604年和1606年，英格兰演员在雅各布·埃尔居住的

《暴风雨》剧中人物：米兰达

① 艾伯特·科恩:《莎士比亚在德意志》,1865年。——原注

《暴风雨》剧中场景：埃里厄尔与米兰达

纽伦堡市演出，可能将《美丽的西塔》介绍给了莎士比亚。还有一种可能就是，莎士比亚和雅各布·埃尔的剧作都源自一个尚未发现的故事。剧中贡柴罗描述理想共和国的内容（第2幕，第1场，第147行起）取材于约翰·弗洛里奥翻译的《蒙田随笔》（1603），而普洛斯彼罗宣布放弃练习魔术的杰出台词（第5幕，第1场，第33行到第57行）则选自阿瑟·戈尔丁翻译的奥维德《变形记》（第7卷，第197行到第206行），并根据美狄亚的祈祷精心加工而成[①]。戈尔丁翻译的奥维德作品是莎士比亚年少时最喜爱读的书籍之一。

路德维希·蒂克率先提出了一个非常有见地的观点，认为《暴风雨》（除《麦克白》和《维洛那二绅士》之外最短的莎士比亚戏剧）是一部庆祝伊丽莎白公主（相当于剧中的岛国公主米兰达）与巴拉丁选帝侯腓特五世烈结婚的假面剧。

① 奥维德：《变形记》，阿瑟·戈尔丁译，1612年，第826页。相关内容开头如下：

只有空气与风，山上的小精灵，小溪和森林。——原注这桩婚事于1612年2月14日或1613年2月14日举行。1613年5月婚礼庆典期间上演了十九部戏剧，《暴风雨》就是其中之一，但当时上演的其他剧目似乎都是老剧；所有戏剧显然都经过了精心挑选，因为都是在王宫和公共舞台上颇受欢迎的剧目，而且从语言和主题上都看不出来与婚礼欢庆场面有关。但事实上，更多证据表明，1613年离《暴风雨》认定的创作年份明显太远了。据埃德蒙·马龙获得的信息，1611年秋，《暴风雨》就“成形且有了剧名”，几个月之前应该就开始动笔了①。另外，剧情主要讲述了一位统治者被迫离开自己领地流放他乡，而女儿的求爱者恰好又是篡位者主要盟友的儿子。任何明智的剧作者都不会为公主的官方婚礼庆典特意选取一部这样的戏剧。要知道，詹姆斯一世对自己的王位可是非常敏感的②。

无论是在剧院还是在王宫，《暴风雨》的早期演出都受到了无与伦比的欢迎。其成功得益于优美的抒情诗句遍布全剧始终，而且由著名的弹诗琴手罗伯特·约翰逊配乐歌唱③。

与前一部剧《冬天的故事》一样，《暴风雨》在剧院中一直位居最受欢迎戏剧榜首。两部戏剧的流行还一度引来了本·琼生的嘲讽。1614年首演的《巴托罗缪市集》开场白中，本·琼生写道：“如果本剧中没有妖怪奴仆，谁能帮忙告知作者所言绝不是一群滑稽的小丑。作者不愿像《冬天的故事》《暴风雨》

① 《莎士比亚集注本》，1821年，第15卷，第423页。1611年前几个星期里，莎士比亚所属剧团在王宫上演了不下十五部戏剧。因此1610年或1611年2月12日，演员们获得一百五十英镑酬金。议会的授权付款凭证仍保留在牛津大学图书馆（罗林森，手稿，对开本，编号A204，第305页）。没有注明剧名，但毫无疑问应该有莎士比亚的戏剧，而且很有可能《暴风雨》便是其一。公共档案馆有1611年到第1612年王宫庆典官的一本单独记录册，里面插入了一纸伪造页，如印自彼得·坎宁安的《王宫节庆记录摘要》第210页，但新添加了两条记录，大意为1611年万圣节（即11月1日）《暴风雨》在白厅上演；四天后，即11月5日，《冬天的故事》紧跟其后。尽管这些记录是伪造的，但其中的信息可能是真的。埃德蒙·马龙很肯定地认为《暴风雨》写于1611年，应该是根据当时审计部材料中的备忘录所做出的断定，但那些档案搬至公共档案局后遗失了。狂欢活动记录上所有新加的伪造信息都显得非常专业，受到了较好的评价（参见本书第237页，注释①）。伪造者可能参考了埃德蒙·马龙的出版物或留下的大量手稿，并根据其中更详细的备忘录，添加了那两条记录。——原注

② 参见1889年4月《全球评论》上理查德·加尼特博士的文章。——原注

③ 罗伯特·约翰逊为诗歌《海神的召唤》和《如蜜蜂吮吸》所配曲调的和声乐谱现载于1660年出版的《快乐的三声部曲调和歌谣》。——原注

与滑稽剧那样，在自己的剧中制造令人生畏的大自然。”“妖怪奴仆”明显暗指卡利班，“一群小丑”则指《冬天的故事》中出现在剪羊毛季节宴会上的半人半兽萨梯。

在《暴风雨》中，莎士比亚任由想象力驰骋。天马行空的雄伟气势在莎士比亚所有的作品中首屈一指。与《仲夏夜之梦》一样，《暴风雨》充溢着魔幻力和超自然力。但全剧上下无不透露着庄严深邃的思想与情感，这是诗人早期喜剧中欠缺的。《暴风雨》气氛严肃，于是评论家们便有些突发奇想，试图从不着边际的诗学想象中寻求一些意外的发现，进而将剧中许多人物阐述为作者思考人类生存疑难问题的产物。类似的解读令人难以信服。人物米兰达温柔天真、不谙世事，是少女文学形象的神化，但莎士比亚已分别在《佩里克利斯》和《冬天的故事》中的玛丽娜和潘狄塔身上勾勒出了轮廓。这两个人物直接取自少女公主的爱情故事，她们在不可控的自然灾难中被抛弃，这也为莎士比亚的《佩里克利斯》和《冬天的故事》提供了情节来源。《暴风雨》中，从埃里厄尔身上发现了人类智慧脱离凡身之后的能力，也只是碰巧，并非刻意为之。埃里厄尔和普克同属一个世界，尽管相比之下埃里厄尔多了几分严肃，但体现了莎士比亚惯用的娴熟手法。至于人物卡利班——埃里厄尔的对照人物——的塑造，莎士比亚根本没有特意将他作为人性道德情感演变前的典型[①]。卡利班是一个虚构角色，栩栩如生地展现了新大陆土著野人的旺盛精力。这种形象在当时旅行者的言论及作品中有诸多探讨，激发了人们强烈的好奇心[②]。普洛斯彼罗是这部爱情剧的命运掌控者，在最后一场中放弃了自己的魔法。有人认为此人物有些作者本人的影子，可能是在暗示自己将要告别终生沉迷的工作。剧中的普洛斯彼罗是一位忠于学术的公爵，有着杰出的学术造诣。对科学奥秘的研究已经让他具备了操纵自然的能力。他施法术使自己回到原来的悲惨命运，

① 罗伯特·布朗宁：《卡利班论瑟塔博斯》；丹尼尔·威尔逊：《卡利班，或迷失的联系》，1873年；约瑟夫·欧内斯特·勒南：《卡利班》，1878年。最后一部是莎士比亚剧作的续集。——原注

② 当莎士比亚写《特洛伊罗斯与克瑞西达》时，已经开始构思类似卡利班的人物。剧中，瑟赛蒂兹提及埃贾克斯（第3幕第3场，第264行）时，说：“他已经成为一条十足的陆地鱼，不会说话，就是一个怪物。”——原注

《暴风雨》剧中场景：小丑与卡利班（半人半兽的怪物）

然后宽宏大量地放弃自己的魔法能力。这与他公正的哲学意识完全吻合。关于他最后行为的其他任何猜测纯属多此一举。

尽管所有证据都表明，莎士比亚于 1611 年放弃了戏剧创作，但他似乎应该在剧团经理那里还留下了一些未完成的书稿，而且不止一部戏。后来经理叫其他剧作者写完。莎士比亚作为活跃剧作者的第一把交椅立刻由约翰·弗莱彻坐上。后者可能在朋友菲利普·马辛杰的帮助之下，完成了莎士比亚的未竟草稿。

1653 年 9 月 9 日，出版商汉弗莱·莫塞莱获得一部剧本的出版许可。他称之为“《卡丹纽的故事》，由约翰·弗莱彻与莎士比亚合著”。这可能就是莎士比亚的佚作《卡丹诺》或《卡丹娜》，曾于 1613 年两度由莎士比亚所属剧团在王宫上演——一次是 1613 年 5 月伊丽莎白公主的婚礼庆典上，另一次是 1613 年 6 月 8 日为萨沃伊公爵的大使表演[①]。汉弗莱·莫塞莱的描述可能是骗人的[②]。他没有出版这部戏剧，而且至今也没有确切的相关信息；但他出版的戏剧应该是关于失恋的卡丹纽的奇特经历，与《堂吉诃德》第一部分有关联（第 23 章到第 37 章）。1612 年，塞万提斯创作的爱情故事由托马斯·谢尔顿首次译成英文，为约翰·弗莱彻提供了许多素材。1727 年，当莎士比亚批评家刘易斯·西奥博尔德推出自己的《将错就错》时，故弄玄虚地指出，此剧是基于莎士比亚一部未完成且未出版的书稿而作。刘易斯·西奥博尔德剧作中的故事就是卡丹纽的故事，尽管人物角色都已重新命名，并且作品中看不出任何莎士比亚的痕迹[③]，但他一定听说了莎士比亚有一部与他人合作完成的戏剧，取材于塞万提斯。毫无疑问，他利用了这一传闻。

《两个贵族亲戚》和《亨利八世》也是通过类似合作方式完成的戏剧，均保存至今[④]。1634 年，《两个贵族亲戚》首次刊印，扉页上声称是“由当时最显赫尊贵的约翰·弗莱彻先生和威廉·莎士比亚两位绅士合作完成”。1679 年，这部戏剧被收入约翰·博蒙特和约翰·弗莱彻作品的对开本中。经审美批评和韵律检测之后，查尔斯·兰姆、塞缪尔·泰勒·柯勒律治、亚历山大·戴斯等人认为《两个贵族亲戚》很大一部分内容均出自莎士比亚之手。亚历山大·戴斯还将此剧编入《莎士比亚作品集》。塞缪尔·泰勒·柯勒律治发现第 1 幕、第 2 幕第 1 场、第 3 幕第 1 场和第 2 场都是莎士比亚的大手笔。后来，第 4 幕第 3 场和第 5 幕（第 2 场除外）也被认定为是莎士比亚所作。近来，有些批评家提出，许多以前认定为是莎士比亚撰写的内容应出自菲利普·马辛杰

---

① 罗林森手稿中财务大臣的记录，编号A239，第47张（存于牛津大学图书馆），载于《新莎士比亚学会会刊》，1895年到1896年，第2卷，第419页。——原注

② 1608年，喜剧《埃德蒙顿的快乐冒失鬼》首次出版，1653年9月9日作为莎士比亚的剧作再次登记出版。（参见本书第264页）——原注

③ 亚历山大·戴斯认为他在此剧中发现了詹姆斯·雪利的文笔特色。但此剧可能是刘易斯·西奥博尔德独立完成的。——原注

④ 1876年，哈罗德·利特代尔为新莎士比亚学会认真编辑了《两个贵族亲戚》的1634年四开本。威廉·斯波尔丁：《<两个贵族亲戚>的莎士比亚作者身份考辨》，1833年（1876年由新莎士比亚学会第2次印刷）；斯波尔丁载于《爱丁堡评论》的论文，1847年；《新莎士比亚学会会刊》，1874年。——原注

《亨利八世》剧中人物：凯瑟琳王后

之手，莎士比亚只负责了第 1 场（包括开场曲“玫瑰的利刺消失了”）及第 5 幕第 1 场、第 6 场的撰写工作[①]。要想精确地区分是不可能的，但莎士比亚一些常用的写作技巧是不会被认错的。从各方面来看，莎士比亚负责的所有内容都围绕着主要情节展开。《两个贵族亲戚》取材于乔叟《骑士传奇》中帕勒门和阿赛特的故事，这个故事之前似乎已经两度改编为戏剧。1566 年，理查德·爱德华兹的佚剧《帕拉蒙与阿赛特》在王宫上演。1594 年，菲利普·亨斯洛则

① 罗伯特·波义耳先生载于《新莎士比亚学会会刊》的论文，1882年。——原注

观看了另一部剧《帕拉蒙与阿瑟特》（已失传）。《两个贵族亲戚》中，莎士比亚没有负责的那部分糟糕透顶，粗鄙浅薄，内容琐碎，没有任何文学价值。

《亨利八世》存在同样的问题。这部戏剧几乎是在成就莎士比亚辉煌事业的环球剧院上演的最后一部戏剧。1613 年 6 月 29 日，环球剧院正在上演《亨利八世》时，演出中点燃的一枚炮弹引起了火灾，剧院毁于一旦。1614 年，剧院重建，但声名已不如往昔。7 月 2 日，亨利・沃顿描述这场灾难时，提到当时正在演出的戏剧名为《亨利八世统治时期一些主要片段的真实再现》[①]。《亨利八世》被普遍认定是莎士比亚所作，但结构松散，最后一幕与前面的内容根本没多大关系。整部剧好像一部“历史假面剧”。1623 年，《亨利八世》载入《莎士比亚作品集》对开本中首次出版，但看似并非出自一人之手。三个主要人物——亨利八世、阿拉贡的凯瑟琳王后和沃尔西红衣主教——的刻画都清晰展现了莎士比亚精湛的写作技巧；但无论从审美还是韵律来看，只有第 1 幕第 1 场、第 2 幕第 3 场和第 4 场（凯瑟琳王后的审判）、第 3 幕第 2 场（第 204 行到第 460 行除外）和第 5 幕第 1 场出自莎士比亚之手。根据韵律特点，上述内容应与《冬天的故事》一样，写于 1611 年前后。至于其余十三场，有

---

① 《沃顿遗作》，1675年，第425页到第426页。亨利・沃顿写道，“那部戏剧开场非常壮观，即使是舞台垫子也非常考究；骑士团佩戴勋章，身着吊带袜；护卫队佩戴纹章；足以在瞬间让观众真实感受并了解到王室的威严，如果不是让人感到可笑的话。现在亨利八世正前往沃尔西红衣主教的住所观看一个假面剧。他刚进门，现场立即鸣炮欢迎陛下驾到。其中一枚炮弹落在纸或什么上面，在茅草屋顶继续烧着。观众们开始都以为那只是放炮后的余烟，非但没有在意，反倒更关注演出了。茅草屋顶突然着火了。顿时，火势猛烈，四处蔓延，不到一小时，整个剧院烧成了废墟。这就是那家闻名遐迩的剧院的致命灾难；尽管没有造成什么大损失，只是烧掉了木头、稻草及几件扔掉的戏袍；有一个人的马裤烧着了。若不是他急中生智，用一瓶麦芽酒把火苗浇灭，可能他会被烧伤。”1613年7月8日，约翰・张伯伦致信拉尔夫・温伍德爵士，简要地提及了此事。信中指出，由于剧情需要而点燃的炮弹碰巧烧着了茅草屋，剧院在两小时内烧成平地。观众落荒而逃，没有造成人员伤亡，虽然“只有两扇很窄的门”可以出入（拉尔夫・温伍德：《历史记录》，第3卷，第469页）。1613年6月30日，托马斯・洛金牧师就此事从伦敦致信托马斯・帕克林男爵。他写道：“就在昨天，理查德・勃贝奇所属剧团在环球剧院表演《亨利八世》时，着火了。”（《詹姆斯一世时期的王宫与岁月》，1848年，第1卷，第253页）当时有首关于《伦敦环球剧院遗憾失火》的十四行诗，是哈兹尔伍德“从一卷旧的诗歌手稿”中找到的，载于1816年《绅士杂志》首次出版。詹姆斯・奥查德・哈利威尔-菲利普斯（《莎士比亚生平概览》，1887年，第1卷，第310页到第311页）也出版了这首诗，底稿是存放于约克郡埃什顿展厅内马修・威尔逊藏书室的一份真迹手稿。——原注

《亨利八世》剧中人物：沃尔西红衣主教

充分的证据可以证明几乎全部出自约翰·弗莱彻之手，菲利普·马辛杰偶尔也参与其中。进行作者考辨时，沃尔西向克伦威尔告别的熟悉场景（第3幕，第2场，第204行到第460行）是唯一一处令人尴尬的。各方面都显示出是约翰·弗莱彻而非莎士比亚的风格。然而，约翰·弗莱彻的风格又展现出他其他作品中难以企及的庄严和高贵。如果他有且仅有一次显示了这种能力，这是令人难以置信的。我们宁愿相信，这段高贵的告别词是莎士比亚的杰作。为了证明自己的多才多艺，他以高贵的笔调效仿自己的同事和实际接班人约翰·弗莱彻的惯常风格。詹姆斯·斯佩丁则认为，为了能让剧团赶上伊丽莎白公主和巴拉丁选帝侯腓特烈五世1612年或1613年2月14日的婚礼庆典，约翰·弗莱彻匆忙完成了莎士比亚的未竟书稿。这种观点有些想当然了。根据现存记录单，1613年5月，有十九部戏剧在王宫上演庆祝这场王室婚姻，但《亨利八世》榜上无名①。至于认为此剧仅由菲利普·马辛杰和约翰·弗莱彻合作（把莎士比亚彻底排除在外）的观点，也纯属臆测，不值一提②。

① 《罗林森手稿》，A239，牛津大学图书馆；詹姆斯·斯佩丁载于1850年《绅士杂志》的文章，1874年由《新莎士比亚学会会刊》转载。——原注

② 罗伯特·波义耳先生载于1884年《新莎士比亚学会会刊》上的文章。——原注

第 16 章

生命之终

精 彩
看 点

1613 年在王宫上演的戏剧——演员朋友——斯特拉福的晚年生活（1611）——家事——购买黑衣修士房产（1613）——试图将斯特拉福公共用地圈为己有（1614）——莎士比亚去世（1616）——安葬（1616）——遗嘱——妻子名下的遗产——女继承人——给朋友们的遗赠——斯特拉福教堂的碑墓——莎士比亚的性格

莎士比亚一生的最后几年（1611—1616）主要在斯特拉福度过。1611 年，他有可能就已经处置了在环球剧院和黑衣修士剧院的股份。逝世那天，他在两家剧院已经没有股份了。不过，1614 年以前，他还是经常回伦敦，因为只有在伦敦他才能找到志同道合的朋友。他的戏剧依然是王宫演出的首选。1613 年 5 月伊丽莎白公主婚礼庆典期间，约翰·赫明在白厅至少表演了七部莎士比亚的戏剧，包括《无事生非》《暴风雨》《冬天的故事》《约翰·福斯塔夫爵士》（即《温莎的风流娘儿们》）《奥赛罗》《尤利乌斯·恺撒》和《豪斯伯》（应该就是《亨利五世》）[①]。1605 年，莎士比亚的一位主要演员朋友奥古斯丁·菲利普斯去世，他在遗嘱中提出“留给我的朋友威廉·莎士比亚一块价值三十先令的金子”。直至生命尽头，莎士比亚与理查德·勃贝奇、约翰·赫明、亨利·康德尔一直都保持着密切的关系。据一首挽歌称，理查德·勃贝奇以主演莎士比亚的悲剧而名声远扬。哈姆雷特、奥赛罗、李尔王等角色的扮演让他一时声名鹊起。他和莎士比亚在一些娱乐活动上的合作也是众所周知的。他们常常一起外出寻欢作乐。唯一一件确定记录于莎士比亚生前的逸事就是关于他和理查德·勃贝奇的。当年，理查德·勃贝奇扮演理查三世时，与观众中的一位女子约好，等演出结束后就去拜访她。莎士比亚偷听了二人的谈话，捷足先登。理查德·勃贝奇姗姗来迟，莎士比亚戏谑道：“征服者威廉本来就排

① 詹姆斯·奥查德·哈利威尔-菲利普斯：《莎士比亚生平概览》，1887年，第2卷，第87页。——原注

伊丽莎白公主

在理查三世之前。”[①]之后还有一个故事，同样是令人难以置信的小道消息，称莎士比亚是威廉·戴夫南特爵士的父亲。1605 年 3 月 3 日，威廉·戴夫南特爵士在剑桥接受洗礼。其父约翰·戴夫南特是克朗客栈的店主。莎士比亚往返斯特拉福时，中途经常在这家客栈留宿。剑桥一直谣传莎士比亚与威廉·戴夫南特爵士是父子关系，声名显赫的威廉·戴夫南特爵士有时竟然以此为荣。众所周知，莎士比亚是约翰·戴夫南特家很受欢迎的客人。主人的另外一个孩子罗伯特·戴夫南特就常常炫耀莎士比亚对自己非常关心，就像对待亲生儿子

① 约翰·曼宁厄姆：《日记》，卡姆登学会，1601年3月13日，第39页。——原注

一样[①]。我们不妨接受一个伤害性较小的说法更加稳妥，宁愿相信莎士比亚是威廉·戴夫南特爵士的教父而非亲生父亲。但丑闻一直流传，至少说明了在同时代人眼里，莎士比亚生活作风极不检点。本·琼生和迈克尔·德雷顿——后者是沃里克郡人——似乎是莎士比亚晚年最亲密的文学界朋友。

尼古拉·罗尔指出，在斯特拉福，“莎士比亚放下工作，与朋友叙叙旧、聊聊天，安享晚年，过着一切理智人士理想中的生活”。作为镇上的居民，莎士比亚履行了所有应尽的社会义务和公民义务。1608年10月16日，他任布商、市议员亨利·沃克之子威廉·沃克的教父。1611年9月11日，莎士比亚已入住新居，正值“执行议会改造公路法案”筹集资金之际。当时的一份捐赠者名单上就有莎士比亚的名字。

与此同时，莎士比亚开始关注自己的家事。莎士比亚有两个孩子——都是女儿——活了下来。1607年6月5日，长女苏珊娜嫁给了一位有清教徒倾向的新医生约翰·霍尔（1575—1635），成为苏珊娜·霍尔夫人。1608年2月，莎士比亚唯一的外孙女伊丽莎白·霍尔出世。1608年9月9日、1613年2月4日，莎士比亚的母亲和三弟理查德先后葬于教区教堂。1613年7月15日，苏珊娜·霍尔夫人在父亲莎士比亚的帮助下，在伍斯特教会法庭起诉一个叫莱恩的人诽谤。之前，被告莱恩应该是控告了苏珊娜·霍尔夫人，说她与一位叫拉尔夫·史密斯的男子有不正当关系。莱恩此次未出庭，被逐出教会。

1613年，莎士比亚在伦敦短暂待了几天，投资一小笔钱，买下一处新房产，完成了自己最后一笔房产投资。莎士比亚购置了一幢带院子的屋子，底层是一家杂货店。屋子距黑衣修士剧院不到六百英尺，位于“水坑山”或“水坑码头山”的圣安德鲁山西面，即如今所说的爱尔兰德院子附近。屋子前任主人亨利·沃克是位音乐家，他在1604年花一百英镑买下屋子。1613年，莎士比亚同意支付一百四十英镑。转让契约上的日期是1613年3月10日[②]。1613年3月11日，

---

① 约翰·奥布里：《名人传》，安德鲁·克拉克编，1898年；詹姆斯·奥查德·哈利威尔-菲利普斯：《莎士比亚生平概览》，1887年，第2卷，第43页；介绍威廉·戴夫南特爵士的文章，载于《英国人物传记辞典》。——原注

② 詹姆斯·奥查德·哈利威尔-菲利普斯的文集中收录了购买方的契约。1897年1月，美国罗德岛

莎士比亚另拟了一份契约，规定购房款中的六十英镑以抵押形式付款，到米迦勒节结清。这笔钱在莎士比亚去世那天仍未偿还。购买契约和抵押契据上都有莎士比亚的签名。罗伯特·安德鲁斯的“仆人”或助手亨利·劳伦斯也是当时在场的见证人之一。契约由公证人罗伯特·安德鲁斯起草。在每份契约上，莎士比亚签名处顶端都横放着一张羊皮纸标签，标签上压印着亨利·劳伦斯的姓名缩写印章“H.L.”。三份文件——两份购买契约，一份抵押契据——都称莎士比亚为“沃里克郡埃文河畔斯特拉福的绅士”。莎士比亚购买此房产并非供自己居住，因为他很快就把房屋租给了附近的一个居民约翰·罗宾逊。

莎士比亚并不赞同清教徒的信仰和清教教义[①]，几乎没有注意到清教主义一直悄无声息地在乡亲们中稳步发展。尽管如此，1614 年春，一个有清教徒倾向的牧师布道之后，在莎士比亚的新居受到招待。虽然这件事可以说明莎士比亚待人温厚，但他的女婿约翰·霍尔公开声称自己赞同清教教义，应该是负责这次招待的主事人[②]。1614 年 7 月，斯特拉福一位有钱人约翰·库姆去世，留给莎士比亚五英镑。但有传言说，莎士比亚写了一些憎恨约翰·库姆的打油诗，指责他放高利贷，利息达百分之十或百分之十二。尽管约翰·奥布里引用

州普罗维登斯的马斯登·J.佩里先生买下了这份契约。房屋出让方那份契约现存于市政厅图书馆。——原注

① 莎士比亚中期和晚期的戏剧中涉及清教徒的内容无一例外都非常粗鲁无礼，必定是个人情感的反映。《第十二夜》中，玛丽亚和安德鲁·艾古契克爵士谈到了马伏里奥的性格，请看以下对话（第2幕，第3场，第153行起）：

玛丽亚：当然，阁下，他有时有点像清教徒。

安德鲁爵士：哦！如果我早想到了，我就会像打狗一样揍他一顿。

托比爵士：什么，只因为他是清教徒？你的理由也太妙了吧，亲爱的骑士大人。

安德鲁爵士：我的理由还算不上妙，但我的理由很充分。

《冬天的故事》（第4幕，第3场，第46行）中，小丑谈到剪羊毛工时，非常不屑，接着又说“他们中只有一个清教徒，他随着角笛舞曲唱赞美诗”。参见本书第254页，注释②关于《辛白林》中“上帝的挑选”“上帝的恩典”的内容。——原注

② 埃文河畔斯特拉福镇当局的议员几乎忽略了莎士比亚的新居，1612年2月7日出示了古怪的证据以表明他们怀疑戏剧内容与清教教义有关。当时，他们通过了一项决议，宣布戏剧不合法，称“容忍戏剧违反了此前颁布的法令，没有以其他管理良好的城市和地区为榜样”，因此镇当局议会“同意”“（对以前的演员）处以十先令的罚款，对今后的演员处以十英镑的罚款”。十年后，镇议会收买国王剧团的演员们，让他们离开斯特拉福，不要再当演员。——原注

了这一传闻，尼古拉·罗尔也表示认可，但其真实性仍有待商榷[①]。

约翰·库姆去世后，莎士比亚热衷于市民事务。继承人威廉·库姆很快就继承了父亲的庄园，并且和一位邻居一起试图将韦尔卡姆房产周围的土地圈为己有。这本是斯特拉福镇当局的公共土地。这位邻居是埃尔斯米尔大法官（按职权他才是房产的主人）的管家阿瑟·曼纳林。斯特拉福镇自治当局决定坚决抵制这种圈地计划。此事牵涉到莎士比亚两处土地，其中一处是韦尔卡姆和旧斯特拉福的一百零六英亩不动产土地。另外，莎士比亚与别人——当时镇上的职员托马斯·格林——共同拥有旧斯特拉福、韦尔卡姆、毕晓普顿等地缴纳什一税的土地。莎士比亚的不动产权可能没有受到什么不利影响，但什一税的份额因圈地计划而受到损失。于是，1614 年 10 月，莎士比亚与共同所有人托马斯·格林一起，从威廉·库姆的代理人瑞普林汉那里获得一份契约，以保护二人免受圈地行为可能带来的任何侵犯与损失。既然如此，莎士比亚就免不了要影响威廉·库姆家的利益。1614 年 11 月，莎士比亚最后一次去伦敦。托马斯·格林前往拜访，与莎士比亚一起商量事态发展。作为镇上的工作人员，托马斯·格林肯定要支持镇当局的决定而不能只顾一己私利。1614 年 12 月 23 日，镇当局正式召开会议起草信函送达莎士比亚，恳请能得到他的帮助。托马斯·格林本人也给莎士比亚写了“一张关于圈地运动可能会（给镇里）带来一些困难的便条”。然而，托马斯·格林流传下来的日记没有几页，而且语言都是不合语

---

① 约翰·奥布里（《名人传》，安德鲁·克拉克编，1898年，第2卷，第226页）引用的诗句如下：

魔王允许百分之十的利息，
但库姆发誓要百分之十二；
如果有人问，谁躺在这坟墓里？
哦，嗬！魔王会回答：“这是我的约翰·库姆。”

尼古拉·罗尔的诗句开头有些不同，如下所示：

请牢记躺在这儿的人要了百分之十的利息。
十分之一的比例，他的灵魂无药可救，邪恶至极。

类似的诗句在莎士比亚生前随处可见，但不是出自莎士比亚之手。尼古拉·罗尔的前两行诗载于亨利·帕罗特1608年的讽刺短诗中，后来又出现在1614年威廉·卡姆登的《遗稿》中。上述约翰·奥布里的几行诗句全部出现在1618年理查德·布拉思韦特的《遗作》中，同时附上了标题“关于埃文河畔斯特拉福一个叫约翰·库姆的著名的放高利贷者。此诗贴在他生前建的墓碑上”。——原注

法的，其中有一篇上面的日期还是后来的（1615 年 9 月），意思模棱两可。有人毫无道理地曲解了这篇日记，认为莎士比亚对威廉・库姆的行为表达了厌恶之情[①]。尽管如此，从莎士比亚与威廉・库姆代理人的协议来看，莎士比亚显然依旧支持威廉・库姆的行为。令人高兴的是，威廉・库姆的如意算盘没有得逞，公共土地未被圈为私有。

1616 年初，莎士比亚身体每况愈下。他指定沃里克的一位律师弗朗西斯・科林斯起草遗嘱。不过，1616 年 1 月 25 日遗嘱尽管已备好只待签名，但还是暂时搁置在一旁。1616 年 2 月 10 日，莎士比亚的小女儿朱迪思在斯特拉福所在教区教堂与小她四岁的托马斯・奎尼完婚。新郎是莎士比亚一位老友的儿子。显然，婚礼举行之前，他们没有向公众发布结婚预告，也没有拿到结婚许可证。由于未按正规程序进行，新郎和新娘受到伍斯特教会法庭的传讯，并被处以罚款。根据教区牧师约翰・沃德的证词，1616 年春，莎士比亚在新居招待了迈克尔・德雷顿和本・琼生两位朋友。三人“还聚一堂”，但“似乎饮酒过量，因为莎士比亚染上热病撒手人寰”。当地流行着一个传说，直到 1762 年才有文字记录[②]，称莎士比亚早年有段时期一直在邻村毕德福酗酒[③]，但并未提及也未证实酒鬼莎士比亚的成就。莎士比亚的死因依旧不明。但 1616 年 3 月他病情似乎急剧恶化，于是修改并签署了 1616 年 1 月起草的那份遗嘱。1616 年 4 月 23 日，星期二，莎士比亚逝世，享年五十二岁[④]。

1616 年 4 月 25 日（老历法），星期二，莎士比亚葬在斯特拉福教堂内，

---

① 这条蹩脚的记录如下：“9月，莎士比亚先生告诉格林，我不会忍受韦尔卡姆的圈地行为。”这个叫格林的人与日记作者托马斯・格林不是同一人。因此，这条记录实际上是说莎士比亚告诉一个叫格林的人，本日记的作者托马斯・格林不会忍受圈地行为。那些认为莎士比亚是民权捍卫者的人就必须将“我不会”中的“我”理解成“他”。如此一来，莎士比亚就是在告诉格林他自己厌恶圈地行为。但古文字学家们只辨认出“我”的意思。参见托马斯・格林日记的复制品《莎士比亚与韦尔卡姆公共土地的圈地行为》，现存放于斯特拉福莎士比亚出生地，内附斯科特先生保存的副本，1885年由克莱门特・曼斯菲尔德・英格尔比博士编辑出版。——原注

② 《不列颠杂志》，1762年6月。——原注

③ 埃德蒙・马龙：《莎士比亚》，1821年，第2卷，第500页到第502页；威廉・亨利・爱尔兰德：《忏悔录》，1805年，第34页；查尔斯・弗雷德里克・格林：《酸苹果树传说》，1857年。——原注

④ 此日期是按老历法，按新历法应该是5月3日；塞万提斯常常被说成与莎士比亚同一天去世，但事实上早十天——老历法是4月13日，新历法是1616年4月23日。——原注

靠近圣坛北面的墙。莎士比亚拥有部分什一税土地，并且后来成为世俗教区牧师之一，所以有权安葬在此。莎士比亚墓旁边就是纳骨堂，专门存放从教堂墓地挖出来的尸骨。莎士比亚的墓碑上刻着几行诗：

善良的朋友，看在耶稣的份上，请忍住
不要挖开这封闭的尘土；
容我墓碑之人，必得福报，
动我尸骨之人，唯遭恶报。

1694 年，威廉·霍尔到过斯特拉福[①]。据他描述，莎士比亚生前自己写下这些诗，考虑到了“工作人员和教堂司事的权限，因为这是大多数人最易忽略之处”。威廉·霍尔指出，如果此处的诅咒没有起到威慑的效果，那么教堂司事终有一天会毫不犹豫地将莎士比亚的骸骨移至“纳骨堂”。坟墓十七英尺深，从未掘开过，即使莎士比亚的妻子玛丽下葬时也未曾动过，尽管玛丽希望与丈夫合葬。

莎士比亚的第一份遗嘱起草于 1616 年 1 月 25 日前，之后添加了很多文字，也有多处涂擦，于 1616 年 3 月正式签署。沃里克律师弗朗西斯·科林斯和斯特拉福“绅士”托马斯·拉塞尔在场监督；1616 年 6 月 22 日，莎士比亚的女婿、苏珊娜·霍尔夫人的共同执行人约翰·霍尔在伦敦验证遗嘱。遗嘱开头的宗教措辞是传统的格式，并不代表莎士比亚个人的宗教观点，我们无法也无权在此讨论这些宗教观点的含义。尽管莎士比亚戏剧中涉及许多污蔑清教徒及其教义的内容，但约翰·戴维斯爵士宣称“天主教徒莎士比亚去世”，这是毫不负责的言论，我们仍然可以视之为闲言碎语，不去理会。

遗嘱初稿中没有出现莎士比亚妻子的名字，但后来终稿添加的内容中，提及妻子获得莎士比亚次好的床和床上用品，仅此而已。虽然流传下来的莎士比亚同代人的遗嘱中有好几份都把床架或其他家具作为妻子名下的部分遗产，但

① 1884年，威廉·霍尔原稿的四开本小册子在伦敦出版，现存于牛津大学图书馆。——原注

古往今来只有莎士比亚仅留了一张床给妻子。同时，莎士比亚非常清晰地解释了自己每一项公开财产的去处，并一一分配给了其他继承人。然而，有人猜想，莎士比亚之前另有一份遗赠契约或遗孀财产契约，已经单独留出部分财产给妻子，这种臆断显然不攻自灭。莎士比亚妻子的寡妇遗产权——即第三份终身不动产产权——并不受遗嘱限制，但莎士比亚已经在自己的法定遗产安排中——绝对最大限度地——采取了措施杜绝妻子享受遗产权。莎士比亚的妻子没有继承到他最近购买的黑衣修士剧院房产的不动产权①。这种做法足以证明莎士比亚有意不让妻子在他死后享受自己留下的财产。也有观点认为莎士比亚与妻子的关系自始至终都不和谐，这一说法看似有些道理，然而，莎士比亚在遗嘱中没怎么提及妻子或剥夺妻子的遗孀产，并非他本人有意要向公众表明他对妻子的冷淡或嫌弃。后来，当地传说莎士比亚妻子想死后与丈夫合葬。她的碑文表明她是发自内心地疼爱自己的女儿。有可能是莎士比亚认为妻子不谙世事，年老体衰，不适合掌管家产，为谨慎起见，便把妻子托付给大女儿。据说，大女儿遗传了父亲的一些精明，并且有能干的丈夫帮忙。

根据遗嘱，莎士比亚的大女儿苏珊娜·霍尔夫人成为新居的女主人，实际上也是莎士比亚所有房产的女主人。她继承了（剩余财产按照严格的继承权顺序也应该由她继承）斯特拉福及其附近的新居、所有田地、谷仓及花园（不包括教堂巷的一套出租屋），并且继承了伦敦黑衣修士剧院的房产。同时，她和丈夫是指定的遗嘱执行人和处理剩余遗产的遗产受赠人，全权处理几乎所有莎士比亚的家具和个人财产。莎士比亚的金银餐具遗赠给了外孙女，即霍尔夫妇

① 王室法律顾问查尔斯·埃尔顿先生非常友好，就此事提供给我一个法律观点。在1897年12月9日给我的信中，他写道："我和朋友赫伯特·麦凯先生请教了一些权威人士，认为莎士比亚明显剥夺了妻子的寡妇遗产权。"赫伯特·麦凯先生的观点陈述如下："1613年莎士比亚的黑衣修士剧院房产转让书上显示，房产是转让给莎士比亚、约翰逊、杰克逊和亨明四位共同居住者。因此，莎士比亚妻子无权获得这份遗产，除非莎士比亚比其他三位买主活得久。"这种事情可能性极小，也没有发生。莎士比亚便无法制订"受托人减少的另一份契约"。因此，莎士比亚妻子实际上是永久性地丧失了寡妇遗产权。詹姆斯·奥查德·哈利威尔-菲利普先生认为莎士比亚妻子可能以这样或那样的方式获得了丈夫所有的该得的遗产，这一观点也不能成立。参见《戴维逊论房产转让》：利特尔顿，第45章；《库克论利特尔顿》，哈格雷夫编，第379页，注释①。——原注

唯一的孩子伊丽莎白·霍尔，但其中一个银质镀金敞口碗留给了小女儿朱迪思。另外，莎士比亚还留了教堂巷的出租屋（没有分给大女儿的遗产）和一百五十英镑现金给小女儿，其中一百英镑用于操办婚事，一年内支付。除此之外，如果立遗嘱三年之后，朱迪思仍然在世，又可以得到父亲留给她的另外一百五十英镑[①]。莎士比亚的妹夫威廉·哈特只比他早六天去世。莎士比亚留给妹妹琼·哈特的遗产中，除了她未来可能继承到的朱迪思名下的金钱遗赠的利息外，还包括他的衣服、二十英镑现金和亨里街房产的终生股份。同时，莎士比亚还给琼·哈特的三个儿子威廉、托马斯和迈克尔每人留下了五英镑现金。

莎士比亚留了十英镑给斯特拉福的穷人们，把自己的剑给了托马斯·库姆先生（很明显是圈地纠纷中威廉·库姆的兄弟）。至于斯特拉福的朋友哈姆莱特·萨德勒、威廉·瑞诺尔兹、安东尼·纳什和约翰·纳什及“伙伴们”（即伦敦剧院的同事）约翰·赫明、理查德·勃贝奇和亨利·康德尔，莎士比亚则留给每人二十六先令八便士买纪念戒指。教子威廉·沃克则获得莎士比亚的黄金遗赠，价值“二十”先令。1623年以前[②]，荷兰籍伦敦雕塑家杰拉德·约翰逊为纪念莎士比亚精心设计了一座纪念碑，立于教区教堂的圣坛内[③]。纪念碑上有一尊莎士比亚的半身雕塑，是莎士比亚写作时的模样。他右手呈握笔状，左手下面放着一页四开纸。碑文明显是出自一位英格兰朋友之手，具体文字如下：

如皮罗斯王般明辨是非，如苏格拉底般天资聪慧，如维吉尔般文采飞扬。

尘土掩埋着他，世人悼念着他，奥林匹斯山上有他一席之地。

路人们，请留步，为何如此匆匆而过？

---

① 《温莎的风流娘儿们》中第3幕第3场第49行指出，一百五十英镑是一笔数目可观的亡夫遗产。——原注

② 1623年第一对开本的前言赞词中，伦纳德·迪格斯称莎士比亚的著作会流芳百世，即使“岁月摧毁了你斯特拉福的纪念碑”。——原注

③ 参尔伯特·达格代尔：《日记》，1827年，第99页；《英国人物传记辞典》中的伯纳德·詹森条目。——原注

雕塑家杰拉德·约翰逊为莎士比亚雕刻塑像

你若识字，不妨看看忌妒死神犯下的错
把谁扔在这纪念碑中：莎士比亚大才子！
因为他，自然界才有了活力；他的大名装点着碑石
使它价值倍增，因为相比他所有的诗文
现存的艺术，在他的才智跟前，都只能俯首称臣。

卒年1616年　享年53岁　卒日4月23日

莎士比亚职业生涯伊始，亨利·切特尔称他“彬彬有礼”，“为人处世正直，可见非常诚实”。1601年——莎士比亚事业即将步入巅峰期时——他在戏剧《诗坛归来》中获得了“甜蜜的莎士比亚老爷”的美称。自此，“甜蜜”一词与他的名字形影不离。1604年，安东尼·斯可洛克在诗歌《戴芬塔司》中称他为“友好的”莎士比亚。莎士比亚事业晚期，本·琼生这样形容他：“我爱这个人并且很佩服他的记忆。在这一点上及其他许多方面，他都是我的偶像。事实上，他诚实厚道、性格开放、毫不做作[①]。”此外，没有发现其他同代人写过对莎士比亚个人性格的明确看法。《十四行诗》是唯一能发现莎士比亚性格特点的文学形式。为了巩固与优秀的保护人的关系，莎士比亚心甘情愿地遵循风靡一时的所有文学惯例。莎士比亚的文学创作手法、目的与同代文人们一致，但文学作品的质量鹤立鸡群，不是因为他个人更有意识地去努力付出，而是因为他天资聪慧、想象丰富。莎士比亚似乎没有意识到自己超群的能力。他在遗嘱中没有忘记自己的演员同事们，去世后同事们积极热情地着手整理他的著作（他们在第一对开本中已声明）。这充分表明莎士比亚的确是名副其实的谦谦君子，是大家惺惺相惜的朋友。后来，约翰·奥布里根据坊间口碑，称莎士比亚是“相当不错的伙伴，做事有计划，待人友善，才思敏捷”。从莎士比亚去世后不久其他人的诸多追忆来看，莎士比亚给人们留下了和蔼亲切、喜爱交际的印象，即使讽刺挖苦时，也依旧心平气和、不失幽默。但莎士比亚并没有真正沉迷于波希米亚式的理想和生活方式。从流传下来的“丰富的”作品便可以看到莎士比亚笔耕不辍的勤奋[②]。毫无疑问，莎士比亚不仅有着杰出的文学才华和社交能力，而且有着精明能干的经商头脑。亚历山大·蒲伯就十分肯定地断言，莎士比亚

为了收入而不是荣誉背井离乡四处泊漂，
在自我厌恶的生活中成为不朽文豪。

对莎士比亚自己而言，他在文学领域功成名就，主要价值在于最后为自己和女儿创造了安稳的生活。诗人最高的抱负莫过于能在乡亲们心中恢复因父亲

① 《偶得》，载于《作品集》，1641年。——原注

② 1612年，剧作家约翰·韦伯斯特在其《白色魔鬼》前言，致辞献给“相当快乐、多产、勤奋的莎士比亚先生、德克先生和海伍德先生”。“莎士比亚先生”有可能就是指我们的诗人莎士比亚。——原注

的不幸而受损的家族名声。此等家族理想在诗人中可谓罕见。在众多天才文豪中，只有乔叟和沃尔特·司各特同样明确树立了个人目标，处理日常事务时头脑清醒，与莎士比亚可以一比高低。

第 17 章

生者与后裔

精彩看点

朱迪思·奎尼夫人（1585—1662）——苏珊娜·霍尔夫人（1583—1649）——最后一位子孙——莎士比亚的兄弟

1623年8月6日，莎士比亚的遗孀去世，享年六十七岁，两天后葬在高坛内丈夫附近。她坟墓上方的碑石上固定着一块黄铜板，板上刻着满怀深情的拉丁文挽歌，应该是女婿约翰·霍尔所写[①]。莎士比亚的小女儿朱迪思与丈夫托马斯·奎尼住在凯奇隆。1616年到1652年，托马斯·奎尼一直租用着大桥街这所房子，经营葡萄酒生意，参与市政事务，从1617年开始任议员，1621年到1622年或1622年到1623年任财务总管；但1630年之后，托马斯·奎尼的公务渐入窘境，1652年年底离开了斯特拉福前往伦敦，几个月后似乎在伦敦去世。托马斯·奎尼与妻子朱迪思生有三个儿子：长子莎士比亚（1616年11月23日受洗）不幸夭折，1617年5月8日葬于斯特拉福教堂墓地；次子理查德（1617年或1618年2月9日受洗），1638年或1638年1月28日下葬；第三子托马斯（1619年或1620年1月23日受洗礼），1638年或1639年2月26日下葬。朱迪思比自己的丈夫、儿子、姐姐都活得久，1661年或1662年2月9日在斯特拉福去世，享年七十七岁。

① 具体碑文如下：威廉·莎士比亚先生的妻子安妮，卒于1623年8月6日，享年六十七岁。

哦，母亲，您将胸脯、乳汁与生命无私地赠予我，
我悲痛欲绝：面对这堆石块，我无以报答您的恩情。
唯有不停地祈祷，愿善良的天使能移动碑石
让您的尊容，如耶稣之身，能现形！
但我的祈祷有何用？快快显灵吧，圣明的耶稣，
纵使坟墓紧闭，也让我母死而复生，去追随天堂的星辰。——原注

亨利埃塔·玛丽亚

莎士比亚的大女儿苏珊娜·霍尔夫人在新居一直住到去世。1633年以前，朱迪思将教堂巷的出租房转让给了姐姐苏珊娜·霍尔，但苏珊娜·霍尔很快就把出租房连同斯特拉福什一税的股份一起转手卖给了别人。1635年11月25日，苏珊娜·霍尔的丈夫约翰·霍尔逝世。1642年，驻斯特拉福王党军队的随侍外科医生詹姆斯·库克拜访了苏珊娜·霍尔夫人，查看了她保存的手稿文件。这些手稿显然是丈夫约翰·霍尔的创作，而不是其父莎士比亚的文稿[①]。1643年6月11日至13日，王后亨利埃塔·玛丽亚从纽瓦克到牛津的旅途中，

① 约翰·霍尔：《观察录选集》，詹姆斯·库克编，1657年。——原注

在苏珊娜·霍尔夫人的新居留宿三天，其间鲁珀特亲王前来参拜。1649 年 7 月 11 日，苏珊娜·霍尔夫人与丈夫合葬于斯特拉福教堂墓地，墓碑上刻着一篇韵体碑文，称霍尔夫人“巾帼不让须眉”。整篇碑文如下：

约翰·霍尔绅士之妻、威廉·莎士比亚绅士之女苏珊娜，殁于 1649 年 7 月 11 日，享年六十六岁。

巾帼不让须眉之善良霍尔妻，

更兼颖悟绝伦，获得超度，

鲁珀特亲王

或有承袭莎士比亚之天赋
然此时亡女全蒙先父之佑护。
过往看客怎抑泪眼凝噎
与亡灵同泣、与万物齐哀？
冥冥抚慰，款款亲切
众人悲泣渐缓，心绪开。
其爱绵绵无绝期，其悯宽宏无边际，
纵使诸君匆匆而过无以泣。

苏珊娜·霍尔夫人唯一的孩子伊丽莎白·霍尔是莎士比亚最后一位去世的后裔。1626年4月，伊丽莎白第一次结婚，丈夫托马斯·纳什（生于1593）是斯特拉福人，毕业于林肯律师学院，家境殷实，1647年4月4日在新居去世，次日葬于斯特拉福教堂，膝下无儿女。1649年6月5日，在距斯特拉福四英里的比尔斯雷，伊丽莎白再婚，丈夫是南安普顿郡阿宾顿的约翰·伯纳德，是位鳏夫，1661年受查理二世恩赐获封爵士。其间，伊丽莎白似乎离开了新居，搬至丈夫位于阿宾顿的住所，终老无子嗣，1669年或1670年2月17日葬于阿宾顿。丈夫约翰·伯纳德比她多活四年，去世后与妻子合葬[①]。1649年其母去世时，按莎士比亚的遗嘱，伊丽莎白·伯纳德夫人继承了斯特拉福附近的田地、新居、黑衣修士剧院的房产及1646年莎士比亚的妹妹琼·哈特去世时留下的亨里街的房产。此外，父亲约翰·霍尔1635年去世时还给她留下了阿克顿一处带草场的房产。1667年以前，伊丽莎白·伯纳德夫人变卖了黑衣修士剧院的房产与斯特拉福的田地，1669年或1670年1月立遗嘱。同年3月，她的遗嘱公开，遗赠了少量财产给外祖母家托马斯·海瑟薇的女儿们，即莎士比亚妻子的娘家人。亨里街的房产则由表亲、莎士比亚妹妹琼·哈特的孙子托马斯·哈特继承。1806年以前，亨里街房产一直归托马斯·哈特的直系后裔所有（1800

① 贝克：《南安普顿郡》，第1卷，第10页；《新莎士比亚学会会刊》，1880年到1885年，第2卷。——原注

查理二世

年，哈特家族最后一位父系继承人约翰·哈特去世）。遗嘱中，伊丽莎白·伯纳德夫人还吩咐后人出售新居。1675 年 5 月 18 日，爱德华·沃克爵士买下新居，留给了女儿、约翰·克洛普顿爵士之妻芭芭拉。于是，新居便归入克洛普顿家族名下。1702 年，约翰·克洛普顿爵士重建了新居。1752 年，其子休·克洛普顿去世时，弗朗西斯·加斯特里尔牧师（1768 年去世）买下新居，并于 1759 年拆除[①]。

莎士比亚的三个兄弟中，似乎只有吉尔伯特·莎士比亚一人比他活得久。

① 詹姆斯·奥查德·哈利威尔-菲利普斯：《新居始末》，对开本，1864年。——原注

最小的弟弟埃德蒙·莎士比亚是“演员”，1607 年 12 月 31 日，随着“午前丧钟”的哀鸣，葬于萨瑟克圣救世主教堂，享年二十八岁。1613 年 2 月，排行老三的弟弟理查德·莎士比亚在斯特拉福去世，年仅二十九岁。“年少的吉尔伯特·莎士比亚”应该是诗人莎士比亚的大弟吉尔伯特·莎士比亚之子，1611 年或 1612 年 2 月 3 日葬于斯特拉福。这时，莎士比亚的弟弟已经四十六岁，罕能称为“年少”，具体卒年不详，但据老人们说，他是一位德高望重的老寿星。

第 18 章

莎士比亚的亲笔签名、肖像和纪念物

精彩看点

莎士比亚姓氏的拼写——亲笔签名——莎士比亚的肖像——斯特拉福半身像——“斯特拉福肖像”——马丁·德罗肖特的雕版印画——“德罗肖特版”画像——后来的画像——“钱多斯版”画像——“詹森版”画像——“费尔顿版”画像——“泽斯特版”画像——袖珍画像——加里克文学俱乐部的半身塑像——所谓的遗容面模——雕塑纪念碑及其他

莎士比亚姓氏的拼写已引起不少争论。据考察，该姓氏有多达四千种不同写法[①]。斯特拉福地方议会登记簿中，莎士比亚父亲的名字出现了六十六次，有十六种不同的拼法。最常见的一种是“Shaxpeare”。经认定，保存下来的签名中有五个确定无疑是莎士比亚的亲笔签名；分别是1612年或1613年3月10日黑衣修士剧院房产购买契约上的签名（1814年之后存于市政厅图书馆）、1612年或1613年3月10日黑衣修士剧院房产抵押契约上的签名（1858年之后存于大英博物馆）及1615年或1616年3月25日遗嘱上的三处签名（现存放于萨默塞特宫）。这些签名中一些拼写使用了受到认可的缩略形式。第一份文件中的签名是“William Shakspere”，但在文件其他内容中，“莎士比亚”都写成了“Shakespeare”。第二份文件的签名有人辨认成“Shakspere”，也有人认作“Shakspeare”。遗嘱上的第一个签名墨迹已褪色，几乎难以辨认，但根据1776年乔治·斯蒂文斯的复制品，可推断为“Shakspere”。遗嘱的其他两处签名也有些难认，有可能是“Shakspere”或“Shakspeare”；若仔细察看便可以发现，尽管第二个不能确定，但第三处应是“Shakspeare”。大英博物馆有一本约翰·弗洛里奥翻译的《蒙田随笔》，书中也有一处“Shakspere”的签名。有人认为是出自莎士比亚之手，但真实

① 乔治·怀斯：《威廉·莎士比亚的亲笔签名……及其姓氏的四千种拼法》，费城，1869年。——原注

性仍有争议[1]。1593年的《维纳斯与阿多尼斯》和1594年的《鲁克丽丝受辱记》都是在莎士比亚的监督下出版的，献词部分的署名用的是“Shakespeare”。莎士比亚生前出版的大多数作品中，无论是否在他本人监督之下，扉页上使用的都是上述拼写。另外，17世纪几乎所有提及莎士比亚的出版物、1596年的纹章授予书、1603年的演员许可证及与莎士比亚财产相关的所有文件文本，使用的都是这一拼写。莎士比亚与大多数同代人一样，都没有最终确认自己的名字拼写形式。最好的证明就是，莎士比亚遗嘱上的亲笔签名都用了不同的拼法。因此，要放弃法律和文学惯例都认可的“Shakespeare”这一拼写形式很难自圆其说[2]。

约翰·奥布里曾说过，莎士比亚是“一位身材好、相貌佳的男子”。但现存的莎士比亚肖像中，没有哪一幅可以百分百确定是在他生前所画，尽管最近发现了一幅与约翰·奥布里的描述非常接近的肖像。只有两幅肖像可以肯定是在莎士比亚去世后不久画的，一幅是斯特拉福教堂的半身像，另一幅是1623年对开本的卷头插画。两幅都只是逝者遗像而已，并没有讲究什么艺术性，并且相互差别较大；主要相似之处就是前额秃顶，双耳周围头发茂密。半身像是萨瑟克的荷兰裔石匠或碑石匠杰拉德·约翰逊的作品，1623年以前就立在教堂内，是一尊雕刻较粗糙的死者雕塑样本。从前额和双耳周围的痕迹可以看出，脸部是根据死者面模塑成，但工艺极其粗陋；脸庞和双眼都是圆圆的，显得神情凝重、呆滞。半身像最初是彩色的，1793年被埃德蒙·马龙刷白，1861年白涂料又被去掉，露出了原来的色彩。塑像人物双眼呈淡褐色，毛发和胡须均为赤褐色。以半身像为原型的复制品不计其数，既有用于镌印的，也有用于拍摄复印的。1709年尼古拉·罗尔最早用作镌版，效果很不理想；1725年亚历山大·蒲伯用作镌版；1744年格拉沃洛又用作托马斯·汉默的镌版。1816年，威廉·沃德用半身像制成了一幅非常精美的雕版印画。新莎士比亚学会出品了

---

① 《英国人物传记辞典》中介绍约翰·弗洛里奥的文章；弗雷德里克·马登：《论莎士比亚的一处亲笔签名》，1838年。——原注

② 詹姆斯·奥查德·哈利威尔-菲利普斯：《新旧知识之源》，1880年；埃德蒙·马龙：《探究》，1796年。——原注

莎士比亚雕版肖像

照相凸版印画和彩色照相凸版印画，堪称供学术研究的最佳半身像复制品。1867年，斯特拉福镇职员亨特向出生地博物馆赠送了一幅十分张扬的画像。这就是所谓的“斯特拉福”肖像，现放在该馆最显眼的地方，可能就是18世纪时参照半身塑像画成的，没什么历史意义与艺术内涵。

1623年对开本扉页上的雕版画像——差不多是半身像——由马丁·德罗肖特制作。本·琼生在背面写了几行文字，祝贺“雕刻师”终于如愿以偿地“登载”了莎士比亚的“面貌”。本·琼生之语并非夸赞马丁·德罗肖特的艺术眼光。画像工艺不精致，面部表情平淡单调，毫无生气。脸很长，前额很高；头顶秃了，但垂下来的头发很茂密，遮住了双耳。小胡子不多，下唇下面有一小撮毛发。衣领宽而挺，平翻下来，但没有露出脖子。外套紧扣，饰边精美，肩膀处尤其华丽。头部和脸部非常大，与身体很不相称。唯一的校样已由詹姆斯·奥查德·哈利威尔－菲利普斯收藏（现连同他出版的集子一起存放在美国），色调比普通副本更清晰，阴影部分用交叉的平行线画成，并且粗糙地打了些点，颜色也不是太黑。镌版工马丁·德罗肖特 1601 年出生于伦敦，佛兰德斯人，来自一个印刷工和镌版工世家。德罗肖特家族一直在伦敦定居。1616 年莎士比亚去世时，马丁·德罗肖特只有十五岁，所以很有可能不太了解这位伟大的剧作家。马丁·德罗肖特的版画应该是 1623 年对开本出版不久前做好的。马丁·德罗肖特当时刚满二十二周岁，尚处于职业生涯的早期，业务不够熟练，也没什么名气。威廉·马歇尔复制了德罗肖特版画，并插在 1640 年莎士比亚的《诗集》前面。威廉·费索恩也复制了一张，作为 1655 年《鲁克丽丝受辱记》的卷头插画。

毫无疑问，年轻人马丁·德罗肖特的版画应该是基于一幅画像制作而成的，这幅原始画像似乎最近才得以见天日。1892 年，埃文河畔斯特拉福的埃德加·弗劳尔先生发现克莱门茨先生有一幅所谓的莎士比亚画像。克莱门茨是一位有艺术品位的低调绅士，家住碧琴赖。这幅画像已褪色，有些虫蛀的痕迹，看样子年代应该可以追溯至 17 世纪早期。这是一幅油画，画板由两块老榆木板拼成，左上角写着“威尔（廉）·莎士比亚，1609 年”。1840 年左右，克莱门茨先生从一位不知名的生意人那里买来。除了自己当时记在一张纸上的内容，他对画像的来龙去脉一无所知。那张纸贴在克莱门茨先生存放画像的外盒上，上面写着：“莎士比亚肖像画原件，时下著名的德罗肖特版画的原型，即 1623 年莎士比亚全集中刊印的版画原型。当时诗人去世已有七年。本画像完成九（或七）年后莎士比亚去世，完成十六（或十四）年后才出版。……七十年前，本画像曾在伦敦公开展览，吸引了成千上万的参观者。”画像的所有细节和相应尺寸，尤其是头与身子的失调比例，都与德罗肖特版画一致。尽管画笔粗糙僵硬，但脸部的绘画比版画的技艺更精湛，面部表情很有艺术感，这是版画所不及的。爱德华·波因特爵士、西德尼·科尔文先生和莱昂内尔·卡斯特先生等鉴赏家

爱德华·波因特爵士

已近乎无条件地宣布此画像创作于版画之前，绝对是德罗肖特版画的原型。画像看上去明显有些17世纪早期佛兰德斯派[①]的痕迹，很有可能出自年轻雕版家马丁·德罗肖特的某位叔叔之手。德罗肖特叔侄二人同名。1608年1月25日，叔叔正式成为英格兰公民，被称为“布拉班特画家”。尽管画像的来路要靠鉴定来推断，而且缺少同时代的外部物证，但认定这是莎士比亚生前——四十五岁时——的画像，似乎言之有理。没有其他画像如此严肃地声称是创作于莎士

① 佛兰德斯派是15世纪早期至17世纪佛兰德斯斯地区（主要包括现在的比利时西部、法兰西北部以及荷兰沿海部分地区）美术流派的通称，代表人物有勃鲁盖尔、凡·戴克等，是欧洲美术发展史上影响力较大的一个艺术流派。——原注

托马斯·特顿

比亚生前，因此，这幅画像备受关注。1895年，画像持有人克莱门茨先生去世时，查尔斯·弗劳尔夫人买下画像，赠给了斯特拉福美术纪念馆。如今这幅画一直挂在馆内，没有经过任何修复。有些书的卷首插画就是该画像的凹版印刷复制品[①]。

还有一幅“伊莱庄园版”画像（现属斯特拉福出生地信托基金会财产）是和德罗肖特版画差不多的半身肖像，只是没有上述画像那么相似。“伊莱庄园版”画像原本属于伊莱主教托马斯·特顿，上面写有“三十九岁画像，1603年画”

① 国家肖像美术馆馆长莱昂内尔·卡斯特先生毫不怀疑该画像的真实性，并于1895年12月12日在古文物学会会议上饶有兴致地提及了此画像。他的论文刊登在学会《会议论文集》，第2辑，第16卷，第42页。莎士比亚图书纪念馆的专家索尔特·布拉辛顿先生在《纪念馆绘画图解目录》（1896年，第78页到第83页）中也详细描述了画像。——原注

的字样[①]。这幅画像艺术价值较高。无论是与德罗肖特版画还是版画原型相比，人物各部位的特点更引人注目，工艺更考究。由于细节上存在许多差别，很多人都怀疑画中人是否真的是莎士比亚。专家们认为画像绘于17世纪早期。

早在查理二世统治时期，克拉兰敦大法官就在自己圣詹姆斯住所的著名美术陈列室里添置了一幅莎士比亚的肖像。1689年，日记作者约翰·伊夫林在写给朋友塞缪尔·佩皮斯的信中提及了此事。但17世纪末，克拉兰敦大法官的收藏品散落四方，莎士比亚的肖像也下落不明[②]。

约翰·伊夫林

① 《哈珀杂志》，1897年5月。——原注
② 《约翰·伊夫林的日记和通信》，第3卷，第444页。——原注

现存的所谓莎士比亚画像不胜枚举，只有如今都保存在斯特拉福的“德罗肖特版”画像和“伊莱庄园版”画像才确实有些像对开本中的雕版印画或教堂的半身塑像[①]。尽管这两幅画像也有些不尽如人意之处，但毫无疑问都是为了如实突出莎士比亚某些部位的特征，而且肯定是辨别其他莎士比亚早期画像真伪的评判标准。

其他经认定的现存莎士比亚画像中，最著名、最有趣的要数国家肖像美术馆的“钱多斯版”画像。追本溯源得知，这是特意创作的莎士比亚画像，但许多部位明显不符合实际情况，应该是在莎士比亚逝世若干年后，基于一些想象性的描述绘成的。画中人胡须浓密，双耳佩戴耳环。据传，作者是莎士比亚的演员朋友理查德·勃贝奇，在绘画方面小有名气[②]。画像原本归莎士比亚时代的演员约瑟夫·泰勒所有。当然这仅是未经证实的传闻；但可以肯定的是，画像曾是威廉·戴夫南特的财产，后来先后转到演员托马斯·贝特顿和女演员巴里夫人手中。1693年，戈弗雷·内勒爵士复制了一幅送给约翰·德莱顿。1713年，巴里夫人逝世后，内殿法律学院律师罗伯特·凯克以四十基尼[③]的价格买下。最后，画像落入约翰·尼克尔斯手中。其女嫁给了第三代钱多斯公爵詹姆斯·布里奇斯。于是，画像一度成为第三代钱多斯公爵的财产，后来又由公爵的女儿传给自己的丈夫第一代白金汉公爵。1848年，他们的儿子第二代白金汉公爵在斯托将画像连同其他财产一起出售。同年，埃尔斯米尔伯爵买下画像并捐给了国家。在此许多年前，爱德华·卡佩尔送了一幅拉内拉赫·巴雷特制作的复制

① 许多画像都被错误地认作莎士比亚的画像，因而一五一十地记录这些假冒画像是做无用功。1856年国家肖像美术馆建成之后，有逾六十幅画像欲出售给肖像馆，没有一幅是真的。以下文字记录了这些引起大众关注的假冒画像的具体情况：三幅是苏奇洛所画。此人1580年离开了英格兰，不可能与莎士比亚有任何关系——一幅存于美国波士顿艺术馆，一幅原本归皇家艺术院会员理查德·科斯韦所有，后来转到伯明翰的兰福德先生手中（一个叫格林的人制作了网线铜雕版）；第三幅1862年由伯德特-库茨男爵夫人买下。另有一幅画像，先存放于彭斯赫斯特，后转到汉普顿宫，根本不是真的，有点像钱多斯版，谣传是莎士比亚的三十四岁时的画像（参见欧内斯特·劳：《汉普顿宫藏品目录》，第234页）。德比郡阿什伯恩的克莱门特·金斯敦手中有一幅题有“四十七岁，1611年”的画像。1846年斯托姆照此做成了网线铜雕。——原注

② 达利奇肖像馆中有一幅“演员理查德·勃贝奇先生画的秃顶女人头像”，确实可以作为体现他绘画水平的范本之一。——原注

③ 基尼是1663年英格兰发行的一种金币，1813年停止流通。一基尼折合二十一先令。

托马斯·贝特顿

版本给剑桥大学的三一学院；乔舒亚·雷诺兹爵士和欧季亚·汉弗莱也复制了画像（1783）。1719 年，乔治·弗图为亚历山大·蒲伯的《莎士比亚戏剧集》（1725）制作了“钱多斯版”画像的雕版画。之后，画像常常被制作成各种版画，最好的当属万德古奇的版本。1864 年，国家肖像艺术馆理事会公布了一幅根据乔治·沙夫的临摹图制作的精美平版画。1875 年，伯德特 - 库茨男爵夫人买了一幅类似的画像。令人有些难以相信的是，据说这幅画之前归 1609 年去世的拉姆利勋爵约翰所有；拉姆利勋爵约翰收藏了自己同时代的许多名人画像，存放在达拉谟拉姆利城堡中；勋爵夫人买下的仅是众多收藏品之一。这幅画像

理查德·厄勒姆

的早期归属还尚待确定，有可能是“钱多斯版”画像的早期复制品。1863年，文森特·布鲁克斯根据“拉姆利版”画像制作了一幅精美的彩色平版印画。

所谓的“詹森版”画像归萨默塞特公爵的女儿、格温德琳·拉姆斯登小姐所有，现存于她的布尔斯特罗德住所，1770年左右初次认定为疑似莎士比亚画像，当时主人还是查尔斯·詹南斯。莎士比亚生前，画像作者科尼利厄斯·詹森的家族还没有来到英格兰。画像十分精致，但与其他莎士比亚画像都不同。1811年，理查德·厄勒姆按此制作的网线铜版画像问世，非常精美。

“费尔顿版”画像中的人物脑袋偏小，前额高，秃顶有些厉害（1873年之后归伯德特-库茨男爵夫人所有）。1792年，什罗浦郡德雷顿的费尔顿从蓓尔美尔街莎士比亚博物馆馆长威尔逊手中买下画像；画像上写着“献给亲爱的莎士比亚，1597 年，R.B.[①]”。这些字应该是最近加上去的。1797 年，约西亚·博伊德尔照此画像替乔治·斯蒂文斯制作了一幅雕版印画。1803 年，詹姆斯·尼格尔为艾萨克·里德的《莎士比亚戏剧集》也制作了一幅。亨利·菲尤泽利认为“费尔顿版”画像系荷兰艺术家的作品，画家乔治·罗姆尼和托马斯·劳伦斯认为应是 16 世纪英格兰人的杰作。乔治·斯蒂文斯则认为此画像

乔治·罗姆尼

① 即理查德·勃贝奇。——原注

应是马丁·德罗肖特和威廉·马歇尔版画的原型，但事实上，二人的版画与“费尔顿版”画像毫无相似之处。

1725年，“泽斯特版”画像——现归格兰奇田庄的约翰·李斯特-凯所有——由科芬园的画家托马斯·赖特收藏。同年，约翰·西蒙制作了雕版画集。莎士比亚去世二十一年后，杰勒德·泽斯特才出生，所以画像应是仅凭想象中莎士比亚的模样绘成。克洛普顿庄园的阿瑟·霍奇森有一幅白垩画像，系约瑟夫·迈克尔·赖特所作，明显受了“泽斯特版”画像的启发，现借给斯特拉福纪念馆使用。

希利亚德画的一幅袖珍像很不错，曾归诗人威廉·萨默维尔所有，现在落入斯塔福德·诺斯科特男爵手中，由阿加做成雕版，刊印在1821年《莎士比

威廉·萨默维尔

林肯因河广场

亚集注本》第 2 卷和 1827 年亚伯拉罕·魏维尔的《莎士比亚画像探究》中。这幅画像并没有因为是莎士比亚的肖像而受到过多关注。拉姆斯登·普罗珀特曾经收藏了一幅袖珍画（“奥里奥尔”版画像），但是否真为莎士比亚的肖像画有待商榷。还有一幅袖珍画现保存于沃里克城堡。

1845 年，在林肯因河广场斯波德和科普兰陶瓷大商店，人们发现了一尊封在墙内的半身塑像，宣称是莎士比亚的塑像。陶瓷店建在公爵剧院旧址上；剧院于 1660 年由威廉·戴夫南特建成。这是一尊黑色赤陶塑像，似乎是意大利工艺，应该是公爵剧院的舞台装饰。塑像曾归威廉·克利夫特医生所有，后传给女婿、博物学家理查德·欧文（后来的理查德·欧文爵士），再后来被德文郡公爵买下。德文郡公爵制作了两尊石膏模型，并于 1851 年将模型赠送给了加里克文学俱乐部。其中一尊模型现存放于斯特拉福莎士比亚纪念馆。

凯瑟尔施塔特遗容面模是 1849 年达姆施塔特公爵府管理员路德维希·贝克尔博士在德意志美因茨一家服装店发现的。面部特征与 1847 年路德维希·贝克尔博士购得的一幅所谓莎士比亚画像（1637 年绘）相似。此前，这幅画像一直是美因茨凯瑟尔施塔特的弗朗西斯伯爵家族的财产。1843 年，弗朗西斯伯爵逝世。1849 年，路德维希·贝克尔博士将面模和画像都带到英格兰。理查德·欧文认同面模是莎士比亚逝世后的遗容面模，是斯特拉福教堂半身塑像的参照物。面模很长一段时间都存放在达姆施塔特公爵府内路德维希·贝克尔博士的私人套房内①，面部特征非常显著；但若认定是取自莎士比亚，证据尚不齐全②。

1741 年，一座公众募捐的纪念碑在威斯敏斯特大教堂诗人角落成。亚历山大·蒲伯和第三代伯灵顿伯爵理查德·博伊尔均在发起人之列。纪念碑由威廉·肯特设计，莎士比亚雕塑则由彼得·西梅克尔斯创作③。路易－弗朗索瓦·劳比利亚克雕刻了一尊献给大卫·加里克。1779 年，大卫·加里克雕像被赠给了大英博物馆。还有一尊雕像是献给艾伯特·格兰特男爵的，雕刻者随意修改了路易－弗朗索瓦·劳比利亚克和彼得·西梅克尔斯的作品。1879 年，这尊莎士比亚雕像由艾伯特·格兰特男爵作为礼物赠送给首都，并立在伦敦莱斯特广场。1882 年，中央公园也立起了一尊莎士比亚雕像（约翰·昆西·亚当斯·沃德先生创作）。另有一尊是保罗·弗尔涅雕刻的青铜像。1888 年，英格兰裔居民奈顿买下雕像并立在巴黎墨西拿大街与奥斯曼大道的交叉位置。此外，还有一尊雕塑是罗纳德·高尔勋爵的作品，位于莎士比亚纪念建筑群的花园内，1888 年落成揭幕，是目前最精湛、最宏伟的莎士比亚雕塑：莎士比亚位于高高的底座之上；底座的每一面都站立着莎士比亚戏剧中的四位主要人物——麦克白、哈姆雷特、王储哈尔和约翰·福斯塔夫爵士。

在斯特拉福，1846 年，莎士比亚的出生地划归公有并改成了纪念馆；

---

① 面模现在归发现者的儿媳奥伯斯特·贝克尔夫人所有，存于德国达姆施塔特市海德堡三号大街。——原注

② 下列作品涉及莎士比亚肖像画：詹姆斯·博登：《莎士比亚画像及照片探究》，1824年；亚伯拉罕·魏维尔：《莎士比亚画像探究》，1827年，内含威廉·霍尔和本杰明·霍尔兄弟的版画作品；乔治·沙夫：《莎士比亚的主要肖像画》，1864年；詹姆斯·海恩·福瑞斯韦尔：《莎士比亚的真人画像》，1864年；威廉·佩奇：《莎士比亚画像研究》，1876年；克莱门特·曼斯菲尔德·英格尔比：《人与书》，1877年，第84页起；约瑟夫·帕克·诺里斯：《莎士比亚画像》，费城，1885年，内含许多印图；《斯特拉福莎士比亚纪念馆肖像图解目录》，1896年。1885年，沃尔特·罗杰斯·弗内斯先生在费城出版了一本肖像集，囊括了德罗肖特版画、斯特拉福半身塑像及钱多斯版、詹森版、费尔顿版和斯特拉福版画像。——原注

③ 《绅士杂志》，1741年，第105页。——原注

艾伯特・格兰特男爵

1892 年，安妮・海瑟薇的小屋由出生地信托基金会接管。世界各地的人们纷纷慕名前来瞻仰参观。仅在 1896 年和 1897 两年，便吸引了来自四十多个国家的近三万名参观者。1861 年，已经拆除的新居旧址和花园也由公众募捐买下，现已成为公共花园。1877 年 4 月 23 日，斯特拉福埃文河边又一座纪念建筑奠基开工，整个建筑由剧院、肖像馆和图书馆组成。两年后，剧院建成开放，并上演了《无事生非》。海伦・福西特（马丁夫人）在剧中扮演比阿特丽斯，巴利・苏利文则扮演班尼迪克。每年 4 月，剧院都会上演莎士比亚的戏剧。1881 年，图书馆和肖像馆也开放了[①]。为了纪念 1864 年莎士比亚诞辰三百周年，1868 年 4 月 23 日，伯明翰一座纪念莎士比亚的图书馆建成开放，尽管 1879 年被大火烧毁，但 1882 年修复后重新开馆。馆内关于莎士比亚的藏书多达近万册。

① 《埃文河畔的斯特拉福纪念馆历史》，1882年；《斯特拉福莎士比亚纪念馆图片图解目录》，1896年。——原注

第 19 章

著作目录

精彩看点

莎士比亚生前出版的四开本诗歌——莎士比亚逝世后出版的四开本诗歌——1640年版《诗集》——莎士比亚生前出版的四开本戏剧——莎士比亚逝世后出版的四开本戏剧——第一对开本（1623）——出版集团——前言诸事项——文本的价值——剧作的顺序——印刷排版——几册独特的对开本——谢尔登对开本——现存册数估算——第一对开本再版——第二对开本（1632）——第三对开本（1663—1664）——第四对开本（1685）——18世纪的编者——尼古拉·罗尔（1674—1718）——亚历山大·蒲伯（1688—1744）——刘易斯·西奥博尔德（1688—1744）——托马斯·汉默爵士（1677—1746）——威廉·沃伯顿主教（1698—1779）——塞缪尔·约翰逊博士（1709—1783）——爱德华·卡佩尔（1713—1781）——乔治·斯蒂文斯（1736—1800）——埃德蒙·马龙（1741—1812）——集注本版本——19世纪的编者——亚历山大·戴斯（1798—1869）——霍华德·斯汤顿（1810—1874）——尼古劳斯·德利厄斯（1813—1888）——剑桥编者（1863—1866）——19世纪其他编者

只有两首诗——《维纳斯与阿多尼斯》和《鲁克丽丝受辱记》——出版时征得了莎士比亚本人的同意。这两首诗是莎士比亚著作的首批出版样本，在莎士比亚生前经历了多次编辑，版本数量超过诗人的任何剧作。截至 1616 年莎士比逝世时，《维纳斯与阿多尼斯》四开本先后发行了七个版次（分别是 1593 年、1594 年、1596 年、1599 年、1600 年各一次及 1602 年两次）；《鲁克丽丝受辱记》有五个版本（分别是 1594 年、1598 年、1600 年、1607 年、1616 年版本）。莎士比亚生前，《十四行诗》只发行了一个版本，即 1609 年托马斯·索普的盗版诗集[①]；出版商威廉·杰戈德编辑了一本《热情的朝圣者》，并冒充莎士比亚著作，发行了三个版次（分别于 1599 年、1600 年、1612 年，前两次的版本下落不明），但书中仅包含了莎士比亚的一些随笔小诗。

莎士比亚去世后，17 世纪出版的著作中，叙事诗《维纳斯与阿多尼斯》和《鲁克丽丝受辱记》的四开本仍然榜上有名；《鲁克丽丝受辱记》发行了六个版次——即 1624 年版本（第六版）和 1655 年版本（与约翰·夸尔斯的《塔奎因的放逐》合编）——《维纳斯与阿多尼斯》又发行了多达六个版次（分别为 1617 年、1620 年、1627 年、1636 年各一版及 1630 年两个版次），四十三年共计发行了十三个版次。此后，两首叙事诗在 17 世纪再无其他版本。

① 1862年此版本第二次印刷，1880年由威廉·格里格斯先生再次刊印。——原注

1707 年，两首诗与《热情的朝圣者》一起再次发行，之后便常常与莎士比亚十四行诗一起，编入了《莎士比亚全集》。

1640 年，所谓的第一部莎士比亚诗集（印刷商和出版商分别是托马斯·柯特斯和约翰·班森）在伦敦出版，主要还是《十四行诗》的内容，只是删去了六首十四行诗（分别是第十八首、第十九首、第四十三首、第五十六首、第七十五首和第七十六首），新增了《热情的朝圣者》中的二十首及其他作者的一些诗歌。威廉·马歇尔复制了 1623 年的德罗肖特版画作为诗集的卷头插画。前言部分的诗由伦纳德·迪格斯和约翰·沃伦撰写。诗集还附有一篇“致读者的话”，称莎士比亚的十四行诗“安详而清晰，朴实中透着高雅；笔调温婉，令人耳目一新。没有复杂含糊、令人费解的内容。读来让你对诗人越发钦佩有加”，落款处署名是出版商的姓名缩写。1640 年《诗集》最值得注意之处就是，再版的十四行诗的排列顺序与 1609 年版本不一样。原版本第六十七首成了第一首，而一直受重视的第一百四十四首，即开头为“我的两位爱人分别带给我安慰与绝望”那首，变成了第 32 首。大多数情况下，每首十四行诗前面都添加了一个多少带点想象成分的总标题，但有的是两三首诗合为一组诗，共用一个标题，另成诗篇，并且诗句之间也没有空行。除莎士比亚的十四行诗之外，整部诗集还混杂了一些选自《热情的朝圣者》的诗篇及托马斯·海伍德《女人的故事》中的一些选段，但却未注明这些诗并非出自莎士比亚之手。诗集最后部分是三首莎士比亚悼念词与篇幅较短的“其他绅士创作的优秀诗歌”。这部诗集非常罕见，1885 年再版时没有做任何改动。

截至 1616 年，莎士比亚的戏剧只出版了十六部（全是四开本）。如果算上《争斗》和《真实的悲剧》，即分别是《亨利六世（第二部）》初稿（1594 年和 1600 年）和《亨利六世（第三部）》初稿（1595 年和 1600 年），共有十八部。十六部四开本戏剧的出版都是出版商的独立行为，莎士比亚没有插手。

其中，1616 年以前，有两部剧作已经发行了五个版次，即《理查三世》（出版年份分别为 1597 年、1598 年、1602 年、1605 年和 1612 年）和《亨利四世（上篇）》（出版年份分别为 1598 年、1599 年、1604 年、1608 年和 1615 年）。

有三部剧作已经发行了四个版次，分别为《理查二世》（1597 年、1598 年、1615 年三个版本及首次加入罢黜场景的 1604 年版本）、《哈姆雷特》（1603 年残缺版和 1604 年、1605 年、1611 年三个版本）和《罗密欧与朱丽叶》（1597 年残缺版、1599 年版本和 1609 年两个版本）。

有两部剧作已发行了三个版次，即《亨利五世》（1600 年残缺版和 1602 年、1608 年两个版本）和《佩里克利斯》（1609 年两版和 1611 年版）。

有四部剧作已发行了两个版次，分别为《仲夏夜之梦》（均在 1600 年）、《威尼斯商人》（均在 1600 年）、《李尔王》（均在 1608 年）和《特洛伊罗斯与克瑞西达》（均在 1609 年）。

有五部只发行过一次，分别是《空爱一场》（1598 年）、《亨利四世下篇》（1600 年）、《无事生非》（1600 年）、《泰特斯·安德洛尼克斯》（1600 年）和《温莎的风流娘儿们》（1602 年残缺版）。

莎士比亚逝世后第三年——1619 年——《温莎的风流娘儿们》第二版（也是残缺版）和《佩里克利斯》第四版问世。1622 年，《奥赛罗》首次出版，为四开本形式。同年，《理查三世》和《亨利四世（上篇）》的第六版问世[①]。德文郡公爵图书馆、大英博物馆、剑桥大学三一学院和牛津大学图书馆所收藏的原始四开本戏剧版本数目最多——每部剧只流传下来四到六本[②]。莎士比亚时代，所有四开本售价均为每本六便士。

1623 年，第一套完整的《莎士比亚戏剧集》问世，名义上是由莎士比亚的亲密伙伴、演员同事约翰·赫明和亨利·康德尔负责，事实上是由一家小型出版印刷集团倡议并筹资操办，负责人是威廉·杰戈德。威廉·杰戈德 1611

① 这些版本中的大多数和一些四开本诗集（总共四十八册）都由埃德蒙·威廉·阿什比先生用平版印刷术进行了复印，并于1862年到1871年由詹姆斯·奥查德·哈利威尔-菲利普斯公开发行供读者订购。威廉·格里格斯先生则制作了一套便宜点儿的四开本，由弗雷德里克·詹姆斯·弗尼瓦尔博士监督出版，在1880年到1889年陆续发行了四十三册。——原注

② 完整版本按珍贵程度每本售价在二百英镑到三百英镑之间。1864年乔治·丹尼尔图书馆的一次销售展上，四开本《空爱一场》和《温莎的风流娘儿们》（第1版）均以三百四十六英镑十先令的价格成交。1897年5月14日，四开本《威尼斯商人》（1600年詹姆斯·罗伯茨出版）在苏富比拍卖行以三百一十五英镑出售。——原注

年来到伦敦后，一直从事印刷行业，商号已扎根圣邓斯坦教堂东端的佛里特街。作为《热情的朝圣者》的盗印出版商，威廉·杰戈德深谙莎士比亚作品的商业价值，于1613年扩大业务，购买了竞争对手、盗版商詹姆斯·罗伯茨的股份和出版权。詹姆斯·罗伯茨曾于1600年出版了《威尼斯商人》和《仲夏夜之梦》四开本，1604年又出版了完整的《哈姆雷特》四开本。他享有近二十年出版"演员戏目榜"剧作的权利，最后把这一出版特权连同其他文学资产一同转让给了威廉·杰戈德。1613年，威廉·杰戈德获得"演员戏目榜"剧做出

圣邓斯坦教堂

佛里特街

版权利之后，与各剧院经理私交甚好，《第一对开本》出版计划便志在必得了。他与儿子艾萨克·杰戈德联手创办了出版集团。集团只有他们是印刷商，其他三位合伙人仅负责书籍出版或销售。其中，威廉·阿斯普雷和约翰·斯梅西克以前做过莎士比亚戏剧的投机生意。1600 年，威廉·阿斯普雷与他人合作出版了《亨利四世（下篇）》和《无事生非》，1609 年又出版了半部托马斯·索普的莎士比亚《十四行诗》。约翰·斯梅西克的店离威廉·杰戈德很近，位于佛里特街圣邓斯坦教堂附近。1611 年，约翰·斯梅西克出版了两个最新版《罗密欧与朱丽叶》和《哈姆雷特》的一个版本。剩下的一位合伙人爱德华·布朗特最有意思了，是真正的文学爱好者，与其他四位大不相同。他曾经是克里斯托弗·马洛的朋友和崇拜者，并积极参与了他逝世后两部诗作的出版工作，还出版了一部莫名其妙的神秘诗集《爱情的烈士》，其中有一首题为《凤凰与雉鸠》，署名竟是“威廉·莎士比亚”[①]。

第一对开本的印刷地点应该是位于圣邓斯坦教堂附近的威廉·杰戈德印刷行。爱德华·布朗特可能主要负责审核监督整个出版过程。1623 年，出版工作整整持续了一年，直至 11 月 8 日才有了质的飞跃。当天，爱德华·布朗特和艾萨克·杰戈德（威廉·杰戈德的儿子）从英格兰出版同业公会获得了十六部戏剧的正式出版许可。他们正欲将未曾出版的二十部戏剧纳入第一对开本付诸刊印，这十六部也包括在内。于是，出版计划首次公之于众。这些戏剧引起了文学界前所未有的极大关注，具体剧目分别为《暴风雨》《维洛那二绅士》《一报还一报》《错误的喜剧》《皆大欢喜》《终成眷属》《第十二夜》《冬天的故事》《亨利六世（第三部）》《亨利八世》《科利奥兰纳斯》《雅典的泰门》《尤利乌斯·恺撒》《麦克白》《安东尼与克莉奥帕特拉》和《辛白林》。另外，《约翰王》《亨利六世》（第一部、第二部）和《驯悍记》四部剧此前也未曾出版，虽未获得出版许可，但包括在第一对开本中；不过，早些时候，莎士比亚借鉴过的几部老剧曾以类似名字出版过，可能是英格兰出版同业公会的官员或第一对开本的编辑们不清楚甚至误解了老剧和新剧之间的真实关系，所以莎士比亚这几部剧没有获得出版许可。而《佩里克利斯》是莎士比亚唯一一部之前出版过但未收入对开本的戏剧。

于是，第一对开本将 36 部戏剧一并出版，整卷书近一千页，每页双栏排版，每册售价一英镑。据乔治·斯蒂文斯估计，这一版总共发行了二百五十册。扉页上指出书籍由爱德华·布朗特和艾萨克·杰戈德出版，版权页上则标记了责任人，分别为“威廉·杰戈德、约翰·斯梅西克、威廉·阿斯普雷”及爱德华·朗

① 参见本书第265页和第266页。——原注

威廉·赫伯特

特[1]。扉页插画是马丁·德罗肖特的版画。本·琼生、休·霍兰德、伦纳德·迪格斯和I.M.（有可能就是雅斯佩尔·缅因）都纷纷撰文推荐。致献对象是宫务大臣第三代彭伯克伯爵威廉·赫伯特和蒙哥马利伯爵菲利普·赫伯特兄弟二人；献词撰写人署名是莎士比亚的朋友和演员伙伴约翰·赫明和亨利·康德尔。后面的“致广大读者”也是这两人的签名。从两处致辞来看，两位演员似乎夸大了自己在书籍出版过程中的实际责任，但他们认同并指出出版动机绝对是无可厚非的。他们写道，“出版此书的目的并非为自己谋名利”，只是热切地渴望能“重现我们尊敬的朋友和伙伴莎士比亚”。他们还告诉读者，“我们承认，

① 《书籍目录》，第1卷，489页起。——原注

作者生前也有此夙愿，希望在有生之年能看到自己的著做出版……”，“致读者”之后便是目录。

扉页申明所有剧作均“基于真实的底稿”。题献人也表达了同样的意思。“以前我们因为各种盗印版本而备受指责，因平庸者的假冒和欺骗行为而导致剧本残缺不全；但如今呈现给诸君的上述剧作也已修复完好，尽善尽美，其余作品也绝对与作者本人创作的一字不差。”毫无疑问，整卷书的底稿从莎士比亚生前所属剧团的经理处获得，均为舞台表演剧本。但并不一定每部戏剧都与莎士比亚的原稿一模一样。第一对开本的文本在很多地方都明显不如之前出版过的，16部四开本剧作。后者尽管是盗版，内容也不完整，但底稿是早期的剧院版本。第一对开本的文本内容与四开本不符是不争的事实，只是各剧的差异程度不同而已。例如，与各自对开本文本相比，《空爱一场》《仲夏夜之梦》和《理查二世》的四开本内容有很多不同之处，而且更胜一筹。当然，对开本中，《温莎的风流娘儿们》和《亨利五世》对原四开本中的明显缺陷也进行了修复。虽然第一对开本中有二十部剧没有四开本作参照，但《科利奥兰纳斯》《终成眷属》和《麦克白》文本中的讹误也随处可见。

对开本中的戏剧按三个大标题——“喜剧”“历史剧”和“悲剧”——分类，每一大类都独立编排页码。同类戏剧内部的顺序无章可循。喜剧部分始于《暴风雨》，终于《冬天的故事》。历史剧部分显得更合理，始于《约翰王》，终于《亨利八世》。悲剧部分始于《特洛伊罗斯与克瑞西达》，终于《辛白林》。后来出版的戏剧集大都遵照第一对开本的顺序。

第一对开本的排版方式不值得推荐。同期有许多容量更大的对开本，排版上更整齐，错误率更低多。这样一来，威廉·杰戈德的印刷社似乎人手不够，错印相当多，尤其在页码编排上。给人的感觉就是，不仅印得很慢，而且边印刷边勘误，后印的书稿与先印的书稿不时存在出入。《特洛伊罗斯与克瑞西达》中有一处排字工或校正者的明显错误，在所有书册中无一例外。尽管该剧在正文中是悲剧的第一部，但在目录中未出现，而且整部剧只有第2页、第3页上分别标上了数字七十九、八十，除此之外，都没有编排页码。

伯德特－库茨男爵夫人

据悉，有三册对开本非常引人注目，其部分内容与众不同，非常有趣，很是特别。一册存于纽约莱诺克斯图书馆。该册书的《皆大欢喜》中，有一页印重了（喜剧部分的 R 页），扉页上的日期是 1622 年而不是 1623 年；但很有可能这些数字是印刷之后篡改的①。先后任什鲁斯伯里学校校长、利奇菲尔德主教和考文垂主教的塞缪尔·巴特勒收藏的一册对开本也比较奇特，《哈姆雷特》中有一页校样竟然与校正页装订在了一起②。

伯德特－库茨男爵夫人收藏了两册对开本，其中有一册尤其不寻常，最是

① 1821年《莎士比亚集注本》（第21卷，第449页）称这册书原本归来自康希尔的书商、两位阿奇先生所有。1855年在苏富比拍卖行以一百六十三英镑十六先令的价格出售。——原注

② 我无法追溯这本书如今的下落，但《莎士比亚集注本》（1821年，第21卷，第449页到第450页）提及了这本书。——原注

有趣，备受关注，就是所谓的谢尔登对开本，是 17 世纪沃里克郡朗康普顿教区韦斯顿庄园拉尔夫·谢尔登藏书室的藏品之一[①]。拉尔夫·谢尔登对开本中，《特洛伊罗斯与克瑞西达》开篇页的正面是开场白，反面是戏剧文本的开头，接下来一页是多余的[②]。这一页正面看似《特洛伊罗斯与克瑞西达》开场白，但内容却是《罗密欧与朱丽叶》的结尾，反面是与前张重复的《特洛伊罗斯与克瑞西达》正文。两页纸的页首花饰不同，应分属不同的模板。后面《罗密欧与朱丽叶》的结尾页装订正确，正面是剧尾，反面是《雅典的泰门》开篇，与同版的其他书籍无异。上述奇怪的混搭现象表明，书籍排版过程中，印刷工或编辑一度打算去掉剧作《特洛伊罗斯与克瑞西达》的开场白，并把这部剧排在《罗密欧与朱丽叶》后面。所有第一对开本中《罗密欧与朱丽叶》的最后一页都是七十九，显然正确的页码应该是七十七；《特洛伊罗斯与克瑞西达》首页页码是七十八，第 2 页、第 3 页分别是七十九、八十。想必是出版过程中临时决定将《特洛伊罗斯与克瑞西达》从悲剧部分的较后面调换到第一部，但手忙脚乱之中，原始位置的页码没有改正过来，为了避免因剧目顺序调换而产生的高额排版校正成本，这部剧剩下的内容就干脆都不编页码了[③]。

无论是从本身内容来看还是作为外部物证，第一对开本都是整个英语文学领域最有价值的书籍，很难估算到底有多少册流传下来。近百年来，似乎已找到大约一百四十册。其中，完美的只有不到二十册，扉页上印着而不是夹着肖像插图，与衬页相对，后续页面齐全，所有内容完整无损。衬页上写着本·琼生的诗句，以证实莎士比亚画像的真实性。如此卓越的对开本可见于大英博物馆的格伦维尔图书馆，以及德文郡公爵、克劳福德公爵、伯德特－库茨男爵

① 1628年，即对开本出版五年后，谢尔登家族的一位成员似乎买下了此书。当时有记录称此书花了三英镑十五先令。这个价格在当时有点贵。记录上还提到了书相当于六十磅银子的价值及一些我不明白的内容。书的侧面都有谢尔登家族的纹章，书内空白处有许多手写笔记，或解释疑难词汇，或纠正印刷错误，或个人解读。——原注

② 此页已被前任主人毁坏，印贴已被撕掉，但很有可能是GG3。——原注

③ 许多来信者告知，还有两册第一对开本也存在类似反常之处。一册之前归伦纳德·哈特利所有，另一册的前任主人是朴次茅斯的弗丘主教。两册书都卖给了美国的书商，我尚未去查找。——原注

霍华德·斯汤顿

夫人和阿尔弗雷德·亨利·胡思先生等人的藏书室。其中，最精致、最干净的要数伯德特－库茨男爵夫人收藏的“丹尼尔”本。整册书长十三英寸，宽八点二五英寸。1864 年，乔治·丹尼尔的藏书出售时，伯德特－库茨男爵夫人以七百一十六英镑二先令的价格买下。此外，二十多册书开始几页有瑕疵，其余部分是完好的。剩下约一百册中，不同地方都存在着严重受损现象。

1807 年到 1808 年，第一对开本再版，虽然声称与原版毫无差别，但事实并非如此[①]。1861 年、1863 年和 1864 年，莱昂内尔·布思分别将三个部分单独出版，成就了最佳再版版本。1864 年 2 月到 1865 年 10 月，在霍华德·斯汤顿的指导下，亨利·詹姆斯爵士基于第一对开本，用照相锌版术印制了一个

① 《备注与查询》，第1辑，第7卷，第47页。——原注

珍贵的版本，分成十六卷对开本出版。1876 年，一部翻拍缩微版面世，但字迹太小，很难辨认。缩微版的前言是詹姆斯·奥查德·哈利威尔－菲利普斯写的。

1632 年，罗伯特·阿洛特和威廉·阿斯普雷出版了第二对开本。印刷工是托马斯·柯特斯。两位出版人的名字分别出现在不同的册子上。1630 年 11 月 16 日，爱德华·布朗特将 1623 年首次出版的十六部戏剧的出版权利转让给了罗伯特·阿洛特[①]。第二对开本是第一对开本的再版，纠正了第一版中的一些文本错误，但多数不同之处都是随意而为的无用功。查理一世的第二对开本存于温莎城堡；查理二世那册存于大英博物馆。“珀金斯对开本”是 1632 年版本的复制本，现归德文郡公爵所有，其中有些校正是约翰·佩恩·科利尔伪造的[②]。1663 年，彼得·切特温德首度出版了第三对开本——大部分内容都如实印自第二对开本——1664 年再次出版。新版本增加了七部剧作，其中六部尚未确定是莎士比亚的作品。1664 年版本的扉页上写着：“此版新增了对开本中未曾刊印的七部戏剧，分别是《泰尔亲王佩里克利斯》《伦敦浪子》《克伦威尔勋爵托马斯》《约翰·奥卡斯特爵士》《清教徒寡妇》《约克郡悲剧》和《洛克林的悲惨遭遇》。”莎士比亚生前，有些无良出版商就曾将这六部剧冒充莎士比亚作品。新版对开本以这六部伪剧领头。1666 年，伦敦大火烧毁了很多待售书籍。于是，与第二对开本、第四对开本相比，流传下来的第三对开本就少之又少了。1685 年，亨利·赫林曼、爱德华·布鲁斯特、理查德·奇斯韦尔和理查德·宾利出版的第四对开本问世，是 1664 年对开本的再版，除了采用新式拼写，别无不同；六部伪作也一起再版了。

自 1685 年以来，在大不列颠和爱尔兰，莎士比亚作品集独立发行了约

① 爱德华·阿尔伯：《英格兰出版同业公会登记簿副本》，第3卷，第242页到第243页。——原注

② 1852年1月31日，约翰·佩恩·科利尔在《雅典娜神殿》中称，自己花了三十先令买来这本对开本，书的封面上写着“珀金斯藏书”；前任主人生活在17世纪中期，整册书上都写满了注释。没过多久，约翰·佩恩·科利尔在《莎士比亚戏剧注释与修订》登载了所有手写解读的“精华部分”。1853年，他将对开本赠给了德文郡公爵。随后，修订的日期和真实性引起了激烈的争论。不过，大英博物馆手稿部的尼古拉·艾斯特哈兹·斯蒂芬·阿姆·汉密尔顿先生分别于1859年7月2日和16日致信《泰晤士报》，宣告所有手写注释都是模仿17世纪的手法伪造的。于是，所有相关质疑悄无声息。——原注

1666年的伦敦大火

二百多个版本，以单行本出版的则数以千计。18世纪，作品集编者们非常努力，不同程度上疏通了大量对开本中支离破碎的文本，恢复了莎士比亚时代四开本中的原有内容。19世纪的编辑们则适时传承了18世纪同行前辈们的努力成果。正因为这样，虽然普通读者不谙文本批评知识，但莎士比亚著作照样成为他们的读物，实至名归，赢得了应有的敬重[①]。

尼古拉·罗尔是安妮女王统治时期的著名剧作家，是乔治一世时期的桂冠诗人，是首位莎士比亚著作述评编者。1709年，他出版了六卷八开《本莎士比亚戏剧集》，1714年重新出版了八卷本；其他编者又加上了一卷诗集。前言中的莎士比亚简介非常有价值，汇集了许多以前没有文字记载且行将消失的口传故事。正文部分沿用了第四对开本的编排，采取了相同的剧目顺序，只是

① 阿尔迪斯·赖特替剑桥大学出版社版写的前言可谓是对18世纪莎士比亚批评的最好综述。《英国人物传记辞典》编辑们的回忆录中有些资料很有用。我在下文概述相关内容时自由运用了这些相关材料。——原注

亚历山大·蒲伯

将六部伪作从最前面移到了最后面。他并未将自己的文本与第一对开本或四开本对比，只是当自己的版本正在印刷时，偶遇《罗密欧与朱丽叶》早期四开本，便在此剧末尾加上了四开本中独有的开场白。他还做了一些合适的修订，使有些地方与第一对开本不谋而合，但文本因明显错误过多而大打折扣。由于有着剧作家的经历，尼古拉·罗尔开创先河，在每部剧前都添加了人物表，将每一幕、每一场区合理地分开并依次编号，标记了人物的进出场，同时按现代规范纠正了拼写、标点和语法。

诗人亚历山大·蒲伯是莎士比亚的第二位编者，1725 年编辑出版了四开本戏剧集，共六卷。后来乔治·休厄尔接着编辑了第七卷，包括莎士比亚诗集，一篇记录舞台生涯的随笔和词汇表。亚历山大·蒲伯的编辑资历不足，所以他的版本从商业上来看是一次失败。在前言中，他高度认可了莎士比亚的天赋，同时指出莎士比亚作品缺乏艺术性。他声称已经核对了第四对开本的文本与之前所有版本，从而表明自己看过第一对开本和一些四开本，但事实上他明显是在尼古拉·罗尔版本的基础上进行编辑的。亚历山大·蒲伯有不少创新之处，虽然都源自“个人感觉和猜测”，但往往独具慧眼、言之有理。他还是首个标出每个新场景的地点的编辑，并且改进了尼古拉·罗尔的场景区分方式。1728 年，亚历山大·蒲伯的第二版问世，是十二开本，共十卷。他和乔治·休厄尔的名字同时出现在扉页上。在这一版本中，文本内容改动不大，只是正文前面添加了一张表格，列有二十八部四开本。他的其他版本于 1735 年和 1768 年相继问世。其中，1768 年版本是大卫·加里克提议的，采用了巴斯克维尔体①，在伯明翰出版。

亚历山大·蒲伯认为刘易斯·西奥博尔德是一位严厉的批评家。但刘易斯·西奥博尔德行为卑劣，曾撰文夸耀自己是最有灵感的莎士比亚文本批评家。亚历山大·蒲伯也不甘示弱，猛烈报复刘易斯·西奥博尔德的吹毛求疵，将刘易斯·西奥博尔德作为《愚人记》主人公，大出其丑。1726 年，刘易斯·西奥博尔德在一卷堪称英语文学经典著作中初露批评技巧。这部著作是《恢复莎士比亚原貌——亚历山大·蒲伯先生近期出版的错误多多的莎士比亚作品范本，旨在纠正上述版本错误并恢复所有已出版莎士比亚作品的真实面貌》。在第 137 页中，他做了一个非常了不起的校正。莎士比亚有一处描写福斯塔夫之死的细节，原版文本为“他的鼻子如钢笔和绿色田野桌子般尖锐”。亚历山大·蒲伯修改为“他的鼻子如钢笔般尖锐，脸庞如桌上的台布般发绿”（《亨利五世》，第 2 幕，第 3 场，第 17 行）。1733 年，他编辑出版了莎士比亚七卷本，1740 年再版，1752 年第三版问世，另有 1772 年、1773 年两个版本。据称他的版本一共售出一万二千八百六十册。他的文本以第一对开本为基础，尽管没有完全采用第一对开本中正确的内容，但所校正修订的三百多处已经成为经典版本的重要部分。一如他成功的修改实践，他的文本批评原则也成为典

① 巴斯克维尔体是英文最经典字体之一，风格华丽而古典，诞生于17世纪。

范。在给威廉·沃伯顿主教的信中，他写道："我努力将自己偏离文本的可能性降到最低。对于不管用什么方法都可以解释清楚的文本，我都不更改。我的修改绝非为了产生更好的文本，而是为了探求可能是真正出自作者本人的真实文本。"刘易斯·西奥博尔德不愧是名副其实的"莎士比亚批评的理查德·波森"。[①] 以下几个范例足以体现他独具慧眼。《麦克白》（第 1 幕，第 7 场，第 6 行）中的"时代的银行和学校中"改为了熟悉的"时代的浅滩之上"。《安东尼与克莉奥帕特拉》老版本（第 5 幕，第 2 场，第 87 行）中，克莉奥帕特拉谈及安东尼时说：

他慷慨大方
你感受到的不是寒冬；而是安东尼
丰收的时节，收获日益增多。

刘易斯·西奥博尔德将晦涩的"是安东尼"改成了"是秋季"，如此一来，句子才有意义且富有诗意。《科利奥兰纳斯》（第 2 幕第 1 场，第 59 行到第 60 行）中还有一个更隐秘的例子，值得一提。在第一对开本中，米尼聂乌斯问护民官："以你们荡妇般的眼力，能从我的品性中看出多少缺点？"刘易斯·西奥博尔德将此处毫无意义的辱骂性词语"荡妇般的"换成了"愚钝的"。"愚钝的"一词是伊丽莎白时代通用的词语，莎士比亚在《哈姆雷特》（第 2 幕，第 2 场，第 529 行）中已经用过[②]。

第四位编者托马斯·汉默爵士是一位乡绅，文学造诣不高，但天生智力过人。

---

① 丘顿·科林斯先生曾撰文《莎士比亚批评的波森》，高度评价了刘易斯·西奥博尔德的莎士比亚文本批评。此文已收入《评论季刊》，载丘顿·科林斯：《随笔与研究》，1895年，第263页起。——原注

② 约翰·佩恩·科利尔应该是受到刘易斯·西奥博尔德的启发，假装在自己的"珀金斯对开本"中发现了极其恰当的修改（现已基本采纳），即把科利奥兰纳斯台词中的"丰满的胸部"，改成了"愚钝的群众"：

这愚钝的群众能领会
元老院的恩惠吗？
——（《科利奥兰纳斯》，第3幕第1场，第131行到第132行。）——原注

弗朗西斯·海曼

1714 年，他担任了几个月下议院议长，但不久就退出政治舞台，全心全意地研读莎士比亚剧作。1744 年，他的六卷四开本由牛津大学出版社出版，是最早讲究美观排印的版本。书中版画插图精美丰富，均由弗朗西斯·海曼设计，格拉沃洛制作，一直以来被藏书爱好者们视为珍宝。书中没有出现编者姓名。托马斯·汉默没有依赖任何现成版本，完全凭个人的才智和天赋创作了自己的文本，并且进行了许多常识性的校正。有些校正已经被永久采纳①。1770 年或

① 《李尔王》(第3幕，第6场，第72行)中有一处修改足见托马斯·汉默的明智。之前所有版本中，埃德加列举各种狗时说："猎狐犬、西班牙雌猎犬、他"。他还将最后一词"他(hym)"改成了"寻血猎犬(lym)"。伊丽莎白英语中的"lym"就是bloodhound的同义词，意指"血缇"或"寻血猎犬"。——原注

威廉·沃伯顿主教

1771 年，托马斯·汉默的版本再版。

1747 年，威廉·沃伯顿主教修订了亚历山大·蒲伯的版本，以八卷本出版。他的编辑才能比亚历山大·蒲伯好不到哪里去，修订之处大多参考了刘易斯·西奥博尔德和托马斯·汉默的版本。然而，在前言中，威廉·沃伯顿主教傲慢无礼、背信弃义地谩骂了这两位批评家。自己才能有限，却如此狂妄自负，可想而知，必定受到许多作者的抨击与斥责，托马斯·爱德华兹就是其中一位。1747 年，托马斯·爱德华兹首次出版了《威廉·沃伯顿版莎士比亚增补》，1748 年第三版时，改名为《批评典范》，到 1765 年止，刊印了多达七个版次。

塞缪尔·约翰逊博士是莎士比亚的第六位编者，1765年编辑出版了八卷本《莎士比亚作品集》，1768年又发行了第二版。尽管他对照四开本独自完成了一些校对工作，但在文本上花费的工作量不大。从文字注释来看，他本人对16世纪和17世纪文学知之不多。然而，在前言及其他地方，他突出了莎士比亚的伟大之处，展示了自己的真知灼见，虽然偶尔不免疏忽，但始终睿智明达。他揭示了莎士比亚在塑造人物方面的巨大成就，其观点令人信服。

第七位编者爱德华·卡佩尔在很多方面都推进了前辈们的成果。不过，他是一位蹩脚的作者。塞缪尔·约翰逊博士指出，爱德华·卡佩尔“很可怕地胡言乱语”。虽然塞缪尔·约翰逊博士的评价不无道理，但爱德华·卡佩尔的四开本和第一对开本、第二对开本的校对工作全面细致、学术性强。任何一位前辈，包括刘易斯·西奥博尔德在内，都难以媲美。爱德华·卡佩尔勤奋刻苦，孜孜不倦，据说将所有莎士比亚著作都抄写了十遍。1768年，他的十卷小八开本出版。在1774年注释本与后来发行的三卷注释本中，他熟练驾驭伊丽莎白一世时代文学的能力一览无遗。后来发行的三卷注释本题为《莎士比亚注释、解读及学派》，直到1783年，即他逝世两年后才出版。最后一卷是《莎士比亚学派》，附上了“作者同期出版的各种英语书籍中的真实文选”和“戏剧记录簿——古代戏剧一览表（从戏剧起源至查理二世王政复辟时期）”。

乔治·斯蒂文斯对莎士比亚研究功不可没。他擅长嘲讽性幽默，毕生与从事莎士比亚研究的竞争者进行喋喋不休的文学争执。1766年，他重印了四开本中的二十部戏剧，不久又修改了塞缪尔·约翰逊博士的版本。乔治·斯蒂文斯虽然秦没有怎么寻求塞缪尔·约翰逊博士的帮助，但多处修订都如锦上添花，并于1773年出版了十卷本。很长一段时间，乔治·斯蒂文斯版本都被奉为莎士比亚戏剧的标准版本。他精通古文物学识，熟谙伊丽莎白一世时代的历史与文学，之前的任何编辑都难以企及。阐释生僻晦涩词语时，他引经据典，莎士比亚同时代人的诗文信手拈来，不仅引文丰富，而且运用自如，令后人自叹弗如。比起其他批评家，乔治·斯蒂文斯在这方面让近代所有评论者大受裨益。但他的文学鉴赏水平和文学气质欠缺，所以他的版本中没有包括十四行诗以及其他诗歌。对此，他解释道："就算最强势的国会法案也不会强迫读者受苦"[①]。1778年，塞缪尔·约翰逊博士和乔治·斯蒂文斯的第二版问世，共计十卷。1785年出版的第三版也是十卷，由乔治·斯蒂文斯的朋友艾萨克·里德修订。艾萨克·里德与乔治·斯蒂文斯秉性相似。1793年，乔治·斯蒂文斯生前的最后一版，即第四版，由他本人编辑出版，共十五卷。随着年岁的增长，他的文本变得有些鲁莽，动机不纯，主要是想困扰自己的同行。他笔锋刻薄但不失诙谐，甚至以猥亵的注释来阐述许多粗俗的言语，并且佯称自己的下流无礼是受了两位德高望重的牧师理查德·阿姆纳和约翰·科林斯的影响，甚至在每处猥亵的注释旁都加上两人的姓氏。他早就认识两位牧师，与他们有过争吵。可见，乔治·斯蒂文斯刚愎任性。无怪乎吉福德一针见血地称他为"评注员中的恶鬼"。

埃德蒙·马龙不及乔治·斯蒂文斯机智，也不像他那样诙谐辛辣，是一位兢兢业业、和蔼可亲的考古学家，诗歌或高雅文学造诣不深。埃德蒙·马龙在挖掘莎士比亚个人档案及其作品年表、作品渊源关系等方面有许多新建树，在英格兰戏剧发端方面的研究也为英格兰文学史写下了浓墨重彩的一笔。他应该是理性地"尝试探知莎士比亚戏剧创作顺序"第一人。他在这方面的最早成果促成了乔治·斯蒂文斯的1778年版本。两年后，作为乔治·斯蒂文斯著作的补充，埃德蒙·马龙出版了两卷著作，涉及伊丽莎白一世时代的戏剧史、阿瑟·布鲁克版本中的《罗梅乌与朱丽叶》、莎士比亚诗歌及第三对开本、第四对开本中的莎士比亚伪剧。此后，他与乔治·斯蒂文斯之间的争吵便开始了，并且一发不可收拾。1787年，埃德蒙·马龙发表了论文《论〈亨利六世〉的三个部分》，旨在说明这几部剧并非莎士比亚原创。1790年，他编辑的莎士比亚十卷本出版，是首次分为上下两部分的版本。

书商们所说的莎士比亚著作《第一集注本》是乔治·斯蒂文斯逝世后，艾萨克·里德编辑的。《第一集注本》在乔治·斯蒂文斯1793年著作的基础上，新增了大量的手稿内容，会集了之前编辑们已经出版的注释与序言，于1803

① 乔治·斯蒂文斯：《莎士比亚戏剧集》，1773年，第1卷，第7页。——原注

年出版，全套共二十一卷。《第二集注本》主要是《第一集注本》的再次印刷，1813年出版了二十一卷本。《第三集注本》由塞缪尔·约翰逊博士传记作者的儿子小詹姆斯·博斯韦尔编辑出版，以埃德蒙·马龙1790年的版本为基础，但补充了埃德蒙·马龙生前积累的大量手稿注释。埃德蒙·马龙长期致力于自己版本的修改，但1812年他逝世时尚未完工。小詹姆斯·博斯韦尔的“马龙版本”因此得名，于1821出版了二十一卷本，是莎士比亚著作编辑中最有价值的版本。但其中三卷涉及莎士比亚个人经历和作品的早期文章及最后一卷的详解，编排顺序有点混乱，而且没有索引；许多文章和注释在埃德蒙·马龙去世停笔处突然中断。费城的贺拉斯·霍华德·弗内斯先生着手编辑详尽全面的

《罗密欧与朱丽叶》

新版《集注本》，自 1871 年以来已出版了十一卷（《罗密欧与朱丽叶》《麦克白》《李尔王》《奥赛罗》《威尼斯商人》《皆大欢喜》《暴风雨》《仲夏夜之梦》《冬天的故事》各一卷及《哈姆雷特》两卷）。

19 世纪诸多编者将莎士比亚著作与自己的原创评注编辑成册。其中，追随18世纪伟大传统最成功的当推亚历山大·戴斯、霍华德·斯汤顿、尼古劳斯·德利厄斯及剑桥大学出版社编辑编辑威廉·乔治·克拉克和阿尔迪斯·赖特。

亚历山大·戴斯与乔治·斯蒂文斯不相上下，十分精通伊丽莎白一世时代的文学，尤其是戏剧。1857 年，他编辑的九卷本莎士比亚著作首次出版，包括许多新颖而有价值的详细注释、一些优秀的文本校正与非常实用的词汇表。但他的评注往往不够充分，因为太过简洁而常常让读者干着急。1868 年到 1870 年，霍华德·斯汤顿的版本首次以三卷本出版。霍华德·斯汤顿是一位敏锐的文本批评家，同样通晓当代文学。导论中涉及许多有趣的戏剧史。1854 年到 1861 年，尼古劳斯·德利厄斯的七卷本在德意志埃尔伯费尔德出版，采用的批评原则合理可靠，整个文本都值得信赖。1882 年问世的尼古劳斯·德利厄斯第五版是两卷本。1863 年到 1866 年，剑桥大学出版社九卷本首次出版，详尽解释了之前所有版本中的各种文本，提供了最好最全面的批评方法。（新版本中，1887 年的是九卷本，1893 年的是四十卷本。）

19 世纪还有不少其他莎士比亚全集编者。1825 年威廉·哈尼斯出版了八卷本；1826 年，塞缪尔·韦勒·辛格编辑的十卷本由威廉·皮克林在奇西克出版社出版，插图由托马斯·斯托瑟德等人制作，1856 年再版时新增了威廉·沃基斯·劳埃德的文章；1838 年到 1843 年，查尔斯·奈特出版了八卷本“插图版”，涉及莎士比亚个人经历及其疑似剧作，注释有些东拉西扯，插图由弗雷德里克·威廉·费尔霍尔特等人制作，后续版本常用不同名称；1839 年到 1843 年，布赖恩·沃勒·普克特（即巴里·康沃尔）出版了三卷本；1841 年到 1844 年，约翰·佩恩·科利尔编辑出版了八卷本，另一版是盗版的八卷本，1878 年以四开本出版；1852 年到 1854 年，演员塞缪尔·费尔普斯出版了两卷本，另一版 1882 年到 1884 年出版；1853 年到 1861 年，詹姆斯·奥查德·哈

威廉·哈尼斯

利威尔出版了十五卷对开本，这是一套综合早期编者注释的百科全书式插图版；1857 年到 1865 年，理查德·格兰特·怀特在美国波士顿出版了十二卷本；1871 年到 1896 年，威廉·詹姆斯·罗尔夫在纽约出版了四十卷本；1881 年，亨利·诺曼·哈得孙牧师的哈佛版本在波士顿出版，二十卷本。上述编者的成果尽管有些价值，但比其前文提到的那些同世纪的编辑，其文本黯然失色。不列颠最近出版的完整注释本有弗朗西斯·艾伯特·马歇尔等人编辑的《亨利·欧文版莎士比亚全集》（八卷本，1888 年到 1890 年）——戏剧史方面的注释尤其珍贵——和伊斯雷尔·戈兰茨先生简要编辑的《莎士比亚圣殿》（三十八卷本，十二开本，1894 年到 1896 年）。

没有评注的单行本中最好的版本有威廉·乔治·克拉克和阿尔迪斯·赖特先生编辑的环球版（1864 年出版，之后时常再版——1891 年以来新增有价值的词汇表）；利奥波德版（1876 年出版，文本来自尼古劳斯·德利厄斯的版本，前言由弗雷德里克·詹姆斯·弗尼瓦尔博士撰写）；有威廉·詹姆斯·克雷格先生编辑的牛津版（1894 年出版）。

第 20 章

青史留名

精彩看点

莎士比亚同代人的观点——本·琼生的悼念——1660年到1702年英格兰人的观点——约翰·德莱顿的观点——王政复辟时期的戏剧改编——1702年以来英格兰人的观点——斯特拉福的纪念庆典——英格兰舞台上的莎士比亚戏剧——女演员首次登台扮演莎士比亚戏剧女性角色——大卫·加里克（1717—1779）——约翰·菲利普·肯布尔（1757—1823）——莎拉·西登斯夫人（1755—1831）——埃德蒙·基恩（1787—1833）——威廉·查尔斯·麦克雷迪（1793—1873）——近年来莎士比亚戏剧的复兴——音乐与艺术方面的影响——约翰·博伊德尔的莎士比亚美术馆——莎士比亚在美国的影响——翻译——莎士比亚在德意志的影响——德文译本——德意志现代莎士比亚研究者——德意志地区舞台上的莎士比亚戏剧——莎士比亚在法兰西的影响——伏尔泰的苛评——法兰西批评界逐步摆脱伏尔泰的影响——法兰西舞台上的莎士比亚戏剧——莎士比亚在意大利的影响——莎士比亚戏剧在荷兰——莎士比亚戏剧在俄国——莎士比亚戏剧在波兰——莎士比亚戏剧在匈牙利——莎士比亚戏剧在其他国家

在职业生涯的每个阶段，莎士比亚都勇于挑战古典戏剧的法则，追求时空与情节的统一。莎士比亚时期的批评家热衷捍卫传统规则，不信任一切违反常规的作品。但莎士比亚天赋——不断尝试新的戏剧艺术手法——并没有受到传统规则爱好者的嫌弃。即使那些抗议莎士比亚创新的循规蹈矩者为能心安，也很快与当时文化程度参差不齐的戏迷们一起为莎士比亚的戏剧高唱赞歌。1608年，《特洛伊罗斯与克瑞西达》的盗印出版商如实回应了公众舆论，在前言中写道："该作者的喜剧非常切合生活实际，以最熟悉的方式评述生活中的所有行为，体现了作者巧妙的构思与聪颖的才智。即使最反感戏剧的人也会爱上他的喜剧……该作者的喜剧中充满了各种机智，生动有趣。水平如此高超的作品简直诞生于孕育维纳斯女神的万能之海。"

莎士比亚去世七年后，第一对开本等待最后审批时，编辑们写道："这些戏剧已经通过核查，能顶得住所有评论[①]。"本·琼生是古典规则最坚定的捍卫者，指出莎士比亚作品"缺少艺术性"。但在第一对开本的序言中，他依然奉莎士比亚为最优秀的剧作家，认为他赶超希腊与罗马先辈，应该获得整个欧洲的尊重：

---

① 参见马修·阿诺德评价莎士比亚的十四行诗：

别人要等待我们的质疑。你不用。——原注

约翰·米尔顿

自豪吧，我的国人，你们中有个人的丰功伟绩，
值得整个欧洲肃然起敬。
他的名气不会与身灭，而将流芳千百世。

1630年，约翰·米尔顿写了一首类似的悼念短诗《名垂千古》：

何须劳神为我的莎士比亚尊贵的尸骨
堆砌只属于一个时代的碑墓？
或者将他空虚的躯体藏至

尖顶镶星的锥形塔底？

亲爱的记忆之子，您将名垂千古，

您的名字不止受人如此匆匆一睹，

在我们的惊叹与震撼之巅

你已为自己建下丰碑，永矗人间。

1632年的第二对开本中，一名眼光独到、不轻露姓名的作者（署名为I.M.S.①）写了一首极好的颂词。开始几句描写“莎士比亚的永久财富”，具体内容如下：

思想折射着逝去的历朝历代，明朗清晰

恰如其分，笔下诸物虽似

相隔千年之遥，但仍栩栩如生，

重现昔日的五彩斑斓。

接着提及莎士比亚有能力：

超越匆匆岁月，扭转多舛的命运，

击退诸天将，吹开黄泉路上幽魂

萦绕的铁门，只见混乱模糊的阴府里

四处躺着成堆的残尸。

整整十年间，约翰·米尔顿和I.M.S的诗文一直受到家庭剧剧作家托马斯·海伍德，勇敢骑士的抒情诗人约翰·萨克林，“永远难忘的”思想者、伊顿的约翰·黑尔斯，笔耕不辍的舞台剧与宫廷剧作者、诗人威廉·戴夫南特爵士等不

① 除代表作者的名字之外，这三个字母还被理解为“悼词”的意思。作为姓名缩写，有人认为是年轻的牛津作家雅斯佩尔·梅恩（学者），有人认为是约翰·马斯顿（学者或讽刺作家），还有人认为是约翰·米尔顿（评议员或学者）。意见不一，尚无定论。——原注

同喜好批评者的纷纷效仿。1640 年以前，据说约翰·黑尔斯就已顶着学者们的非议，在伊顿的家中，成功地证实了一个命题，声称“任何诗人写过的主题只有在莎士比亚的作品中才诠释得最完美[①]”。伦纳德·迪格斯在1640年版《诗集》中声称莎士比亚每部戏的重演都让剧院爆满。没过多久，莎士比亚的戏剧成为查理一世“软禁”之年“最亲密的伙伴[②]”。

王政复辟之后，英格兰人的口味开始转向法兰西戏剧和古典戏剧模式[③]。莎士比亚的作品被认为是自然之作，缺少艺术性，受到了一些批评。但这种否认昙花一现，只是部分人的观点，主流观点仍然认可莎士比亚作品。托马斯·赖默卖弄学问，老生常谈，批评莎士比亚无视古典规则，引起诸多关注，但英格兰的附和者并不多。他的《悲剧简论》主要分析了《奥赛罗》。他得出一个古怪的结论，认为《奥赛罗》是“一部了无生趣的血腥荒诞剧”。塞缪尔·佩皮斯认为《暴风雨》“毫无卓越智慧”，《仲夏夜之梦》是“最无趣、最荒谬的戏剧”。然而，1660 年 10 月 11 日到 1668 年或 1669 年 2 月 6 日，这位苛刻的批评家亲眼观看了莎士比亚十二部戏剧的三十六场演出(其中,《哈姆雷特》四场，《麦克白》九场)，并且承认《麦克白》是“一部情节丰富的、曲折的、杰出的戏剧”。当时的文学泰斗约翰·德莱顿多次抱怨莎士比亚反复无常，称“他就是诗人中的两面神[④]”。但他同时再三强调，莎士比亚在英

① 1694年，查尔斯·吉尔顿在写给约翰·德莱顿的《关于赖默先生的〈悲剧简论〉的几点反思》中，提供了一个经典版本，内容如下：“我已从您处获悉，当时最有能力的批评家高度评价了莎士比亚，称颂他的才华超越所有古人。为了让世人满意，认为莎士比亚确实如我所述受到了无与伦比的尊重，我将把您告知的一些主要内容真实记录在此(如果我没有记错的话)。伊顿的海尔斯先生确认他将一一列出莎士比亚超越的所有先辈诗人，证实莎士比亚在诗歌中论及所有主题与普通情形时展示的才华。敌视莎士比亚的人们绝不甘心让他获得如此殊荣，于是决定从技术上进行核实与检验。这次争论在海尔斯先生的伊顿住所达成共识。当时，敌视莎士比亚的人们送来了许多书籍。协商之日，福克兰勋爵、约翰·萨克林爵士与所有关注这次争论的才学兼备的高素质人士济济一堂，进行了专题探讨。最后，这一人才荟萃的高层论坛选出的评委一致同意将殊荣授予莎士比亚，并且认定至少希腊与罗马诗人要逊色于这位英格兰主角。”——原注

② 约翰·米尔顿：《偶像破坏者》，1690年，第9页到第10页。——原注

③ 参见《约翰·伊夫林的日记》，1661年11月26日：“我看见了关于丹麦王子哈姆雷特的那部剧在演。但现在，那些老剧在这个优雅的年代已经不那么受宠了，因为国王陛下长期在国外。”——原注

④ 约翰·德莱顿：《征服格兰纳达》，1672年。——原注

塞缪尔 · 佩皮斯

格兰人民心中的地位并不亚于埃斯库罗斯在雅典人心中的地位，“有着现代乃至古代所有诗人中最广博最全面的思想……凡是他所描述之事，你不仅好似亲眼所见，而且实实在在地身临其境[①]”。1693年，戈弗雷 · 内勒送了一幅钱多斯版莎士比亚画像的复制品给约翰 · 德莱顿。为表示感谢，约翰 · 德莱顿作诗如下：

① 约翰·德莱顿：《论戏剧的诗》，1668年。1679年，约翰·德莱顿在《特洛伊罗斯与克瑞西达》改编版的前言中也做了一些有趣的、更合格的批评。1676年，在与约翰·戴夫南特合作改编的《暴风雨》开场白中，他写道：

但莎士比亚的魔力无法复制；
唯有他敢于步入那高深的圈子。——原注

戈弗雷·内勒爵士

致戈弗雷·内勒爵士

我把你的礼物莎士比亚放在眼前；
无限敬畏，乞求他保佑我文思如泉；
满怀敬仰，端详着他神圣的尊容，
以及些许骄傲于他上帝般庄严的血统。
他的灵魂激励着我，让我写下献给你的赞词，
而我，只是协助埃阿斯作战的图瑟而已[①]。

① 埃阿斯是希腊神话特洛伊战役中的希腊英雄；图瑟是埃阿斯同父异母的兄弟，辅佐埃阿斯作战。

查理二世时代，虽然纽卡斯尔公爵夫人玛格丽特·卡文迪什、查尔斯·塞德利爵士等作者的气质与约翰·德莱顿截然相反，但他们都大力宣扬莎士比亚的卓越。冷静的纽卡斯尔公爵夫人声称自己像情窦初开的女孩般爱上了莎士比亚，在自己 1664 年出版的《社交书简》中，热情洋溢地描述了莎士比亚如何创造错觉，“化身为自己笔下的每个人物”，并感同身受，与剧中人惺惺相惜。

玛格丽特·卡文迪什

当观看莎士比亚的一部悲剧时，她觉得自己仿佛身临其境。玛格丽特·卡文迪什总结道：“莎士比亚确实明辨是非、才思敏捷、观察细致、思维缜密、能言善辩。”1693年，希格登创作了一部喜剧《机警的寡妇》。享乐主义者查尔斯·塞德利为其作序，其间顿呼莎士比亚，内容如下：

> 莎士比亚硕果累累的天赋，令人愉悦的才智
> 于灵感瞬间偶然塑造完毕
> 这是造物主的骄傲，令学校教育自惭形秽
> 他生而为创造，绝非后天从规则中学会

为迎合当时不太认同莎士比亚戏剧的大众口味，莎士比亚的许多戏剧都被改编，但效果不佳，无以与原作相媲美。约翰·德莱顿和约翰·戴夫南特将《暴风雨》改编成歌剧（1670）。约翰·戴夫南特独自改编了《两个贵族亲戚》（1668）和《麦克白》（1674）。约翰·德莱顿独自改编了《特洛伊罗斯与克瑞西达》（1679）；托马斯·杜斐特和托马斯·沙德韦尔分别改编了《暴风雨》（1675）和《雅典的泰门》（1678）；纳胡姆·泰特改编了《理查二世》（1681）、《李尔王》（1681）和《科利奥兰纳斯》（1682）。另外，约翰·克劳、托马斯·杜尔费、爱德华·雷文斯克罗夫特、托马斯·奥特韦和第一代白金汉公爵约翰·谢菲尔德分别改编了《亨利六世》（1681）、《辛白林》（1682）、《泰特斯·安德洛尼克斯》（1687）、《罗密欧与朱丽叶》（1692）和《尤利乌斯·恺撒》（1692）。然而，同期的主要演员托马斯·贝特顿因成功诠释了莎士比亚的主要角色（往往都是老版本中的角色）而一举成名。哈姆雷特是他最擅长的角色[①]。他所在剧院的提词员唐斯写道：“之后好几年内，剧团都没有一部悲剧在名气和收益上能超过《哈姆雷特》。”

从安妮女王登基至今，莎士比亚的赫赫名声，无论是在舞台上，还是在批

---

① 《莎士比亚的百年赞歌：1591—1693》，克莱门特·曼斯菲尔德·英格尔比和图尔明·史密斯编，新莎士比亚学会，1879年；《新典故》，弗雷德里克·詹姆斯·弗尼瓦尔编，1886年。——原注

安妮女王

评家之间，日渐高涨，几乎未曾衰落。1711 年，爱挑剔的批评家约翰·丹尼斯在谈论莎士比亚“天赋”的《书札》中，由衷地对莎士比亚的著作给予了高度的赞扬。我们看到，18 世纪两位最优秀的文人亚历山大·蒲伯与塞缪尔·约翰逊，尽管有时难免指责莎士比亚，但仍然出版莎士比亚的著作，向他表示敬意。18 世纪中期，刘易斯·西奥博尔德和爱德华·卡佩尔创建的文本批评学派自创立伊始就一直活动频繁。[①]18 世纪末，埃德蒙·马龙致力于梳理莎士比

① 威廉·西德尼·沃克：《莎士比亚文本的批判性审视》，1859年。——原注

亚传记及其同代戏剧史，并培养了不少弟子，其中约瑟夫·亨特和约翰·佩恩·科利尔尤其突出。在埃德蒙·马龙所有的接班人中，詹姆斯·奥查德·哈利威尔与后来的詹姆斯·奥查德·哈利威尔－菲利普斯（1820—1889）在莎士比亚传记知识方面所取得的成就最显著。

与此同时，19世纪初又出现了一个新兴学派，即审美学派，专门阐释莎士比亚戏剧的美学优点。审美学派初期很大程度上受到德意志奥古斯特·威廉·冯·施莱格尔和其他著名莎士比亚批评家的影响。英格兰与其他所有国家审美学派的最杰出代表当推塞缪尔·泰勒·柯勒律治及其《笔记和讲稿》[①]和威廉·黑兹利特及其《莎士比亚戏剧中的人物》（1817）。爱德华·道登教授和阿尔杰农·查尔斯·斯温伯恩先生分别著有《莎士比亚其人、其思想与艺术》（1874）和《莎士比亚研究》，算是卓有成效的后继者，但丝毫不能动摇塞缪尔·泰勒·柯勒律治和威廉·黑兹利特在审美批评方面首屈一指的成就。为了更全面地阐释莎士比亚著作——从文本、历史和审美诸角度——两大出版学会做了许多有价值的工作。一个是1841年约翰·佩恩·科利尔、詹姆斯·奥查德·哈利威尔和他们的朋友成立的“莎士比亚学会”，截至1853年学会解散，共出版了四十八卷图书。另一个是1874年弗雷德里克·詹姆斯·弗尼瓦尔博士创建的新莎士比亚学会，二十年发行了二十七本出版物，主要阐释莎士比亚的文本及其所处时代的生活与文学。

1769年，在大卫·加里克、阿恩博士和詹姆斯·博斯韦尔的指导下，斯特拉福举行了为期三天（9月6日至8日）的纪念莎士比亚的庆典。1827年4月和1830年4月小规模地举行了类似的庆典。1864年4月23日至5月4日，“莎士比亚诞辰三百周年庆典”在斯特拉福举行，是一次全国性的庆典盛会[②]。

① 参见《塞缪尔·泰勒·柯勒律治论及莎士比亚及其他诗人的笔记与讲稿，由托马斯·阿西娅首次收集》，1883年。据塞缪尔·泰勒·柯勒律治所言，威廉·华兹华斯认为最初是德意志批评家教会我们正确地思考莎士比亚其人其作。塞缪尔·泰勒·柯勒律治对此观点非常不满。（《塞缪尔·泰勒·柯勒律治给马福德的信》，1818年；参见戴克·坎贝尔：《塞缪尔·泰勒·柯勒律治回忆录》，第105页）。但下文会提到威廉·华兹华斯的基本观点（参见本书第363页注释①）。——原注

② 参见罗伯特·亨特：《莎士比亚及其三百周年纪念日庆典》，1864年。——原注

威廉·黑兹利特

自王政复辟时代的杰出演员托马斯·贝特顿以来，英格兰舞台上每位出色的演员都与莎士比亚的戏剧人物息息相关。1710 年 5 月 2 日，托马斯·贝特顿的葬礼在威斯敏斯特教堂的回廊内举行。理查德·斯蒂尔在《闲谈者》（第 167 期）中提及相关场面，并以托马斯·贝特顿扮演的角色奥赛罗为例，展示了他在舞台上诠释莎士比亚时曲尽其妙、无与伦比的才能。莎士比亚戏剧演绎中有一个了不起的创新，颇受欢迎，也凝聚了托马斯·贝特顿的心血。托马斯·基利格鲁提议由女演员代替童伶来扮演女性角色。托马斯·贝特顿对此给予了鼓励和重视。1660 年 12 月 8 日上演的《奥赛罗》中，女主角苔丝狄蒙娜

玛格丽特·休斯

是第一位在公共剧院由职业女演员扮演的角色[①]。据说当时的女演员是鲁珀特王子的情人玛格丽特·休斯小姐。但托马斯·贝特顿的妻子贝特顿夫人，即舞台上人们最早熟悉的桑德森夫人，是最早扮演莎士比亚戏剧系列女性角色的女演员。她给予了丈夫强有力的支持，自1663年起，先后扮演了奥菲莉娅、朱丽叶、凯瑟琳王后和麦克白夫人等角色。托马斯·贝特顿组织的一群演员在他

① 名不见经传的诗人托马斯·乔丹写了一篇序言记录这一新做法，并指出了老传统的荒谬：

说实话，四五十岁的男人
骨骼粗壮，举止粗笨，
去演年芳十五的妙龄美少女，
一声苔丝狄蒙娜，出场的却是大汉之躯。——原注

逝世后多年都一直奉行他的传统做法。他的接班人中最有名气和威望的是哈姆雷特的扮演者罗伯特·威尔克斯（1670—1730）和亨利八世、豪斯伯的扮演者巴顿·布思（1681—1733）。科利·西伯（1671—1757）兼演员、剧院经理和戏剧批评家三职于一身，是托马斯·贝特顿的忠诚学徒，也是莎士比亚的热爱者，但虚荣心强，信奉王政复辟的思想主张，所以在准备莎士比亚戏剧舞台演出的过程中对莎士比亚的文本做出了许多过分的冒犯行为。1700 年，科利·西伯改编出臭名昭著的《理查三世》，取代原剧，长期霸占剧院舞台。不过，临近 18 世纪中期，由于大卫·加里克不懈的努力，莎士比亚戏剧早期改

科利·西伯

大卫·加里克

编版在大众心中的地位渐渐失去了往日的光辉。他的表演天赋与他对莎士比亚的热爱使莎士比亚戏剧契合了大众的品位。他声称莎士比亚的文本已经重回舞台——清除王政复辟时代对莎士比亚戏剧的亵渎——但这一言论是经不起严格审核的。他毫无顾忌地将自己和朋友们肆意篡改的莎士比亚戏剧版本搬上了舞台，给《罗密欧与朱丽叶》换上了一个欢乐的结局，将《驯悍记》改成了荒诞剧《凯瑟琳和彼特鲁乔》（1754），大幅度地修改了《安东尼与克莉奥帕特拉》《维洛那二绅士》《辛白林》和《仲夏夜之梦》。然而，纵使莎士比亚笔下有那么多形形色色的人物，但没有哪位演员能与大卫·加里克获得同等显赫的名声。1741 年，他扮演理查三世大获成功。接着，哈姆雷特、李尔王、麦克白、约翰王、罗密欧、福尔肯布里奇、奥赛罗、里昂提斯、班尼迪克与《安东尼与克莉奥帕特拉》中的安东尼等角色的扮演同样取得成功。1779 年 2 月 1 日，大卫·加里克葬在威斯敏斯特教堂莎士比亚雕塑的脚下，对于逝者而言，也算得上实至名归。

论才干，大卫·加里克之后有凯瑟琳·克莱夫夫人（1711—1785）、苏珊娜·玛丽亚·西伯夫人（1714—1766）和汉娜·普里查德夫人（1711—1768）。苏珊娜·玛丽亚·西伯夫人扮演了《约翰王》中的康斯坦茨；汉娜·普里查德夫人扮演了麦克白夫人。这两个角色像大卫·加里克扮演的李尔王和理查三世一样，引起了不少关注。同时，有一些批评家认为，大卫·加里克的竞争者们扮

凯瑟琳·克莱夫夫人

查尔斯·麦克林

演某些角色所展示的能力可以与他一较高下。自1735年到1785年近半个世纪，查尔斯·麦克林（1697？—1797）数百次扮演了夏洛克，堪称大师级的诠释。在他之前，夏洛克一直由喜剧演员扮演。但查尔斯·麦克林着重展现角色的悲剧意义，卓有成效，即使大卫·加里克也稍逊一筹。查尔斯·麦克林扮演的波洛尼厄斯和埃古出类拔萃。巴斯优秀演员约翰·亨德森（1747—1785）与大卫·加里克一样葬于威斯敏斯特教堂，因扮演福斯塔夫而名声远扬；约翰·帕尔默（1742？—1798）扮演的莫枯修、斯兰德、杰奎斯、塔奇斯通和托比·培尔契爵士等配角也近乎完美。但大卫·加里克直至去世，都一直在戏剧界稳占鳌头，之后便由约翰·菲利普·肯布尔接替。约翰·菲利普·肯布尔的姐姐莎拉·西登斯夫人更有才华，给弟弟提供了极其宝贵的支持。

约翰·菲利普·肯布尔的语言有些僵硬，但慷慨激昂，扮演了莎士比亚的各种悲剧人物，声名远播，深得皮特、沃尔特·司各特爵士、查尔斯·兰姆和利·亨特等人喜爱。科里奥兰纳斯是约翰·菲利普·肯布尔扮演的代表性角色。同时，他演绎的哈姆雷特、约翰王、沃尔西、里昂提斯、布鲁特斯与《一报还一报》中的公爵也被当时戏剧批评界奉为圭臬。约翰·菲利普·肯布尔的姐姐莎拉·西登斯夫人是英格兰最优秀的女演员。她扮演的麦克白夫人高贵优雅、令人敬畏，其他角色，如康斯坦茨、凯瑟琳王后等，经受住了岁月的洗礼，即

查尔斯·兰姆

乔治·弗雷德里克·库克

使是法兰西著名的女演员也无法超越。

19世纪，最成功地演绎莎士比亚戏剧人物角色的演员非埃德蒙·基恩莫属。1814年1月26日，他在德鲁里巷剧院舞台首秀，成功地扮演了夏洛克，堪称英格兰戏剧史上最激动人心的事件之一。他公然挑战“肯布尔学派”最严格的传统，任由情感即兴发挥。除了夏洛克，他扮演的理查三世、奥赛罗、哈姆雷特和李尔王也非常出色。正如批评家塞缪尔·泰勒·柯勒律治所说，观看埃德蒙·基恩表演就像“闪电般地阅读莎士比亚著作”。同时代扮演莎士比亚戏剧人物的其他演员中，乔治·弗雷德里克·库克（1756—1811）也广受好评。1801年10月31日，乔治·弗雷德里克·库克在伦敦科芬园剧院首次扮演理查三世，一举成名。同样值得一提的还有罗伯特·本斯利。1822年，查尔斯·兰姆指出，在当时活跃戏坛的所有演员中，罗伯特·本斯利“拥有非常优秀的思想”。查尔斯·兰姆还在自己的《伊利亚随笔》中热情洋溢地分析了罗伯特·本斯利所扮演的马伏里奥（该分析现已成为经典）。但在更资深的戏迷看来，罗伯特·本斯利的才化相当平庸[①]。而多萝西娅·乔丹夫人（1762—1816）扮演的奥菲莉娅、海伦娜与《第十二夜》中的维奥拉获得查尔斯·兰姆、威廉·黑兹利特和利·亨特的一致称赞。另外，据说她扮演的罗莎琳德在各方面都超越了莎拉·西登斯夫人。

利·亨特

① 查尔斯·兰姆:《伊利亚随笔》，卡农·安杰编，第180页起。——原注

莎德斯威尔斯剧院

威廉·查尔斯·麦克雷迪接过了大卫·加里克、约翰·菲利普·肯布尔、埃德蒙·基恩及其同代人点燃的火炬然后发扬光大。威廉·查尔斯·麦克雷迪是一位有教养、尽职尽责的演员，在四十余年（1810—1851）的职业生涯中，成功地诠释了莎士比亚悲剧中所有伟大人物。尽管他的古典风度不及约翰·菲利普·肯布尔，激情难敌埃德蒙·基恩，但在有文化的观众看来，他绝对是公认的最优秀的莎士比亚戏剧人物演绎者。与威廉·查尔斯·麦克雷迪搭档的女演员起初主要是海伦·福西特，即后来是马丁夫人。她扮演的伊莫金、比阿特丽斯、朱丽叶和罗莎琳德可谓出神入化，谱写了戏剧史上又一引人入胜的篇章。

近代最敬重莎士比亚的演员兼经理是塞缪尔·费尔普斯（1804—1878）。1844 年到 1862 年，在莎德斯威尔斯剧院任职期间他成功地推出了除《特洛伊罗斯与克瑞西达》《泰特斯·安德洛尼克斯》之外的所有莎士比亚戏剧。亨利·欧文爵士从 1874 年起，1878 年之后由精明能干的埃伦·特里小姐协助，迄今为止在兰心大戏院重演了十一部莎士比亚戏剧（包括《哈姆雷特》《麦克白》《奥赛罗》《理查三世》《威尼斯商人》《无事生非》《第十二夜》《罗密欧与朱丽叶》《李尔王》《亨利八世》和《辛白林》）。每一部戏剧都精心演绎，布景奢华，精华部分诠释得淋漓尽致[①]。但如今，在英格兰莎士比亚戏剧的重演时断时续。自塞缪尔·费尔普斯离职后，再没有剧院经理像他那样在舞台上全面系统地阐释莎士比亚戏剧。德意志地区在这方面更努力[②]。近代莎士比亚戏剧演出史中，有一点令文学界的学者们不甚满意，那便是：尽管莎士比亚戏剧舞台演出的文本很有必要改变，重新安排场景也势在必行，但多年来，英格兰和其他国家的观众固守剧院经理认定的莎士比亚戏剧权威版本，并且这种情结与日俱增。不过，令人满意的是，18 世纪任意曲解莎士比亚戏剧的不良传统几近绝迹。

亨利·珀塞尔

① 《哈姆雷特》和《麦克白》分别于1874年到1875年和1888年到1889年由亨利·欧文爵士连续演出了两百个夜间场次，是迄今所知持续上演时间最长的莎士比亚戏剧。——原注

② 参见本书第364页和第365页。——原注

英格兰的音乐与艺术深受莎士比亚的影响。从托马斯·莫利、亨利·珀塞尔、马修·洛克、阿恩父子到威廉·林利、亨利·毕夏普爵士、阿瑟·苏利文爵士等卓越的音乐家，或设法改进了前辈们为莎士比亚诗歌谱写的乐曲，或创作了阐释某些莎士比亚戏剧主题的音乐会音乐[①]。艺术方面，1787年，出版商约翰·博伊德尔策划了一个方案，组织当时英格兰最优秀的艺术家来阐释莎士比亚作品中的场景。一批精美的画作应运而生，总共一百六十八幅。艺术家约瑟夫·雷诺兹爵士、乔治·罗姆尼、托马斯·斯托瑟德、约翰·奥佩、本杰明·韦斯特、詹姆斯·巴里和亨利·菲尤泽利都在约翰·博伊德尔受邀之列。1789年到1804年，蓓尔美尔街为此特设了美术馆，时不时地展出所有绘画。1802年，约翰·博伊德尔将一些主要画作制成版画，编辑成册出版。1805年，这一系列优秀的画作公开拍卖，开始流入民间。之后，所有卓越的艺术家，从丹尼尔·麦克利斯到约翰·米莱爵士，几乎全都跃跃欲试，着手阐释莎士比亚戏剧中的某一场景或人物。

美国对莎士比亚的热情丝毫不亚于英格兰。莎士比亚著作的编辑和批评家也不计其数。有些美国人，如詹姆斯·拉塞尔·洛厄尔，所写的莎士比亚批评已达最高文学水准。费城的贺拉斯·霍华德·弗内斯先生在《新集注本》中所耗费的时间与精力令其他所有莎士比亚著作研究成果相形见绌。波士顿公共图书馆的巴顿版《莎士比亚研究资料汇编》是现存最珍贵的莎士比亚著作研究成果之一，（1878—1880）内容丰富详尽，多达两千五百条记录。1750年3月，首部在美国演出的莎士比亚戏剧《理查三世》在纽约上演。后来，爱德温·佛利斯特、朱尼厄斯·布鲁特斯·布思、爱德温·布思、夏洛特·库什曼和艾达·里恩小姐在美国舞台上坚守表演莎士比亚戏剧的伟大传统；爱德温·奥斯丁·阿比先生则以自己卓越的艺术天赋致力于用画笔描绘莎士比亚戏剧场景。

除《圣经》外，莎士比亚著作是翻译次数最频繁或翻译语种最多的文学作品。起初，莎士比亚在德意志、法兰西、意大利和俄国的名气增长较慢。不过，

① 阿尔弗雷德·罗弗：《莎士比亚音乐》，1878年；《……已配乐的莎士比亚诗歌》，新莎士比亚学会，1884年。——原注

詹姆斯·拉塞尔·洛厄尔

近一个半世纪以来，莎士比亚在德意志获得的认可并不亚于在美国和英格兰得到的赞誉。1614 年，赫斯将三部莎士比亚戏剧从英格兰带入德意志，现存于苏黎世图书馆。早在 1626 年，《哈姆雷特》《李尔王》和《罗密欧与朱丽叶》就在德累斯顿上演。17 世纪末，《驯悍记》的某个版本也在德累斯顿与其他城市上演。1640 年到 1740 年，德意志文学界译介了英格兰百科全书中约翰·德莱顿的莎士比亚述评后，当地读者才得以真正了解莎士比亚[①]。伦敦的普鲁士牧师冯·博克男爵将《尤利乌斯·恺撒》译成德语，1741 年在柏林出版。虽然译文比较蹩脚，但标志着德意志人开始直接接触莎士比亚戏剧。随后，

① 莫尔霍夫：《论德语诗歌语言和教学》，基尔，1682年，第250页。——原注

1758年，德文《罗密欧与朱丽叶》出版，翻译质量糟糕。同时，极有影响力的文人约翰·克里斯托夫·戈特舍德在《德语的贡献》中与别处评论冯·博克男爵的译作时猛烈地抨击了莎士比亚。戈特霍尔德·以法莲·莱辛刻不容缓地出面支持莎士比亚，大大提高了莎士比亚在德意志民众心目中的声望，自此，这一声望固若金汤。1759年，在期刊《文学书简》中，他首次宣扬莎士比亚的优秀，认为无论是当时一直主导欧洲观众趣味的法兰西剧作家让·拉辛和科尔内耶，还是其他古今诗人，都只能退居其次。他在《汉堡剧评》（汉堡，1767年，两卷，八开本）中继续发展了自己的见解。接着，1771年，诗人约

克里斯托弗·马丁·维兰德

奥古斯特·威廉·冯·施莱格尔

翰·戈特弗里德·赫尔德在《德意志艺术片断》中采纳了他的观点。1762年，克里斯托弗·马丁·维兰德（1733—1813）开始用散文体翻译莎士比亚著作，后来由约翰·约阿希姆·艾申堡（1743—1820）完成（十三卷本，苏黎世，1775年到1784年）。1797年到1833年，奥古斯特·威廉·冯·施莱格尔和路德维希·蒂克的经典莎士比亚作品德语译文间或出版。二人均属德意志文学浪漫主义学派的代表人物。该学派在最初的章程中就主张尊重、推崇莎士比亚，之后一直坚定不移。奥古斯特·威廉·冯·施莱格尔只翻译了十七部莎士比亚戏剧。路德维希·蒂克主要负责编辑不同译者的翻译版本。同时，莎士比亚作品的其他德文译作层出不穷，主要译者有约翰·海因里希·沃斯及其儿子

斐迪南·冯·弗莱利格拉特

们（1818 年到 1829 年译作在莱比锡出版）、约翰·威廉·奥托·本达（1825 年到 1826 年译作在莱比锡出版）、克尔内尔（1836 年译作在维也纳出版）、阿道夫·伯特格尔（1836 年到 1837 年译作在莱比锡出版）、恩斯特·奥特勒普（1838 年到 1839 年译作在斯图加特出版）与阿德尔贝特·冯·凯勒和莫里兹·拉普（1843 年到 1846 年译作在斯图加特出版）。后来，最优秀的德文版莎士比亚著作离不开一群诗人和杰出文人，即弗里德里希·冯·博登施泰特、斐迪南·冯·弗莱利格拉特和保罗·海泽的译作（1867 年到 1871 年在莱比锡出版，共三十八卷）。其中大部分译作多次再版。尽管弗里德里希·冯·博登施泰特和同伴们的翻译劳苦功高，但奥古斯特·威廉·冯·施莱格尔和路德维希·蒂克的成果仍然占据着权威地位。1808 年，奥古斯特·威廉·冯·施莱格尔在维也纳做了关于《莎士比亚与戏剧》的系列讲座。讲稿于 1815 年译成英语，与塞缪尔·泰勒·柯勒律治的相关评论旗鼓相当。其实，塞缪尔·泰勒·柯勒律治深受奥古斯特·威廉·冯·施莱格尔讲稿的影响。1815 年，威廉·华兹华斯宣称，奥古斯特·威廉·冯·施莱格尔及其弟子们率先指明了审美批评的正确道路，超越了当时英格兰所有莎士比亚审美批评家[①]。后来，约翰·沃尔夫冈·冯·歌德在诸多著述中都不惜笔墨地评论了莎士比亚著作，所到之处，发人深省，眼光独到，比起奥古斯特·威廉·冯·施莱格尔有过之而无不及[②]。约翰·沃尔夫冈·冯·歌德尽管认为莎士比亚作品不适合舞台表演，但还是为魏玛剧院改编了剧本《罗密欧与朱丽叶》；弗里德里希·席勒则改编了《麦克白》（斯图加特，1801 年）。1838 年，海因里希·海涅出版了在莎士比亚戏剧女主角方面的研究成果（1895 年英译本出版），颇受关注。海因里希·海涅指出，莎士比亚唯一美中不足之处是他是英格兰人。

近半个世纪以来，德意志学者一直勤勤恳恳、坚持不懈地致力于莎士比亚文本、美学和传记方面的批评；尽管许多美学批评的推理有些矫揉造作，过于精细，但他们的研究成果丰富，内容各异，充分说明莎士比亚作品备受德意志学术界关注。尽管剧作家尤利乌斯·罗德里赫·贝内迪克斯在《莎士比亚狂热》中试图遏制这股莎士比亚崇拜之风，但事实证明，他的努力只是徒劳无果的一意孤行。近代德意志学者中，尼古劳斯·德利厄斯（1813—1888）在莎士比亚文本和韵律研究方面堪称首屈一指；传记和戏剧史研究方面首推弗里德里希·卡尔·埃尔策（1821—1889）；美学研究则当推《莎士比亚讲稿》（柏林，1858 年、1874 年）和《莎士比亚问题研究》（莱比锡，1871 年）的作者弗里德里希·亚历山大·特奥多尔·科瑞西格（1818—1879）。赫尔曼·乌

① 威廉·华兹华斯在《诗集》的《序言补记》中写道："在所有国外人士中，只有德意志人才去了解真正的莎士比亚。在某些方面，他们甚至超越了莎士比亚的国人；因为我们普遍认为——我也可以说已成定论——赞誉莎士比亚为'大美足以弥补大过的任性不羁的天才'可谓恰如其分。但这种错误的观念到底要持续多久，我们才会普遍公认莎士比亚的判断力……和其想象力一样令人钦佩？"——原注

② 参见《威廉·梅西尔》。——原注

古斯塔夫·埃米尔·代夫里恩特

尔里奇的《莎士比亚的戏剧艺术》（1839 年在哈雷首次出版）和格维努斯的评论（1848 年到 1849 年在莱比锡首次出版），是从美学角度阐释莎士比亚的尝试，但令人难以信服。两部作品的英文译本也比较常见。1865 年，德意志莎士比亚学会在魏玛成立，迄今出版了三十四部年鉴（先后由弗里德里希·冯·博登施泰特、尼古劳斯·德利厄斯、弗里德里希·卡尔·埃尔策和弗里德里希·奥古斯特·利奥编辑），每一部都为莎士比亚研究提供了有用的成果。

在德意志地区的舞台上，莎士比亚戏剧有效地实现了本土化。三位杰出的演员——汉堡的弗雷德里克·乌利齐·路德维希·施罗德（1744—1816）、路德维希·代夫里恩特（1784—1832）和侄子古斯塔夫·埃米尔·代夫里恩特（1803—1872）——因成功扮演莎士比亚戏剧人物而声名鹊起。路德维希·代夫里恩特的另一个侄子爱德华·代夫里恩特（1801—1877）也是演员，和自己的儿子奥托·代夫里恩特一起，用德语编写了莎士比亚戏剧的舞台表演版本（1873年起陆续在莱比锡出版）。此前，1871年，威廉·奥奇尔黑泽尔编写的表演版本在柏林问世。迄今为止，已认定的三十七部莎士比亚戏剧中有二十八部获准列入德意志戏剧表演的榜单，所有历史剧都榜上有名[①]。1895年，有二十五部莎士比亚戏剧在德意志各剧院上演了七百零六个场[②]。1890年，二十三部戏剧上演了不下九百一十个场。1897年，二十四部剧总共演出了九百三十场——在欧洲德语区平均每天有三场莎士比亚戏剧演出。[③] 莎士比亚戏剧不仅在柏林和维也纳等大都市频繁演出，广受欢迎，而且在阿尔托那、布雷斯劳、美因河畔的法兰克福、汉堡、马格德堡和罗斯托克等小城镇定期反复上演，剧目数量有过之而无不及。《奥赛罗》《哈姆雷特》《罗密欧与朱丽叶》与《驯悍记》通常最受观众喜爱。在艺术方面，许多德意志作曲家曾从事与莎士比亚戏剧主题相关的创作。其中，门德尔松（为《仲夏夜之梦》配乐）、舒曼和弗朗兹·舒伯特（为独立的诗歌配乐）的成就斐然。

比起德意志地区，莎士比亚在法兰西被认可经历了更长时间。西拉诺·德·贝尔热拉克（1619—1655）在《阿格里皮娜》中剽窃了《辛白林》《哈姆雷特》和《威尼斯商人》内容。1680年左右，路易十四的图书管理员尼古拉·克莱

① 《德意志莎士比亚学会年鉴》，1894年。——原注

② 《德意志莎士比亚学会年鉴》，1896年，第438页。——原注

③ 1896年和1897年的确切统计数据如下：《奥赛罗》分别演出了一百三十五场和一百二十一场次；《哈姆雷特》分别演出了一百零二场和九十一场；《罗密欧与朱丽叶》分别演出了九十五场和一百一十八场；《驯悍记》分别演出了九十一场和九十二场；《威尼斯商人》分别演出了八十四场和六十二场；《仲夏夜之梦》为六十八场和九十二场；《冬天的故事》分别演出了四十九场和六十五场；《无事生非》分别演出了四十七场和三十二场；《李尔王》分别演出了四十一场和三十四场；《皆大欢喜》分别演出了三十七场和二十九场；《错误的喜剧》分别演出了二十九场次和四十三场；《尤利乌斯·恺撒》分别演出了二十七场和二十九场；《麦克白》分别演出了十场和十二场；《雅典的泰门》分别演出了七场和零场；《暴风雨》分别演出了五场和一场；《安东尼与克莉奥帕特拉》分别演出了两场和四场；《科利奥兰纳斯》分别演出了零场和二十场；《辛白林》分别演出了零场和四场；《理查二世》分别演出了十五场和五场；《亨利四世》上篇分别演出了二十六场和二十三场，下篇分别演出了六场和十三场；《亨利五世》分别演出了四场和七场；《亨利六世》第一部分别演出了三场和五场，第二部均演出了两场；《理查三世》分别演出了二十五场和二十六场（《德意志莎士比亚学会年鉴》，1897年，第306页起；1898年，第440页起）。——原注

伏尔泰

门特肯定了莎士比亚的想象力、天赋超凡的思维和巧言妙语，但指责其猥亵淫秽[①]。直至半个世纪后，法兰西人重新关注莎士比亚[②]。普雷沃神父在期刊《权衡利弊》（1733 年起）中承认了莎士比亚的才能。但伏尔泰才是真正将莎士比亚介绍给法兰西人的第一人。伏尔泰本人也以此自诩。1726 年到 1729 年，伏尔泰赴英格兰访问期间，深入研究了莎士比亚。他的戏剧明显受到了莎士比亚的影响。在《哲学通信》（1731）、1734 年再版更名为《在英格兰的通信》（第十八封和第十九封）和《关于悲剧的信函》（1731）等著作中，伏尔泰对莎士比亚的天赋表达了钦佩之情，同时指责莎士比亚在情趣与艺术方面的缺陷，

① 让·朱尔斯·朱瑟朗：《法兰西大使》，第56页。——原注

② 亚历山大·施密特：《论伏尔泰在法兰西译介莎士比亚的功劳》，柯尼斯堡，1864年。——原注

称其为“伦敦乌鸦，虽然很愚蠢，但写下了许多值得敬佩的大作”。1735年11月，伏尔泰致信德丰丹神父，肯定了《尤利乌斯·恺撒》的许多优点，并于1764年将相关内容在《观察》上公开发表。塞缪尔·约翰逊编辑出版了莎士比亚著作（1765），并在前言中回应了伏尔泰的总体评论。1769年，伊丽莎白·蒙塔古夫人在自己的单行本中也回应了伏尔泰。1777年，伊丽莎白·蒙塔古夫人的单行本译成法语。丹尼斯·狄德罗在《百科全书》中站在了伏尔泰的对立面，从而创造了更多研究莎士比亚著作的机会，掀起了莎士比亚研究热潮。德·拉·普拉斯《英格兰戏剧》（1745—1748）中有十二部译自莎士比

伊丽莎白·蒙塔古夫人

亚戏剧。自 1769 年起，让 - 弗朗索瓦 · 迪西（1733—1816）选取了六部莎士比亚戏剧改编成法语舞台剧本，虽见识欠佳，但首部戏剧《哈姆雷特》的演出收获了如潮好评。1776 年，皮埃尔 · 勒 · 图尔纳开始用散文体翻译所有莎士比亚戏剧（1782 年完成），称莎士比亚为“戏剧之神”，但译文质量实在不敢恭维。伏尔泰重新撰写了一份告诫书，抗议皮埃尔 · 勒 · 图尔纳的评价。告诫书由两封信组成，第一封于 1776 年 8 月 25 日在法兰西学院宣读，称莎士比亚为野蛮人，但其作品——“巨大的粪堆”——中也埋藏了些许珍珠。

伏尔泰的指责尽管后来遭到了法兰西大多数批评家的反对，但体现了法兰西才子的偏好，其影响力只能逐步消除。马蒙泰尔、拉·阿尔普、玛利·约瑟夫·切尼尔和夏多布里昂在伏尔泰 1801 年编辑出版的《莎士比亚研究论文集》中表

玛利 · 约瑟夫 · 切尼尔

达了倾向于伏尔泰的观点；但德·斯戴尔夫人在1804年的《文学》（第1卷第13章、第14章，第2卷第5章）中持对立观点。1815年，威廉·华兹华斯写道："如今，法兰西批评界对'我国这一宠儿'的憎恨丝毫未减。与伏尔泰时代一样，'英格兰人及其小丑莎士比亚'仍然是法兰西批评界的口头禅。法兰西作家中似乎只有格林姆男爵弗雷德里克·梅尔基奥意识到了莎士比亚的卓越，认为即使法兰西戏剧界的大腕也无以媲美。这一偏向莎士比亚的观点归功于这位巴黎评论家的德意志血统和教育背景。"[①]1821年，弗朗索瓦·基佐和阿梅代·皮绍修改了皮埃尔·勒·图尔纳的译文，焕然一新地呈现了莎士比亚的卓越。保罗·迪波尔在《莎士比亚文学论文集》（巴黎，1828年，两卷本）中，毫无保留地重申了伏尔泰的指责，是最后一位持此观点的有名望的法兰西批评家。此外，弗朗索瓦·基佐在《莎士比亚的生活和著作》（单独印自1821年的译作）和《莎士比亚及其时代》中、维耶曼在一篇概括性随笔中[②]与巴朗特在一篇研究《哈姆雷特》的文章中[③]都承认了莎士比亚超群的天赋，但三人的评论技能相对较差。之后莎士比亚全集的其他译作相继问世，有弗朗西斯克·米歇尔的版本（1839）、本杰明·拉罗什的版本（1851）和埃米尔·蒙特古的版本（1867）等；但最好的当属弗朗索瓦·维克多·雨果的散文体译作（1859—1866）。1684年，译者的父亲、诗人维克多·雨果出版了一篇叙事诗体赞词。阿尔弗雷德·梅齐埃的《莎士比亚作品及批评》（巴黎，1860）则是比较理智的评论。

与此同时，《哈姆雷特》《麦克白》《奥赛罗》与其他莎士比亚戏剧成了法兰西舞台的保留剧目。1829年秋，一个英格兰剧团在巴黎演出了莎士比亚的主要戏剧，演员阵容强大，有力地推动了莎士比亚戏剧在法兰西的演出。《哈姆雷特》和《奥赛罗》相继由查尔斯·肯布尔和威廉·查尔斯·麦克雷迪领衔

① 格林姆男爵弗雷德里克·梅尔基奥（1723—1807）与卢梭结交多年，与狄德罗和《百科全书》编者们通信，在自己的大部头著作《哲学与文学批评往来通信》中多处提到莎士比亚，提供了非常有价值的观点。该著作撰写时间跨度从1753年到1770年，大部分出版于1812年到1813年，共十六卷。——原注

② 《历史文集》，1827年，第3卷，第141页到第187页。——原注

③ 《历史文集》，1824年，第3卷，第217页到第234页。——原注

主演；埃德蒙·基恩先后扮演了理查三世、奥赛罗和夏洛克；后来嫁给音乐家赫克托·柏辽兹的史密森小姐扮演了奥菲莉娅、朱丽叶、苔丝狄蒙娜、科迪莉亚和波西亚等角色。法兰西批评界对演员们的表现存在分歧，但大多数批评家都热情洋溢地高度赞誉了莎士比亚戏剧[①]。1829 年，阿尔弗雷德·德·维尼为法兰西剧院编写了《奥赛罗》剧本，大获成功。1847 年，亚历山大·仲马改编的《哈姆雷特》首次演出。后来，舍瓦利耶·德·查特莱的版本（1864）也多次上演。1856 年 4 月 12 日，乔治·桑翻译的剧作《皆大欢喜》在法兰西喜剧院演出。近年来，法兰西剧院的莎拉·贝恩哈特夫人一直扮演"麦克白夫人"，而"哈姆雷特"一角则由著名的穆内 – 苏利先生扮演[②]。四名法兰西音乐家用音乐诠释了莎士比亚作品的部分内容，深受民众好评，具体为赫克托·柏辽兹及其交响乐《罗密欧与朱丽叶》、查尔斯·古诺及其歌剧《罗密欧与朱丽叶》、昂布鲁瓦·托马斯及其歌剧《哈姆雷特》和卡米尔·圣桑及其歌剧《亨利八世》。

19 世纪以前，莎士比亚在意大利鲜为人知。18 世纪时，意大利作者所涉莎士比亚之处都是基于伏尔泰的评论[③]。让 – 弗朗索瓦·迪西的法语版《哈姆雷特》译成了意大利素体诗出版（八开本，威尼斯，1774 年）。1819 年至 1822 年，米歇尔·莱昂尼在维罗那出版了韵体诗译作。1831 年，卡洛·鲁斯科尼在帕多瓦出版了散文体译作（1858—1859 年在都灵再版），米歇尔·莱昂尼和卡洛·鲁斯科尼二人的译作都是完整版莎士比亚戏剧全集，直接译自英语。《奥赛罗》和《罗密欧与朱丽叶》两部剧则经常单独译成意大利语。意大利演员里斯托利夫人（饰麦克白夫人）、阿里桑德罗·萨尔维尼（饰奥赛罗）和欧内斯托·罗西位居莎士比亚戏剧人物最成功的诠释者之列。朱塞佩·威尔第以麦克白、奥赛罗和福斯塔夫等为主题的歌剧（后两部脚本由阿里格·博伊托提供）也体现了对莎士比亚戏剧的细致研究，非常有价值。

---

① 巴黎报纸《环球报》逐日刊登了评论莎士比亚戏剧演出的有趣文章。查尔斯·马尼安在自己的《随笔与思考之历史与文学篇》（第2卷，62页起，巴黎，1843年）中转载了这些文章。——原注

② 拉克鲁瓦：《莎士比亚在法兰西剧院的影响》，1867年；《爱丁堡评论》，1849年，第39页到第77页；弗里德里希·卡尔·埃尔策：《随笔》，1874年，第193页起；让·朱尔斯·朱瑟朗：《莎士比亚在法兰西》，巴黎，1898年。——原注

③ 乔万尼·安德烈斯：《文学起源、发展及现状》，1782年。——原注

荷兰出版了两套莎士比亚戏剧全集，一套是科克的散文体版本（阿姆斯特丹，1873 年到 1880 年），另一套是伦德特・亚历山大・约翰内斯・博格斯戴克博士的韵体诗版本（12 卷本，莱顿，1884 年到 1848 年）。

东欧人最初是通过法语和德语译作来了解莎士比亚的。《罗密欧与朱丽叶》《理查三世》和《尤利乌斯・恺撒》分别于 1772 年、1783 年和 1786 年被译成俄语。1784 年，苏玛拉科夫翻译了让・弗朗索瓦・迪西的《哈姆雷特》，用作舞台表演剧本；叶卡捷琳娜大帝则改编了《温莎的风流娘儿们》和《约翰王》。随后，莎士比亚主要剧目的各类版本接踵而至。1865 年在圣彼得堡出版的韵体诗版本是最好的，由尼克拉索夫和格贝尔直接译自英文。1862 年，科切尔开始用散文体翻译莎士比亚著作，1879 年完工。1880 年，格贝尔出版了《十四行诗》俄语译本。许多批评性的俄语文章，有原创的，也有翻译的，随之陆续出版。几乎每部莎士比亚戏剧都用俄语在俄国舞台上表演过[①]。

1797 年，波兰语版《哈姆雷特》在伦贝格上演；波兰的演出剧目中，如今已有十六部莎士比亚戏剧得到了认可。1875 年，《莎士比亚全集》的标准波兰语译文在华沙出版（由波兰诗人克拉舍夫斯基编辑），堪称最成功的外语版莎士比亚著作之一。

19 世纪初以来，莎士比亚最优秀的作品深受匈牙利学生和戏迷的青睐。1824 年，匈牙利语《莎士比亚全集》在卡绍出版。近年来，在布达佩斯国家大剧院演员固定剧目中，至少有二十二部莎士比亚戏剧榜上有名[②]。

《莎士比亚全集》也有波希米亚语（布拉格，1874 年）、瑞典语（隆德，1847 年到 1851 年）、丹麦语（1845 年到 1850 年）和芬兰语（赫尔辛基，1892 年到 1895 年）等译做出版。西班牙语译作目前还在陆续出版中（马德里，1885 年起）。杰出的西班牙批评家梅嫩德斯・佩拉约认为莎士比亚位居卡尔

① 《新莎士比亚学会会刊》，1880年到1885年，第2卷，第431页起。——原注

② 《匈牙利评论》（布达佩斯），1881年1月，第81页到第82页；奥古斯特・格赖古什：《莎士比亚……第一卷：莎士比亚的经历》，布达佩斯，1880年（这是一部关于莎士比亚生平与作品的匈牙利语著作）。——原注

德隆·德·拉·巴尔卡[①]之上。亚美尼亚语莎士比亚戏剧译作尽管只出版了三部（《哈姆雷特》《罗密欧与朱丽叶》和《皆大欢喜》），但全套译本已完成，出版也指日可待。有些戏剧译成了其他语言单独出版，如威尔士语、葡萄牙语、弗利然语、佛兰德斯语、罗马尼亚语、马耳他语、乌克兰语、瓦拉几亚语、克罗地亚语、现代希腊语、拉丁语、希伯来语和日语。有些戏剧译成了孟加拉语、马拉地语[②]、古吉拉特语、乌尔都语、卡纳拉语与其他印度语言，并且在当地土著剧院演出。

① 卡尔德隆·德·拉·巴尔卡（1600—1681），西班牙剧作家、诗人。他开创的戏剧新风格对后世的西班牙文学有着深远影响。

② 参见《麦克米伦的杂志》，1880年5月。——原注

第21章

总体评价

精 彩
看 点

总体评价——莎士比亚的美中不足——莎士比亚作品中的人物——举世称颂

在莎士比亚的天赋面前，任何评价都显得捉襟见肘。莎士比亚深谙人性、富于幽默、情感深刻、想象丰富、明断睿达，这些优点无人能比。没有哪位作家能像他那样，灵活自如地表达每一种情感，恰如其分地体现每一种基调。当然，我们必须承认，莎士比亚也有一些不足，但较之巨大的成就，几乎可以忽略不计。莎士比亚作品中话题的突转、省略的表达、混杂的比喻、牵强的诡辩言辞与各种奇思妙想有时都会给人一种晦涩难懂的感觉。另外，作品中陈腐的词汇和无可救药的堕落片段也令学者们不知所措。不过，如果我们从整体上合理地审视，便会发现，在莎士比亚浩如烟海的著作中，无处不闪烁着作者的想象与智慧之光。虽然有些剧情构思略显仓促，衔接不够紧凑，但莎士比亚的浓厚兴趣在于塑造男女主人公的性格特点，而非精心设计人物所处的故事情节，所以在情节处理方面难免略显笨拙突兀。他尽管精通舞台戏剧术语，但偶尔会无视一些基本条件。莎士比亚在刻画人物生活与性格方面的成功并非取决于他对戏剧手段的掌控。他无与伦比的卓越成就源于自己的多才多艺。凭着自身超群的见识与智慧，莎士比亚极其精确地描绘出了几乎所有的思想与情感，使世界戏剧舞台永远焕发生机。

正如威廉·黑兹利特所说，莎士比亚的思想中蕴含着萌发一切机能与感觉的种子。任命运百般变化，莎士比亚凭直觉就能知晓每一机能与感觉的发展趋势。男男女女——无论善恶、老幼、智愚、悲喜或贫富——都向他敞开心扉。

莎士比亚靠自己的天赋让众生百态跃然于纸上。在抒发情感、表达想法时，他笔下的人物个个性格鲜明、生动自然。聪明的读者和戏迷仿佛不是在阅读书面台词或聆听背诵的台词，而是无意中听到了旁人不经意的谈话。越是深入琢磨这些文字，越会产生身临其境的错觉。莎士比亚作品中虚构的生灵——仙灵、鬼魂、女巫等——同样具备类似的效力。读者与观众本能地觉得，这些超自然存在的说话、感知及行动的方式与莎士比亚描述的一致。莎士比亚为这些神灵披上了凡身的外装，效果逼真，即使是诗歌的创造力也令人望尘莫及。

莎士比亚的能力如此强大，超越了国家的界限，在世界文明抵达的每个角落都得到了认可。全球的语言都适用于他那些合情合理、有血有肉的角色。几乎在每种文明语言中，哈姆雷特与奥赛罗、李尔王与麦克白、福斯塔夫与夏洛克、布鲁特斯与罗密欧、埃里厄尔与卡利班都像是历史名人，受到了研究者的关注。这些人物的主要台词给文明的人类留下了深刻印象，成为大家耳熟能详的经典词汇。全世界的知识分子尽管语言各异，但一致认同，用莎士比亚自己的文字来称颂他："多么高贵的理性！多么强大的才能！颖悟绝伦，多么像一位天神！"

附录 1

相关传记知识来源

精彩看点

同期记录丰富——早期传记作者——19 世纪的传记作者——对斯特拉福的研究——传记中的专题研究——有价值的摘要——有助于文本和情节研究的著述——索引——参考书目——批判性研究——莎士比亚研究中的伪造物——约翰・乔丹（1746—1809）——1796 年爱尔兰德父子伪造的文件——约翰・佩恩・科利尔等人的伪造物件（1835—1849）

有观点认为，在莎士比亚那个年代，关于他的生平记录比较稀少。这种说法未免太言过其实。研究者们考察了相关的两个世纪，发现许多与莎士比亚有关的记载，数量远超同时代的其他任何专职作家。虽然有些重要环节的记载缺失难免会导致主观猜测，但经鉴定完全属实的史料丰富，足以准确地勾勒出莎士比亚的人生轨迹。尽管有些方面线索薄弱，但研究者们仍极富耐心，并未因此望而却步。

托马斯・富勒在《杰出人物》（1662）中最早关注莎士比亚的生平，但效果不佳。约翰・奥布里的漫谈式著作《名人传》[①] 中提供的信息更加丰富，得益于威廉・比斯顿向作者的透露。威廉・比斯顿（1682 年去世）是一位老演员，被约翰・德莱顿称为“舞台的编年史”，是值得信赖的见证人。此外，17 世纪记录莎士比亚相关细节的其他作者及文字有：1662 年到 1668 年任埃文河畔斯特拉福教区牧师的约翰・沃德（1629—1681）及其 1661 年到 1663 年的日记和备忘录册子（塞弗恩编，1839 年）；威廉・福尔曼牧师及其手稿，现存于牛津大学基督圣体学院（1708 年以前，格洛斯特郡萨佩顿教区牧师理查德・戴维斯对手稿做了一些极有价值的补充）；约翰・多德尔及其 1693 年沃里克郡游记（伦敦，1838 年）；以及威廉・霍尔及其 1694 年的斯特拉福参观

① 《名人传》编写于1669年到1696年；1813年载入《来自牛津大学图书馆的信函》首次出版；1898年安德鲁・克拉克为克拉伦登出版社再次编辑，以两卷本发行，令人非常钦佩。——原注

记（1884 年在伦敦出版，底稿来自牛津大学图书馆手稿中威廉·霍尔的信件）。爱德华·菲利普斯的《戏剧诗人》（1675）和杰拉德·朗培恩的《英格兰戏剧诗人》（1691）仅限于一些基本的批评。1709 年，尼古拉·罗尔编辑的戏剧集的前言就是一篇回忆录，内容翔实，超过此前任何回忆录，其中有些关于斯特拉福和伦敦的内容由托马斯·贝特顿提供，都是首次出现的文字记载。而威廉·奥尔迪斯的手稿《杂记》（现存于大英博物馆）搜集的则是一些略微新鲜的奇闻轶事，1862 年载入詹姆斯·约厄尔《奥尔迪斯回忆录》，作为附录之一出版。亚历山大·蒲伯、塞缪尔·约翰逊和乔治·斯蒂文斯等人也有自己编辑的版本，在前言主要复述前辈尼古拉·罗尔的记录。

1803 年、1813 年特别是 1821 年集注本的绪论中出现了许多新信息，是埃德蒙·马龙系统研究了斯特拉福教区记录、达利奇的演员爱德华·阿莱恩收集的手稿和存于伦敦机关部门的国家官方文件（现集中存于公共档案馆）之后获取的成果。于是，相关知识大幅增加，更方便了人们了解伊丽莎白一世时代的戏剧史和莎士比亚的生平。尽管约翰·佩恩·科利尔有些史料文献偶尔进一步阐明莎士比亚生平中的一些晦涩含糊之处，如《英格兰戏剧诗史》（1831）、有关莎士比亚的《新事实》（1835）、《新资料》（1836）、《补充资料》（1839），以及为莎士比亚协会编辑出版的《阿莱恩文集》和菲利普·亨斯洛的《日记》，但他往莎士比亚的个人资料中添加了一系列巧妙伪造的文件，令后来的传记作者们简直不知所措[①]。约瑟夫·亨特牧师和乔治·拉塞尔·弗伦奇分别在《莎士比亚新解》（1845）、《莎士比亚宗谱》（1869）中对埃德蒙·马龙的研究做了相应补充。1850 年到 1884 年，詹姆斯·奥查德·哈利威尔（后来是詹姆斯·奥查德·哈利威尔 - 菲利普斯）在私人发行的各种出版物中，单独刊印了所有与莎士比亚生平有关的斯特拉福卷宗和现存法律文件，其中许多内容都是首次出版。1881 年，詹姆斯·奥查德·哈利威尔 - 菲利普斯开始为自己的完整传记《莎士比亚生平概览》集中出版各种资料。这部著作的后续版本不断扩充，最后容量庞大。1887 年第四版也即最后一版几乎

① 参见本书第384页到第386页。——原注

达近千页。弗雷德里克·加尔·弗莱先生的《莎士比亚手册》（1876）、《莎士比亚传》（1886）、《戏剧史》（1890）和《英格兰戏剧年谱》（1891）中也增添了不少戏剧史及莎士比亚与剧作家同行的关系等方面的有用信息，主要是莎士比亚及其同代剧作家原始剧本等方面的研究成果。但不幸的是，弗雷德里克·加尔·弗莱的许多陈述和猜想都未得到证实。至于对斯特拉福的关注，罗伯特·贝尔·惠勒的《历史与文物》（1806）、约翰·理查德·德·卡博尔·怀斯的《莎士比亚及其出生地与周边地区》（1861）、西德尼·李的《莎士比亚去世前的埃文河畔斯特拉福》（1890）和夏洛特·卡迈克尔·斯托普斯夫人的《莎士比亚的沃里克郡同代人》（1897）都有值得借鉴之处。约翰·理查德·德·卡博尔·怀斯还尝试在其著作中附上了“莎士比亚剧作中至今仍在沃里克郡使用的词汇表”。1898 年至 1899 年，理查德·萨维奇为教区记事录学会编辑出版了斯特拉福的教区记事录。另外，南森·德雷克的《莎士比亚和他的时代》（1817）和乔治·沃尔特·索恩伯里的《莎士比亚时期的英格兰》（1856）中都汇集了大量资料，内容涉及莎士比亚所处的社会环境。

在莎士比亚的传记中，就特定专题进行研究的主要著作有：理查德·法默的《论莎士比亚的学问》（1767），后转载至各种莎士比亚集注本中；奥克塔维厄斯·吉尔克里斯特的《关于本·琼生敌视莎士比亚等诸观点的考证》（1808）；威廉·约翰·汤姆斯的《莎士比亚当过兵吗？》（1849），主要考证将莎士比亚与他的一位同名者混为一谈的错误观点；约翰·坎贝尔勋爵的《莎士比亚的法律知识从何而来》（1859）；约翰·查尔斯·巴克尼尔的《莎士比亚的医学知识》（1860）；查尔斯·弗雷德里克·格林的《莎士比亚的酸苹果树传说》（1862）；查尔斯·霍尔特·布雷斯布里奇的《莎士比亚并非偷猎者》（1862）；威廉·布雷兹的《莎士比亚与印刷术》（1872）；以及道奇森·汉密尔顿·马登阁下的《威廉·赛伦斯大师的日记（莎士比亚与娱乐）》（1897）。弗里德里希·卡尔·埃尔策的《莎士比亚传》（1876 年在德意志哈雷出版；1888 年英文译本出版）出版时提供了一份完整的传记信息摘要。同时，他的《随笔》（1874 年英文译本出版）由德意志莎士比亚学会出版，也极具研究价值。塞缪尔·尼尔（1861）也有类似成果，但稍逊一筹，并且采纳了约翰·佩恩·科利尔的伪造内容，致使质量大打折扣。爱德华·道登教授的《莎士比亚读本》（1877）和《莎士比亚导论》（1893）及弗雷德里克·詹姆斯·弗尼瓦尔博士的《利奥波德版莎士比亚简介》都对主要事实进行了极有价值的总结。

弗朗西斯·杜斯的《解读莎士比亚》(1807、1839)、《莎士比亚研究资料》(约翰·佩恩·科利尔和威廉·黑兹利特编，1875）、《莎士比亚参考的普鲁塔克文集》（斯基特编，1875）和《莎士比亚参考的霍林谢德文集》（沃尔特·乔治·博斯韦尔－斯通编，1896）都有助于追溯莎士比亚剧情的来源。亚历山大·施密特的《莎士比亚辞典》（1874）和爱德温·阿尔伯特·阿尔伯特博士的《莎士比亚时期的语法》（1869、1893）则是文本研究的重要参考文献。考登－克拉克夫人提供了戏剧索引（1845）；弗内斯夫人提供了诗歌索引（费城，1875）；约翰·巴特利特的一本戏剧和诗歌索引（1865 年在伦敦和纽约出版）还给每行文本编了号[①]。詹姆斯·奥查德·哈利威尔的《索引手册》(1866 年私人印刷）列出了莎士比亚作品中涉及的已废弃词语、诗歌、谚语和植物。1750 年到 1770 年，理查德·沃纳所列的词汇表没有出版，如今存放于大英博物馆（其他手稿，编号 10472 到 10542）。下列参考书目都提供了丰富的资料：朗兹的《资料手册》（博恩编）；弗朗茨·蒂姆的《莎士比亚研究资料汇编》（1864、1871）；《大英百科全书（第 9 版）》（特德先生巧妙地进行了分类）；《大英博物馆目录》（莎士比亚的相关条目下有三千六百八十个标题，1897 年单独出版）。

前文提到，莎士比亚学会、新莎士比亚学会、德意志莎士比亚学会出版了一些极有价值刊物，在莎士比亚美学、文本、历史和传记研究等方面也取得类似成就。至于批判性研究，前文也有相关评述——即 1883 年塞缪尔·泰勒·柯勒律治的《笔记和讲稿》、1817 年威廉·黑兹利特的《莎士比亚戏剧中的人物》、

① 弗朗西斯·特威斯的《戏剧词语索引大全》(1805) 和塞缪尔·艾斯库的《优秀篇章和词语索引》(1827) 是最早的索引尝试，但现在均被新成果取代。——原注

1875 年爱德华 · 道登教授的《莎士比亚：思想和艺术》和 1879 年阿尔杰农 · 查尔斯 · 斯温伯恩的《莎士比亚研究》——这里还要补充 1833 年詹姆森夫人和 1885 年马丁夫人分别撰写的关于莎士比亚女主角的论文；阿道弗斯 · 威廉 · 沃德博士的《英格兰戏剧文学》（1875、1898）；理查德 · 格林 · 莫尔顿的《戏剧艺术家莎士比亚》（1885）；托马斯 · 斯宾塞 · 贝恩斯的《莎士比亚研究》（1893）；以及弗雷德里克·塞缪尔·博厄斯的《莎士比亚和他的前辈们》（1895）。另外，格奥尔格 · 布兰德斯的《威廉 · 莎士比亚》有丹麦语（哥本哈根，八开本，1895）、德语（莱比锡，1895）和英语（两卷，八开本，伦敦，1898）等不同版本，虽然堪称内容翔实的批判性研究，但包含了一些虚构成分。

人们对莎士比亚生平与作品保持着经久不衰的浓厚兴趣。正因为如此，有些不道德或不正经的作者时不时地会捏造一些相关文件，充当新信息蒙骗读者。18 世纪末和 19 世纪中期，伪造者们非常活跃，以假乱真，使莎士比亚的研究者们一头雾水。所以，学者们务必要警惕那些莎士比亚研究的伪造物件，因为有许多已经广为传播。

约翰 · 乔丹（1746—1809）是埃文河畔斯特拉福的居民，是最早的臭名昭著的伪造者。他最重要的成就便是伪造了莎士比亚父亲的遗嘱；但他的《莎士比亚和埃文河畔斯特拉福的原始资料汇编》（1780）和《莎士比亚与哈特家族的原始回忆录和历史记录》中其他许多文献也遭到了最严厉的怀疑[1]。

18 世纪最著名的莎士比亚物件伪造者是威廉 · 亨利 · 爱尔兰德（1777—1835）。他是律师事务所的一名职员，其父塞缪尔 · 爱尔兰德（1740？—1800）是小有名气的作家和雕刻师。1776 年，威廉 · 亨利 · 爱尔兰德在父亲的帮助下伪造了一卷声称与莎士比亚生平有关的文件，命名为《威廉 · 莎士比亚亲笔签名并盖有其印章的各种文件和法律文书，包括塞缪尔 · 爱尔兰德收藏的悲剧 <李尔王> 和 <哈姆雷特> 的一小部分原始手稿》。1796 年 4 月 2 日，谢里丹和约翰 · 菲利普 · 肯布尔在特鲁里街剧院上演了一部浮夸的素体诗悲剧，

[1] 约翰·乔丹的《资料汇编》中就有这份伪造的莎士比亚父亲遗嘱。1864年，詹姆斯·奥查德·哈利威尔–菲利普斯私自刊印了这册集子。——原注

剧名为《沃蒂根》，冒充莎士比亚的戏剧。该剧本最近在爱尔兰德父子收藏的那堆莎士比亚手稿中找到。这部剧已经出版，应该是出自威廉·亨利·爱尔兰德之手。爱尔兰德父子的把戏有段时间蒙骗了一部分文学爱好者，但最终埃德蒙·马龙在自己的重要作品《爱尔兰德手稿的真伪考证》（1796）中揭露了这一骗局。后来，威廉·亨利·爱尔兰德出版了《忏悔书》（1805）。乔治·斯蒂文斯编辑的莎士比亚作品集中复制了1612年、1613年黑衣修士房屋的抵押契据①，威廉·亨利·爱尔兰德从中临摹莎士比亚的亲笔签名，获得不少技巧。除了在伪造文件和文学创作中模仿书写风格，他还在许多16世纪书籍的扉页中插入了大量签名，并且常常用同样的伪造笔迹在书籍边缘添加注释。他修饰过的16世纪书籍不少都保留了下来，那些伪造的签名和旁注常常以假乱真，被误作是莎士比亚的真迹。

然而，与19世纪的弄虚作假相比，威廉·亨利·爱尔兰德和约翰·乔丹显然相形见绌。1835年到1849年，约翰·佩恩·科利尔出版或监督出版的许多有关莎士比亚个人资料或伊丽莎白一世时代戏剧史方面的著作中涉及莎士比亚的伪造内容比比皆是。许多伪造甚至在文学史上获得了一致认可。以下是一些主要的伪造文件，以伪造者所编造的日期为序②：

1589年（11月）——黑衣修士剧院演员（共十六位）上书枢密院以期获取支持的请愿书。莎士比亚名列第十二。存于布里奇沃特庄园埃尔斯米尔伯爵收藏的手稿中。1835年载于约翰·佩恩·科利尔的《莎士比亚生平的新事实》中首次出版。

1596年（7月）——萨瑟克自治市居民名单。莎士比亚位列第六。1858年载于约翰·佩恩·科利尔的《莎士比亚传》第126页首次出版。

1596年——黑衣修士剧院所有者和演员为答复居民要求关闭剧院而向枢

① 参见本书第273页到第274页。——原注

② 1632年的一册第二对开本中，也就是所谓的珀金斯对开本中，已经提及了约翰·佩恩·科利尔手写校正的特点（参见本书前文第322页，注释②）。涉及他伪造文件的主要权威著述如下：1860年尼古拉·艾斯特哈兹·斯蒂芬·阿姆·汉密尔顿在伦敦出版的《1632年约翰·佩恩·科利尔先生的注释版莎士比亚对开本中的手写校正及其出版的某些莎士比亚相关文件的真伪考证》。——原注

密院提交的请愿书。莎士比亚名列请愿者第五位。现存于公共档案馆，载于约翰·佩恩·科利尔《英格兰戏剧诗史》（1831）第1卷第297页首次刊印，并当成真实文件多次出版[①]。

约1596年——一封致托马斯·埃杰顿爵士的信，署名H.S.（即第三代南安普顿伯爵亨利·莱奥斯利）。信中请求保护黑衣修士演员，提及了莎士比亚和理查德·勃贝奇。载于约翰·佩恩·科利尔《莎士比亚生平的新事实》首次刊印。

约1596年——黑衣修士剧院的股东名单及各自资产估价。其中莎士比亚拥有四份股权，价值九百三十三英镑六先令八便士。1835年，此文件载于约翰·佩恩·科利尔《莎士比亚生平的新事实》第6页首次出版，底稿来自布里奇沃特庄园埃杰顿的手稿。

1602年（8月6日）——伊丽莎白一世临幸黑尔菲尔德贵族托马斯·埃杰顿家时，理查德·勃贝奇的"演员们"为女王陛下表演《奥赛罗》的记录，夹在一份开支记录中。这份开支记录是以埃杰顿的管家阿瑟·梅恩沃林吉的名义伪造的，发现于布里奇沃特庄园埃尔斯米尔伯爵收藏的手稿中。1836年载于约翰·佩恩·科利尔的《莎士比亚作品的新资料》，1840年又载于他的《埃杰顿文稿》（卡姆登学会）第342页到第343页再次出版。

1603年（10月3日）——达利奇的阿莱恩夫人致丈夫的一封信。信中提到"环球剧院的莎士比亚先生"。信的部分内容是真实的。1841年载于约翰·佩恩·科利尔《爱德华·阿莱恩回忆录》第63页首次出版[②]。

1604年（4月9日）——存于达利奇学院的一封真实公函中添加的伪造内容。公函发自枢密院，要求市长大人允许国王剧团演员演出，但原文并没有国王剧团十一位演员的名单。1841年载于约翰·佩恩·科利尔《爱德华·阿莱恩回忆录》第68页[③]。

1605年（11月到12月）——庆典主事官的记录本（现存于公共档案馆）

---

① 《国家机密文件汇编》（国内篇），1595年到第1597年，第310页。——原注

② 乔治·弗雷德里克·沃纳：《达利奇手稿目录》，1881年，第24页到第26页。——原注

③ 乔治·弗雷德里克·沃纳：《达利奇手稿目录》，1881年，第26页到第27页。——原注

中有关条目系伪造，即11月1日和12月26日国王剧团演员在白厅分别表演《威尼斯摩尔人》——即《奥赛罗》——和《一报还一报》。1842年，此文件载入彼得·坎宁安《王宫节庆记录摘要》（第203页到204页），由莎士比亚学会出版。埃德蒙·马龙研究了原存于萨默塞特宫审计部的真实文件之后撰写了可靠的备忘录。伪造条目是根据他的研究制作的①。

1607年——东印度公司舰队离开塞拉利昂时船员们表演了《哈姆雷特》和《理查二世》的记录。1849年载于《西北航海录（1496—1631）》第231页，由托马斯·朗德尔为哈克路特学会编辑出版并首次刊印。底稿声称是“存于印度事务部”的《威廉·基林航海日志》中的真实文稿。威廉·基林是当时探险队的一位船长，其手写日志如今仍存于印度事务部，但本来应该包含这几条记录的页面早已不见踪影。

1609年（1月4日）——一份委任状，指定罗伯特·达博恩、威廉·莎士比亚等人担任狂欢庆典中童伶的指导师。1835年，载于约翰·佩恩·科利尔《莎士比亚生平的新事实》中首次出版。底稿来自布里奇沃特庄园的手稿。

1609年（4月6日）——一份萨瑟克贫困人员认定名单，其中有莎士比亚的名字。1841年，名单载于约翰·佩恩·科利尔《爱德华·阿莱恩回忆录》首次出版第91页。原稿现存于达利奇②。

1611年（11月）——庆典主事官的记录本（现存于公共档案馆）中几项伪造条目，称11月1日和11月5日国王剧团在白厅分别表演了《暴风雨》和《冬天的故事》。相关内容载于彼得·坎宁安《王宫节庆记录摘要》第210页。与上文1605年的几条记录一样，也应是基于埃德蒙·马龙同一研究的备忘录③。

① 参见本书前文第237页，注释①。——原注

② 乔治·弗雷德里克·沃纳：《达利奇手稿目录》，1881年，第30页、第31页。——原注

③ 参见本书前文第261页，注释①。”——原注

附录 2

培根 - 莎士比亚身份争论

精 彩
看 点

缘起——托比·马修1621年的信——培根论的主要鼓吹者——在美国流行——相关文献——培根论的荒诞性

莎士比亚的斯特拉福身世与他文学作品中显示出来的学识渊博和深谋远虑形成了明显的反差。于是，有人突发奇想，认为这些挂名莎士比亚的传世之作并非真正出自莎士比亚之手，甚至执意将作品算在莎士比亚杰出的同代人著名的散文作家、哲学家和律师弗朗西斯・培根名下。有观点指出，莎士比亚戏剧中所体现的知识包罗万象，尤其是法律知识。除了弗朗西斯・培根，当时再无第二人具备这种学识。莎士比亚作品中有些片段与他的风格非常接近[①]。此外，弗朗西斯・培根还与神秘的“娱乐”和“字母”通信，创做了一

① 多数引证的措辞都是同期作者们惯用的。通过对比二人文本，发现唯一值得关注的是一段亚里士多德的语录，弗朗西斯・培根和莎士比亚不仅都引用了，而且乍一看也采用了同一错误形式。亚里士多德在《尼各马可伦理学》第1卷第8页中写道，年轻人不适合研习政治哲学。弗朗西斯・培根在《学问的发展》（1605）中写道：“亚里士多德认为年轻人不适合学习道德哲学，难道这个观点不应当奉为圭臬吗？”（基钦编，第2卷，第255页）。1603年左右，莎士比亚在《特洛伊罗斯与克瑞西达》第2幕第2场第166行中提及了“亚里士多德认为不适合学习道德哲学的年轻人”。但事实上，用道德哲学替换亚里士多德原文中的政治哲学的错误随处可见。通过文内翔实的阐释，亚里士多德的“政治”哲学意指公民社会的伦理，与通常所说的“道德”几乎难以区分。1547年，译自意大利语的亚里士多德《伦理学》摘要式英文改写版出版，是莎士比亚和培根参考的版本，并非忠实于原文的译本，也只是大概地告诫：年轻人由于刚愎任性、容易激动，并不适合学习道德哲学。16世纪至17世纪，类似地理解亚里士多德语录的作者并不在少数。1553年，普莱西伯爵翻译的法文版《伦理学》在巴黎问世，这段话译成了“因此年轻人年龄太小还不足以成为公众科学的聆听者”；（大英博物馆有一本书，其中一篇1605年左右的手写笔记中）一位英格兰评论家将此句译成了英语，意思如下：“年轻人是否能成为道德哲学的合适学习者”。1622年，意大利随笔作家维尔吉利奥・马尔维奇在自己的《科尼利厄斯・塔西佗语录》前言中评论道：“亚里士多德说年轻人不是道德哲学的良好听众，我认为这是不对的。”（参见詹姆斯・斯佩丁：《培根全集》，第1卷，第739页；第3卷，第440页）——原注

些隐秘诗歌，其中有些内容高深莫测，足以说明他是一名隐姓埋名的受雇剧作者。1621 年 1 月后某日，圣奥尔本斯子爵托比・马修致信弗朗西斯・培根，写道："在我国乃至周边整个大陆，我所知的才智最非凡者与阁下同名，尽管也有可能是叫另外一个名字[①]。"这句谦逊质朴的话被曲解为确凿证据，即弗朗西斯・培根用别名撰写了卓越绝伦的作品，其中有可能就有署名莎士比亚的戏剧。托比・马修这句话唯一理智的解释就是，"才智最非凡者"是他在国外遇见的某个叫"培根"的英格兰人——可能是像他的大多数朋友那样，使用化名的传教士。托马斯・索斯韦尔神父的家姓就是培根。他是一位博学的传教士，长期居住在低地国家，1592 年出生于诺福克沃尔辛厄姆附近的斯卡尔索普，1637 年在沃滕去世。

美国圣克鲁兹执政官约瑟夫・科尔曼・哈特在自己的《游艇的爱情故事》（1848）中，率先质疑莎士比亚的作者身份。接着，1852 年 8 月 7 日《钱伯斯杂志》上的《莎士比亚作品是谁写的？》和 1856 年 1 月《普特南月刊》上迪莉娅・培根小姐的文章相继发问。1857 年，《迪莉娅・培根小姐论莎士比亚戏剧》一书在伦敦和波士顿出版。基于《普特南月刊》上那篇文章，纳撒尼尔・霍桑为此书写了前言，观点不偏不倚。迪莉娅・培根小姐不仅质疑莎士比亚生平的既定事实，而且是将怀疑态度传到国外的第一人。1859 年 9 月 2 日，迪莉娅・培根小姐患精神病去世[②]。伦敦居民威廉・亨利・史密斯先生在《培根勋爵是莎士比亚戏剧的作者吗？——致埃尔斯米尔阁下的信》（1856）中，似乎率先提出了"培根论"。1857 年，信件更名为《培根与莎士比亚》再次出版。这一奇怪观点持有者当中，最有学养的要数美国律师纳撒尼尔・福尔摩斯。1866 年，纳撒尼尔・福尔摩斯在纽约出版了《莎士比亚戏剧的作者归属》（第 4 版，2 卷本，1886 年），堪称滥用创新的典范。弗朗西斯・培根的《客套话与优雅语集锦》是自己手写的摘录簿，存于大英博物馆，由亨利・波特夫

① 参见伯奇：《培根信札》，1763年，第392页。有人愚蠢地认为托比・马修这里是指弗朗西斯・培根的兄弟安东尼。安东尼1601年就去世了；这里应该是指一个二十年后依旧活着的人。——原注

② 参见西奥多・培根：《传记》，伦敦，1888年。——原注

弗朗西斯·培根

人首次编辑。波特夫人积极推崇弗朗西斯·培根是莎士比亚的观点。书中有很多词汇都是莎士比亚和弗朗西斯·培根在作品中共同使用的。波特夫人以二人的相似词汇为由，竭力推行弗朗西斯·培根的莎士比亚身份。弗朗西斯·培根就是莎士比亚这一观点在美国广为接受。《伟大的密码：弗朗西斯·培根在所谓的莎士比亚戏剧中的密码》（1872）就是最疯狂的例子，作者是明尼苏达州的伊格内修斯·唐纳利先生。他佯称在弗朗西斯·培根的文稿中发现了一个数字密码，于是在莎士比亚著作第一对开本中选出了在特定间隔出现的字母，再把字母组成单词。由这些单词连成的句子恰好直截了当地阐明弗朗西斯·培根就是莎士比亚戏剧的作者。可想而知，伊格内修斯·唐纳利先生随心所欲、毫无根据的争辩引发了许多驳斥，促成了不少著述的出版。

1885年，伦敦成立了一个培根学会，主张令人费解的“培根论”，还发行了一本杂志——1893年5月起取名为《培根资料汇编》。1892年，美国芝加哥也同样发行了一本同名季刊，关注同样的内容。1884年，威廉·亨利·怀曼在辛辛那提出版了《莎士比亚－培根身份争论的参考文献》，提供了二百五十本书籍或册子的书名，均是自1848年以来出版的，各自支持不同方；1886年，费城出版的月刊《莎士比亚研究资料汇编》中，这一书单还在不断添加新条目，现在的文献数目可能达到了原来的整整两倍。

然而，莎士比亚时期，证明诗人真实作者身份的证据颇丰，“培根论”的支持者们便没有正当理由可以申辩。弗朗西斯·培根真正流传下来的那些散文毋庸置疑地表明他是一位伟大的散文作家和哲学家，但他无法写出莎士比亚那样的诗歌。如果缺乏相关知识，再加上不合逻辑或诡辩式的论证，就很有可能会得出其他任何不切实际的结论。

附录 3

第三代南安普顿伯爵亨利·莱奥斯利短暂的一生

精彩看点

第三代南安普顿伯爵亨利·莱奥斯利与莎士比亚——第三代南安普顿伯爵亨利·莱奥斯利的身世——1573年10月6日出生——教育背景——对第三代南安普顿伯爵亨利·莱奥斯利年轻貌美的肯定——不愿结婚——与伊丽莎白·弗农通奸——1598年结婚——牢狱之苦（1601—1603）——后半生——1624年11月10日逝世

莎士比亚两首叙事诗《维纳斯与阿多尼斯》（1593）和《鲁克丽丝受辱记》（1594）开篇就是致第三代南安普顿伯爵亨利·莱奥斯利的书信体献词[①]。威廉·戴夫南特爵士和尼古拉·罗尔也记录了第三代南安普顿伯爵亨利·莱奥斯利对莎士比亚的慷慨资助[②]。莎士比亚十四行诗的语言分外甜美。这些充分显示，莎士比亚在才华渐进成熟期伊始，就与第三代南安普顿伯爵亨利·莱奥斯利维持着非常友好的关系。同期也没有任何文献或传说表明，除第三代南安普顿伯爵亨利·莱奥斯利之外，莎士比亚还与别的什么贵族交情甚好或是接受过他们的赞助。莎士比亚传记研习者理应知晓一些诗人这位唯一保护人的相关信息。

第三代南安普顿伯爵亨利·莱奥斯利是位值得结交的保护人，父母都是新贵族身世，家境富裕。他的祖父是亨利八世时期的大法官，尽管信奉旧宗教，但修道院解散时仍获赐汉普郡的大量房产，其中包括新森林地区的蒂奇菲尔德庄园和比尤利庄园。早在爱德华六世统治时期，祖父就获封南安普顿伯爵，但不久便与世长辞；他唯一的儿子，也就是莎士比亚保护人的父亲，继承了爵位。第二代南安普顿伯爵深爱富丽堂皇的家业。“他因自己享有的荣耀地位而备受尊重和喜爱，无论居住何处，都会受到当地最优秀的绅士鞍前马后的精心照料

① 参见本书第85页、第88页、第135页。——原注

② 参见本书第133页。——原注

和热情款待。他的官兵总名册上不是四名侍从和一名马车夫，而是由上百名装备精良的高级侍从组成的整支军队[①]”。他与自己的父亲一样，信奉天主教，曾侠义地公开表达了对苏格兰玛丽女王的同情，因而在优秀的儿子出世前一年入狱服刑。第二代南安普顿伯爵结婚时还挺年轻，妻子玛丽·布朗是一位富家女，是第一代蒙塔古子爵的女儿，也是一名天主教徒。玛丽·布朗的肖像现存于维尔贝克庄园，是新婚期画的，头发呈亮褐色，容貌端正匀称。两人膝下育有两儿一女，次子就是莎士比亚的这位朋友，1573 年 10 月 6 日在玛丽·布朗父亲的宅邸、米德赫斯特附近的考德雷庄园出生，比莎士比亚小九岁半。第二代南安普顿伯爵写信告诉朋友自家添丁，喜不自禁："很漂亮的男娃，上帝保佑！[②]"可惜儿子尚未长大成人，离八岁生日只差两天时，身为父亲的他就英年早逝，年仅三十五岁，而此时长子也已经不在人世。于是，1581 年 10 月 4 日，次子亨利·莱奥斯利作为唯一子嗣继承了这一尊贵爵位，成为第三代南安普顿伯爵[③]。

与其他年幼贵族一样，年幼的第三代南安普顿伯爵亨利·莱奥斯利受王室保护——成为"国家的孩子"。首相伯利勋爵威廉·塞西尔代表伊丽莎白一世担任他的监护人。伯利勋爵威廉·塞西尔绝对没有理由不看好年少的第三代南安普顿伯爵亨利·莱奥斯利的学识和前途。同期有人写道："他童年及年幼时期都在学习优秀的文学作品。"1585 年秋，年仅十二岁的第三代南安普顿伯爵亨利·莱奥斯利进入剑桥大学"全校最惬意的知识发祥地"圣约翰学院学习，轻松自如地呼吸着这种文化气息。1586 年夏天，他用西塞罗体拉丁文写了一篇随笔寄给监护人伯利勋爵威廉·塞西尔看，论述的主题是"所有人都是为了得到回报而去追求美德"，略微有些愤世嫉俗。论证即使不能令人信服，却也显得非常老练。他写道，"每个人，无论善恶，都赋予了人性的高贵，无论是享受伟大的荣誉还是处境卑微低下，都会有渴望荣耀的体验，而这份荣耀只会

① 参见杰维斯·马卡姆：《因完美而荣耀》，1624年。——原注

② 《洛斯利手稿》，阿尔佛雷德·约翰·肯普编，第240页。——原注

③ 1594年，母亲守寡十三年年之后，嫁给了伊丽莎白王室副管家托马斯·赫尼奇爵士；但不到一年，该任丈夫就去世。1596年，她再次结婚，第三任丈夫威廉·赫维爵士在爱尔兰服兵役时表现突出，蒙詹姆斯一世恩赐贵族身份，封为赫维勋爵。——原注

格雷律师学院的徽章

产生道德善行”。文章至今仍保留在哈特菲尔德，堪称书法典范。每个字母都极其匀称，绝对无法想象一位十三岁的男孩能达到如此精致[①]。第三代南安普顿伯爵亨利·莱奥斯利在大学待了两年左右，1589年毕业，获文学硕士学位，时年十六岁。之后的生涯中，他非常珍视学校的“厚爱”。离开剑桥大学之前，他还在格雷律师学院学习了一段时间。对于一名未来的资产管理者而言，具备一定的法律知识是很有必要的，更何况这笔资产不仅丰厚而且还可能会继续增长[②]。同时，年幼的第三代南安普顿伯爵亨利·莱奥斯利一直致力于培养自己的文学素养，并说服了自己的“买单人和保护人”约翰·弗洛里奥。据这位著

① 承蒙友好的索尔兹伯里侯爵批准，我近期在哈特菲尔德将这篇文章复印了出来。——原注

② 1588年，第三代南安普顿伯爵亨利·莱奥斯利的姐夫托马斯·阿伦德尔，即后来的第一代阿伦德尔勋爵，请求伯利勋爵威廉·塞西尔再将比尤利庄园周围新森林地区的一块地授予年幼的南安普顿伯爵。托马斯·阿伦德尔写道，年幼的第三代南安普顿伯爵亨利·莱奥斯利尽管“尚未成年”，但绝不是“没什么前途”的人。托马斯·阿伦德尔深谋远虑，似有先知先觉，接着指出，彭伯克伯爵会是第三代南安普顿伯爵亨利·莱奥斯利争夺这块土地“最强劲的对手”。他此处提到的彭伯克伯爵是第三代彭伯克伯爵威廉·赫伯特的父亲第二代彭伯克伯爵亨利·赫伯特。有人认为第三代彭伯克伯爵威廉·赫伯特是莎士比亚十四行诗中提及的朋友，但证据不足。（参见《哈特菲尔德手稿汇编》，第3卷，第365页）。——原注

第二代艾塞克斯伯爵罗伯特·德弗罗

名的作者和意大利导师称，通过老师的讲授和自己的学习，年幼的第三代南安普顿伯爵亨利·莱奥斯利不久就能熟练驾驭意大利文。

后来，第三代南安普顿伯爵亨利·莱奥斯利的一位崇拜者写道，“他年轻时，不需要任何年轻的装饰”；对于王室而言，朋友们将他早早地送出去展现各方面的魅力，也是司空见惯的事情。他在伊丽莎白一世跟前露面时，至多也不过十七岁，却得到了女王陛下非常友善的关注，甚至连陛下最得意的宠臣第二代艾塞克斯伯爵罗伯特·德弗罗也十分肯定第三代南安普顿伯爵亨利·莱奥斯利的魅力。于是，从那时起，第二代艾塞克斯伯爵罗伯特·德弗罗便如兄长般地关心第三代南安普顿伯爵亨利·莱奥斯利的幸福。随着时间的推移，这种关心日渐成为一种令人忧虑的支持。

尽管还是个孩子，第三代南安普顿伯爵亨利·莱奥斯利就已热衷于加入同伴们的娱乐消遣活动，热情丝毫不亚于参与他们的文学与艺术活动。在网球方面，无论是竞技还是比赛，他都表现突出。他还是纸牌赌博游戏的熟手。1592年，第三代南安普顿伯爵亨利·莱奥斯利十八岁时，就被公认为经常出入王宫的最英俊有才的年轻贵族。1592年秋天，伊丽莎白一世访问牛津大学时，第三代南安普顿伯爵亨利·莱奥斯利是陪同的贵族团成员之一。当时牛津大学出版社出版了一首拉丁语诗，描述了这一壮观仪式，极度渲染、赞美了女王陛下所有的随从。但这位有学识的诗人宣称，第三代南安普顿伯爵亨利·莱奥斯利的个人魅力在皇家队列中独领风骚。诗人写道，“在场的其他年轻人，无人能敌这位汉普郡亲王的俊美容貌，更无以企及他杰出的艺术学识，尽管他的脸上依旧未脱稚气，细软的绒毛还只是依稀可见”。最后的描述显示了第三代南安普顿伯爵亨利·莱奥斯利男孩般的容貌[①]。1593年，谣言传出，称第三代南安普顿伯爵亨利·莱奥斯利的“外在高贵”获得高度赞誉和认可，尽管年少，仍然获得了嘉德勋位。1593年5月3日，一位深知内情的朝臣写道，“当时还没有新选出嘉德骑士，只是有四位获得提名[②]”。其中三位是表现优秀的公职人员，但年轻的第三代南安普顿伯爵亨利·莱奥斯利名列首位。当时的提议没有生效。不过，在他那个年龄，皇亲国戚之外的人获得提名荣誉还没有先例。1595年11月17日，纪念陛下登基三十七周年庆典的出席人员名单是当着伊丽莎白一世的面拟定的，第三代南安普顿伯爵亨利·莱奥斯利在受邀之列。诗人乔治·皮尔用素体诗描绘出了庆典的盛大场面，将第三代南安普顿伯爵亨利·莱奥斯利比作南安普顿的贝维斯那样的古代骑士，在所有旁观者眼中，“全副武装，英姿飒爽”，“温文尔雅，彬彬有礼[③]”。

然而，阳光照耀的地平线上也会有乌云升起。第三代南安普顿伯爵亨利·莱

---

① 参见《阿波罗和缪斯邪恶的浪漫》，牛津，1592年；载于《伊丽莎白一世时代的牛津》，查尔斯·普卢默编，牛津历史学会，第29首，第294页：

南安普顿来了
艾塞克斯伯爵之后跟着朝廷耀眼的明星
这便是贵族南安普顿，出类拔萃，
堪称大自然的腐败之作，列席的人员中
数他最俊美，才华最出众；无论是艺术还是言语；尽管依旧稚气未脱；
脸上只能依稀看到细软的银色绒毛。——原注

② 《历史手稿之军衔与职务》，报告七（附录），第521页。——原注

③ 参见乔治·皮尔：《英格兰喜庆日》。——原注

伯利勋爵威廉·塞西尔

奥斯利身为贵族，却没有兄弟，也没有叔伯，是家中唯一的男性代表。他的巨大家产必须要有一个合法的继承人来接管。早婚在社会各阶层都很流行。鉴于富裕家产的继承问题，第三代南安普顿伯爵亨利·莱奥斯利的母亲和监护人都认为趁早结婚对于他本人来说是义不容辞的责任。于是，第三代南安普顿伯爵亨利·莱奥斯利十七岁时，伯利勋爵威廉·塞西尔给他物色了一位妻子，就是自己的外孙女伊丽莎白·维尔，即伯利勋爵威廉·塞西尔的女儿安妮与第十七代牛津伯爵爱德华·德·维尔所生的大女儿。第三代南安普顿伯爵亨利·莱奥斯利的母亲赞同这门婚事，告诉伯利勋爵威廉·塞西尔自己的儿子也不反对，但事实上这只是她一厢情愿。第三代南安普顿伯爵亨利·莱奥斯利拒绝奉命成婚。令朋友们困惑的是，直至 1594 年，已到法定年龄的他依然单身，而且看上去不打算改变这种状况。在某些方面，他的心态与外表一样年轻。尽管生活中的大多数场合下，他总是彬彬有礼，和蔼可亲，但在王宫和其他地方，他也会十分孩子气，一意孤行，任性冲动，生气时还时常和别人发生争吵，不弄个头破血流誓不罢休。尽管拥有荣华富贵，但在很多贵族小姐眼里，第三代南安普顿伯爵亨利·莱奥斯利脾气古怪，很难维系稳定的婚姻并承担相应责任。1594 年，布丽奇特·曼纳斯小姐想结婚，不愿一直在伊丽莎白一世身边做侍女。这位贵族小姐是第三代南安普顿伯爵亨利·莱奥斯利的朋友拉特兰伯爵的妹妹。她的监护人推荐了两个人选，一个是第三代南安普顿伯爵亨利·莱奥斯利，另一个是他的朋友贝德福德伯爵爱德华·拉塞尔，与第三代南安普顿伯爵亨利·莱奥斯利年龄相仿、交情甚好。她没有同意，认为这两人“太年轻”“不切实际”，

第十七代牛津伯爵爱德华·德·维尔

布丽奇特·曼纳斯

性格也反复无常，“太容易激动”；万一母亲，即自己“唯一的支柱”有个三长两短，她都“不敢想象自己小两口如何过日子”。布丽奇特·曼纳斯小姐称，自己的出言不逊是以平日的观察为依据的[①]。

① 《拉特兰公爵手稿汇编》，第1卷，第321页。巴纳比·巴尔内斯是第三代南安普顿伯爵亨利·莱奥斯利的崇拜者之一，1593年写了一首粗糙的十四行诗致“美丽的布丽奇特·曼纳斯小姐”，同时也写了一首诗献给第三代南安普顿伯爵亨利·莱奥斯利。两首诗都载入了巴纳比·巴尔内斯的《帕耳忒诺珀和帕斯诺普》。这部诗集包括巴纳比·巴尔内斯的十四行诗及其他诗歌（参见爱德华·阿尔伯：《英格兰文库》，1895年，第5卷，第486页）。巴纳比·巴尔内斯称布丽奇特·曼纳斯小姐是

美丽甜美的百花之魁，
圣洁的辛西娅女神（即伊丽莎白一世）高贵皇冠上的精华。——原注

1595年，二十二岁的第三代南安普顿伯爵亨利·莱奥斯利做了一件极不靠谱的事，在公众面前应验了布丽奇特·曼纳斯小姐的指责。美丽的伊丽莎白·弗农小姐是王宫中的多情美女。第三代南安普顿伯爵亨利·莱奥斯利为之倾倒。但这位小姐原本就水性杨花。1595年9月，二人交往“极不检点”的丑闻不胫而走。

与“美丽情妇”的纠缠为第三代南安普顿伯爵亨利·莱奥斯利的一生翻开了不同的篇章。生活的风波正式开始了。或许是为了摆脱情人的情感陷阱，也

伊丽莎白·弗农

或许是为了从通奸事件中转移注意力，1596 年，第三代南安普顿伯爵亨利·莱奥斯利从王宫退出，试图寻求更难对付的职位。据当时的王宫轶史记载，情人恸哭不已。尽管如此，1596 年，他还是与朋友第二代艾塞克斯伯爵罗伯特·德弗罗一起加入了海军舰队远征加的斯，1597 年又从加的斯前往亚速尔群岛。第三代南安普顿伯爵亨利·莱奥斯利开创了一股军事激情，一时声名鹊起，战神与商神竞相为他效忠。他在欧洲大陆旅行，于 1598 年接受了一个低级的职位，作为随从，准备陪伴伊丽莎白一世的秘书罗伯特·塞西尔爵士前往巴黎出任大使。但情妇伊丽莎白·弗农注定已是第三代南安普顿伯爵亨利·莱奥斯利的附身恶魔。他在巴黎得知，唯有婚姻才能改变她的状况，挽回她日益败坏的名声。于是第三代南安普顿伯爵亨利·莱奥斯利匆忙回到伦敦，拗不过情妇的百般乞求，放下自己所有的顾虑，在伦敦逗留的几天内与她秘密结婚。这一步危机四伏。未征得伊丽莎白一世的恩准，擅自与王宫中的贵族女子成婚触犯了伊丽莎白一世非常看重的君权。

第三代南安普顿伯爵亨利·莱奥斯利结婚的故事很快就成为公众的谈资。妻子很快就为人母。几个星期之后，他穿过英吉利海峡再次探望妻子时，王室信使奉伊丽莎白一世之命前来将他带往弗利特监狱。其时，他的事业毁了。尽管不久就从狱中释放，但他再也无法重新博得伊丽莎白一世的宠爱。他在爱尔兰战役中谋职，却进不了统帅部。1600 年，百般绝望无助之际，第三代南安普顿伯爵亨利·莱奥斯利加入了另一失宠朝臣第二代艾塞克斯伯爵罗伯特·德弗罗的行列，在伦敦发起了一场叛乱，企图以武力索回失去的名誉和地位。叛乱行动以失败告终。1600 年或 1601 年 2 月 19 日，两位同谋因犯头等叛乱罪而受审。第三代南安普顿伯爵亨利·莱奥斯利被判死刑，但伊丽莎白一世的秘书向陛下求情，称“可怜的第三代南安普顿伯爵亨利·莱奥斯利，年纪轻轻，只是因为第二代艾塞克斯伯爵罗伯特·德弗罗的缘故，才卷入了这次行动”。第三代南安普顿伯爵亨利·莱奥斯利的判决便改成了终身囚禁。伊丽莎白一世在世时刑罚没再减缓。但朋友第二代艾塞克斯伯爵罗伯特·德弗罗与詹姆斯一世已是宣过誓的盟友。于是，詹姆斯一世就任英格兰国王的第一件事就是释放

罗伯特·塞西尔爵士

第三代南安普顿伯爵亨利·莱奥斯利。两年多的监禁生活之后，第三代南安普顿伯爵亨利·莱奥斯利受到了更愉悦的保护，恢复了王宫的职位。

第三代南安普顿伯爵亨利·莱奥斯利的后半生与莎士比亚传记研习者没有直接关系。继莎士比亚在十四行诗第 107 首中祝贺第三代南安普顿伯爵亨利·莱奥斯利重获自由之后，没发现二人来往的其他线索。但毋庸置疑，二人始终维持着朋友关系。第三代南安普顿伯爵亨利·莱奥斯利从狱中一出来就立刻受封嘉德骑士，任怀特岛统帅。同时，一项议会法案颁布，恢复了他因叛国罪而失去的所有权利。他成为王宫欢庆活动中举足轻重的人物。1604 年 8 月 19 日，为欢迎前来签署两国和平协议的西班牙特使卡斯蒂尔总督，白厅举行了一场豪华的招待庆典，第三代南安普顿伯爵亨利·莱奥斯利与王后跳了两次舞[①]。然而，国内政治形势并不利于他施展才干，与朝臣同仁的争吵依然危及他的运势。他与罗伯特·塞西尔爵士、蒙哥马利伯爵菲利普·赫伯特、白金汉公爵都结怨颇深。后来，在新大陆的殖民行动中，他替自己的冲动行为找了一条出路。他帮忙装备远征弗吉尼亚的探险队，担任弗吉尼亚公司财务总管。英格兰地图上标记着他作为殖民地开拓者的功劳。弗吉尼亚的南安普顿百户邑、汉普顿河、汉普顿大道都是为了纪念他而命名的。最后，1624 年夏，五十一岁的第三代南安普顿伯爵亨利·莱奥斯利凭着自己特有的精神，指挥一队英格兰志愿者，辅佐巴拉丁选帝侯，即詹姆斯一世的女儿伊丽莎白公主的丈夫，与中欧皇帝和天主教徒作战。第三代南安普顿伯爵亨利·莱奥斯利的长子莱奥斯利勋爵也加入了父亲的行列。父子俩刚登陆低地国家就患了热病，儿子不久身亡。第三代南安普顿伯爵亨利·莱奥斯利恢复了足够体力后，将儿子的遗体护送至卑尔根奥松姆。1624 年 11 月 10 日，第三代南安普顿伯爵亨利·莱奥斯利因嗜眠症与世长辞。12 月 28 日，父子俩的遗体都安葬在汉普郡蒂奇菲尔德教堂的高坛内。莎士比亚去世后，第三代南安普顿伯爵亨利·莱奥斯利又活了八年有余。

① 参见本书第234页，注释①。——原注

附录 4

第三代南安普顿伯爵亨利·莱奥斯利的文学保护人身份

精彩看点

第三代南安普顿伯爵亨利·莱奥斯利的藏书——信函中有关诗歌和戏剧的内容——对戏剧的喜爱——诗人的奉承——1593年巴纳比·巴尔内斯的十四行诗——托马斯·纳什的献词——1595年杰维斯·马卡姆的十四行诗——1598年约翰·弗洛里奥的献词——1603年诗人们的祝贺——纪念第三代南安普顿伯爵亨利·莱奥斯利的挽歌

第三代南安普顿伯爵亨利·莱奥斯利与同时代的文人保持着密切的关系，这一点有力地证实了他就是莎士比亚在十四行诗中纪念的保护人。从成年早期到晚期——包括整个王宫的散漫生活时期、通奸后的煎熬期乃至参与战争、旅行散心的苦闷期——第三代南安普顿伯爵亨利·莱奥斯利孩提时就根植于内心的文学热情从未停息。最引人注目的是他对母校圣约翰学院的赤诚。他晚年时，学院在建一座新图书馆，他捐赠了价值三百六十英镑的藏书。学院官方称这一善举为“爱的纪念物”。今日，我们仍然可以在圣约翰学院图书馆书架上看到这些纪念物。这份馈赠主要是精装的手稿——祈祷书、圣徒的传说和中世纪的编年史。第三代南安普顿伯爵亨利·莱奥斯利也安排儿子在圣约翰学院学习。他的夫人对导师们说，希望儿子也能“像”父亲一样“爱学习、爱老师”。

更有甚者，由于有些国家机密文件和业务书信可以追溯到第三代南安普顿伯爵亨利·莱奥斯利的生平，也因涉及他所关注的文学话题而显得饶有生趣。其中，特别令人耳目一新的是，这些文件和信札频繁记载了他对英格兰戏剧的诞生所表现出的支持和认同。1598 年，他以秘书的身份即将陪同罗伯特·塞西尔爵士前往巴黎出任大使的前夜，就和其他贵族一起请了自己的上司观看戏剧。接下来的 7 月，第三代南安普顿伯爵亨利·莱奥斯利从巴黎寄了一封公务快件，附上了“几首诗”，急切地想让擅长文学鉴赏的朋友罗伯特·西德尼爵士与自己分享阅读后的喜悦。十二个月之后，第三代南安普顿伯爵亨利·莱奥斯利在爱尔兰时，妻子给他写了一封信。从这封信可以看出，当时的流行文学已经成为夫妻私下谈话的日常话题。妻子在信中写道：“我唯一要带给你的消息保证能令你高兴。我在一封从伦敦寄来的信中读到，约翰·福斯塔夫爵士做了父亲，他的情人平特波特夫人给他生了个漂亮的小鸟——一个头大身小的男孩，但这是个秘密[①]。”这个神秘兮兮的句子表明伯爵夫妇很熟悉莎士比亚《亨利四世》中福斯塔夫的经历。这位胖士兵称奎克利夫人为“优质啤酒壶[②]”（上篇，第2场，第4幕，第443行）。伯爵夫人没有直接点明所调侃的熟人，但“头大身小的男孩”的父亲约翰·福斯塔夫爵士则是暗指塑造他的剧作家也并非不可能。托比·马修爵士的信中，有两封写于17世纪头几年（尽管到1660年才首度出版），似乎就给莎士比亚取了个约翰·福斯塔夫爵士的绰号，说，“正如那位出色的作者约翰·福斯塔夫爵士所言，‘不管你是当成生意、消息、计划、蠢事或自由都可以，反正我一辈子都没打过这么漂亮的仗[③]’”。

离开爱尔兰之后，1599年秋，第三代南安普顿伯爵亨利·莱奥斯利住在伦敦。据载，他和朋友拉特兰勋爵“没有去王宫”，“每天只是看戏打发时间[④]”。似乎正是因为他和朋友们对戏剧如此着迷，他们才夸大了戏剧对大众情感的影响。1601年2月，就在他们决定叛乱的头一天，第三代南安普顿伯爵亨利·莱奥斯利与第二代艾塞克斯伯爵罗伯特·德弗罗申请并花钱要求莎士比亚的《理查二世》在环球剧院重新上演，希望戏剧中废黜国王的场景能激发伦敦市民支持叛乱计划[⑤]。囚禁生活中，第三代南安普顿伯爵亨利·莱奥斯利越发迷恋戏剧。1603年，从伦敦塔释放后不到一年，他在斯特兰德大街的家中招待了丹麦王后安妮。当时，理查德·勃贝奇等演员们，当然莎士比亚也在内，奉命演出了“老”剧《空爱一场》。据称，该剧的“智慧和欢笑”“令丹麦王后极其开心”。

然而，有关第三代南安普顿伯爵亨利·莱奥斯利爱好文学的证据并不是很

① 原始信件在哈特菲尔德。全文载入历史手稿委员会，报告三，第145页。——原注

② 啤酒壶英文原文pint pot，音同“平特波特”。

③ 这段话疑似《亨利四世》上篇第2幕第4场中福斯塔夫的台词。后半句简直和第190行、第191行一模一样。——原注

④ 《罗伯特·西德尼文稿》，第2卷，第132页。——原注

⑤ 参见本书第185页。——原注

丹麦王后安妮

多，最翔实的证据来自文学本身，而政治或国内生活的如实记载中却不多见。自年轻有为的第三代南安普顿伯爵亨利·莱奥斯利踏入王宫，以伦敦为主要栖息地的那刻起，作者们就承认他在文学作品质量与形式各方面的鉴赏力。导师约翰·弗洛里奥的朋友圈包括所有著名的文学界人士。在这位意大利老师的帮助下，第三代南安普顿伯爵亨利·莱奥斯利认真研读了每一篇出色的作品。当时的散文和诗歌中，随处都能感受到作者们对他的赞美与奉承。1593 年 4 月，莎士比亚的《维纳斯与阿多尼斯》及其致第三代南安普顿伯爵亨利·莱奥斯利的献词出版后不久，年轻几岁的巴纳比·巴尔内斯效法莎士比亚，发表了一首十四行诗，热情洋溢地向第三代南安普顿伯爵亨利·莱奥斯利吐露心声，称自己深信伯爵的眼睛——“如天堂的明灯”——是真正的诗歌灵感的唯一源泉。诗的上方写着“献给尊贵的南安普顿伯爵”，全文如下：

亲爱的阁下，蒙您多重神圣相助
（神圣的缪斯得以制作乐器）
我呈现给您的这几页卑微稿纸，
（从粗糙贫瘠的土壤中冒出）
在您高贵的支持下，将经受住
上百双忌妒之眼的审视，
阁下的赞助所给予的鼓励
足以嘲笑逆风造势的佐伊尔[①]之流。
尊贵的阁下，蒙您恩惠，您高贵的双眼——

如天堂里照耀缪斯的明灯，
交替闪烁着神圣之火——
明断睿达地端详着我的诗神：
当时间飞快地教会她成长，
她将力求不辜负您的高贵之举。

1594年，一位更有才华的作者托马斯·纳什在自己的爱情随笔《杰克·威尔顿传》中，同样满怀热情地给第三代南安普顿伯爵亨利·莱奥斯利撰写了一篇献词，称当时非常年轻的第三代南安普顿伯爵亨利·莱奥斯利为“诗人们自己及其爱人们的亲密爱人和恩主”。他赞叹道：“倘若无人说我在第一本书中就痴心妄想，那么我将以新的大脑、新的智慧、新的风格、新的灵魂，让您的

① 佐伊尔（前400—前320），是古希腊文法学者、犬儒派哲学家和文学评论家，以苛刻的批评著称。

名字接受我子孙后代的供奉[①]。”尽管《杰克·威尔顿传》是托马斯·纳什正式献给第三代南安普顿伯爵亨利·莱奥斯利的第一本书，但之前他也有可能向这位伯爵请求过，希望能得到他的赞助。在《贫穷的皮尔斯》结尾处，托马斯·纳什突然跑题，大花笔墨称赞一位“无比高尚的保护人，正如宙斯那念念不忘老鹰的侍酒俊童伽倪墨得斯[②]，有阿米达斯[③]三倍的高贵”。在一首献给“所有人都爱戴”的“著名贵族”的十四行诗中，托马斯·纳什深表遗憾地提及，伟大的诗人埃德蒙·斯宾塞竟然忘了在《仙后》十四行诗组的颂词前言中赞美“如此特别的贵族赞助者”；他还在诗的最后几行建议埃德蒙·斯宾塞不要透露这位贵族的名字，因为寥寥几字不足以描述这位贵族的美德[④]。

毫无疑问，这位贵族就是第三代南安普顿伯爵亨利·莱奥斯利。当然，正如托马斯·纳什承认的那样，自己给许多年轻贵族写了“热情的维拉内拉诗[⑤]，描述了个人遭遇”，希望得到赞助。第三代南安普顿伯爵亨利·莱奥斯利就是

① 托马斯·纳什：《作品集》，格罗萨特编，第5卷，第6页。全篇如下：“我不知道这本书写得怎样（旁观者的眼神无法辨别书的本质）：唯有阁下您的赞扬与鼓励可以让我自鸣得意。您的评判英明果断，您深谙奇思妙喻的主题，思想的高度令人难以企及。这部浪费纸张拼凑而成的书，死刑已是在所难逃，碰巧要让您进行如钻石般敏锐的评价。您是诗人们自己及其爱人们的亲密爱人和恩主。我不敢位居他们神圣的行列中，尽管我有时说英语；我本愚笨，无甚用处，唯有对朋友友善，对劲敌不妥协。倘若无人说我在第一本书中就痴心妄想，那么我将以新的大脑、新的智慧、新的风格、新的灵魂，让您的名字接受我子孙后代的供奉。有了您的恩宠，我不再绝望，因为我再不会遭受名誉的嫌弃……阁下是集荣誉于一身的大橄榄枝，足以为我闲散的书纸提供丰富的养分。”——原注

② 伽倪墨得斯，即牧羊俊童。宙斯（与罗马神话的朱庇特为同一神祇）化作鹰把他掠走为众神侍酒的酒童子。

③ 英格兰诗人、翻译家托马斯·沃森（1555—1592）的第一篇拉丁语叙事诗《阿米达斯》主要描写了一位牧童对去世的爱人菲利斯长达十一天的哀悼。

④ 亚伯拉罕·弗朗斯在自己翻译的托尔夸托·塔索《阿明塔》两个版本中——一个直接译自意大利语，另一个译自托马斯·沃森的拉丁文版本——将“阿米达斯”这一赞美头衔引入了英格兰文学。显然，埃德蒙·斯宾塞在自己的《克劳茨回家记》（1595）中也将这一美名封给了第六代德比伯爵威廉·斯坦利；有些批评家认为托马斯·纳什在《贫穷的皮尔斯》中是指第六代德比伯爵威廉·斯坦利而不是第三代南安普顿伯爵亨利·莱奥斯利。但托马斯·纳什将自己眼中的优秀人物比作伽倪墨得斯，表明此人非常年轻。1592年，第三代南安普顿伯爵亨利·莱奥斯利年仅十九岁，而第六代德比伯爵威廉·斯坦利已三十三岁。“阿米达斯”是诗人们广泛使用的美称，并不用于特指某位文学保护人。理查德·巴恩菲尔德与其他赞颂者也将这一称号赠予了诗人托马斯·沃森。——原注

⑤ 维拉内拉诗是一种精美的诗歌形式，起源于法兰西，在数个三行诗节之后，以一个四行诗节结尾。

他的求助对象之一。《情人的选择》就是一个见证，这首淫秽爱情诗可能写于1595年，诗中有些相关内容算得上是托马斯·纳什的败笔之一。全诗以致第三代南安普顿伯爵亨利·莱奥斯利的十四行献词开篇，结尾处也是十四行诗体。诗人将年轻的保护人称作自己的“朋友”。①

与此同时，1595年，多才多艺的杰维斯·马卡姆也撰写了一篇十四行献词，

---

① 此诗一直未出版，两份手稿保存了下来，一份存于牛津大学图书馆的罗林森诗歌手稿中，另一份存于内殿律师学院图书馆的手稿中（第538号）。约翰·斯蒂芬·法默先生十分友好，赠予我开场白和结尾部分的献词手稿。开场部分标题为“致南（安普顿）阁下”，原文如下：

请宽恕，绝美诗歌的甜蜜花朵，
还有红玫瑰枝头最漂亮的蓓蕾，
尽管我的诗神，缺乏更细致的护陪，
在此奉上的挽歌未免猥琐。
请勿责备我用庸俗松散的诗文
描绘一些淫秽之事，
所有人都曾亲历，而我将其付诸文字
只是呈现得五花八门。
抱怨与赞美，诸君皆能信手拈来，
韵文庄严宣泄内心悲苦；
但爱之欢愉未曾得以抒怀，
故后文尝试一一和盘托出。
亲爱的阁下，盼你能友好接纳，
很快会有更优美的诗句献给你。

后面接下来有三百多行诗句，手稿最后一首又是托马斯·纳什献给保护人的十四行诗：

盼诗作已如愿让我的朋友尽兴。
你的美貌或许也同样愉悦了阿波罗。
不，高贵岂能容忍此等不敬，
但奥维德的淫秽诗神并无罪过。
他是我涓涓诗句的源泉——
请恕我道明所悉真相；
一如女人，和盘托出，
好似急于卸下如此糟糕的包袱。
我的脑中曾滤出情欲之念，
付诸圣洁的诗句与文字，
在你不倦的夸奖中得以不断演习。
因你严肃的评价而越发光鲜。
若你缄默不语，则是想一笑了之
或是再也不想让我见你。

托马斯·纳什

——原注

理查德·格伦维尔爵士

将自己的一首爱国诗献给第三代南安普顿伯爵亨利·莱奥斯利。诗作讲述了理查德·格伦维尔爵士征服亚速尔群岛的战役。与巴纳比·巴尔内斯不同，杰维斯·马卡姆不是夸保护人鼓舞人心的眼睛，而是冒昧地指出，第三代南安普顿伯爵亨利·莱奥斯利甜蜜的语言让空中的音乐戛然而止，让伟大的上帝听了甚是欢喜。这首十四行诗献词有些不流畅，全文如下：

你拥有缪斯山上的光荣桂冠，
你的双眼着实封赏出最成功的文笔，
美德的明灯那神圣的技巧之端，
载着所有善用悦耳辞令之人的福祉，

你严肃的评价中透露出更加严肃的话题，
将你英勇的思想融入这些诗行——
我卑微的缪斯得以让粗糙的构思
升华为真正高贵的思想——
当我粗劣的诗文中执拗的笔触
不分寒暑地滑过全能神的耳畔
蒙您良言恩赐甜美之赋
悦耳的声调让天宫的乐曲瞬间戛然而止；
故盼我卑微的小诗能受你护呵
于你的美言中汲取养分永载史册。

后来，约翰·弗洛里奥将第三代南安普顿伯爵亨利·莱奥斯利的名字与自己杰出的意－英字典《单词的世界》联系在一起，更庄重地阐明了第三代南安普顿伯爵亨利·莱奥斯利在文学界的地位，指出："于我及其他许多人而言，都恩蒙阁下明亮而富有生气的荣耀与仁慈之光。"

前文我已提到，在这一片赞美声中，最著名的要数莎士比亚的十四行组诗。直至第三代南安普顿伯爵亨利·莱奥斯利去世，文人们都在抒发着同种基调的称赞。1603 年 4 月詹姆斯一世登基，第三代南安普顿伯爵亨利·莱奥斯利从狱中释放，诗人们的赞誉纷至沓来，莎士比亚差不多是在自己最后一首十四行诗（第 107 首）中庆祝了那次令人愉快的事件。此外，塞缪尔·丹尼尔和赫里福德的约翰·戴维斯用了更长的诗文向第三代南安普顿伯爵亨利·莱奥斯利表达了祝贺，具体诗行如下所示：

若你不曾蒙冤受诬告
天下不会如此为你写满篇章：
唯独你的煎熬得到了回报，
收获了命运之巅都难以企及的名望；

自古逆境皆能锻造
备受仰慕的盛世佳作；
多少著名的杰出典范无不
经历挫折与不顺之苦。
……
唯有最坚定最高贵的灵魂
上帝才会委以最艰巨持久的磨砺之任[①]。

赫里福德的约翰·戴维斯的诗句更是喜气洋洋：

今朝最睿智的人们简直欣喜若狂，
无以自制——他们心中满是欢畅。
蒙上帝与陛下的隆恩尽情欢乐吧，
让欢乐驱走一切厄运与晦气。
南安普顿，快把你的冕冠抛向高空，
让琴弦弹拨出甜美的诗颂，
随阁下而来的宽仁必定惠及大众[②]。

后来，亨利·洛克、乔治·查普曼、乔舒亚·西尔维斯特爵士、理查德·布雷思韦特、乔治·威瑟和约翰·博蒙特爵士等人的赞美之词也大体相仿。第三代南安普顿伯爵亨利·莱奥斯利逝世时，约翰·博蒙特写了一首挽歌，称赞他

① 塞缪尔·丹尼尔：《若干书信》，1603年；参见塞缪尔·丹尼尔：《作品集》，格罗萨特编，第1卷，第216页起。——原注

② 赫里福德的约翰·戴维斯：《微观世界》序言，1603年。参见约翰·戴维斯：《作品集》，格罗萨特博士编，第1卷，第14页，1603年。《微观世界》结尾处也有一首献给第三代南安普顿伯爵亨利·莱奥斯利的十四行诗体贺词，庆祝他重获自由（同上，第96页）。开始几行诗如下所示：

欢迎阁下重返家园，转忧为喜，
告别危难与悲痛的深渊。
昔日不幸落水，舷离人弃
忍风暴受折磨，苦海无边。——原注

过人的才干，能胜任军人、参赞、朝臣、父亲和丈夫等各种角色。他坚定地认为，第三代南安普顿伯爵亨利・莱奥斯利的文学保护人身份是最值得世人铭记的。他写道：

> 最后我认为最高贵之处
> 当属他时常流露出的对学问的挚爱与兴趣
> 言谈之间，由衷地尊重那些
> 赋诗作文等造诣非凡之人杰。

1624 年，第三代南安普顿伯爵亨利・莱奥斯利逝世后不久，有大约二十首类似的挽歌结集出版，题名为《怀特岛之泪洒向最高贵英勇、最受爱戴的统帅、极其可敬可尊的第三代南安普顿伯爵亨利・莱奥斯利之墓》。第一首诗的作者是弗朗西斯・比尔，开门见山便直接点题：

> 你们都是英格兰享有盛名的诗才，
> 请不遗余力尽显悲剧诗神之狂喜，
> 手执桂冠神笔齐抒怀，
> 为伟大的阁下把赞歌题：
>
> 细鉴功名簿，并添英勇之美德，
> 恰如博学的维吉尔写在米西纳斯[①]墓碑上的挽歌。

① 米西纳斯是古罗马艺术保护人，出生贵族之家，十分热爱文化艺术，对当时才华初露的维吉尔及贺拉斯等年轻诗人给予了很多资助。

附录 5

托马斯·索普与 W. H. 先生的真实故事

精彩看点

1609年十四行诗集的出版——献词文本——出版商的献词——托马斯·索普的早年经历——获得克里斯托弗·马洛的《卢坎作品》手稿——1600年题献爱德华·布朗特——业务特点——莎士比亚作品在出版商手中的遭遇——伊丽莎白一世和詹姆斯一世时期书籍献词中姓名缩写的使用——献词中常用的“幸福”“永生”等祝福语——托马斯·索普的五次题献——1606年罗伯特·索斯韦尔诗集题献中的W. H.署名——“W. H.”和威廉·霍尔先生——“唯一促成者”意即“唯一获取者”

1598 年，从莎士比亚最著名的作品中，弗朗西斯・米尔斯历数了莎士比亚“在私人朋友间传阅的甜蜜十四行诗”。在他评价之前，莎士比亚的十四行诗没有一首出版，无疑都是以手稿的形式在传播。1599 年，盗版商威廉・杰戈德在《热情的朝圣者》第一版中，开篇就选用了两首莎士比亚十四行诗，是莎士比亚十四行诗的首次刊印。1599 年或 1600 年 1 月 3 日，小本经营的出版商以利亚撒・埃德加获得了一部作品的出版许可，称为“J.D. 创作的《爱情诗》，含几篇 W.S. 的十四行诗”。但至今并没有发现与此描述相符的书籍。不管怎样，以利亚撒・埃德加是否真的尝试刊印莎士比亚十四行诗仍值得怀疑。其实，他的“W.S.”是指 1596 年出版了十四行诗集《克洛莉丝》的威廉・史密斯[①]。1609 年 5 月 20 日，英格兰出版同业公会将莎士比亚《十四行诗》的出版许可授予出版商托马斯・索普。不久，整部诗集首次问世，出版商就是托马斯・索普。我们今日看到的版本依然保持着原样。托马斯・索普在诗集卷首写了一篇献词，如下所示：

谨以此十四行诗集献给

① “J.D.创作的《爱情诗》”应当是约翰・戴维斯爵士的十四行诗集，只有几首流传至今。约翰・佩恩・科利尔认为J.D.是M.D.的误印，所以应该是迈克尔・德雷顿，因为1594年迈克尔・德雷顿首次结集出版了自己的十四行诗，并取名为《爱情诗》。这种观点毫无根据。“爱情”一词在法兰西普遍用作十四行诗集的书名（参见迈克尔・德雷顿：《诗集》，约翰・佩恩・科利尔编，罗克斯伯勒俱乐部，1856年，第25页）。——原注

唯一的促成者

W.H. 先生，所有的幸福

与那般永生不朽

如我们永生的诗人

所预言

谨祝

怀揣美好愿望

推出此书的冒险商人

托马斯·索普

献词的语序怪异，按正常的语法顺序，应当为："怀揣美好愿望推出此书的冒险商人 T.S.[①] 谨祝此十四行诗集唯一的促成者 W.H. 先生永远幸福，并且如我们永生的诗人所预言的那般永生不朽。"

16 世纪、17 世纪出版的书籍几乎都有献词。大多数情况下，献词撰写者都是作者本人，但许多流传至今的书中，正如莎士比亚的《十四行诗》一样，致献词人都是出版商（而不是作者），个中原因也很简单。在献词上署名就是在确认出版的全权负责人身份。莎士比亚时代，出版商通常可以与作者一样，成为出版的全权所有人。那时，现代的版权观念还未产生。16 世纪或 17 世纪初，实际占有手稿的人便是事实上的手稿全权所有者。那时文学作品大体以手稿形式流通[②]。手稿抄写人靠抄写多份书稿副本维系着不稳定的生计。有胆有谋的出版商则有许多机会成为一部畅销书籍的所有人，而无需经作者本人同意或知晓。伊丽莎白一世或詹姆斯一世统治时期，当一部书未经作者授权私自出版时，出版商无可厚非地行使所有物主权，而选择保护人、写赞美献词并署名等只是其中最微不足道的权利。

① 即出版商托马斯·索普。——原注

② 参见本书前文第101页注释①。——原注

出版商偶尔打着题献者的幌子似是而非地证实自己的身份。至于作者死后出版的书籍，作者的朋友有时会宣布放弃所有权，有时疏于宣布。如果作者本人不在伦敦，而书籍正在出版，出版商自然承担撰写题献的任务。这也不是什么不体面的做法，并不会受到指责。但按照规矩，当出版商的署名出现在献词底部时，只有两种可能：要么是作者本人不知道出版商的计划，要么是作者不同意出版，而出版商公然对着干。对莎士比亚的《十四行诗》而言，应当是诗人全然不知托马斯·索普的出版意向，因此才会出现题献由“怀揣美好愿望推出此书的冒险商人”撰写并署名的情况。

然而，无论是作者还是出版商，选择保护人时，考虑的因素都大同小异。以自身利益为出发点是文学保护人和受保护者之间谈成交易的主要原则。出版商和作者一样，一般都会选择一位既有钱又有社会影响力的人（无论男女）作为保护人，这样一来，保护人或者通过金钱资助的方式，或者在个人社交圈中友情推广相关书籍，来表达自己对作品的赞颂。有时出版商会略微扩大选择范围，挑选曾经在生意上或私人生活中关照过自己的私人朋友或生意熟人；献词内容则可能倾向于笼统地表达美好愿望。伊丽莎白一世时代或詹姆斯一世时代，出版商精明的业务计划中并没有什么古怪神秘的内容。我们可以断定，出版商托马斯·索普选择 W.H. 先生作为莎士比亚《十四行诗》初版的保护人，只是一桩平淡无奇的日常交易罢了。

研究托马斯·索普的性格和生平可以消除很多疑点。根据记载，他与莎士比亚一样同为沃里克郡人，事业上颇有些名气。但事实并非如此。托马斯·索普是米德尔塞克斯的巴尼特人，他父亲经营一家小旅馆。他自己从事了三十年的图书生意之后，仍在这行艰难地维系着卑微的地位。他只接受了普通的基础教育[①]。1584 年仲夏，他跟从著名印刷商和书商理查德·沃特金斯，开始了长达九年的学徒生涯[②]。约莫十年后，托马斯·索普在出版同业公会

① 托马斯·索普生平相关细节选自爱德华·阿尔伯所著《英格兰出版同业公会登记簿副本》。——原注

② 爱德华·阿尔伯：《英格兰出版同业公会登记簿副本》，第2卷，第124页。——原注

获得自由，有资格成为自立门户的出版商[①]。他有一定的文学鉴赏力，略懂拉丁文，也会辨别优秀的手稿。然而，伦敦出版界人才济济，论资排辈，他那点小成就在知名出版商看来，只能算是资金不足或维系家族关系的可怜补偿[②]。多年来，他给处境更佳的书商当助手或职员，虽然默默无闻，但自得其乐。

直到他自谋职业，成为未出版手稿的获取者和所有者——当时这一角色在书籍生意中得到认可，多由初学者从事——托马斯·索普才首次在文学史舞台上受到关注。1600年，他不知以何种渠道获得一份未曾出版的克里斯托弗·马洛翻译的《卢坎作品》第一部的手稿。他向爱德华·布朗特透露了自己的好运。爱德华·布朗特当时和他一样，也是书商助手，只不过前景更好，在猎取疏于存管的书籍"副本"这方面已小有成就[③]。1598年，爱德华·布朗特拿到了克里斯托弗·马洛未完成且未出版的《海洛与勒安德尔》，并为自己的珍贵收藏品物色到了一名印刷商和出版商，当然是更有能力的同行朋友。爱德华·布朗特宽厚和善地关照了托马斯·索普的"发现"，积极帮他协调。于是，彼得·肖特承担了托马斯·索普手中卢坎译作手稿的印刷工作，沃尔特·布雷也同意在自己圣保罗教堂回廊的商店出售此书。作为手稿所有者，托马斯·索普有权选取一名保护人并撰写献词。他选了自己的朋友爱德华·布朗特，并借助献词感谢他给予自己的帮助。献词的风格有些夸张，但托马斯·索普称克里斯托弗·马洛为"纯洁质朴的智者"，显示了自己的文学意识，有些表达体现了他的冷幽默，如向"他最善良真诚的朋友"爱德华·布朗特作"几点指示"，以便朋友本人能适应担任保护人这一不甚习惯的角色等多处[④]。他还公开表示了对传统

① 爱德华·阿尔伯：《英格兰出版同业公会登记簿副本》，第2卷，第713页。——原注

② 托马斯·索普的弟弟理查德·索普从1596年8月24日起，跟书商马丁·恩索学徒七年，但在获得同业公会自由经营权之前失踪，有可能是早逝，也有可能是另谋他职（参见爱德华·阿尔伯：《英格兰出版同业公会登记簿副本》，第2卷，第213页。）——原注

③ 参见《书目》，第1卷，第474页到第498页，我的论文《一位伊丽莎白一世时代的书商》中记录了爱德华·布朗特的职业生涯。——原注

④ 托马斯·索普嘲笑般地描述了一位典型的保护人，详尽地证实了一般存在于题献者和受题献者之间纯洁的商业关系。他向爱德华·布朗特建议道："当我给你这本书时，吃点药保持镇定。让你的人指定一个时间叫我再来一次……可以如过客一般不屑一顾，尽管挑刺。不要说什么赞

保护人的不屑，宁愿受同行朋友的保护，同时指出，朋友的美好愿望已经让他有了立足之地，并且希望日后能继续受益。

这次出版为托马斯·索普的好运奠定了基础。三年后，他的名字又出现在两本册子的扉页上。这次战利品要略低劣些，都是不足称道的册子，记录一些当前的时事[①]。此后十多年间，每年都能在一到三本书中找到他的名字。1614 年后，他的业务日渐稀少，到 1624 年完全终止。托马斯·索普似乎在穷困潦倒之中了此一生。1635 年 12 月 3 日，有位托马斯·索普在牛津郡艾维尔米医院分到一间救济房。有人认定此人就是我们这里探讨的出版商托马斯·索普[②]。

托马斯·索普总共出版了二十九本书[③]，包括克里斯托弗·马洛的《卢坎作品》。但在所有业务中，他个人的能力与刚起步时几乎没什么两样，仅限于获取手稿。1608 年很短的一段时间里，他在圣保罗教堂回廊有了家商店，店名为“虎头”。他在那一年三本出版物的扉页上都进行了公告[④]。不过，他出版的其他书籍中，扉页上写的是一名书商替他印刷，另一名帮他销售；相关地址也是店主的地址，而不是他本人的地址。他没有多少日子在自己出版社印刷自己的“书本”或在自己的经营场所售书，所以就没有获得相应长久的利润或尊严。他一直以这种居无定所的方式，从事着这份获取手稿的职业，时日甚久，超过了我们所知的其他任何出版同业公会成员。尽管许多人都是靠这一职业起

美的话，以免你的（你似乎已经拥有的）评价丧失信誉……当下我们的保护人要有一个特别的美德，我本人已承诺你会非常完美地胜任。你什么都不需要给我。”最后，托马斯·索普笔锋一转，激励保护人“在此次并且希冀在更多后续事务中”给予关爱。——原注

① 一本记录了东印度公司的舰队；另一本记录了皇家出巡伦敦期间，下议院议员理查德·马丁在斯坦福德山向詹姆斯一世的汇报。——原注

② 《国家机密文件汇编》（国内篇），1635年。第527页。——原注

③ 1603年至1624年，扉页上出现托马斯·索普名字的书籍数具体如下：1603年两本；1604年一本；1605年两本；1606年两本；1607年两本；1608年三本；1609年一本（即《十四行诗》）；1610年三本（即《剧作家故事》或称《剧作家》，及约翰·希利的两个译本）；1611年两本；1612年一本；1613年三本；1614年两本；1616年两本；1618年一本；1624年是最后一本。最后一本是新版乔治·查普曼的《俾隆公爵查尔斯的阴谋与悲剧》，1608年由托马斯·索普初次出版。——原注

④ 这三本出版物分别是牛津大学莫德林学院韦斯特的《基础才智》或称《讽刺短诗一百首》（作者匿名，牛津大学图书馆收藏有一册），乔治·查普曼的《拜伦》，以及本·琼生的《黑与美的面具》。——原注

步，但据调查，除托马斯·索普之外，其他人要么日后成了印刷商或售书商，要么因从业不顺，另谋他业。

托马斯·索普拿到的手稿中似乎没有几本是直接从作者本人处获取的。事实上，1605年到1611年，他负责出版的书籍中，大约有八本真正具有文学价值，除莎士比亚《十四行诗》之外，有三部乔治·查普曼的戏剧[①]，四部本·琼生的作品，以及托马斯·科里亚特的《奥德康姆宴会》。但底稿来源不明是托马斯·索普名下大多数文学书籍的污点。他应该是花几个便士或先令从抄写人的雇工那里换来的，完全是背着作者进行的私下交易。

1609年，托马斯·索普实现了莎士比亚《十四行诗》的首次出版。很明显，作此决定之前，他并没有同作者商量。如果莎士比亚本人知晓这个计划，那么世人就看不到托马斯·索普致W.H.先生的献词了，T.S.的署名也会由W.S.代替。整个实际交易过程无不体现了托马斯·索普的风格。莎士比亚《十四行诗》已经以手稿的形式流通了十一年。其间，只出版过两首诗，载于1599年盗版商威廉·杰戈德刊印的《热情的朝圣者》中。当时出版商佯称诗集作者是威廉·莎士比亚。莎士比亚对涉及自己作品出版的所有问题全然不感兴趣，唯独对两首叙事诗的态度不一样。他生前出版的十六部戏剧中，没有一部是经过他本人同意的。莎士比亚的名气处于巅峰时，他根本没有参与创作的七部卑劣戏剧出版，扉页上依然印着他的全名或姓名缩写。即使这样，莎士比亚也保持沉默，没有提出任何抗议。当时的出版商中，似乎只有理查德·菲尔德一人与莎士比亚有私交。莎士比亚这位老乡负责出版了《维纳斯与阿多尼斯》和《鲁克丽丝受辱记》，但1594年《鲁克丽丝受辱记》出版后，两人之间就再也没有来往的迹象。

① 乔治·查普曼和本·琼生是非常多产的作者，伦敦几乎所有的出版商都在设法猎取他们的作品，其中许多人成功地出版了一两本，有些是经过作者本人批准，有些则没有告知作者。托马斯·索普似乎特别留意本·琼生的书，但1605年以前和1608年之后，没有获得一部本·琼生的作品，这一时期也并非本·琼生文学生涯的重要阶段。有意思的是，他出版的三部乔治·查普曼戏剧中，只有一部，即《拜伦》，出现了作者的献词——当然是出版商征得作者同意的标志。他印刷的《全是傻瓜》中，除了一两册之外，大多数都没有作者献词。我们所知的托马斯·索普版乔治·查普曼的《管家绅士》中，没有一册有献词。——原注

托马斯·索普在《出版记录》中和书籍扉页上都鲁莽地将书命名为《莎士比亚十四行诗》，而在世作者通常会使用更温文尔雅的搭配《十四行诗——莎士比亚著》。这充分表明，他出版诗集纯属商人的冒险行为，根本没有顾及作者的感情和权利。

设计献词时，托马斯·索普遵照了既定先例。伊丽莎白一世时代和詹姆斯一世时代，姓名采用首字母缩略形式的风气近乎猖獗。无论是出版商和印刷商，还是作序的推荐者和贡献者，都喜欢将自己隐藏在字母符号之后。与其他参与者相比，书中保护人的姓名缩写形式使用得没有那么频繁，但是决定使用保护人姓名缩写的条件是非常明确的。献词使用姓名缩写说明保护人与题献者之间有着亲密的友谊或亲近的关系，表明保护人的名声仅限于小圈子，向大众显示全名意义不大。所有流传至今的献词中，使用保护人姓名缩写的几乎都属于上述几种情况。1598 年，塞缪尔·罗兰兹将自己的《背叛基督》献给“对我影响很大的亲爱的朋友 H.W. 老爷、绅士”。同年，罗伯特·索斯韦尔《生活的简短规则》有个版本则是献给“对我影响很大的亲爱的朋友 D.S. 先生”；诗人理查德·巴恩菲尔德在自己《幽默诗集》的开篇十四行诗中致献“朋友 R.L. 老爷”。1617 年，邓斯坦·盖尔将一首诗《皮拉缪斯和忒斯彼》献给自己“极其仰慕的真正的朋友 B.H. 博士[①]”。

托马斯·索普题献给保护人“W.H. 先生”的祝福措辞也没有什么不规范之处，这是当时普遍接受的格式。当时的献词通常分为不同的两部分。一部分是献词正文，诗体或散文体均可，长短不论，内容涉及书的主题和作者与保护人的关系。然而，献词正文前面，正如托马斯·索普在莎士比亚十四行诗集的首页所示，常常还要用一个单句表达祝愿；致献者按惯例“祝愿”自己的保护人健康、长寿、幸福或永生。1601 年，托马斯·鲍威尔在自己《热情的诗人》

① 献词中使用姓名缩略还存在其他一些稍有出入的情况，有些跟书目编纂者也有关系。但经核查，所有情况都表明致献者与受致献者之间关系亲密。R.S.（可能就是理查德·斯塔福）《赫拉克利特》（牛津，1609年）卷首的“献词”就是献给“极其爱戴的父亲S.F.S.”。《曾就读于牛津的W.H.所著<为女人辩护>或<与D.G.先生的不同看法>》（牛津，1609年）则致献给“尊敬的极其高尚的M.H.夫人”。这本书与莎士比亚的《十四行诗》同年出版，可以说是非常贴切例子，活生生地再现了当时书籍起始页中滥用缩写的情形。——原注

首页“祝愿”基尔代尔伯爵夫人“内心永远幸福”。十四行诗作者托马斯·沃森在自己《激情诗百首》的卷首就祝福自己的保护人第十七代牛津伯爵爱德华·德·维尔拥有“所有的幸福”。1580 年到 1592 年，罗伯特·格林出版的每本书的献词前几乎都有一篇祈愿词，格式如下：“谨以此书献给 XX，罗伯特·格林祝愿您在完美幸福的陪伴下能收获更多的荣誉。”

莎士比亚的十四行诗集中，托马斯·索普只写了祝愿词，省略了献词正文，但这是司空见惯的。当时只有祝愿词没有献词的例子也不在少数。埃德蒙·斯宾塞《仙后》中致伊丽莎白一世的献词就只有祝愿词部分，作者允诺“自己奉

手握权杖的伊丽莎白一世

上的这些成果将会与陛下的名声一起永生”。迈克尔·德雷顿在自己的《理想：牧羊人的花环》（1593）和《田园抒情诗集》（1609）中，都只献给保护人一句祝愿词[①]。1611 年，理查德·布雷思韦特的《金羊毛》中也只有祝愿词，愿保护人“此生凡尘继续受上帝福佑，来世戴上不朽之冠”。同年，在《诗集》中，理查德·布雷思韦特也以类似的方式祝愿保护人“此生继续享受时代的幸福，来世得到永生之奖赏”。“幸福”和“永生”或其他意思相当的词语是 17 世纪早期最流行的美好心愿，当时的致献者们正是借助于这些词语，在书籍首页中乞求能获得保护人的青睐。

然而，托马斯·索普过于我行我素，做不了盲从的模仿者。他钟情于浮夸的言辞，具备一些基本的文学赏析能力，如此一来，便尝试在俗套的祝愿词中融进一些受作者文笔启发的夸张辞藻[②]。《十四行诗》致 W.H. 先生的献词中，他移花接木，在固定的格式中使用了不朽一词，这本是莎士比亚沿袭当时十四行诗作者的惯例，针对后文诗句的持久性向十四行诗主角所做的允诺。凭着自己夸夸其谈的独特风格，托马斯·索普在祝福保护人“拥有所有快乐”和“永生”之后，在这些传统的祝愿词后加上了华丽的冗余辞藻“如我们永生的诗人所允诺的那般[③]”。

据悉，莎士比亚《十四行诗》之前，托马斯·索普只写过一次献词，致献

---

① 1593年的书中，祝愿词全文如下：“致尊贵勇武的绅士罗伯特·达德利老爷，您的心灵具备所有美德，配得上一切尊贵的优点。最忠诚最挚爱您的迈克尔·德雷顿。”——原注

② 1610年，托马斯·索普将《圣奥古斯丁的上帝之城》献给第三代彭伯克伯爵威廉·赫伯特时，就很尴尬地称书的主题为“一座令人向往且必定在天穹的城市”，称“圣奥古斯丁及其评注者维维斯”为“世俗的味道”。同年，托马斯·索普将《爱比克泰德的手册》献给约翰·弗洛里奥，夸张地称这本书为“哲学的帮手；工具的工具；恰似于丝毫中展现最伟大的自然；如简缩版的《荷马史诗》；指南针虽小却更加巧妙”。总之，托马斯·索普的措辞风格极其做作，又不符语法，明显文化程度不高。其他相关例子请参见本书第433页，注释①。——原注

③ 常有人提出，唯一与托马斯·索普不相上下的幸福祝愿词可以在乔治·威瑟的《讽刺随笔》（伦敦，1613年）中找到，献词正文之前的祝愿词为“谨祝他本人拥有所有幸福，G.W.敬献”，颇具嘲讽意味。甚至有人认为，乔治·威瑟写那句讽刺性的话时看过托马斯·索普致“W.H.先生”的题献。现在我们会承认，乔治·威瑟非常文雅，当时不是针对某一本书，而是针对许多书的普遍特点。他的《讽刺随笔》由乔治·埃尔德印刷，弗朗西斯·伯顿销售——1606年负责出版W.H.的罗伯特·索斯韦尔手稿的印刷商和出版商——因此，他几乎不可能会想到W.H.致马修·桑德斯的祝福，但最近出版的五十本书可能给了他一些类似的启发。——原注

经历仅限于1600年将克里斯托弗·马洛的《卢坎作品》献给生意伙伴爱德华·布朗特。他的另外三次题献是在《十四行诗》之后。有一次是献给约翰·弗洛里奥，另外两次是献给第三代彭伯克伯爵威廉·赫伯特[①]。但这三次涉及的都是约翰·希利翻译的书。约翰·希利移居弗吉尼亚之后，手稿成为托马斯·索普的战利品。托马斯·索普说，自己之所以选择约翰·弗洛里奥和第三代彭伯克伯爵威廉·赫伯特作为约翰·希利未出版手稿的保护人，是因为在他移居国外和逝世之前，二人曾是他的保护人。也有证据表明，为《十四行诗》选择保护人，第二次撰写题献时，托马斯·索普还是完全遵循第一次也是唯一先例的程序，是经过深思熟虑的，个中原因也予以了详细阐述。他的保护人是从自己的生意圈子里挑选的，想必一定是他的私人朋友，所以他才用姓名缩写 W.H. 来称呼这位保护人。

然而，卷首页醒目地使用姓名缩写 W.H. 并非只有莎士比亚的《十四行诗》。1606年，一位匿名者也使用了同样的缩写指代自己，在《四重冥想》（一部敬神诗集，耶稣会会士罗伯特·索斯韦尔去世时留下的手稿）中充当的角色与托马斯·索普1600年在克里斯托弗·马洛《卢坎作品》和1609年在莎士比亚《十四行诗》中相同。1606年，W.H. 拿到了罗伯特·索斯韦尔的手稿，并在印刷商乔治·埃尔德和不足称道的书商弗朗西斯·伯顿的帮助下出版了手稿[②]。作为所有人的 W.H. 亲自写了献词并用自己的姓名缩写署名。提及最新获取的耶稣会会士诗集，W.H. 写道："这些诗长期隐匿不为人知，如果不是碰巧落入我手中，或许永远都难见天日。但仔细翻阅后，我觉得任何信奉宗教的人，都不愿意失去这份如此伟大的抚慰。于是，我决定将这些诗呈现给诸君。" W.H. 选取了

---

① 托马斯·索普献给约翰·弗洛里奥的是《约翰·希利译自希腊原文的<爱比克泰德的手册与西比斯的记事本>》（1610），献给第三代彭伯克伯爵威廉·赫伯特的是《约翰·希利译成英文的<圣奥古斯丁的上帝之城>》（1610）和约翰·希利的《爱比克泰德的手册》第二版（1616）。——原注

② 罗伯特·索斯韦尔1606年的《四重冥想》是一本极其珍贵的书。至今我们只见过两本，只有一本是完整印刷版本，另一本是残缺不全的，现存于大英博物馆。1895年，博学的目录学家查尔斯·埃德蒙兹基于一份早期手稿重新刊印了这部作品。1879年11月1日，查尔斯·埃德蒙兹致信《雅典神殿》杂志社，率先指出罗伯特·索斯韦尔诗集的致献者**W.H.**与托马斯·索普的**W.H.**先生应为同一人。——原注

马修·桑德斯先生作为保护人，献词正文之前附上了传统的祝愿词，祝马修·桑德斯长寿、心想事成。祝愿词用大号黑体字印刷，全文如下：

谨以此书献给极其尊敬

高尚的绅士，马修·桑德斯先生

W.H. 致敬，

祝阁下长寿，美好愿望都能成真

后面便是用小字号规则排印的献词正文——按惯例就是祝愿词的后续部分——撰写人 W.H. 称赞了“这些冥想”的宗教倾向，批评了自己“奇思妙喻”的冷酷和贫瘠。文末，致献者署名为“崇拜爱戴您的真诚的 W.H.[①]”。

除了卷首醒目处都出现 W.H. 缩写、致献祝愿语形式相同之外，1606 年罗伯特·索斯韦尔的《四重冥想》和 1609 年莎士比亚的《十四行诗》还有其他相同之处。第一，扉页上公布的都是同一家出版社——乔治·埃尔德的出版社。乔治·埃尔德是托马斯·索普多年的生意伙伴，1605 年替他印刷了本·琼生的《西姜努斯》。之后从 1607 年到 1610 年，托马斯·索普每年声称至少有一本书是由乔治·埃尔德排版印刷。托马斯·索普的许多书都没有提及印刷商，但乔治·埃尔德的名字比其他任何印刷商出现的频率都高。1605 年到 1609 年，他有可能理所当然地帮托马斯·索普印刷了所有的“书”，并且两人之间经常联系。

毋庸置疑，罗伯特·索斯韦尔诗集的“W.H.”就是威廉·霍尔先生。他拿到手稿准备出版时，还是出版大军中卑微的助手。他在文学史的舞台上转瞬即

① 奥斯克特学院一卷手稿中就有一份罗伯特·索斯韦尔诗集，是当时“爱戴您的真诚的W.H.”首次交给出版社的。奥斯克特学院这本诗集的所有者是彼得·莫尔或莫尔德（他有时随意拼写自己的名字），手稿首页就是彼得·莫尔本人手写的“献词”，拘于惯例是祝愿幸福的语句。全文如下：“谨以此书献给极其德高望重的托马斯·内维特先生，彼得·莫尔谨祝阁下永远幸福、身心健康，此生继续享受世人的崇拜，辞世后步入天堂，永生永世尽享幸福快乐。”——原注

逝。1577 年到 1584 年，他跟着印刷商和书商约翰·奥得学徒，1584 年获得出版同业公会自主权利。师徒契约解除后长达二十二年的时间里，他业务上一直没有独立，应该是给一位书商师傅当助手。1606 年，拿到罗伯特·索斯韦尔的诗集手稿时，威廉·霍尔还是当时认可的出版书稿获取者身份，生意上还没有自立门户。正是这年稍晚些时候，他从出版同业公会获得许可，能够以自己的名义开创出版社，两年后，出版社开始营业。1608 年，他拿到一部神学方面的手稿，次年即出版，他的名字第一次出现在扉页上。这本书是他独立营业的最早凭证，自此，在所有的社会交往中，威廉·霍尔便可以在自己的名字前加上“先生”二字。1609 年到 1614 年，他刊印了大约二十本书，大部分是布道书籍，几乎都是虔诚的腔调。他最重要的一本非宗教书籍是约翰·吉利姆闻名遐迩的《纹章展示》对开本，1610 年出版。1612 年，威廉·霍尔刊印了一本记录约翰·塞尔曼判罪和处死的书。约翰·塞尔曼是著名的扒手，在白厅皇家礼拜堂作案时被捕。扉页上，威廉·霍尔只提供了自己的姓名缩写，印着“W.H. 印刷”的黑体字。据说，这本书在圣保罗教堂回廊托马斯·阿彻的店中出售。威廉·霍尔是位非常认真的印刷工，自然害怕印刷错误。但 1613 年后，他的生意逐渐减少，不久便把生意转让给一个叫约翰·比尔的人，自己则隐退，享受私人生活去了。

“W.H.”这一姓名缩写并非罕见，研究者更感兴趣的不是去探究“W.H. 先生”的全名，而是他的生活状况及他在出版《十四行诗》中所起的作用。然而，威廉·霍尔，即罗伯特·索斯韦尔诗集的致献者“W.H.”，极有可能就是托马斯·索普版莎士比亚《十四行诗》的致献对象。据悉，当时没有其他伦敦居民习惯用这个姓名缩写来指代自己。我们有理由认为，在托马斯·索普的熟人中，威廉·霍尔是唯一一位使用 W.H. 姓名缩写的人[①]。几乎在同一时期，罗伯特·索斯韦尔诗集的致献者和《十四行诗》的致献对象都在伦敦物色出版手稿。二人在自己的文学珍品中都采用了同一题献格式，都称自己的保护人并

① 威廉·福尔摩斯在1590年到1615年是一位独立营业的售书商（不是印刷商），是同期英格兰出版同业公会中仅有的另一位使用“W.H.”姓名缩写的成员。但一般人都知道他的全名，而且没有证据显示他和托马斯·索普有任何业务联系或私人交情。——原注

非声名显赫之辈，并且都将自己最有价值的“战利品”交付给同一位印刷商。

在认定托马斯·索普的朋友“W.H.先生”就是后来的印刷师傅威廉·霍尔时，研究者们似乎已经兼顾了方方面面的情况。但也有不同的看法，认为“W.H.先生”可能不是托马斯·索普生意上的朋友，因为托马斯·索普在祝愿词中称其为“后文所有十四行诗的唯一促成者”。此异议并不构成威胁。托马斯·索普的措辞向来不甚精确[①]。显然，他的“促成者”一词并非常用含义。用于文学作品时，“促成者”字面意思即父亲、作者和生产者。我们当然不能极其认真地以为托马斯·索普想称“W.H.先生”为《十四行诗》的作者。“促成者”也曾用来比喻激励者。于是，一般观点认为，他用“唯一促成者”来表达“唯一激励者”的意思，旨在暗示“W.H.”与早年的莎士比亚的亲密关系。不过，这种解读似乎困难重重。首先，这不符合托马斯·索普的风格。他在业务上常常故弄玄虚地使用意义含糊的献词来迷惑读者。其次，从他出版十四行诗时的职业和生活状况来看，他不可能与莎士比亚或莎士比亚的朋友存在如此亲近的关系。他对莎士比亚早年生涯的了解程度与普通公众没什么两样。莎士比亚是当时最有名最受尊重的文学作品生产者，这就是托马斯·索普——努力的盗印出版商、“怀揣美好心愿推出”自己秘密得到的书稿的“冒险商人”——了解或可能刻意了解到的莎士比亚，仅此而已。他偷偷摸摸侥幸物色到“我们永生的诗人”未出版的手稿时，没法接触莎士比亚的朋友或保护人圈子，不可能从中寻求自己的保护人。出于最起码的谨慎，他迅速出版了自己珍贵的“战利品”，事先并不向任何人透露自己的计划，以免行动可能受到阻挠。但诗集唯一身份明确的男性“激励者”是第三代南安普顿伯爵亨利·莱奥斯利，但他的姓名缩

① 托马斯·索普大多数献词措辞夸张、不够严谨，不能精确地按照字面去理解。1610年，即《十四行诗》出版的第二年，托马斯·索普将约翰·希利的《爱比克泰德的手册》“献给一位思想进步的真正的保护者约翰·弗洛里奥先生”时，称爱比克泰德的作品“在任何语言、任何时代中，获得所有人的高度赞誉、喜爱和珍藏。此书不是拿在手里的几页纸，而是以授课充实诸君的头脑：不能只是握在手中，而是要时刻铭记于心。不明书中道理的人将愚笨至极”。同年，在约翰·希利翻译的圣奥古斯丁《上帝之城》致第三代彭伯克伯爵威廉·赫伯特的献词中，提及伯爵以前对约翰·希利译作的赞助时，托马斯·索普笨拙地写道：“希利以前的名声出乎意料地糟糕。后来在一次很不起眼的出版中，获得了阁下亲切的资助，而且阁下的信任毫无顾虑。希利这部作品，更好地展示了自己的才华，因此仅希望能得到阁下的更多认可。”——原注

写并非“W.H.”。这就表明，托马斯·索普致献“W.H. 先生”时，脑中想的并不是《十四行诗》的“激励者”。

伊丽莎白一世时代的英语中，“激励者”绝不是“促成者”唯一的或最普通的比喻意义。“促成”也常常弱化成“得到”“获取”“获得”等含义，这层意思很容易从“使……出现”的原始含义中推断出来。哈姆雷特就吩咐演员们要“在激情的旋风中获取舒缓激情的温和”。1602 年，托马斯·德克在《嘲讽剧作家》中也写道：“王宫中，我有些同祖父母的表亲会让你得到国王狂欢主事的继承权。”托马斯·索普称“W.H. 先生”为“后文这些十四行诗的唯一促成者”，极有可能就是指手稿获取者。打个比方说，此人或者最先把手稿交给托马斯·索普，或者指明从何处可以拿到手稿，从而才促成了这本书的出版。将这层含义赋予“促成者”一词的做法完全符合托马斯·索普的风格[①]。他将自己在盗版《十四行诗》中的角色形容为“怀揣美好心愿推出此书的冒险商人”，意即充满希望的投机出版商。“W.H. 先生”应该担任近乎同等重要的角色——当时和现在的商业经营中都众所周知的角色，即推出书籍的“商贩”。

① 1821年，埃德蒙·马龙的学生小詹姆斯·博斯韦尔在自己编辑出版的著名集注本中也赋予该词同样的含义。他与师傅一样，也是一位顶级权威的目录学专家。18世纪的评注者们，如埃德蒙·马龙和乔治·斯蒂文斯等人，熟谙16世纪的文学史，应该不会认可“W.H.先生”与莎士比亚个人的生平有任何关联，这便有力地反驳了16世纪有些作者对《十四行诗》献词的牵强解读。这些解读者在文学考证方面的造诣无法与埃德蒙·马龙和乔治·斯蒂文斯相提并论。——原注

附录 6

威廉·赫伯特先生

精彩看点

W.H. 先生就是“威廉·赫伯特先生”这一说法的由来——第三代彭伯克伯爵威廉·赫伯特年轻时仅被称为赫伯特勋爵——托马斯·索普称呼第三代彭伯克伯爵威廉·赫伯特的方式

整整六十年来，人们一般都认为莎士比亚大部分十四行诗都是献给年轻的第三代彭伯克伯爵威廉·赫伯特的。这种观点源于一次华而不实的侥幸猜测，1832年首次公之于众，有段时间几乎得到普遍认可[①]。托马斯·索普的献词形式让人错误地推断，无论“W.H.先生”是谁，有且仅有此人是诗歌中故事的主角；第三代彭伯克伯爵威廉·赫伯特论的基础就是献词中“W.H.先生”的这些字母是指“威廉·赫伯特”，这是第三代彭伯克伯爵威廉·赫伯特年轻时众所周知的曾用名。此观点的发起者声称在相关日期里发现了第三代彭伯克伯爵威廉·赫伯特是适用姓名缩写“W.H.”的唯一一位年轻贵族。基于这种姓

① 1832年，曾为约翰·菲利普·肯布尔和莎拉·西登斯夫人作传记的作者詹姆斯·博登在写给《绅士杂志》的信中首次提出第三代彭伯克伯爵威廉·赫伯特观点。几个月后，詹姆斯·海伍德·布赖特先生写信给该杂志，称自己早在1819年就已经得出了相同的结论，只是当时没有公开发表。1837年，詹姆斯·博登在自己出版的一本关于《莎士比亚十四行诗》的书中重申了第三代彭伯克伯爵威廉·赫伯特的观点。1838年查尔斯·阿米蒂奇·布朗在自己的《莎士比亚的自传诗》中采用了这一观点。约瑟夫·亨特牧师也无条件地接受了这一观点。更值得一提的是，他在自己1845年的《莎士比亚新解》（第2卷，第346页）中指出，莎士比亚众多杰出集注本的作者与包括埃德蒙·马龙、乔治·查尔默斯在内的精通文学史的敏锐批评家们都不曾提出这一观点。最近许多文学手册都视第三代彭伯克伯爵威廉·赫伯特论为既定的事实。诸多支持者中，托马斯·泰勒先生的言辞最激烈。1890年，他出版了莎士比亚十四行诗集，进一步提出诗中的“黑女郎”就是王宫的一位贵妇、第三代彭伯克伯爵威廉·赫伯特的情人玛丽·菲顿。1890年4月，他还出版了一本题为《赫伯特-菲顿观点：一个答复》的小册子（即答复纽德盖特夫人和我对这两种观点的批评），书中仅重申了自己的原有见解，竭力强调第三代彭伯克伯爵威廉·赫伯特论和玛丽·菲顿的观点。第三代彭伯克伯爵威廉·赫伯特论的坚守者们近来逐渐减少，我相信这一观点今后会沦为流行的误解。——原注

第二代彭伯克伯爵亨利·赫伯特

名缩写的解读，第三代彭伯克伯爵威廉·赫伯特观点的支持者便犯了大错。经考察，这是他们整个观点的致命错误。

1601 年 1 月 19 日（新历法），第二代彭伯克伯爵亨利·赫伯特去世那天，这位年仅二十一岁九个月的贵族继承了彭伯克爵位，毫无疑问，从此其合法爵位便一直为人所知。然而，经考证，在第三代彭伯克伯爵威廉·赫伯特一生中的任何时期，托马斯·索普或其他同代人从未想过用“威廉·赫伯特先生”来指他，尽管这一名字长期被视为“W.H. 先生”的全称。1580 年 4 月 9 日，当时父亲已做了十年的（第二代）彭伯克伯爵，作为长子的小贵族呱呱落地。从那一刻起，在各种生活关系中，甚至是在教区登记簿的洗礼记录中，人们知道的就是赫伯特勋爵的头衔，没有其他称呼。父亲在世期间及他自己未成年期间，不同亲疏关系的朋友们在一些信中也提到他几次。有些信保留了下来。其中，朋友们无一例外地称他为“我的赫伯特[1]阁下”“赫伯特勋爵”或“赫伯特阁下[2]”。事实上，作为贵族长子，这仅仅是个礼貌性的头衔，但出于实际需要，在普通谈话中也是颇受认可的，似乎他自己已成为有权势的贵族。现代交谈中，没有人会称呼或者戏谑当前首相的继承人克兰伯恩子爵为“J.C. 先生”或者“詹姆斯·塞西尔先生”。我们可以认为，伊丽莎白一世时代的人——至少私人朋友或替私人依附的保护人着想的出版商——可能会将“年轻的赫伯特勋爵”称为“威廉·赫伯特先生”。律师办案过程中，在法律文件中不得不提及年轻勋爵的名字时，会记录为“威廉·赫伯特，常称作赫伯特勋爵”。那时“先生”这一称呼用得不像现在这样随意，但精确地显示了对方的社会级别。托马斯·索普无条件地使用“先生”这一头衔，很明显就是指代任何贵族，可以是真正获封爵位的，也可以是出于礼貌的称呼。[3]

现有手头证据可以确定，托马斯·索普并未误会第三代彭伯克伯爵威廉·赫伯特的妥当称谓，也不会贸然使用“W.H. 先生”这一毫无意义的错误称呼。尽管托马斯·索普是个不起眼的出版商，也不看好贵族保护人的品德，但若正好有机会可以在出版物前几页用上贵族的名字来装饰，特别是像第三代彭伯克伯爵威廉·赫伯特这样职务高、文学修养深、社会影响力大的贵族，恐怕他也

---

① 那时由于英语拼写还不够规范，赫伯特的名字有时也写作“哈伯特”。

② 参见《西德尼文稿》，约翰·科林斯编，第1卷，第353页，“我的（彭伯克伯爵）阁下独自带着我的哈伯特伯爵前来拜见女王陛下”（1591年10月8日罗兰·怀特写给罗伯特·西德尼爵士的信），第361页（1595年11月16日），第372页（1595年12月5日）。1599年8月1日，约翰·张伯伦在给达德利·卡尔顿的信中写道：“年轻的哈伯特勋爵、亨利·卡里爵士和威廉·伍德豪斯爵士都参加了王宫的选举，他们会拼命地争取。”《张伯伦的信札》，卡姆登学会，第57页。

③ 托马斯·萨克维尔是《<法官宝鉴>前言》及其他诗歌作品的作者，还参与了《高布达克》的写作，出生时是没有头衔的“托马斯·萨克维尔”，年轻时一般被称为“萨克维尔先生”。他创作的所有文学作品都使用这个姓名。后来，他弃文从政，获封爵位，即巴克赫斯特勋爵。1604年，已入暮年的他——当时六十八岁——成为多塞特伯爵。1600年，他年轻时的一些文字，在他自己全然不知的情况下，收入百科全书文集《英格兰诗人》重新出版，但署名没改，依旧保存了早期使用的“萨克维尔先生”，彼时，他已经是巴克赫斯特男爵了。几乎在同一时期，他的《<法官宝鉴>前言》也背着他再次出版，使用的称呼与原版完全一样，还是托马斯或萨克维尔先生。显然，将第三代彭伯克伯爵认定为“W.H.先生”，在不同时期也找不到可以解释的确切证据。可以预计，即使是坚持不懈地调查，也无法为这种不规范的错误命名找到类似参照物。——原注

第三代彭伯克伯爵威廉·赫伯特

无法抗拒这种诱惑。1610 年——他出版《十四行诗》的第二年——约翰·希利的手稿落入他手中。约翰·希利地位卑微，但很有文学抱负，几个月前刚刚移居弗吉尼亚，后来似乎在那里去世。离开英格兰之前，约翰·希利通过约翰·弗洛里奥（此人在时尚圈和文学界都非常有影响力）的关系，为自己翻译的约瑟夫·霍尔主教的幻想讽刺作品《新世界的发现》争取到了第三代彭伯克伯爵威廉·赫伯特的保护。约翰·希利给这部作品命名为《新世界的发现》，1609 年他在该书卷首极尽矫揉造作奉承之语，写了一篇献词致“最尊贵最真实的榜样彭伯克伯爵威廉阁下[①]”。随后，托马斯·索普决定，自己出版约翰·希利

① 有人考察了存于牛津大学图书馆的一册书——大英博物馆没有这本书——结果表明，献词署名是J.H.，并非如弗雷德里克·加尔·弗莱先生所说的那样是托马斯·索普。托马斯·索普与这本书无关。——原注

的其他译作时，最好是寻求同一位保护人。于是，1610 年，托马斯·索普以自己的名义，将约翰·希利翻译的圣奥古斯丁的《上帝之城》题献给“诗神和卓越灵魂最尊贵的保护人威廉阁下，彭伯克伯爵，尊敬的（嘉德）勋章爵士，等”。他用冗长的句子，告诉这位“极其优雅慷慨的阁下”，作者临终时如何留下这部作品以“表达对阁下的感激、尊敬和由衷的敬仰”。他解释道：“为此，他的遗作，放在阁下足旁。由他卑微的委托人，献上卑微的三次亲吻，谨以此书奉献至阁下手中。阁下最真诚的托马斯·索普。”

1616 年，托马斯·索普获得约翰·希利另一译作《爱比克泰德的手册、西比斯的记事本、泰奥弗拉斯托斯的品格论》的再版机会。这次，他更加卑屈。在他看来，靠近一位有权有势的保护人理应如此。鉴于托马斯·索普这份致第三代彭伯克伯爵威廉·赫伯特的献词难以看到，我全文摘录如下：

> 谨以此书献给最尊贵的彭伯克伯爵威廉阁下、陛下的宫务大臣、陛下最高贵的枢密院顾问之一、最高贵的嘉德勋章爵士。
>
> 尊贵的阁下——您似乎理应觉得奇怪，卑微如我，竟敢疯狂冒犯阁下，在阁下闲暇之余，在这个随意书写的年代、伟大的人物每日被献词烦扰的年代，呈上内容和形式都如此拙劣的作品。为减少如此诸多不协调，我要引证的是一位逝者的遗物。他（生前）将自己许多为阁下而留的译作交给我，曾希望这些文字出版后，作为他对阁下一片忠心与爱戴的最后见证（援引他本人的用词），仅献给阁下一人，最真实真诚地支持努力学习者的人。故此作留给我代赠给阁下。（伟大的阁下，请恕我无礼，如此卑微之人呈递给如此伟大之人。）我不能有丝毫不虔诚，将其献给任何人；逝者的遗赠物有如此悲伤的特权，如此义不容辞，胜过生者的要求。阁下的尊贵接受为盼。
>
> 阁下卑微而忠诚的
>
> 托马斯·索普

通常是靠着这种尊敬，出版商才得以悄悄进入贵族的视线。事实上，法律严格地保护着贵族们的特权，出版商们别无选择。如果认定莎士比亚《十四行诗》献词中确实采用了错误形式的称呼——用“W.H. 先生”来指代威廉·赫伯特勋爵或第三代彭伯克伯爵，可能已经构成了诋毁名誉罪。对于这种不端行为，一贯保护贵族尊严的星法院肯定会立刻传讯托马斯·索普[①]。

几年后，莎士比亚第一对开本戏剧集在莎士比亚去世后出版。作者的两位演员朋友在写给两位伯爵的前言献词中，谈及第三代彭伯克伯爵威廉·赫伯特及其弟弟蒙哥马利伯爵菲利普·赫伯特的相关权势，指出：“仅仅据观察，（论及担任文学保护人的能力）没有人可以胜过两位阁下，但都使用一种虔诚的称谓。”托马斯·索普为约翰·希利的作品寻求第三代彭伯克伯爵威廉·赫伯特的赞助时，使用了一些格外油腻的“虔诚的称谓”。不过，毋庸置疑，若说他反其道而行，明知故犯，那是不对的。托马斯·索普是无辜的。

① 1607年或1608年1月27日，亨利·柯尔特先生因称呼一位贵族莫利勋爵为“好人莫利”，在星法院被指控诽谤罪。指控书上的技术缺陷——没有写明这一所谓罪行的精确日期——导致了这一案件的撤回。参见《星法院的有关案例》（1593—1609），文物收藏者协会会员威廉·佩利·贝尔登编自亨利·哈沃德的手稿（替阿尔弗雷德·莫里森私人印刷），第348页。——原注

附录 7

莎士比亚与第三代彭伯克伯爵威廉·赫伯特

精彩看点

1603年莎士比亚及其所属剧团在威尔顿——1623年第一对开本的献词——十四行诗中并未暗示年轻人就是第三代彭伯克伯爵威廉·赫伯特——约翰·奥布里并不知道莎士比亚与第三代彭伯克伯爵威廉·赫伯特有交情

着手查证“W.H. 先生”是否为第三代彭伯克伯爵威廉·赫伯特年轻时的名字时，认为伯爵是莎士比亚朋友的观点也随之瓦解。除了托马斯·索普的献词，看得出莎士比亚在某时以某种方式与第三代彭伯克伯爵威廉·赫伯特有关联，只有两处零星的证据。

1603 年晚秋，由于伦敦瘟疫盛行，詹姆斯一世及其王室在第三代彭伯克伯爵威廉·赫伯特的威尔顿住所居住了两个月。按王室官员的命令，1603 年 12 月 2 日，莎士比亚所属国王剧团在威尔顿为国王演出。为此，演员们从莫特莱克步行前往目的地，王室财务总管按常规从公众资金中支付了酬金。没有明确的证据表明莎士比亚参与了剧团在威尔顿的演出。即便这样假设，与多次参与白厅演出一样，莎士比亚并不是因为第三代彭伯克伯爵威廉·赫伯特的原因而参加演出。因此，1603 年，国王剧团造访威尔顿并不能说明第三代彭伯克伯爵威廉·赫伯特与莎士比亚之间有什么交情[①]。

---

① 最近威尔顿有传言，说是第三代彭伯克伯爵威廉·赫伯特在索尔兹伯里随侍詹姆斯一世时，母亲第二代彭伯克伯爵夫人玛丽·赫伯特曾经写信让儿子邀请国王到威尔顿观看《皆大欢喜》的演出。据说伯爵夫人还提到，“莎士比亚这个人也在我们这里”。但这封信并没有现成的实物证据，即便有，信的内容也足以表明这只是一封无知的伪造信，与1603年国王和剧团前往威尔顿的情况完全不相符。王宫暂时驻扎威尔顿，莎士比亚和同事们是奉王室官员之命前往演出，与召唤进白厅为国王表演的方式无甚两样。几乎无须指出，第二代彭伯克伯爵夫人玛丽·赫伯特提及文人的方式是众所周知的；她素来平等对待文人，无论如何都不会违背自己的思想和性情称莎士比亚为“莎士比亚这个人”。无独有偶，去年，现任彭伯克伯爵从一位伦敦画商那里购入一幅画，据称是第三代彭伯克伯爵威廉·赫伯特的画像，像的背面贴着一张纸，日期显示源于17世纪，纸上有莎士比亚十四行诗第81首中的几行诗句（第9行到第4行），并附有“1603年莎士比亚赠彭伯克伯爵”的字样。墨水和书写都非常现代，任何经常研究手稿的人一看就知道这绝对不是古老的字迹。1898年5月5日，有些人，包括我在内，对这幅画像很感兴趣，在现任彭伯克伯爵的友好邀请之下研究了画像和题词。古文书专家一致认为，题词是粗劣的伪造物，不值得任何严肃关注。——原注

17 世纪还有一个例子将莎士比亚与第三代彭伯克伯爵威廉·赫伯特的名字联系在了一起，更是根本不能借以猜测二人的亲近关系。莎士比亚逝世七年后，两位朋友兼演员同事筹划出版莎士比亚戏剧全集，即所谓的第一对开本。两人按惯例使用了颂扬之语，在献词中写道："谨以此书献给最尊贵的盖世无双的兄弟二人，最伟大的国王陛下的宫务大臣彭伯克伯爵威廉阁下和陛下王宫的绅士、蒙哥马利伯爵菲利普阁下。两位均是最高贵的嘉德勋章爵士，是我们卓越非凡的阁下。"

正如献词所说，"除了出于虔诚的称谓，无人能敌"两位保护人。选择他们为保护人，并非因为他们与已故作者有任何私人友情。当时，几乎每一部文学作品都同时献给两位伯爵。另外，1623 年，第三代彭伯克伯爵威廉·赫伯特任宫务大臣，在戏剧事宜行使最高管理权，选取他为当代戏剧界公认大师作品集的保护人也是顺理成章的事。唯一令人感到奇怪的是，两位编者没有屈服于当时流行的风尚去请求获得他们俩的保护。

编者献词中指出两位伯爵都"非常喜欢"这些戏剧与"在世时的作者"。唯有这一句可以用来假定莎士比亚和第三代彭伯克伯爵威廉·赫伯特的亲近关系。但这只能说明，莎士比亚生前，兄弟二人与詹姆斯一世及其他所有王宫贵族一样，非常热爱并推崇莎士比亚及其戏剧。除了剧作家身份，莎士比亚的国王侍从或国王剧团演员身份也是当时王宫管理戏剧演出的所有官员共同知晓的。詹姆斯一世统治时期，莎士比亚戏剧在王室反复上演。第一对开本的致献者们称呼了第三代彭伯克伯爵威廉·赫伯特和蒙哥马利伯爵菲利普·赫伯特二位勋爵之后，称莎士比亚的戏剧为"你们的侍从莎士比亚的遗作"，显然是在表明自己已经知晓，作为"国王侍从"的莎士比亚曾经也是两位贵族保护人喜爱的对象。

莎士比亚十四行诗中没有任何内部迹象表明第三代彭伯克伯爵威廉·赫伯特与莎士比亚曾经见过对方。虽然莎士比亚十四行诗中赞誉的年轻人在性格和地位上与现实生活中的伯爵有些粗略的相似之处，但根本得不出什么有价值的结论。或许可以认为，两人都有一位母亲（十四行诗第 3 首），两人都是贵族，都是崇拜者眼中的有修养之人，都沉溺于与女人的情感纠葛中，成年初期由于风流倜傥都厌恶婚姻。不过，有个假定的相似点缺乏证据。可爱是莎士比亚笔下年轻人的一个特点，但据我们所知，第三代彭伯克伯爵威廉·赫伯特绝非如此。1602年，弗朗西斯·戴维森将自己的《狂想诗》献给了第三代彭伯克伯爵威廉·赫伯特，写了一首极尽赞美的十四行诗献词，小心翼翼地提及了他的魅力。相关诗句如下：

（他的）外形，尽管极其可爱，
美丽长袍的装扮下，却藏着一颗更美丽的心灵。

第三代彭伯克伯爵威廉·赫伯特流传下来的肖像都是中年期的[①]，看上去与他在任何时期都英俊的说法似乎也不相符，充其量只是如安东尼·伍德所描述的那样，“与其说是文雅，不如说是威严”。如果我们承认，至少在诗歌颂词撰写人眼中，第三代彭伯克伯爵威廉·赫伯特可能在某一时期，如莎士比亚的年轻人那样，像“母亲盛年的芳菲四月那般可爱”，但这并不是关键所在，并未解决实际问题。

然而，不管怎样，我们再比较一下第三代彭伯克伯爵威廉·赫伯特和莎士比亚笔下的朋友，即便是那些已经认同的共同特点也照样显得很苍白。伊丽莎白一世的宫中可以轻松地找到一大群类似的年轻贵族和绅士。莎士比亚在十四行诗中大致提及年轻人的美貌和优雅之前，应该先有外部证据证明诗人与某位伊丽莎白一世的年轻侍从有着友好的交情，这样就能稍微帮助确定年轻人的身份。

尽管我们可以再做更多的假设来说明第三代彭伯克伯爵威廉·赫伯特是否为莎士比亚的年轻朋友，但值得一提的是，自1650年起，约翰·奥布里就一直在积极地研究莎士比亚和彭伯克伯爵家族——威尔特郡的一个主要家族——

① 参见西蒙·帕斯、彼得·斯滕特和凡德沃尔斯特根据丹尼尔·麦腾思的画像作品制作的版画。——原注

各成员的生平。他是威尔特郡的古文物研究者，为 16 世纪、17 世纪大多数英格兰名人写过传记。他找回了许多被遗忘的故事片段，有关于第三代彭伯克伯爵威廉·赫伯特的，也有关于莎士比亚的。约翰·奥布里在《威尔特郡的自然历史》(布里顿编，1847)中回忆了第三代彭伯克伯爵威廉·赫伯特与菲利普·马辛杰及其他许多文人的关系，在《名人传记》中描写了许多有关莎士比亚的生动八卦。然而，无论是记录第三代彭伯克伯爵威廉·赫伯特还是莎士比亚的内容，他都没有暗示两人在任何时间以任何方式彼此熟悉或来往。如果二人之间确实存在亲密关系，不可能会在那时流行的传闻中销声匿迹，约翰·奥布里也不可能没有任何记载[①]。

① 鉴于前文已经有所论述，认为十四行诗中"黑女郎"是指伊丽莎白一世侍女玛丽·菲顿的这一说法就无须当真了。这位爱玩闹的女子曾是第三代彭伯克伯爵威廉·赫伯特的情人，并为他生有一个孩子。只有在认为第三代彭伯克伯爵威廉·赫伯特是十四行诗中的年轻人时，才会把她考虑进去。安妮·埃米莉·加尼尔·纽迪吉特-纽德盖特夫人最近出版了《档案室的八卦》，首次提供了第三代彭伯克伯爵威廉·赫伯特情人的连贯传记，恰当地处理了一些内容，使人不再总是抱有幻想，认为莎士比亚的黑肤女主角可能是指玛丽·菲顿。作者指出，阿伯瑞庄园有两幅保存完好的玛丽·菲顿的画像，画中的女子容貌姣好，头发是褐色的，眼睛是灰色的。通过家族史，可以认定这两幅画像绝对真实。托马斯·泰勒先生是玛丽·菲顿论的主要捍卫者，已无可救药，最近试图质疑两幅画像的真实性。令人满意的是，安妮·埃米莉·加尼尔·纽迪吉特-纽德盖特夫人这本书的再版附录中，登载了布里奇曼先生的反驳。从这本书中，我们还了解到，玛丽·菲顿小姐还在少女时期，就受到一位中年爱慕者的纠缠，此人是威廉·诺利斯爵士，已婚，是菲顿家的朋友。有些第三代彭伯克伯爵威廉·赫伯特论的支持者们提出，十四行诗(第135首、第136首，或第143首)中，莎士比亚提到了许多叫威尔的竞争对手，威廉·诺利斯爵士就是其中一员，是假想的"黑女郎"喜爱的"威尔·赫伯特"。但这种说法理由不够充分，完全就是无的放矢。仔细研读这几首诗，字里行间毫无疑问表明诗人是唯一一位名叫威尔的情人，是他向这位倨傲的女子求爱，并没有提到同名的其他任何人。——原注

附录 8

关于“威尔”/“心愿”的十四行诗

精彩看点

伊丽莎白一世时代“心愿”一词的含义——莎士比亚“心愿”一词的使用情况——莎士比亚在该词上运用的双关——伊丽莎白一世时代和詹姆斯一世时代印刷商不规范地随意使用斜体字——十四行诗第 135 首和第 136 首中奇思妙喻的解读——十四行诗第 135 首的含义——十四行诗第 136 首的含义——十四行诗第 134 首的含义——十四行诗第 143 首的含义

没人敢断言十四行诗文本暗示了年轻人用的名字是“威廉·赫伯特”这一倒霉形式。不过吧，许多评论者认为，莎士比亚在三四首十四行诗中不惜笔墨地承认了年轻人的教名是威尔，甚至倨傲的女郎在与其他爱慕者密切交往时，也用相仿的名字称呼他们。这些都是不切实际的猜测，误解了莎士比亚的用词及其十四行诗奇思妙喻的特点。看来，第三代彭伯克伯爵威廉·赫伯特论的支持者已经走火入魔，不惜冒一切风险，急于从莎士比亚的文本中寻找支撑证据①。

第 135 首和第 136 首十四行诗是整部诗集中最矫揉造作、奇思妙喻最多的两首。诗集中，诗人对自己的教名“威尔”耍了些扑朔迷离的花招，第 134 首和第 143 首似乎也采用了类似的手法。这一文字游戏是基于“威尔”这一专有名词及其同形普通名词“心愿”展开的。该词在伊丽莎白一世时代英语中含义丰富，多数意思早就废弃了。那时，这个词与现在一样可用来表示意志力——一般心理意识，但更多时候是两种特定意志力的表征，是“任性”或“固执”——至今在其形容词形式“任性的”一词中仍然保留了这层意思——以及

① 爱德华·道登教授（《十四行诗》，第35页）写道：“从这两首双关的十四行诗中（第135首和第143首）可看出，莎士比亚和朋友的教名相同，都叫威尔。”由此推出这位朋友只能是同名人，譬如第三代彭伯克伯爵威廉·赫伯特。——原注

“欲望”或“感官情欲”最常见的同义词。偶尔意指“幻想”“美好心愿”“愿望”（即如今“愿意的”或“有意地”等词语中保留的意思）。

“心愿”的所有上述含义，莎士比亚都经常用到。譬如，《奥赛罗》中，埃古说，“我们的身体是我们的花园，我们的心愿则是园丁”，用的就是表示心理意识的普通含义。《特洛伊罗斯与克瑞西达》（第 2 幕，第 2 场，第 51 行到第 68 行）中，讨论完哲学方式之后，便谈到了“心愿”的实行。埃古还有一句台词，“爱只是血液的欲望，是情欲的许可”，该词在这里已经特指感官情欲了。这层意思是莎士比亚及其同代人最青睐的含义。《一报还一报》中，安吉洛和伊莎贝拉一致将他们的矛盾归因于安吉洛的“欲望”。《终成眷属》中，自我放纵的伯特伦“放纵自己的‘情欲’败坏了一位贵族女子的名誉”。《李尔王》（第 4 幕，第 6 场，第 279 行）中，里根引诱姐夫的狠心计划就是来自“女人不易察觉的情欲空间”这一无底洞。同样，菲利普·西德尼爵士直呼欲望为“情欲之网”。托马斯·洛奇在《菲利斯》（第 11 首十四行诗）中告诫爱人们要警惕“肆意放纵情欲”的危害。1599 年，尼古拉·布莱顿出版的虚构爱情故事《智慧的欲望、才智的欲望或欲望的才智，任你选》中，类似的阐释也相当丰富。尼古拉·布莱顿还突出对比了两个词，一个是指情欲的“心愿”，另一个是伊丽莎白一世时代英语中理智或知识的同义词“智慧”，这是当时人们都非常熟悉的对照。《智慧与欲望之歌》开篇如下：

智慧：欲望，你是什么？欲望：自然所孵的孩子。
智慧：你父亲是谁？欲望：是情人们所说的甜蜜的欲望。
智慧：你母亲是谁？欲望：疯狂贪欲放纵的血液。
智慧：你何时出生的？欲望：欢乐的五月。
智慧：你在哪里长大？欲望：无需本领的学校。
智慧：你在那里学到了什么？欲望：仍然是爱的课程。

至于“固执”和“任性”层面的含义，罗杰·阿斯卡姆的《为师之道》（1570）堪称佳例。罗杰·阿斯卡姆建议，孩子身上有一种像“任性”一样的恶习，应当“每天都要通过严厉的惩罚将其铲除”。他还把“任性”归入撒谎、懒惰和违抗一类[①]。“女人会有自己的心愿”是伊丽莎白一世时代爱戏谑者口中格外流行的一句谚语，关键就在于最后一个词可以有多种解释。威廉·霍顿用这句谚语给“一部快乐的喜剧”命名。这部剧颇不寻常，长达四十年时间里——从1597年起——在舞台上经久不衰。“因为女人去世时不可以立遗嘱，所以活着的时候就会有自己的心愿”，这是当时流行的一句妙语。1602年，律师约翰·曼宁厄姆认为值得一记，便将该妙语写在了自己的《日记》中[②]。

莎士比亚不但在十四行诗中——几乎总是提及该词在情欲层面上的含义——以不同的方式重复着这一多义词的文字游戏，而且在戏剧中亦是如此。早期戏剧《空爱一场》（第2幕，第1场，第97行到第101行）中，法兰西公主嘲讽般地向纳瓦拉国王断言，他肯定会违背誓言，会阻止女人团体进宫。国王回答道：“我绝不会毁誓，美丽的夫人，我用我的意愿发誓（即愿意地）”。公主反驳道：“也只有欲望（即感官欲望）可以让你违背它（即誓言），再没别的。”《无事生非》中，班尼迪克想娶比阿特丽丝时，准岳父问道：“你的心愿是什么？”班尼迪克的回答巧妙地运用了“心愿”一词的含义，称自己的“心愿”是这位父亲的“美好心愿”可以支持自己和比阿特丽丝的“心愿”——换言之，希望父亲能同意他们的婚事。斯兰德和安妮·佩奇改变了这一乏味的游戏。当安妮·佩奇问道：“你的心愿是什么？”斯兰德误解成对方询问他在遗嘱中如何处理财产。口语中常将“心愿”昵称为“愿望”，莎士比亚和同代段子手们热衷于比较“心愿”和“愿望”两个词形式和意义上的异同，并从中努力提取笑料，这恐怕最好地诠释了他们沉迷于文字游戏的无趣程度。《维洛那二绅士》（第1幕，第3场，第63行和第4幕，第2场，第96行）中，

① 罗杰·阿斯卡姆：《为师之道》，约翰·艾顿·伯格史达·梅厄印刷，1570年，第35页。——原注

② 约翰·曼宁厄姆：《日记》，1602年，第92页；参见巴纳比·巴尔内斯：《田园颂歌》，六节诗第2首：

但女人会有自己的心愿，
啊，那么我为何要抱怨？——原注

莎士比亚几乎两次一本正经地宣称，一个说话者的“愿望”与另一说话者的“心愿”一致。可见，诗人力求融入一些机智的意味。

正是在这种幽默的风格中——十四行诗第135首同样对比了“心愿”和“愿望”，莎士比亚，在十四行诗中过分卖弄“心愿”一词，尤其是在十四行诗第135首和第136首中，似是而非地造成了错觉，让人读来好似真有两个或多个叫威尔的男子在向女子求爱，令现代读者困惑不解。

赞成这种解读的一个主要观点是，在两首十四行诗中，原版中的“心愿”一词经常用斜体。这其实并不能说明什么。出版社的校正者已识别出，十四行诗第135首和第136首大体围绕着作者的名字“威尔”和女子的“心愿”展开的一个小双关，于是偶尔非常粗略地用了斜体关键词，仅为暗示这一事实。当时的印刷排版并没有非常固定的规则，尽管带有双关意思的“心愿”一词在这两首诗中总共出现了十九次，但印刷工只将十个词印成了斜体，而且是随机选取的。斜体词表示了明显的双关。它们最大的功劳也莫过于此，但并非尽善尽美。有些人认为“威尔”包含更复杂的双关用法，即同时用作作者和一个或多个求婚竞争者的姓名。这种双关并没有通过斜体词表现出来。十四行诗第134首和第143首也被牵扯进来证实，但“心愿”一词在每首中都只出现一次，而且仅在原版的第143首中用了斜体。我认为这也是任意的，并没有什么合理的原因[①]。

十四行诗第135首和第136首中，莎士比亚将伊丽莎白一世时代英语“心愿”一词多义的巧合发挥到极致。当我们记住这一点时，那些复杂的奇思妙喻的笼统含义便会明朗起来。“威尔”是被爱奴役的作者的教名。“心愿”是女子用以激励爱慕者们的情感。“心愿”也表示固执和感官情欲。从诗人

① 除了双关词，16世纪到17世纪的印刷工还会尽力将专有名词、陌生词及自认为值得特别强调的词印成斜体。但他们并不严格遵守这些规则，那些真正值得印成斜体的词反倒不是斜体。他们随意地将那些不值得斜体的词印成斜体。姓名缩写字母的大写也是这样无规则。乔治·温德姆先生认真记录了1609年四开本的印刷排版情况（第259页起），指出伊丽莎白一世时代的印刷工使用斜体印刷或大写字母并非随意而为。但我查阅了伊丽莎白一世时代和詹姆斯一世时代的大量书籍，得到的结论却完全相反。——原注

再三的声明来看，“心愿”蕴涵的两个特点就是这位女子性情的显著标记。诗人常常在别处惦记着她“骄傲的心灵”或“讨厌的傲气”及“淫荡”或“污秽的过错”而不能释怀。这些就是女子的“心愿”，造就了完整的她。莎士比亚如此塑造这位女子，并非是根据自己确切的观察或经历，而是习惯性地采用同时代所有十四行诗中的传统方式来描述倨傲的情妇。巴纳比·巴尔内斯在自己的十四行诗中赞美了一位女子，同样受到她“骄傲的轻蔑”的折磨。他问女子：

你为何搁置起我的快乐，
用你乖戾的刻薄扼杀着（原文如此）
我的心灵，被你的心愿折磨的殉难者？

巴纳比·巴尔内斯接着回答了自己的问题：

但女人会有自己的心愿，
因为她一一列下了自己要实现的心愿[①]。

伊丽莎白时代的十四行诗中类似的文字不计其数。但巴纳比·巴尔内斯与莎士比亚的某些语言有相似之处，让我们有足够的理由可以将莎士比亚的“心愿”十四行诗看成是故意改编自——应该是出于讽刺的目的——巴纳比·巴尔内斯的刻板成见——认为女人冷酷。从形式和“心愿”一词的反复使用来看，莎士比亚这两首诗似乎是在嘲笑般地模仿对手巴纳比·巴尔内斯的十四行诗第72首和第73首。诗中，巴纳比·巴尔内斯围绕着“优雅”及其多义性展开，

① 巴纳比·巴尔内斯：《帕耳忒诺珀和帕斯诺普》，载于爱德华·阿尔伯所编《英格兰文库》，1885年，第5卷，第440页。——原注

与莎士比亚在十四行诗第135首和第136首中处理“心愿”及其他含义的方式大同小异[①]。

莎士比亚十四行诗第135首全文如下：

无论谁都有自己的心愿，你有自己的威尔，
还有别的心愿，过剩得无法数清；
我明显多余，却依然纠缠着你，
想给甜美的你带来额外的风景
心愿宽敞无边的你，可否不惜[②]
施舍一席将我的心愿收领？
莫非他人心愿都能蒙你优雅相视，
唯独我的心愿难以得你宠幸？
大海，有的是水，却依旧拥抱雨点，
以便容下更多变得更加富有；
心愿多多的你，不妨再添
一个我的心愿，也可让你的心愿更富有。
别太无情太冷酷地扼杀求爱者；
请合众为一，我就是那个威尔。

诗的第一行“无论谁都有自己的心愿”，是诗人呈现给读者的双关，在流

① 巴纳比·巴尔内斯在十四行诗第72首中含糊其词，利用双关，一方面描述了自己狠心情人的优雅容貌，另一方面涉及古希腊神话中的美惠三女神，接着在下一首十四行诗中继续使用这一手法（斜体是我本人标记的）：

为何富有的自然要将*美惠三女神*赠予你，
你是如此吝惜自己的*优雅*！
噢，*女神们*会如何附身于你？
*优雅*与怜悯都无以容纳！……
施舍我一点*优雅*吧！*优雅*的你必是
大富大善之人，能*优雅*行事。——原注

② 参见《李尔王》第4幕，第6场，第279行：“噢，女人的心愿大得无以辨认”；即“哦，女人的欲望无边无际”。——原注

行语“女人会有自己的心愿”的基础上稍稍做了改动。下文接着便陷入了激烈冗长的争执。女子不仅有位叫威尔的情人，而且藏着许多未透露的“心愿”——固执和欲望之类的意思——再增加一个似乎是多余的[①]。女子“过剩”的“心愿”应该也是一语双关，指她蔑视追求者“威尔”想博她芳心的“心愿”。同时，其他追求者的“心愿”她都能“优雅相视[②]”，令诗人难以接受。诗人仓促争辩道，一切都不该如此。譬如海洋，尽管装满了水，却并不拒绝雨水，而是任由其添加到自己丰富的水库，因此，女子尽管“心愿多多”，也应该接受情人威尔的“心愿”，让自己的“心愿更富有”。诗人在最后的两行诗句中总结了自己的抱负：

别太无情太冷酷地扼杀求爱者；
请合众为一，我就是那个威尔。

这相当于说，“别让我的情人无情地扼杀向她献殷勤的求爱者。应该让她想到，将期盼博得她欢心的所有人都合并成众多爱人中的一个——那就是作者，他的名字‘威尔’的意思就是左右她的情感”。这种想法琐碎得毫无意义，但字里行间非常清晰地表明，女子众多情人中，唯有诗人——绝对没有其他人——的名字与决定她品性的“心愿”同音同形。这实在有些讽刺意味。

---

① 爱德华·道登教授说“别的心愿”是指莎士比亚朋友的教名“威廉（是否W.H.先生）”（《十四行诗》，第236页）。但我认为，诗的第二行中，诗人仅是遵照自己的惯例，通过重复达到强调的目的。诗中“还有别的心愿，无法数清”在形式和意图上大体与其他十四行诗的有关内容对应，如：

今日我的爱人很友善，明日依然友善。
（第105首，第5行）
跨越千年万载，直至永久。
（第122首，第4行）
如地狱一般黑，如黑夜一般黑。
（第147首，第14行）

上述所有例子中，后半部分都是以略微加强的语气重复了前半部分的意思。——原注

② 参见巴纳比·巴尔内斯的第73首十四行诗：

她看上去极其优雅，却没有留丝毫优雅
给我这个可怜虫！但美惠三女神依然眷顾她。——原注

十四行诗第136首用了同一模棱两可的奇思妙喻，围绕诗人威尔的名字与女子“心愿”的种种含义展开。诗开篇如下：

若你的灵魂谴责你，说我离你太近，
请告诉胡说八道的它，我是你的心愿①，
　　它该知道心愿常驻灵魂中心。

此处，莎士比亚为达到双关目的，将“心愿”或意志控制灵魂这一哲学老话题稍做更改。同时代作者约翰·戴维斯爵士在自己的哲学诗《认识自己》中就同一话题表述得更加清晰：

心愿在灵魂中独享至尊王位，
统管着心灵的所有感情。

不管莎士比亚是否影射了约翰·戴维斯的诗句，但明显可以看出，莎士比亚诗句体现的思想和语言要旨绝不是像一些评论家所说的那样——留在女子灵魂的“心愿”是一位叫威尔的情敌。接下来的诗行如下：

宝贝，为了爱，请让我的爱能如愿②。
威尔将充盈你的爱之宝库，
请让心愿将它装满，当然请勿忘我的心愿。
我们都知道大空间的方便之处
多一个少一个都不明显：

---

① 十四行诗第27首中，莎士比亚提及盲目的灵魂“不分事实真相”；第146首中直呼灵魂为“罪恶身躯栖息地的中心”。——原注

② 前文提到巴纳比·巴尔内斯在类似语境下使用了“实现”（fulfil）一词，当与此行及下一行同一词语的使用作一比较，体会“如愿以偿”“充盈”等不同层面的含义：

因为她一一列下了自己要实现的心愿。——原注

让我悄悄地加入吧，
无论如何我也是你宝藏中的一员；
我虽不起眼，也请你牵挂，
将不起眼的我，当成你的宝贝心肝。

诗人威尔继续借助自己教名的双关语提出，既然女子有着各种各样决定自己本性的心愿（即欲望、固执及接受他人关注的意愿），她应该在诸多“心愿”中为他腾出一点空间，哪怕是一处不起眼的小地方。前文引用过的巴纳比·巴尔内斯的诗句中，两次用到了“心愿”的复数形式，和莎士比亚这里表达同一意思：

我的心灵，被你的心愿折磨的殉难者，
但女人会有自己的心愿。

结尾顿呼时，莎士比亚推进一步，将自己一厢情愿的意图带回到略微现实的问题上来：

请唯独让我的名字成为你的爱，永远执着，
那么你便是爱我，因为威尔就是我①。

意思就是，“让‘心愿’”（即你自己）“成为你的爱人，那么你就是爱我，因为我的名字威尔就是心愿的意思”。较之上一首的结尾两行，这两行诗更有力地表明，诗人试图取代的那些已得女子芳心的众多情敌中，绝不会有谁和他一样，也叫威尔。“心愿／威尔”强调了情人的品性和作者本人的相同之

① 托马斯·泰勒先生是这样理解这几句诗的：“你爱另一个叫‘威尔’的求爱者。请唯独爱这个名字，那就是爱我，因为我的名字是威尔。”（第297页）爱德华·道登教授的理解也没什么亮点，他认为这几行诗的意思是：“只爱我的名字（还不是爱我本人），那么你就是爱我；因为我叫威尔，我自己就是所有的心愿，即所有的欲望。”——原注

处。除作者之外，如果另有情敌也叫这个名，作者就不会要求情人的爱专注于自己的名字威尔。

尽管莎士比亚的十四行诗结构较松散，但每首诗最后两行都无一例外地总结了全诗的整体意图。有人指出，第 135 首和第 136 首的末尾两行中，莎士比亚承认了有一位同名的情敌假冒他，获得了女子的青睐。事实上，这几行诗正好用于检验“不止一个威尔”这一观点的正误。如上文所示，前一首诗的末尾两行已经揭示了具体情形：

别太无情太冷酷地扼杀求爱者；
请合众为一，我就是那个威尔。

后一首诗的末尾两行重申了这一情况：

请唯独让我的名字成为你的爱，永远执着，
那么你便是爱我，因为威尔就是我。

两首诗歌各自的尾句全部意义在于强调这一事实，即女子的情人中有且仅有一位威尔，就是作者。认为诗人有同名情敌的观点忽视了诗行的关键意义。我们已从两首诗前几行得知，“心愿”支配着女子的情感。两首诗借用嘲讽性双关进行逻辑推理，最后得出结论，女子的一位情人理应超过其他情人，博得女子的芳心，因为这位情人的名字威尔和控制女子感情的心愿是同一个词。由此，诗人旨在告诉女子，自己向女子的求爱是非常符合逻辑的。

对这两首诗的任何其他解读似乎都是没有道理的。然而，更荒诞的是，十四行诗第 134 首和第 143 首中，都只用了一次“心愿”，竟然也有人试图从中证明情敌威尔的存在。

第 134 首全文如下：

如今我已承认他属于你，

我抵押了自己来满足你的欲火①。

牺牲自己，企盼着你

让我心宽，不再束缚另一个我。

但你不会给他自由，他也不以自由为好。

你贪欲无止境，他却温柔如故；

他替我签字担保

却不知会深受契约的捆缚。

你姣好的容貌是你为所欲为的资本，

无所顾忌地挥霍你的囊中之物，

我的朋友也受我牵连沦为你的债务人；

我滥用友情导致他离我而去。

我已失去他；你却同时俘获了我们俩，

他不再欠债，我却无法卸下身枷。

在这里，诗人称“抵押了自己来满足女子的欲火”（即满足她的品性，女子最强烈的品性就是“欲火”这一心愿，即固执和贪图感官激情）。他指责女子不仅俘获了自己，而且将替自己向她献殷勤的朋友也一并俘获。

十四行诗第143首全文如下：

瞧！有只家禽冲出了护栏，

认真的主妇飞奔着上前追赶，

她放下宝宝，如离弦之箭

穷追不舍，想把那逃兵往家揽；

没人照看的娃娃紧跟着妈，

① 莎士比亚十四行诗集初版中，“心愿”一词没有斜体，也没有证据表明此处有任何双关用法。这一行诗与前文引用过的巴纳比·巴尔内斯的诗句相似：

我的心灵，被你的心愿折磨的殉难者。——原注

一路哭喊，她却无心顾及，忙于
追回那从眼皮底下溜走的公鸭，
任凭可怜的娃娃百般哭诉：
你只顾紧跟狠心离你而去的家伙，
而宝宝我也在远远地跟着你；
若那宝贝如愿捉获，盼你能转身顾我，
亲亲我，好好待我，做好妈妈一职：
只要你回头止住我的大声哀恳，
我定会祝福你“心愿”成真[①]。

这首诗呈现了一幅非常清晰的画面，尽管寓意有些模棱两可。诗人将女子描述成一位乡村家庭主妇，将自己描述成主妇的孩子。女子一厢情愿地迷恋的熟人则被比喻成她家院子里的“家禽”。家禽逃走了。主妇放下手中的幼儿，追赶着这个“家伙”。诗人显然认为自己不用畏惧这一无害的动物，略微卖弄了一下当下的流行语（“女人会有自己的心愿”），并且亲切地祝福情人能如愿以偿，前提是如果情人再次抓住逃走的家禽后，能转身友好地对待身为孩子的自己。诗人祝福女子“心愿成真”，毫无疑问是借用了当时的流行语。若将其当成双关语，理解为男人的名字“威尔”，显然与语境不符。

① 由于十四行诗初版中，“心愿”一词印成了斜体，虽说应当是印刷排版上的巧合，但爱德华•道登教授仍偏向于认为该词是用来指假想的朋友威尔。诗人祝福女子会得到她的威尔，即朋友“威尔（是否W.H.？）”。这种解读似乎多此一举，把简单的事情弄复杂了。——原注

附录 9

伊丽莎白一世时代的十四行诗热潮（1591—1597）

精彩看点

1557年托马斯·怀亚特和萨里伯爵托马斯·霍华德的十四行诗——1582年托马斯·沃森的《激情诗百首》——1591年菲利普·西德尼的《爱星者与星》——以捏造的爱情故事为主题的十四行诗——1592年塞缪尔·丹尼尔的《迪莉娅》——塞缪尔·丹尼尔十四行诗的名声——1592年亨利·康斯特布尔的《戴安娜》——1593年巴纳比·巴尔内斯的十四行诗——1593年托马斯·沃森的《幻想之泪》——1593年贾尔斯·弗莱彻的《丽西娅》——1593年托马斯·洛奇的《菲利斯》——1594年迈克尔·德雷顿的《伊迪亚》——1594年威廉·珀西的《西莉亚》——1594年的《泽费莉娅》——1595年理查德·巴恩菲尔德赞美伽倪墨得斯的十四行诗——1595年埃德蒙·斯宾塞的《小爱神》——1595年的《埃玛里杜夫》——1595年约翰·戴维斯爵士的《骗人的十四行诗》——1596年理查德·林切的《迪耶拉》——1596年巴塞洛缪·格里芬的《费德萨》——1596年托马斯·坎皮恩的诗作——1596年威廉·史密斯的《克罗斯》——1597年罗伯特·托夫特的《劳拉》——威廉·亚历山大爵士的《奥罗拉》——富尔克·格雷维尔爵士的《西莉卡》——1591年到1597年出版的爱情主题十四行诗数量估算——1591年到1597年致保护人的十四行诗——关于哲学与宗教的十四行诗

前文已指出，1591 年到 1597 年是十四行诗创作的巅峰时期；1594 年，莎士比亚也被卷入了这股生气勃勃的热潮。当时流行的十四行诗册子不胜枚举，既有系列诗组，也有独立诗篇，充分反映了这一风起云涌的写作狂热。因此，下文我将列出与莎士比亚竞相创作的十四行诗人的一些主要作品并略作评述[①]。

最早在英格兰出版的十四行诗集当属萨里伯爵托马斯·霍华德和托马斯·怀亚特爵士的作品，于 1557 年载于出版商理查德·托特尔的诗歌杂集《诗歌与十四行诗》中首次刊印发行。诗集包含了萨里伯爵托马斯·霍华德的十六首十四行诗和托马斯·怀亚特的二十首十四行诗，其中许多都是直接译自彼特拉克，大都是传统的单相思爱情主题。然而，萨里伯爵托马斯·霍华德有 3 首诗是关于朋友托马斯·怀亚特的逝世，还有一首是关于某位忠实的追随者克利尔的逝世。截至 1587 年，理查德·托特尔的书重印了七次。然而，期间很长一

① “十四行诗”有时也常用来指代“诗”或“歌”。克莱门特·罗宾逊的诗集《快乐集》(1584) 中的《一首不错的十四行诗》并非如题所示，而是一首由十个诗节组成的抒情诗，每节四行，交替押韵。巴纳比·古奇的《颂词、碑文和十四行诗》(1563) 和乔治·特伯维尔的《碑文、短诗、歌谣和十四行诗》(1567) 中都没有一首十四行诗。另外，我个人调查发现，法语词“格托泽”常常用来指代规则的十四行诗节。托马斯·沃森在自己的《激情诗百首》(1582) 前言中就获得了“格托泽作诗水平与天齐”的夸赞；托马斯·纳什编辑出版了菲利普·西德尼的《爱星者与星》(1591)，序言中也用了“疯狂的格托泽”一语；迈克尔·德雷顿《十四行诗》(1594) 初版扉页上也有“格托泽爱情诗”的字样。——原注

段时间，都无人步他们后尘，效仿他们创作十四行诗。直至1580年，托马斯·沃森的手稿《十四行激情诗》才开始流行。他的手稿是献给保护人第十七代牛津伯爵爱德华·德·维尔的，1582年刊印出版，取名为“《激情诗百首》，分两部分，第一部分关于作者所受的爱情煎熬；第二部分涉及向爱情和所有暴行永别。由托马斯·沃森创作，应某些绅士朋友的要求而出版”。这本托马斯·沃森称为“消遣物”的诗集，是一部奇妙的文学大杂烩。他给每首诗都附上了一篇散文体解释。在解释中，他不仅承认每个奇思妙喻都是取自古典文学或法兰西、意大利的十四行诗，而且援引了相关出处的章节和诗句[①]。前言部分是两首规则的十四行诗，但每首“爱情诗”都加上了一个四行诗节，这样就将规则的十四行诗变成了十八行诗。他的作品非常受欢迎，于是他接着开始了新的十四行诗组创作，并且严格遵循了诗歌韵律。新诗组就是《幻想之泪》，仅在他生前以手稿形式流行[②]。

与此同时，一位更杰出的诗人菲利普·西德尼爵士（1586年逝世）创作了一部更壮观的诗集在朋友间传阅，总共一百零八首十四行诗。大部分诗都是菲利普·西德尼本人以爱斯曲菲尔的名义向一位漂亮女子——诗中的斯泰拉——的告白。在现实生活中，他“孜孜不倦”地向有夫之妇佩内洛普·里奇夫人求爱献殷勤，有些诗就被公认为是私通激情的真实流露。但他大部分诗歌的灵感应是来自彼特拉克、龙萨和菲利普·德波特的作品。他向睡眠、月亮、自己的诗神、痛苦或贪欲等抽象概念的倾诉，几乎都是逐字逐句地译自法语。他的十四行诗集初次出版取名为《爱星者与星》，属冒险出版商托马斯·纽曼的秘密行为，还添加了一个附录，名为“不同贵族和绅士创作的其他各种罕见的十四行诗”。附录中有二十八首塞缪尔·丹尼尔的十四行诗，却以匿名形式出现且未告知作者本人。同年出版的还有《爱星者与星》的两个无附录版本。菲利普·西德尼当时还有八首十四行诗仅以手稿形式流通，于1594年首次出版，以匿名形式与亨利·康斯特布尔的十四行诗合印。1598年，这八首诗添加了

① 参见本书第110页。——原注

② 1859年，爱德华·阿尔伯先生编辑出版了《沃森诗集》，重新刊印了托马斯·沃森所有十四行诗。——原注

一些内容，与他的《阿卡狄亚》及其他诗作一起，以诗人的真实姓名出版。菲利普·西德尼去世后十年，一直被尊奉为半个神仙。1591 年，他的诗作大量出版，广泛传播。当时，几乎每位英格兰诗人都竞相效仿他的创作[①]。

为了便于比较莎士比亚与其同代诗人所做的十四行诗，最好将菲利普·西德尼之后的十四行诗作品分为以下三类：（一）以有几分捏造的爱情为主题的十四行诗，向某位或多或少虚构的情妇告白；（二）献给保护人的奉承类十四行诗；（三）涉及形而上的抽象概念或客观探讨宗教哲学的十四行诗[②]。

1592 年 2 月，塞缪尔·丹尼尔出版了一部诗集，内含五十五首十四行诗，另有一首十四行诗体献词献给女保护人第二代彭伯克伯爵夫人玛丽·赫伯特，即菲利普·西德尼的妹妹。与许多法兰西诗集一样，这部诗集以一首“颂词”结尾[③]。作者处处透露着对法兰西十四行诗人的感激，即便在谦称自己不如彼特拉克时（第 38 首）也不例外。他的书名取自莫里斯·赛弗的诗集《迪莉娅，美德最高的人》（里昂，1544 年），也是后来法兰西十四行诗人常用的赞颂主题；而莫里斯·赛弗的诗集则是所有爱情主题十四行诗的典范。但最让他受益的还是菲利普·德波特。1575 年，菲利普·德波特在巴黎出版了诗集《克莱奥尼塞：最后的爱》。以塞缪尔·丹尼尔处理素材的方法为例，我们不妨比较一下他的第 26 首十四行诗与菲利普·德波特《克莱奥尼塞：最后的爱》中第 63 首十四行诗。

菲利普·德波特的全诗如下：

蹉跎岁月，满载着我的困苦

① 托马斯·纽曼出版的《爱星者与星》初版前言中，托马斯·纳什认为菲利普·西德尼的十四行诗天下无敌，喜悦赞美之情溢于言表：“诸位诗人，熄灭你们黯淡的火光吧！将你们疯狂的十四行诗送给蜡烛商吧！瞧，西德尼来了，祝你们好运！”但菲利普·西德尼的作品给英格兰的十四行诗创作带来了一个空前绝后的狂潮，效果完全出乎托马斯·纳什的意料。——原注

② 第一种类型的十四行诗有时会穿插着其他两种类型的内容，但我是依据诗集的主要特点进行分类的。——原注

③ 在菲利普·西德尼的《爱星者与星》中，所有盗印的塞缪尔·丹尼尔十四行诗中，只有九首塞缪尔·丹尼尔没有收入自己的诗集出版。他永久地放弃了那九首诗。——原注

你的金发会变成银丝，
伴你左右的一对太阳将不再炽热如昔，
所有的爱定会困惑地望而却步。
你今朝的美貌沁人心脾，故你毫不泄气，
纵使光阴流逝，以为岁月仍会再次眷顾；
暮年将至，你的如花容颜将逝，
我珍爱的一切都无法留住。
你不愿爱我的那种骄傲很令人讨厌，
也会在遗憾与惆怅中改变，
随着你惊艳形象的替更：
届时你或许不再伤心彷徨，
在我爱意如火的诗句中复活，
如凤凰涅槃在烈火中重生！

下文是塞缪尔·丹尼尔的原创诗作：

我会看见，岁月会报复我的过错，
满头金发会变成银丝；
那些明亮的光线（点燃了这片火）
会日渐黯淡，不再充满生气。
她的美貌已成为我诗歌的累赘，
耀眼的光芒令世人仰慕；
对她的赞誉也得向时间这位贪婪的暴君屈服；
届时她一直引以为傲的花容也将消退。
若她伤心地凝视着镜中容颜，
面色已如冬日般枯槁：
快走吧，我的诗句！去告诉她昔日拥有的惊艳！

因为在你这儿她才能找到自己曾经的骄傲。
你的热情不会放弃她的辉煌，
只会如凤凰涅槃让她获得新生。

塞缪尔·丹尼尔优美的十四行诗（第49首）开头两行如下：

解愁的睡眠仙子啊，你是黑夜之子，
是死神的兄弟，在寂静的黑暗中诞生。

这首诗中多处借用了让-安托万·德·巴伊夫和皮埃尔·德·布拉赫的诗作，两位十四行诗人都喜欢使用“睡眠”等词语。但塞缪尔·丹尼尔主要还是得益于菲利普·德波特，仅对这位法兰西前辈的文字作了细微的改动。菲利普·德波特的《希波吕忒的爱情诗》第73首十四行诗前两行如下：

睡眠，孤独夜晚的宁静之子……
噢，你是死神的兄弟，是我的敌人！

塞缪尔·丹尼尔的十四行诗受到了读者的热情好评，并于1594年新加了几首再次出版，与叙事诗《罗莎蒙德的哀怨》一起编成诗集《迪莉娅及罗莎蒙德的哀怨》。埃德蒙·斯宾塞在《克劳茨回家记》中赞美塞缪尔·丹尼尔的十四行诗“悦耳动听”。莎士比亚也算得上是他的众多十四行诗学徒之一。《泽费莉娅》（1594）的匿名作者称“迪莉娅式十四行诗”“甜美动听的言语”响遍英格兰大街小巷；巴塞洛缪·格里芬的《费德萨》（1596）第15首十四行诗中，诗句“解愁的睡眠仙子啊，你是寂静的死神之兄弟”就公然剽窃了塞缪尔·丹尼尔的作品。

1592年，塞缪尔·丹尼尔《迪莉娅》全卷首次出版。1592年9月，亨利·康斯特布尔出版了自己的《戴安娜：赞美情人的甜蜜十四行诗》。正如标题所示，

罗莎蒙德

这部诗集整体风格上效仿了菲利普·德波特的《狄安娜情诗》，总共21首诗，全部沿袭法兰西模式。1594年，诗集添加了许多内容，以《戴安娜；或H.C.充满奇思妙喻的十四行诗杰作及其他博学人士的十四行诗》为名再次出版。这是典型的书商投机版本[①]。印刷商詹姆斯·罗伯茨和出版商理查德·史密斯给读者和伊丽莎白一世的女侍臣们分别写了献词。二人一起四处搜寻十四行诗手稿，最终呈现给顾客的是一本混乱无序的杂合诗集。他们称诗集由“被遗弃的诗作”组成。除亨利·康斯特布尔的二十首十四行诗之外，有八首声称是菲利普·西德尼爵士的作品，剩下四十七首出自不同人之手，至今作者信息仍然不详。

1593年，十四行诗创作大军收获了更多杰出成果。1593年5月，巴纳比·巴尔内斯的有趣诗集《帕耳忒诺珀和帕斯诺普：十四行诗、情歌、挽歌和颂歌。

① 此诗集载于爱德华·阿尔伯：《英格兰文库》，1895年，第2卷，第225页到第264页。——原注

献给作者最亲爱的朋友、尊贵高尚的绅士威廉·珀西先生》问世[①]。诗集的内容和安排酷似彼特拉克的十四行诗集或龙萨的《情诗》，共有一百零五首十四行诗，其中混杂着二十六首情歌、五首六节诗、二十一首挽歌、三首抒情歌及二十首颂歌，其中有一首颂歌为十四行诗体。另外，还有一首号称译自“摩斯科斯第一篇描述爱情的简短叙事诗”，但很明显，阿玛迪斯·雅明《诗歌作品》中的法语诗《爱情逃亡者，希腊的摩斯科斯》才是原作，1579 年在巴黎出版[②]。巴纳比·巴尔内斯的诗集以六首十四行献词收尾。在第九十五首十四行诗中，他夸赞菲利普·西德尼为“阿卡迪亚牧羊人爱斯曲菲尔”，从菲利普·西德尼作品中吸收的内容却没有从龙萨、菲利普·德波特、让－安托万·德·巴伊夫和约阿希姆·杜·贝莱处吸收的内容多。巴纳比·巴尔内斯的诗作中与法有关的隐喻丰富，虽然存在诸多粗糙生硬之处，但第 66 首十四行诗也达到了高度的美感，全文如下：

啊，甜蜜的家伙！何处是你温柔的住宅？
与牧羊人同行，陪着无忧无虑的情郎？
沿着山坡一路哼着小调，吹着笛管，觅着野趣，
在广袤的田园照料着成群牛羊？
啊，甜蜜的家伙！何处是你的安身之地？
在天国，与天使为伍？高歌赞美
上帝之恩惠，奉命管治
生者的灵魂与思维？
啊，甜蜜的家伙！何处是你避风的港湾？
在教堂，与信徒们结伴？
频频祈祷，让诸神愉悦心宽；
在研究中冥想着港湾？

① 爱德华·阿尔伯:《英格兰文库》, 1895年, 第5卷, 第333页到第486页。——原注
② 本·琼生在自己的假面剧《呼喊丘比特》(1608)中继续沿用了同一骗辞。——原注

无论你身居天国还是尘世；

请奔赴你的向往之地！你定不会藏身此地[①]！

1593年9月，托马斯·沃森的诗集《幻想之泪，或受轻视之爱》在作者去世后出版，总共六十一首十四行诗，基本都是效仿他之前出版的《激情诗百首》，多处与莎士比亚告白“黑女郎”的十四行诗风格相近。

也是在1593年9月，贾尔斯·弗莱彻的《丽西娅，或致敬诗人爱慕的极其高尚的夫人之爱情诗》出版，是献给理查德·莫林娄爵士的妻子的，共53首十四行诗。诗人毫不隐讳地指出自己的十四行诗只是文学练笔。他告诉读者，“对于这类诗作，我只是为了尝试一下我的幽默”；在扉页上，他指出诗集旨在“效仿最优秀的拉丁文诗人及其他作者[②]”。

1593年的十四行诗文学中，最显著的成果要数托马斯·洛奇的《菲利斯，呈献十四行田园诗、挽歌及爱情趣味诗》[③]。诗集的四十首十四行诗中，有些不止或不足十四行。此外，有三首挽歌和一首颂歌。托马斯·洛奇主要效仿了菲利普·德波特，但也从龙萨和其他法兰西同期诗人汲取了养分。我们若比较一下他的第36首十四行诗与菲利普·德波特《狄安娜情诗》第2卷第3首十四行诗，便可了解他效仿前辈的程度。

托马斯·洛奇的第36首十四行诗全文如下：

如果我寻觅僻静之地，现在我会瞥见，

爱神不再卑躬屈膝，而是歇坐着与我相伴；

如果我想写诗作赋，他的诗神也随机应变；

如果我直诉心中苦楚，放纵的男孩会哭喊；

① 托马斯·德克戏剧《耐心的格丽泽尔达》中的著名诗歌《噢，甜蜜的家伙》（1599）照应了巴纳比·巴尔内斯这首十四行诗。——原注

② 爱德华·阿尔伯：《英格兰文库》，1896年，第8卷，第413页到第452页。——原注

③ 1896年，玛莎·富特·克劳顺便将托马斯·洛奇的《菲利斯》载入自己的《伊丽莎白一世时代的十四行诗》再次出版。——原注

如果我哀怨他的傲气，他会平添我的苦闷；
如果我的面颊泪渍未干，他就涕流满面地呻吟；
如果我揭开心灵的累累伤痕，
他会解下绷带，瞬间替我擦拭至干净；
如果我漫步林间，他就开心地跟着闲逛；
如果我自虐自残，他就在我的血泊中沐浴；
如果我奔赴战场，他就成为士兵守护身旁，
如果海面风和日丽，他就驾着我的轻舟在近处漂浮。
总之，残忍之神不会离我而去，
却让我绵绵的爱意与悲痛永相聚。

菲利普·德波特《狄安娜情诗》第2卷第3首十四行诗全文如下：

如果我身居僻静之处，突然
爱不再卑躬屈膝，安静地坐在身旁陪伴着我；
如果我吟诗诵文，他就替我把乐曲作；
如果我怨天尤人，他就厉声抱怨不满；
如果我以苦为乐，他就增加我的磨难；
如果我泪眼凝噎，他就泪流满面；
如果我肆虐心灵，让它伤痕累添，
他就取下眼罩，温柔地为我擦干；
如果我经过丛林，他就一路相随；
如果我残忍无比，他就在我的血泊中奋战不退；
如果我奔赴战场，他就成为我的兵士；
如果我漂洋过海，他就替我驾着轻舟；
总之，残忍一直与我不离不弃，
让我的爱意与苦痛相伴到永久。

1594 年，三部新诗集出版。塞缪尔·丹尼尔的《迪莉娅》和亨利·康斯特布尔的《戴安娜》再次出版（载于一本盗印杂合诗集，收录了多位作者的十四行诗），可见十四行诗创作之风继续平稳蔓延。1594 年 6 月，迈克尔·德雷顿的诗集《伊迪亚之镜，十四行情诗》问世，包括五十一首“情诗”和一首献给“最善良的米西纳斯——安东尼·库克”的十四行诗。迈克尔·德雷顿承认自己崇拜“神圣的菲利普爵士”，但从标题选择、风格与措辞来看，这位英格兰十四行诗人还是更多地受到了菲利普·德波特及其同仁们的影响。《伊迪亚》本是 1579 年克劳德·德·庞图克斯出版的一部十四行诗集；迈克尔·德雷顿在此基础上添加了许多内容，便成了自己 1594 年出版的诗集；之后又删除了许多内容，于 1619 年出版了生前最后一个版本。试比较一下诗集的不同版本（1594 版、1599 版、1605 版和 1619 版），我们可以发现迈克尔·德雷顿出版了一百首十四行诗，但大部分显然都是他早年已发行过的作品[①]。

威廉·珀西是巴纳比·巴尔内斯“最亲爱的朋友”。1594 年，他效仿巴纳比·巴尔内斯的文笔，撰写并出版了诗集《致最美的西莉亚的十四行诗》，共二十首诗[②]。他在“致读者”中解释道，出于礼节，他曾经把自己的十四行诗借给朋友们，但他们偷偷地交付给出版社了。出于好心，他表明自己已经接受了这一事实，但盼望读者能将这些诗作当成“消遣之物和爱情手段”。

1594 年还出版了一部诗集《泽费莉娅》，共四十首十四行诗。匿名作者称这些诗为“抒情诗”[③]。在致“缪斯最真诚的孩子们”的前言诗中，作者称赞了彼特拉克、塞缪尔·丹尼尔和菲利普·西德尼的十四行诗。有几首十四行诗在奇思妙喻上煞费心思，借用了法律术语。约翰·戴维斯爵士《骗人的十四行诗》第 8 首就讽刺般地模仿了这些诗作。约翰·戴维斯的起始诗句是：“我的情况如此，我非常喜爱泽费莉娅。”

1595 年，四本有趣的诗集出版。1595 年 1 月出版的诗集由理查德·巴恩菲尔德歌颂伊丽莎白一世的诗《辛西娅》和一组十四行诗组成。这组十四行诗

① 参见本书第119页注释①。——原注

② 爱德华·阿尔伯：《英格兰文库》，1895年，第6卷，第135页到第149页。——原注

③ 爱德华·阿尔伯：《英格兰文库》，1895年，第5卷，第61页到第86页。——原注

共二十首，赞美了年轻男子伽倪墨得斯的个人魅力，模仿了维吉尔第 2 首牧歌的风格。维吉尔的牧歌是牧羊人科里东对牧童亚历克西斯的告白[①]。诗集第 20 首十四行诗中，作者遗憾地指出，赞美自己年轻朋友的工作本应由更有才华的诗人埃德蒙・斯宾塞（“伟大的科林，所有牧羊人的领袖”）或迈克尔・德雷顿（“彬彬有礼的罗兰，我公开承认的朋友”）来完成。理查德・巴恩菲尔德偶尔也模仿了莎士比亚的手法。

埃德蒙・斯宾塞的《小爱神》几乎与理查德・巴恩菲尔德的《辛西娅》在同一时间问世，名气更大，总共有八十六首十四行诗。从书名便可以看出诗集的意大利渊源[②]。此前，埃德蒙・斯宾塞已经翻译了彼特拉克和约阿希姆・杜・贝莱许多哲学主题的十四行诗。《小爱神》中有些诗应该是 1593 年作者献给一位女子的，一年后女子成了他的妻子。但情感主要还是理想化的。正如诗人在第 87 首中所说，他作诗时，像迈克尔・德雷顿一样，眼中只有“伊迪亚女神”。

1595 年，不明身份的“E.C. 先生”也出了一部诗集《埃玛里杜夫》[③]，共四十首十四行诗，附和了英格兰和法兰西模式。作者在致“两位亲密朋友约翰・祖奇先生和爱德华・菲顿先生”的献词中坦言，自己身患疟疾不能出门，“为了避免自己懒惰，完成了以前奉一位漂亮夫人之命开始撰写的闲置之作”。

1595 年，最著名的作品要数约翰・戴维斯爵士所做的九首《骗人的十四行诗》或笨拙的模仿诗。诗集以手稿的形式流行。作者的意图是要羞辱当时流行的“伪劣十四行诗”。约翰・戴维斯爵士将自己的诗集献给安东尼・库克爵士，即迈克尔・德雷顿十四行诗创作的资助者，被迈克尔・德雷顿尊为米西纳斯。约翰・戴维斯爵士似乎是针对莎士比亚及一些名不见经传的诗人，譬如《泽费莉娅》的作者[④]。《骗人的十四行诗》第 3 首嘲笑了十四行诗人们与法有关的隐喻，让人很容易就想到了巴纳比・巴尔内斯的诗集或《泽费莉娅》作者的

① 1882年载于爱德华・阿尔伯的《英格兰学者文库》修订版。——原注

② 1594年11月19日获出版许可。——原注

③ 1881年，载入查尔斯・埃德蒙兹为罗克斯伯勒俱乐部编辑的《兰波特文集》再次出版。——原注

④ 赫里福德约翰・戴维斯：《诗歌全集》，格罗萨特博士编，第2卷，第51页到第62页。——原注

诗集[1]。但从措辞上看，约翰·戴维斯爵士同样在影射莎士比亚两首与法有关的十四行诗：第 87 首和 134 首。约翰·戴维斯全诗如下：

我的情况如此，我深爱泽费莉娅，
我对她忠心一片：
矢志不渝，亘古不变，
她却因此让我深陷债务，无法自拔。
因为即便现在我能阻止她的权利，
她已经扣押了我的心灵
以便我从未否认的义务得以履行，
并轻蔑地将它囚禁在遥远之地。
故我任劳任怨，力挽
被她非法扣留的心灵。
机敏的花言巧语却已成为爱的最高长官
归还日称我的心灵已逃，去向不明。
作为补偿，我只渴望法律能将她的心灵
判给我，并机智地印上她的姓名。

（与原文同）

1596 年，"R.L. 绅士"——有可能是理查德·林切——出版了一部诗集《迪耶拉》，共三十九首十四行诗，都按传统惯例而作[2]。出版商亨利·奥尔尼在致亨利·格莱纳姆之妻安妮·格莱纳姆的献词中，称理查德·林切的十四行诗"有激情"，是"骁勇绅士脑海中的构思"。

同年出版的还有巴塞洛缪·格里芬献给"威廉·艾塞克斯先生"的《费德萨》。这本诗集有六十二首十四行诗。巴塞洛缪·格里芬称自己的诗作为"初学者的

① 参见本书第136页注释①。——原注
② 爱德华·阿尔伯：《英格兰文库》，1895年，第7卷，第185页到第208页。——原注

处女作”，事实上，他是一位大胆的剽窃者。他主要模仿了塞缪尔·丹尼尔的风格，但也效仿了菲利普·西德尼、托马斯·沃森、亨利·康斯特布尔和迈克尔·德雷顿。第3首开篇为“维纳斯和坐在身旁的年轻的阿多尼斯”，与威廉·杰戈德的盗印杂合诗集《热情的朝圣者》中第4首——第一行为“甜美的女神维纳斯，坐在小溪边”——简直如出一辙。威廉·杰戈德的诗集扉页上还印着莎士比亚的名字③。他无疑是从巴塞洛缪·格里芬那里窃取了这首诗，尽管它事实上有可能出自另一位诗人之手。大英博物馆哈利父子收集的第6910号手稿中发现了托马斯·坎皮恩的三首十四行情诗，上面标记的年份也是1596年④。

1596年，威廉·史密斯创作的十四行诗集《克罗斯》第三版问世⑤，包括四十八首常见类型的爱情主题十四行诗，还有三首模仿埃德蒙·斯宾塞的诗，其中2首在最前面，一首在诗集最末。威廉·史密斯声称自己的十四行诗是“学习阶段中含苞待放的早春”。1600年，英格兰出版同业公会批准W.S.的《情诗》出版，应该就是威廉·史密斯的另一部十四行诗集，但至今仍未发现这部诗集⑥。

同期还有威廉·亚历山大爵士的《奥罗拉》，包括一百零六首十四行诗，另有一些法兰西风格的诗歌和挽歌。威廉爵士称自己的诗集为“年轻时期的最初幻想”，并非常正式地将诗集题献给阿盖尔伯爵夫人艾格尼丝。直至1604年，诗集才出版⑦。

---

③ 爱德华·阿尔伯：《英格兰文库》，1895年，第5卷，第587页到第622页。——原注

④ 埃杰顿·布里奇斯：《都铎王朝文摘》，1814年，第1卷，第35页到第37页。有一首稍加改动后载于菲利普·罗塞特的《诗歌集》（1610），另一首载于《诗歌集（第三部）》（1617？）；参见《坎皮恩全集》，阿瑟·亨利·布伦编，第15页，第16页，第102页。——原注

⑤ 爱德华·阿尔伯：《英格兰文库》，1896年，第8卷，第171页到第199页。——原注

⑥ 参见本书第421页及注释。——原注

⑦ 实际上，同属情人哀怨类的十四行诗集不计其数，诗节有六行、八行或十行不等，虽然不是严格的十四行诗形式，但风格上与十四行诗非常接近。现列举一些如下：1594年亨利·威洛比的《阿维萨》；1595年约翰·乔克希尔的《阿尔西莉亚：菲洛帕森的爱情愚行》；1597年尼古拉·布莱顿的《富有爱情伎俩的阿伯》（有两首是规则的十四行诗）；1598年罗伯特·托夫特的《晨歌，忧郁爱人一个月的心思》；1604年安东尼·斯科洛克的《戴芬太斯，或爱之激情》；1604年尼古拉·布莱顿的《激情的牧羊人，或牧羊人之爱：记录对牧羊女阿格莱亚的爱慕；内含许多充满奇思妙喻的优秀诗歌和赏心悦目的十四行诗供年轻人打发闲暇时光》（所谓的“十四行诗”没有一首是按格律的）；以及1606年约翰·雷诺兹的《多拉尼斯报春花……生动地表达了爱情之热烈》。尽管后来出版的还有乔治·威瑟的类似诗作——充满幻想的《菲蒂

菲利普·西德尼的密友富尔克·格雷维尔爵士，即后来的布鲁克勋爵，也创作了一部类似的十四行诗集《西莉卡》，共一百零九首，但严格遵循十四行诗格律的寥寥无几。诗人承认仅有一小部分是向虚构的情人西莉卡告白，许多诗则赞美了另一位美人迈拉，还有些是借伊丽莎白一世的诗歌用名辛西娅来颂扬女王。另外，告白爱神丘比特及或多或少地思考玄学主题的诗歌也有许多，但语气并不够严肃。富尔克·格雷维尔的大部分十四行诗应该是创作于我们所考察的这段时期，但直到 1633 年他去世五年后，他的对开本著作全集首次问世时，诗作才得以出版。

继 1597 年罗伯特·托夫特诗集之后，爱情主题的十四行诗集事实上就停止了出版。17 世纪初似乎只产出了两部内容丰富的诗集。1607 年左右，霍桑登的威廉·德拉蒙德写了一组诗，共六十八首十四行诗，另有诗歌、情歌和六节诗穿插其间，所有诗作几乎都译自或改编自当时的意大利十四行诗[①]。1610 年左右，赫里福德的约翰·戴维斯出版了自己的《智者朝圣……借助大量十四行爱情诗》，总共有二百多首单独的诗，只有开场部分的一百零四首十四行诗有些吻合扉页上的描述，大部分诗作都是关于爱情的玄学思考，不明确针对任何人。几年后，威廉·布朗创作了十四行爱情诗组《西莉亚》，共十四首，还写了几首单独的同类型十四行诗[②]。霍桑登的威廉·德拉蒙德、约翰·戴维斯、威廉·布朗等人的十四行诗从创作日期来看，不属于我们的考察范围。如果不计入上述诗作，我们发现，1591 年到 1597 年，几乎有一千二百首爱情类十四行诗刊印出版，如果再加上莎士比亚的诗作，以及那些当时仅以手稿方式流行、没有保存下来的其他十四行诗，六年中，每年创作的十四行诗超过了二百首。几乎整个 16 世纪，法兰西和意大利的文学力量也朝着类似的方向发展。然而，这段时期，爱情类十四行诗主宰英格兰文学的程度是任何时期任何国家都难以

利亚》(1617)和《美德爱人，菲尔雷特的心上人》(1622)——但可能要算作17世纪初的作品。——原注

① 1656年作者逝世七年后，这些诗载于《著名才子威廉·德拉蒙德的诗集》(对开本，伦敦)中首次印刷。诗集由约翰·米尔顿的侄子爱德华·菲利普斯编辑。最佳现代版是阿道弗斯·威廉·沃德编辑的《缪斯文库》(1894)版本。——原注

② 威廉·布朗：《诗集》，载于《缪斯文库》，1894年，第2卷，第217页起。——原注

企及的。

至于同期献给保护人的十四行诗，单独诗篇几乎在每本出版的书中都可找到。系列诗组也有不少，主要包括：1591 年苏格兰国王詹姆斯六世[①]《闲暇诗作》开场部分的长篇十四行诗组；加布里埃尔·哈维《关于罗伯特·格林的四封信及若干十四行诗》（1592）中的二十三首十四行诗，含埃德蒙·斯宾塞夸赞并献给加布里埃尔·哈维的那首精美的十四行诗；1592 年左右以手稿流行的亨利·康斯特布尔致女贵族保护人的系列诗组（载于《哈利杂集》首次出版，第 9 卷，第 491 页，1813 年）；1593 年 5 月巴纳比·巴尔纳斯添入《帕耳忒诺珀和帕斯诺普》的六首奉承类十四行诗；菲利普·西德尼《为诗辩护》初版前言中致"菲利普·西德尼爵士之灵魂"的四首十四行诗（1595）；最初载于埃德蒙·斯宾塞《仙后》初版（1590，第 1 卷到第 3 卷）开场部分、并于 1597 年再版的十七首十四行诗[②]；亨利·洛克《德训篇》（1597）中六十首致男女贵族和国家官员的十四行诗；乔舒亚·西尔维斯特致法兰西国王亨利四世的四十首关于"法兰西近期不可思议之和平"的十四行诗（1599）；约翰·戴维斯爵士大肆歌颂伊丽莎白一世的二十六首八音节十四行诗组《阿斯特来亚赞美诗》。

1591 年到 1597 年也出现了不少宗教与哲学主题的十四行诗组。1593 年左右，亨利·康斯特布尔创作了十六首《致敬上帝及其圣徒的圣灵十四行诗》，仅以手稿形式流行，直至 1815 年载于托马斯·帕克《海利康》第 2 卷中首次出版，底稿来自哈利父子收集的手稿（第 5993 号）。1595 年，巴纳比·巴尔内斯出版了《神圣的圣灵十四行诗百首》，并在致达拉谟主教托比·马修的献词中指出诗集创作于一年前在法兰西旅行时。1573 年和 1578 年，神父雅克·德·比利在巴黎先后出版了两组《圣灵十四行诗》，巴纳比·巴尔内斯的

① 也就是后来的英格兰国王詹姆斯一世。

② 1610年，乔治·查普曼效仿埃德蒙·斯宾塞创作了类似的十四行诗，并将十四首添入自己的《荷马史诗》译作中；后续版本中又增加至二十二首。赫里福德的约翰·戴维斯在自己的《微观世界》（1603）和《愚蠢的灾难》（1611）中也附上了许多献给保护人的十四行诗。乔舒亚·西尔维斯特从1590年起直至1618年逝世，写了"各种各样的十四行诗、书信体诗文等"献给保护人；1641年，这些诗作收入作者本人的《杜·巴尔塔的神圣时光和著作》出版。——原注

诗集十分贴切地模仿了神父的诗。1605 年，安妮·德·马奎茨写的长诗组《圣灵十四行诗》在巴黎首次出版，作者是道明会修女，1598 年在普瓦西去世。1594 年，乔治·查普曼出版了十首歌颂哲学的十四行诗，并命名为《致哲学情妇的王冠》。第 1 首十四行诗中，他指出自己的目的是劝诫诗人们不要在十四行诗中歌颂“爱情受感官情欲操控”。1597 年，亨利·洛克在自己的诗体译作《传道书》[①] 中添加了一组十四行诗《充满基督徒热情的十四行诗及其他具备悲悯良知的深情十四行诗》。之前在 1593 年，他就获得了出版《关于冥想、蒙羞和祈祷之十四行诗百首》的许可，但我们至今没有看到这部诗集。亨利·洛克 1597 年的诗集中，关于宗教或哲学的十四行诗多达三百二十八首[②]。

可以说，1591 年到 1597 年出版的十四行诗中，献给保护人的至少有五百首，与哲学和宗教主题十四行诗数量相当。十四行诗总数远超两千首。

---

① 1566年，雷米·贝洛也出版了一部类似的《传道书》诗体译作，取名为《虚荣》。——原注

② 赫里福德约翰·戴维斯的《智者朝圣》（1610？）中添加了四十八首关于三位一体及类似主题的十四行诗。——原注

附录 10

法兰西十四行诗的相关文献（1550—1600）

精彩看点

龙萨（1524—1584）和《七星诗社》——16世纪的意大利十四行诗人——菲利普·德波特（1546—1606）——1550年至1584年法兰西出版的主要十四行诗集——1553年至1605年出版的二流法兰西十四行诗集

16 世纪初，梅林·德·圣席莱（1487—1558）和克莱门特·马罗（1496—1544）在法兰西创做了一些零散的十四行诗；莫里斯·塞弗将所有爱情主题的十四行诗句都记录在自己的十四行诗集《迪丽》（1544）中。但直至 16 世纪下半叶，龙萨（1524—1585）才真正率先宣告了法兰西十四行诗创作之风的到来。龙萨身边聚集了一批文学同仁，成立了“七星诗社”，所有成员都努力地撰写十四行诗。“七星诗社”的主要目的就是按经典范式改革法兰西语言和文学。他们不仅吸收并移植了许多令人赞叹的拉丁语和希腊诗歌[①]，而且还汲取了近代意大利文学的所有精华[②]。尽管他们都是博学的诗人，龙萨和大多

① 有个图表阐释了龙萨和朋友们对希腊诗人阿克那里翁等的态度，载于德布尔的《十六世纪诗人翻译和模仿的阿克那里翁及其希腊诗歌文本》（勒阿弗尔，1891年）。1556年，雷米·贝洛翻译的阿克那里翁诗作问世。参见圣伯夫的文章，《16世纪的阿克那里翁》，载于他本人的《16世纪法兰西诗歌概览》（1893），第432页到第447页。皮埃尔·塔米西耶的《希腊最优美短诗隽语集之法语诗体译文》（1617年版本）也属同类著作。——原注

② 意大利是十四行诗的发祥地。作为一种诗歌形式，16世纪时，十四行诗依旧受到意大利作家们的青睐，程度丝毫不逊色于之前的三个世纪。继彼特拉克之后，16世纪后期许多意大利十四行诗人及其作品在英格兰和法兰西都闻名遐迩，其中最著名的有塞拉菲诺·戴尔·阿奎拉（1466—1500）、雅各布·桑纳扎罗（1458—1530）、阿尼奥洛·菲伦佐拉（1497—I547）、卡迪纳尔·本博（1470—1547）、加斯帕拉·斯坦帕（1524—1553）、彼得罗·阿瑞提诺（1492—1557）、伯纳多·塔索（1493—1568）、路易吉·坦西洛（1510—1568）、加布里埃洛·菲艾玛（1585年去世）、托尔夸托·塔索（1544—1595）、路易吉·格罗托（1570年活跃）、乔万尼·巴蒂斯塔·瓜里尼（1537—1612）和乔万尼·巴蒂斯塔·马里诺（1565—1625）（参见蒂拉博斯基的《意大利文学史》，1770—1782；加尼特博士的《意大利文学史》，1897；西蒙兹《意大利文艺复兴》，1898年编，第4卷和第6卷）。1582年，托马斯·沃森《激情诗百首》的评注出版；1891

龙萨

数伙伴采用的都是自然的抒情风格，诗作颇有新鲜感和自发性，独具魅力。据龙萨所述，真正的“七星诗社”成员除了他本人之外，还有约阿希姆·杜·贝莱（1524—1560）、艾蒂安·若代勒（1532—1573）、雷米·贝洛（1528—1577）、让-安托万·德·巴伊夫（1532—1589）、朋都士·德·缔亚尔（1521—1605）和让·多拉-迪尼曼蒂（1508—1588）。让·多拉-迪尼曼蒂，即人们常说的多拉，是龙萨早年的古典文学老师。再宽泛些，龙萨的其他文学盟

年，阿瑟·亨利·布伦先生编辑出版了弗朗西斯·戴维森《狂想诗》的评注本；1894年，阿道弗斯·威廉·沃德先生编辑出版了《霍桑登的德拉蒙德之诗集》评注本。上述评注本充分阐述了英格兰十四行诗人从塞拉菲诺·戴尔·阿奎拉、路易吉·格罗托、乔万尼·巴蒂斯塔·马里诺、乔万尼·巴蒂斯塔·瓜里尼、托尔夸托·塔索及其他16世纪意大利同行处受益良多。——原注

友也常常算作诗社成员，包括让·德·拉·佩吕斯（1529—1554）、奥利维尔·德·马尼（1530—1559）、阿玛迪斯·贾米恩（1538？—1585）、让·帕斯拉（1534—1602）、菲利普·德波特（1546—1606）、艾蒂安·帕斯奎尔（1529—1615）、赛弗勒·德·圣玛尔特（1536—1623）和让·贝尔托（1552—1611）。诗社下属成员们在十四行诗创作上付出的努力丝毫不逊于创始成员，其中，菲利普·德波特在法兰西和英格兰的名气最大。尽管他的许多十四行诗思想优雅，韵律优美，但大多数过度使用了奇思妙喻，略显累赘。他不仅比诗社成员更加忠实地模仿彼特拉克，而且鼓励诸多学徒要刻苦练习“彼特拉克诗歌主义”，即所谓的模仿彼特拉克，甚至个人健康都可以置之度外。在他的影响之下，16 世纪末，法兰西十四行诗成了意大利十四行诗的“应声虫”，空洞而不切实际。

法兰西的十四行诗创作运动精确地预告了英格兰十四行诗创作之风的到来，下文我将通过一些统计资料予以展示。1584 年，“七星诗社”大师龙萨的诗作全集出版，共有九百多首独立的十四行诗，按《卡桑德尔爱情诗》《玛丽爱情诗》《致阿丝特蕾的情诗》《致埃莱娜的情诗》等标题分类排列；除了《爱情诗类》和《十四行诗类》，还有献给朋友和保护人的颂词。1549 年，约阿希姆·杜·贝莱的十四行爱情诗集《奥利芙》首次出版，共一百五十首诗。1565 年他又出版了一本普通话题的十四行诗集《怀念集》，总共一百八十三首；埃德蒙·斯宾塞还率先将其中一部分译成了英文。让 - 安托万·德·巴伊夫出版了两组十四行诗，分别为《梅林情诗》（1552）和《弗朗辛爱情诗》（1555）。阿玛迪斯·贾米恩创作了《奥丽埃纳爱情诗》《卡利里爱情诗》和《阿耳特弥斯爱情诗》（1575）。菲利普·德波特的《首部诗集》（1575）在英格兰很受欢迎，有三百多首十四行诗，其中一百五十首献给黛安，八十六首献给希波吕忒，九十一首献给克莱奥尼塞。1576 年，雷米·贝洛出版了一本诗集《爱情诗》。1587 年，朋都士·德·缔亚尔献给帕斯泰的十四行诗集《爱情错误》应运而生。

同期，一些名气稍逊的作家也出版了十四行诗集，按初版日期，依次排列如下：纪尧姆·德索泰尔的《情人之憩》（1553）；奥利维尔·德·马尼《叹息吧，爱人》等（1553，1559）；路易丝·拉贝的《作品集》（1555）；雅克塔胡里的《颂歌与十四行诗》等（1554，1574）；克劳德·德·比耶的《阿玛尔忒娅》（1561），含一百二十八首十四行爱情诗；沃克兰·德·拉·弗雷奈的《森林》（1555年及以后的年份）；雅克·格雷万的《奥兰普》（1561）；尼古拉·埃兰的《十四行诗》（1561）；赛弗勒·德·圣玛尔特的《法语作品》（1569，1579）；艾蒂安·德拉波埃西的《作品集》（1572）及其与蒙田《随笔集》（1580）一同出版的二十九首十四行诗；让-雅克·德·拉·塔耶的《作品集》（1573）；雅克·德比利的《圣灵十四行诗》（1573年第一组出版，1578年第二组出版）；艾蒂安·若代勒的《诗歌作品集》（1574）；克劳德·德·庞图克斯的《伊迪亚十四行诗》（1579）；德罗切斯母女的《诗集》（1579，1584）；皮埃尔·德·布拉赫的《艾美的爱情诗》（1580年左右）；吉勒斯·杜兰特《献给夏洛特和卡米尔的十四行诗集》（1587，1594）；让·帕斯拉的《致……的爱情诗》（1597）和1588年去世的安妮·德·马奎茨的《圣灵十四行诗》（1605）[①]。

① 虽说这些诗集并非都有现代版本，但至少大部分有。普罗斯珀·布朗什曼精心编辑了龙萨的作品，载于1867年的八卷本《小十二开本丛书》，其中第8卷《龙萨生平研究》非常有价值。雷米·贝洛的作品也在同一系列丛书中出版。1866年至1893年，马蒂-拉韦奥将“七星诗社”七位创始成员的作品编辑成十六卷本《法兰西七星诗社文库》出版。1862年，莫里斯·塞弗的《迪丽》在里昂再次出版。莱因霍尔德·德泽梅里斯认真编辑了皮埃尔·德·布拉赫的诗作，1862年在巴黎出版了二卷本诗集。1863年，阿尔弗雷德·米盖尔思编辑的《菲利普·德波特全集》出版。1875年，路易·拉贝作品集由普罗斯珀·布朗什曼编辑再次出版。自1877年起，让·德·拉·塔耶、阿玛迪斯·贾米恩和纪尧姆·德索泰尔的作品载于《法兰西古代诗人作品精选》中再次出版。参见圣伯夫《16世纪法兰西诗歌史及诗歌批评概览》（巴黎，1893年）；亨利·弗朗西斯·加里《法兰西早期诗人》（伦敦，1846年）；贝克·德·富基耶尔的《龙萨等16世纪法兰西诗人作品选集》（1880）及其《让-安托万·德·巴伊夫、约阿希姆·杜·贝莱和龙萨作品选》；达梅斯特泰和哈茨费尔德的《16世纪的法兰西——文学和语言概览》（1897年，第6版）；以及珀蒂德·朱勒维尔的《法语语言文学史》（1897年，第3卷，第136页到第260页）。——原注

专有名词英汉对照

Heralds' College	宗谱纹章院
Dictionary of National Biography	《英国人物传记辞典》
Matthew Arnold	马修·阿诺德
Southampton	南安普顿
Thomas Thorpe	托马斯·索普
Earl of Pembroke	彭伯克伯爵
William Herbert	威廉·赫伯特
John Payne Collier	约翰·佩恩·科利尔
Droeshout	德罗肖特
Edgar Flower	埃德加·弗劳尔
Welbeck Abbey	维尔贝克庄园
Duke of Portland	波特兰公爵
Garrick Club	加里克文学俱乐部
Somerset House	萨默塞特宫
Sir Francis Jeune	弗朗西斯·热恩爵士
Blackfriars	黑衣修士
Guildhall Librar	市政图书馆
British Museum	大英博物馆
Baroness Burdett-Coutts	伯德特－库茨男爵夫人
Richard Savage	理查德·萨维奇
Salt Brassington	索尔特·布拉辛顿
National Portrait Gallery	国家肖像美术馆主管
Lionel Cust	莱昂内尔·卡斯特
Beeching	比钦牧师

Thomas Seccombe	托马斯·赛康比
Kirkland	柯克兰
Doncaster	唐克斯特
Freyndon	弗雷恩顿
Frittenden	弗里特登
Baddesley Clinton	巴德斯利克林顿庄园
Wroxhall	洛克斯霍
Henley-in-Arden	亚顿区的亨里
Aston Cantlow	阿斯顿坎特洛
Wilmcote	温姆柯克
Bearley	比尔利
Kenilworth	凯尼尔沃思
Ser Giovanni's	赛尔·乔万尼
II Pecorone	《蠢货》
Cinthio	钦提奥
Hecatommithi	《寓言百篇》
Love's Labour's Lost	《空爱一场》
Holofernes	荷罗孚尼
Merry Wives of Windsor	《温莎的风流娘儿们》
Sir Hugh Evans	休·伊凡爵士
Sententiae Pueriles	《基础句型》
good old Mantuan	《曼图亚作品精选》
Ovid	奥维德
Metamorphoses	《变形记》
Tempest	《暴风雨》
Arthur Golding	阿瑟·戈尔丁
Comedy of Errors	《错误的喜剧》
Ben Jonson	本·琼生
Genevan	日内瓦
Old and New Testaments	《新约全书》
Earl of Leicester	莱斯特伯爵
Midsummer Night's Dream	《仲夏夜之梦》
Oberon	奥布朗

Hathaway	海瑟薇
Shottery	休特瑞
Bartholomew	巴塞洛缪・海瑟薇
Luddington	卢丁顿
Worcester	伍斯特
Fulk Sandells	富尔克・桑德尔
John Richardson	约翰・理查森
Susanna	苏珊娜
Temple Grafton	坦普尔格拉夫顿
Edmund Lambert	埃德蒙・兰伯特
Charlecote	查莱克特
Gloucestershire	格洛斯特郡
Saperton	萨佩顿
Archdeacon Davies	阿奇迪肯・戴维斯
Samuel Ireland	塞缪尔・爱尔兰德
Fulbroke Park	弗尔布洛克猎园
Walter Scott	沃尔特・司各特
Justice Shallow	沙洛法官
Clodpate	克洛德佩特
Leicester	莱斯特
Oxford	牛津
High Wycombe	海威科姆
Banbury	班伯里
Aylesbury	艾尔斯伯里
Grendon	格伦顿
Carfax	卡法克斯
Crown Inn	克朗客栈
Stationers' Company	英格兰出版同业公会
Inns of Court	律师学院
James Burbage	詹姆斯・伯比奇
Smithfield	史密斯菲尔德
Essex	艾塞克斯
Stafford	斯塔福德

St. Paul's Cathedral	圣保罗大教堂
Chapel Royal	皇家礼拜堂
Ferdinando Stanley	费迪南多・斯坦利
Derby	德比
Henry Carey	亨利・凯里
Augustine Phillips	奥古斯丁・菲利普斯
Titus Andronicus	《泰特斯・安德洛尼克斯》
Finsbury	芬斯伯里
Moorfields	穆尔菲尔兹
Southwark	萨瑟克
Bankside	泰晤士河
Edward Alleyn	爱德华・阿莱恩
Newington Butts	纽因顿巴茨
Barnstaple	巴恩斯特普尔
Bath	巴斯
Bristol	布里斯托尔
Coventry	考文垂
Dover	多佛
Faversham	法弗舍姆
Folkestone	福克斯顿
Hythe	海斯
Maidstone	梅德斯通
Marlborough	马尔伯勒
New Romney	新罗姆尼
Rye in Sussex	苏赛克斯的拉伊
Saffron Walden	萨弗伦沃尔登
Shrewsbury	什鲁斯伯里
Lawrence Fletcher	劳伦斯・弗莱彻
Inverness	因弗尼斯
Venice	威尼斯
Padua	帕多瓦
Verona	维洛那
Anne de Marque	安妮・德・马奎茨

Mantua	曼图亚
Milan	米兰
Two Gentlemen of Verona	《维洛那二绅士》
Valentine	瓦伦丁
Prospero	普洛斯彼罗
William Kemp	威廉・肯普
St. Stephen's Day	圣史蒂芬日
Innocents' Day	婴儿蒙难日
Greenwich Palace	格林尼治宫
Ben Jonson	本・琼生
Every Man in his Humour	《个性互异》
Sejanus	《西姜努斯》
Hereford	赫里福郡
John Davies	约翰・戴维斯
Adam	亚当
Love's Labour's Lost	《空爱一场》
Erreurs Amoureuses	《爱情错误》
Romeo and Juliet	《罗密欧与朱丽叶》
Henry VI	《亨利六世》
Guillaume des Autels	纪尧姆・德索泰尔
Roderigo Lopez	罗德利哥・洛佩兹
King John	《约翰王》
Gray's Inn Hall	格雷律师学院大厅
Arden of Feversham	《费佛斯汉的阿登》
Mucedorus	《缪琦德勒丝》
Faire Em	《美丽的艾姆》
Holinshed's Chronicles	《霍林谢德编年史》
Biron	俾隆
History of Felix and Philomena	《菲力克斯和菲洛米娜的故事》
Diana	《戴安娜》
Shepardess Felismena	牧羊女费丽斯梦娜
George de Montemayor	乔治・德・蒙特梅尔
Jean Passerat	让・帕斯拉

Bartholomew Yonge	巴塞洛缪・扬
Thomas Wilson	托马斯・威尔逊
Sir Philip Sidney	菲利普・西德尼爵士
Barnabe Rich	巴纳比・里奇
Apollonius and Silla	《阿波罗尼奥斯与西拉》
Launce	朗斯
Speed	斯皮德
Historie of Error	《错误的故事》
Plautus	普劳图斯
Menaechmi	《孪生兄弟》
Antipholus of Ephesus	以弗所的安提福勒斯
Amphitruo	《安菲特律昂》
William Warner	威廉・沃纳
Arthur Broke	阿瑟・布卢克
William Painter	威廉・佩因特
Palace of Pleasure	《欢乐宫》
Mercutio	莫枯修
Complainte of Rosamond	《罗莎蒙德的哀怨》
John Danter	约翰・丹特
Strange	斯特兰奇
Pierce Penniless	《贫穷的皮尔斯》
Kind Hartes Dreame	《仁心之梦》
Temple Gardens	圣堂花园
Mortimer	莫蒂默
Suffolk	萨福克
Margaret	玛格丽特
Thomas Watson	托马斯・沃森
Samuel Daniel	塞缪尔・丹尼尔
Michael Drayton	迈克尔・德雷顿
Thomas Lodge	托马斯・洛奇
Euphues	《尤菲绮斯》
Much Ado about Nothing	《无事生非》
Gilles Durant	吉勒斯・杜兰特

Armado	亚马多
Thopas	索帕斯
Epiton	艾皮顿
Dogberry	道格勃里警长
Verges	贝赫斯
Shylock	夏洛克
Tamburlaine	《帖木儿大帝》
John of Gaunt	冈特的约翰
Hero and Leander	《海洛与勒安德尔》
Edward Ravenscroft	爱德华·雷文斯克罗夫特
Amoureux Repos	《情人之憩》
Giovanni Fiorentino	乔万尼·菲奥伦蒂诺
Gesta Romanorum	《罗马人传奇》
Stephen Gosson	史蒂芬·葛森
Schoole of Abuse	《欺骗团伙》
Antonio	安东尼奥
Three Ladies of London	《伦敦的三位夫人》
Gerontus	杰罗特斯
Mercatore	莫尔卡托
Jew of Malta	《马耳他岛的犹太人》
Venesyon Comedy	《威尼斯喜剧》
Constance	康斯坦斯
Faulconbridge	法孔布里奇
Hubert	休伯特
Inner Temple	内殿律师学院
Greenwich	格林尼治
Pasithée	帕斯泰
Prolusions	《序幕》
Farewell to Folly	《告别愚昧》
Venus and Adonis	《维纳斯与阿多尼斯》
Henry Wriothesley	亨利·赖奥思利
Scillas Metamorphosis	《希拉的变形》
Amours d'Aymée	《艾美的爱情诗》

John Harrison	约翰·哈里森
White Greyhound	白灵缇
Fasti	《岁时记》
Legend of Good Women	《贞节妇女的传说》
Passionate Centurie of Love	《激情诗百首》
Jean Passerat	让·帕斯拉
Legend of Matilda	《玛蒂尔达的传奇》
William Clerke	威廉·克拉克
Polimanteia	《玻丽曼缇亚》
John Weever	约翰·维沃
Epigramms	《隽语》
Richard Carew	理查德·卡鲁
Catullus	卡图卢斯
Colin Clouts come home againe	《克劳茨回家记》
Teares of the Muses	《缪斯的眼泪》
Theseus	提修斯
Willy	威利
Richard Tarleton	理查德·塔尔顿
Falstaff	福斯塔夫
A Lover's complaint	《情女怨》
Astrophel and Stella	《爱星者与星》
Petrarch	彼特拉克
William Jaggard	威廉·杰戈德
Passionate Pilgrim	《热情的朝圣者》
Amadis Jamyn	阿玛迪斯·贾米恩
First Book of Lucan	《卢坎作品第一部》
Shakespeare's Sonnets	《莎士比亚十四行诗》
George Eld	乔治·埃尔德
William Aspley	威廉·阿斯普雷
John Wright	约翰·赖特
Edward Blount	爱德华·布朗特
William Hall	威廉·豪尔
A Foure-fold Meditation	《四重冥想》

Robert Southwell	罗伯特·索思韦尔
Star-Chamber	星法院
Cupid and Campaspe	《爱神和康帕》
Pierre de Brach	皮埃尔·德·布拉赫
Philippe Desportes	菲利普·德波特
a Passionate Century of Love	《激情诗百首》
Ronsard	龙萨
Strambotti	《西西里八行情诗》
Giles Fletcher	贾尔斯·弗莱彻
William Drummond	威廉·德拉蒙德
Giovanni Battista Marino	乔万尼·巴蒂斯塔·马里诺
Maurice Sève	莫里斯·塞弗
Claude de Pontoux	克劳德·德·庞图克斯
Anthony Cooke	安东尼·库克
Duke of Orleans	奥尔良公爵
Benedick	班尼迪克
Pindar	品达
Apologie for Poetrie	《为诗辩护》
Amoretti	《小爱神》
Rosaline	罗莎琳
Aretino	阿瑞提诺
Angelica	安吉莉卡
Catullus	卡图卢斯
Lesbia	莱斯比亚
Etienne Jodelle	艾蒂安·若代勒
Estienne Pasquier	艾蒂安·帕斯奎尔
Life of Jack Wilton	《杰克·威尔顿传》
John Florio	约翰·弗洛里奥
World of Words	《单词的世界》
A Centurie of Spiritual Sonnets	《圣灵十四行诗百首》
Gervase Markham	杰维斯·马卡姆
Les Dames des Roches	德罗切斯母女
Pierre de Brach	皮埃尔·德·布拉赫

George Chapman	乔治·查普曼
Beatrice	比特阿丽斯
Lord Charles Howard	查尔斯·霍华德勋爵
Robert Cecil	罗伯特·塞西尔
Peter Oliver	彼特·奥利弗
Isaac Oliver	艾萨克·奥利弗
Fair Cynthia's dead	《美丽的辛西娅香消玉殒》
Henry Petowe	亨利·彼斗
John Chamberlain	约翰·张伯伦
Dudley Carleton	杜德利·卡尔顿
Willobie his Avisa	《威乐比的艾薇莎》
Henry Willobie	亨利·威乐比
Hadrian Dorell	哈德良·多雷尔
Ariosto	阿里奥斯托
Duke Alfonso D'Este	阿方索·德斯特公爵
All's Well	《终成眷属》
The Passionate Pilgrim	《热情的朝圣者》
Lucy Harington	露西·哈灵顿
Earl of Bedford	贝德福德伯爵
Edward Russell	爱德华·拉塞尔
Earl of Derby	德比伯爵
William Stanley	威廉·斯坦利
Oberon	奥伯龙
Love-in-idleness	爱懒花
Puck	普克
Knight's Tale	《骑士传奇》
Life of Theseus	《提修斯传》
Huon of Bordeaux	《胡昂·波尔多》
Lord Berners	伯纳斯勋爵
Pyramus and Thisbe	《皮拉缪斯和忒斯彼》
Love's Labour's Won	《爱得其所》
Claude de Pontoux	克劳德·德·庞图克斯
Sonnets de L'Idée	《伊迪亚十四行诗》

The Taming of The Shrew	《驯悍记》
Jean Bertaut	让·贝尔托
Helena	海伦娜
Bertram	伯特伦
Parolles	帕洛耶
Lafeu	拉佛
Roussillon	鲁西荣
Petruchio	彼特鲁乔
Bianca	比安卡
George Gascoigne	乔治·加斯科因
Supposes	《猜想》
Gli Suppositi	《我猜想》
Christopher Sly	克里斯托弗·斯莱
Burton Heath	波顿希斯
Barton-on-the-Heath	巴顿荒野
Edmund Lambert	埃德蒙·兰伯特
Wincot	温柯特
Marian Hacket	玛丽安·哈克特
Quinton	奎因顿
Sara Hacket	萨拉·哈克特
Tamworth	塔姆沃思
Wilnecote	威尔纳柯特
Staffordshire	斯塔福德郡
Aston Cokain	阿斯顿·柯卡因
Mr. Clement Fisher of Wincott	温柯特克莱门特·费舍尔先生
Stephen Sly	史蒂芬·斯莱
John Naps	约翰·纳普斯
Peter Turf	彼得·特夫
Henry Pimpernell	亨利·皮姆帕纳尔
Greet	格瑞特
Gloucestershire	格洛斯特郡
Winchmere	温奇米尔
Scévole de Sainte-Marthe	赛弗勒·德·圣玛尔特

Famous Victories of Henry V	《亨利五世的显赫胜利》
Woncot	旺科特
William Visor	威廉·瓦伊泽
Clement Perkes of the Hill	希尔的克莱门特·佩克斯
Woodmancote	伍德曼科特
Stinchcombe	斯汀康比
Cotswold Hills	科茨沃尔德丘陵
Will Squele	威尔·斯圭尔
Hal	哈尔
John Oldcastle	约翰·奥尔德卡斯尔
Cobham	科巴姆
Henry Brooke	亨利·布鲁克
Boar's Head Tavern in Southwark	萨瑟克区野猪头酒馆
Eastcheap	东市场路
Worthies	《杰出人物》
Thomas Pavier	托马斯·帕维尔
Comical Gallant	《滑稽的勇士》
Newes out of Purgatorie	《苦难新闻》
Straparola	斯特拉帕罗拉
Notti	《欢乐之夜》
Westward for Smelts	《西行觅鱼》
Brainford	布伦特福德
Master Slender	斯兰德老爷
Master Page	佩奇老爷
Cotsall	科茨沃尔
Captain MacMorris	麦克莫里斯上尉
Fluellen	弗鲁爱林
Pistol	皮斯托尔
Agincourt	阿金库尔
Robert Devereux	罗伯特·德弗罗
William Lambarde	威廉·兰姆巴德
Gifford	吉福德
Nicholas L'Estrange	尼古拉·莱斯特兰奇

Bread Street	布雷德大街
Mermaid Tavern	美人鱼酒馆
Amours de Cassandre	《卡桑德尔爱情诗》
Titus	《泰特斯》
Poems in Divers Humours	《幽默诗集》
Tragedie of Locrine	《洛克林的悲剧》
Selimus	《塞利姆斯》
Puritaine, or the Widdow of Watling-streete	《贞洁女，或沃特林街的寡妇》
Life of Oldcastle	《奥尔德卡斯尔传》
London Prodigall	《伦敦浪子》
Nathaniel Butter	纳撒尼尔・巴特
Yorkshire Tragedy	《约克郡悲剧》
Humphrey Moseley	汉弗莱・莫塞莱
Merry Devill of Edmonton	《埃德蒙顿的快乐冒失鬼》
History of Cardenio	《卡丹纽的故事》
Francis Kirkman	弗朗西斯・柯克曼
William Rowley	威廉・罗利
Birth of Merlin	《默林的诞生》
Halle	哈雷
Troia Britannica	《大英帝国的特洛伊》
Edward Blount	爱德华・布朗特
In Memoriam	《悼念》
Ratseis Ghost	《拉齐的幽灵》
Gamaliel Ratsey	迦玛列・拉齐
Nicholas Lane	尼古拉・雷恩
Snitterfield	斯尼特菲尔德
Adrian Quiney	阿德里安・奎尼
Ralph Shaw	拉尔夫・肖
Henry Field	亨利・菲尔德
Henley Street	亨里街
George Badger	乔治・巴杰
Thomas Whittington	托马斯・惠廷顿
Hamnet	哈姆尼特

Clarenceux	第二纹章官
Earl Marshal	典礼大臣
Ralph Brooke	拉尔夫·布鲁克
Ferrers	费勒斯
Fulk	富尔克
Abraham Sturley	亚伯拉罕·斯特利
Shottery	休特瑞
Carter Lane	卡特巷
Bell Inn	贝尔客栈
Never too Late	《永远不会太迟》
Return from Parnassus	《诗坛归来》
Children of the Chapel	皇家礼拜堂儿童剧团
John Ward	约翰·沃德
manor of Dulwich	达利奇庄园
Rowington	罗英顿庄园
Court Baron	领地法庭
Walter Getley	沃尔特·吉利
Chapel Lane	教堂巷
Ralph Huband	拉尔夫·休班德
Bishopton	毕晓普顿
Welcombe	维尔康比
John Barker	约翰·巴克
Chancery	大法官法庭
Awston	奥斯顿
Richard Lane	理查德·兰恩
Lord-chancellor	大法官
Ellesmere	埃尔斯米尔
Julius Cæsar	《尤利乌斯·恺撒》
Troilus and Cressida	《特洛伊罗斯与克瑞西达》
Amours pour Astrée	《致阿丝特蕾的情诗》
As You Like It	《皆大欢喜》
Amours de Marie	《玛丽爱情诗》
Dogberry	道格勃里

Verges	弗奇斯
Hero	希罗
Claudio	克劳迪奥
Belleforest's ' Histoires Tragiques	《悲剧故事》
Bandello	班戴洛
Sir John Harington	约翰・哈灵顿爵士
Orlando Furioso	《疯狂的奥兰多》
Ginevra	吉内芙拉
Ariodante	亚力欧唐德
William Kemp	威廉・肯普
Cowley	考利
Rosalynde, Euphues' Golden Legacie	《罗瑟琳，尤弗伊斯的珍贵遗产》
Jaques	杰奎斯
Touchstone	塔奇斯通
Audrey	奥德丽
Orlando	奥兰多
Charles the Wrestler	摔跤手查尔斯
Saviolo's Practise	《萨维奥洛的实践》
Vincentio Saviolo	文森修・萨维奥洛
Forest of Arden	亚顿森林
Celia	西莉亚
Phœbe	菲比
Middle Temple Hall	中殿律师学院大厅
Menechmi	《孪生兄弟》
Inganni	《欺骗》
Gl' Inganni	《欺骗》
Gl' Ingannati	《骗》
Riche his Farewell to Militarie Profession	《里奇告别军旅生涯》
Historie of Apolonius and Silla	阿波罗尼奥斯与西拉的故事
Malvolio	马伏里奥
Sir Toby Belch	托比・培尔契爵士
Essais	《随笔集》
Jacques de Billy	雅克・德比利

Sir Andrew Aguecheek	安德鲁·艾古契克爵士
Fabian	费比安
clown Feste	小丑费斯特
Plutarch's Lives	《普鲁塔克名人传》
Brutus	布鲁特斯
Antony	安东尼
Mirror of Martyrs	《烈士之镜》
Polonius	波洛尼厄斯
Cassius	卡西乌斯
Philippi	腓利比
Middlesex	米德尔塞克斯
Fortune	吉星剧院
Cripplegate	克里普勒门
Rosencrantz	罗森克兰茨
Hercules	赫拉克勒斯
Cynthia's Revels	《辛西娅的狂欢》
Poetaster	《蹩脚诗人》
Satiro-Mastix	《嘲讽剧作家》
Guildenstern	吉尔登斯特恩
Amours pour Hélène	《致埃莱娜的情诗》
Tibullus	提布鲁斯
Gallus	加卢斯
Jeronimo	《荷罗尼摩》
Saxo Grammaticus	萨克索·格拉玛提库斯
Historia Danica	《丹麦史》
Hystorie of Hamblet	《汉布利特故事》
James Roberts	詹姆斯·罗伯茨
Shakespeare Restored	《莎士比亚作品原貌》
Thomas Hanmer	托马斯·汉默
Edward Capell	爱德华·卡佩尔
Polonius	波洛尼厄斯
Earl of Nottingham's company	诺丁汉伯爵剧团
Montaigne	蒙田

Richard Bonian	理查德・伯尼安
Troilus and Cresseid	《特洛伊罗斯与克丽西达》
Lydgate	利德盖特
Troy Book	《特洛伊之书》
Nestor	涅斯托尔
Agamemnon	阿伽门农
Achilles	阿喀琉斯
Melicert	默莱司尔特
Lawrence Fletcher	劳伦斯・弗莱彻
King's Servants	国王的臣仆
Grooms of the Chamber	王室侍从官
Wilton	威尔顿
Mortlake	莫特莱克
Salisbury	索尔兹伯里
Westminste	威斯敏斯特
duke de Frias	弗里亚斯公爵
Constable of Castille	卡斯蒂尔总督
Juan Fernandez de Velasco	胡安・费尔南德斯・贝拉斯科
Somerset House	萨默塞特宫
Measure for Measure	《一报还一报》
Timon of Athens	《雅典的泰门》
Antony and Cleopatra	《安东尼与克莉奥帕特拉》
Coriolanus	《科利奥兰纳斯》
Angelo	安哲鲁
Isabella	伊莎贝拉
Claudio	克劳迪奥
Giraldi Cinthio's ' Hecatommithi	《寓言百篇》
Roderigo	罗德利哥
Emilia	伊米莉亚
Desdemona	苔丝狄蒙娜
Iago	埃古
Epitia	《艾比提娅》
George Whetstone	乔治・惠茨通

Promos and Cassandra	《普罗缪斯与卡珊德拉》
Heptameron of Civil Discources	《礼貌会话七日谈》
Mariana	玛丽安娜
Chronicle of Scottish History	《苏格兰编年史》
Banquo	班柯
Jesuit Henry Garnett	亨利・加内特
Gunpowder Plot	火药阴谋
Simon Forman	西蒙・福曼
Nathaniel Butter	纳撒尼尔・巴特
Gonorill	戈娜丽尔
Ragan	拉根
Cordelia	科迪莉亚
Arcadia	《阿卡狄亚》
Gloucester	格洛斯特
Edgar	埃德加
Harsnet	哈斯尼特
Declaration of Popish Impostures	《天主教的谎言》
Cornwall	康沃尔
Amours Divers	《爱情诗类》
Pericles	《佩里克利斯》
Life of Marc Antony	《马克・安东尼传》
Timon Misanthropos	泰门・米森史洛普斯
Boiardo	博亚尔多
Il Timone	《泰门》
George Wilkins	乔治・威尔金斯
Miseries of Enforced Marriage	《强制婚姻的痛苦》
Yorkshire Tragedy	《约克郡悲剧》
Marina	玛丽娜
Thaisa	塔伊萨
Winter's Tale	《冬天的故事》
Perdita	潘狄塔
Hermione	赫米温妮
John Gower	约翰・高尔

Confessio Amantis	《一个情人的忏悔》
Apollonius of Tyre	《阿波罗纽斯－泰尔王》
Lawrence Twyne	劳伦斯·特万恩
Patterne of Painfull Adventures	《痛苦的经历》
Antonius	安东尼厄斯
Cydnus	塞德纳斯
Enobarbus	埃诺巴布斯
Virgilia	瓦尔基莉亚
Menenius	米尼聂乌斯
Two Noble Kinsmen	《两个贵族亲戚》
Cymbeline	《辛白林》
Belarius	培拉律斯
Posthumus	波修莫斯
Cloten	克洛顿
Iachimo	埃阿基摩
Pandosto	《潘多斯托》
Dorastus and Fawnia	《多拉斯塔与弗尼亚》
Bohemia	波希米亚
Paulina	宝琳娜
Leontes	里昂提斯
Hermione	赫尔迈厄尼
Mamilius	马米留斯
Florizel	弗罗利泽
Perdita	潘狄塔
George Somers	乔治·萨默斯
Virginia	弗吉尼亚
West Indies	西印度群岛
Sea-Venture	“海洋探险号”
Bermuda Isles	百慕大群岛
Sylvester Jourdain	西尔维斯特·若丹
Ile of Divels	魔鬼之岛
Council of the Virginia Company	弗吉尼亚公司

Bermoothes	百慕斯
Prospero	普洛斯彼罗
Caliban	卡利班
Setebos	瑟塔博斯
Eden	伊登
Magellan	麦哲伦
Voyage to the South Pole	《南极之旅》
Historie of Travell	《旅行故事》
Patagonia	巴塔哥尼亚
Jacob Ayrer	雅各布·埃尔
Die schöne Sidea	《美丽的西塔》
Ferdinand	斐迪南
Ariel	埃里厄尔
Miranda	米兰达
Nuremberg	纽伦堡
Gonzalo	贡柴罗
Elector Frederick	选帝侯腓特烈
Robert Johnson	罗伯特·约翰逊
Bartholomew Fair	《巴托罗缪市集》
Ariel	埃里厄尔
Puck	普克
Humphrey Moseley	汉弗莱·莫塞莱
Cardenno	《卡丹诺》
Cardenna	《卡丹娜》
Don Quixote	《堂吉诃德》
Cervantes	塞万提斯
Lewis Theobald	刘易斯·西奥博尔德
Double Falsehoodor the Distrest Lovers	《将错就错或痛苦的恋人》
Charles Lamb	查尔斯·兰姆
Knight's Tale	《骑士传奇》
Palamon	帕勒门
Arcite	阿赛特
Palæmon and Arcyte	《帕拉蒙与阿赛特》

Palamon and Arsett	《帕拉蒙与阿瑟特》
Arragon	阿拉贡
Cromwell	克伦威尔
Palatine	巴拉丁
Sir John Falstaff	《约翰・福斯塔夫爵士》
William the Conqueror	征服者威廉
William D'Avenant	威廉・戴夫南特
Susannah	苏珊娜
Worceste	伍斯特
Lane	莱恩
Puddle Hill	水坑山
Puddle Dock Hill	水坑码头山
St. Andrew's Hill	圣安德鲁山
Michaelmas	米迦勒节
Welcombe	韦尔卡姆
Lord-Chancellor	埃尔斯米尔大法官
Old Stratford	旧斯特拉福
Replingham	瑞普林汉
Judith	朱迪思
Bidford	毕德福
Hamlett Sadler	哈姆莱特・萨德勒
Anthony Nash	安东尼・纳什
Gerard Johnson	杰拉德・约翰逊
Anthony Scoloker	安东尼・斯可洛克
Daiphantus	《戴芬塔司》
Cage	凯奇隆
Bridge Street	大桥街
Henrietta Maria	亨利埃塔・玛丽亚
Newark	纽瓦克
Lincoln's Inn	林肯律师学院
Billesley	比尔斯雷
Abington	阿宾顿
John Bernard	约翰・伯纳德

Acton	阿克顿
St. Saviour's Church	圣救世主教堂
Gravelot	格拉沃洛
William Marshall	威廉·马歇尔
Edgar Flower	埃德加·弗劳尔
Clements	克莱门茨
Peckham Rye	碧琴赖
Lionel Cust	莱昂内尔·卡斯特
Brabant	布拉班特
Memorial Picture Gallery	斯特拉福纪念美术馆
Birthplace Trustees	信托基金会
Clarendon	克拉兰敦
John Evelyn	约翰·伊夫林
Samuel Pepys	塞缪尔·佩皮斯
Barry	巴里
Godfrey Kneller	戈弗雷·内勒
Edward Capell	爱德华·卡佩尔
Ranelagh Barret	拉内拉赫·巴雷特
Sir Joshua Reynolds	乔舒亚·雷诺兹爵士
Ozias Humphrey	欧季亚·汉弗莱
John lord Lumley	拉姆利勋爵约翰
Durham	达拉谟
Vincent Brooks	文森特·布鲁克斯
Guendolen Ramsden	格温德琳·拉姆斯登
Bulstrode	布尔斯特罗德
Shropshire	什罗浦郡
Pall Mall	蓓尔美尔街
Josiah Boydell	约西亚·博伊德尔
Isaac Reed	艾萨克·里德
Wakefield	韦克菲尔德
Covent Garden	科芬园
Joseph Michael Wright	约瑟夫·迈克尔·赖特
Hilliard	希利亚德

Stafford Northcote	斯塔福德・诺斯科特
Agar	阿加
Inquiry	《探究》
Lumsden Propert	拉姆斯登・普罗珀特
Auriol	奥里奥尔
Lincoln's Inn Fields	林肯因河广场
Devonshire	德文郡
Kesselstadt	凯瑟尔施塔特
Darmstadt	达姆施塔特
Ludwig Becker	路德维希・贝克尔
Mayence	美因茨
Westminster Abbey	威斯敏斯特大教堂
Albert Grant	艾伯特・格兰特
Central Park	中央公园
Paul Fournier	保罗・弗尔涅
Avenue de Messine	墨西拿大街
Boulevard Haussmann	奥斯曼大道
Ronald Gower	罗纳德・高尔
Helen Faucit	海伦・福西特
Barry Sullivan	巴利・苏利文
Nicholas Rowe	尼古拉・罗尔
Alexander Pope	亚历山大・蒲伯
Lewis Theobald	刘易斯・西奥博尔德
Banishment of Tarquin	《塔奎因的放逐》
Leonard Digges	伦纳德・迪格斯
John Warren	约翰・沃伦
Thomas Heywood	托马斯・海伍德
Contention	《争斗》
Olive	《奥利芙》
Fleet Street	佛里特街
As You Like It	《皆大欢喜》
Sonnets Divers	《十四行诗类》
Sonnets Spirituels	《圣灵十四行诗》

Jasper Maine	雅斯佩尔・缅因
Montgomery	蒙哥马利
Lenox Library	莱诺克斯图书馆
Shrewsbury	什鲁斯伯里
Lichfield	利奇菲尔德
Coventry	考文垂
Samuel Butler	塞缪尔・巴特勒
Burdett-Coutts	伯德特－库茨
Long Compton	朗康普顿
Weston Manor	韦斯顿庄园
Grenville Library	格伦维尔图书馆
Crawford	克劳福德
Lionel Booth	莱昂内尔・布思
Howard Staunton	霍华德・斯汤顿
Perkins	珀金斯
Pericles, Prince of Tyre	《泰尔亲王佩里克利斯》
History of Thomas Ld. Cromwell	《克伦威尔勋爵托马斯》
Sir John Oldcastle, Lord Cobham	《约翰・奥卡斯特爵士》
Puritan Widow	《清教徒寡妇》
Tragedy of Locrine	《洛克林的悲惨遭遇》
Baskerville	巴斯克维尔
Lewis Theobald	刘易斯・西奥博尔德
Dunciad	《愚人记》
Porson	波森
Les Regrets	《怀念集》
Menenius	米尼聂乌斯
School of Shakespeare	《莎士比亚学派》
Act of Parliament	议会法案
Isaac Reed	艾萨克・里德
Gifford	吉福德
Romeus and Juliet	《罗梅乌与朱丽叶》
Charles Lamb	查尔斯・兰姆
Leigh Hunt	利・亨特

Nikolaus Delius	尼古劳斯・德利厄斯
Aldis Wright	阿尔迪斯・赖特
Chiswick Press	奇西克出版社
Francis Albert Marshall	弗朗西斯・艾伯特・马歇尔
Henry Irving Shakespeare	《亨利・欧文・莎士比亚全集》
Israel Gollancz	伊斯雷尔・戈兰茨
Temple Shakespeare	《莎士比亚圣殿》
Leopold	利奥波德
Sarah Siddons	莎拉・西登斯
Godfrey Kneller	戈弗雷・内勒
Sociable Letters	《社交书简》
Wary Widdow	《机警的寡妇》
Les Amours de Francine	《弗朗辛爱情诗》
Nahum Tate	纳胡姆・泰特
Downes	唐斯
Notes and Lectures	《笔记和讲稿》
Characters of Shakespeare's Plays	《莎士比亚戏剧中的人物》
Shakespeare, his Mind and Art	《莎士比亚其人、其思想与艺术》
Study of Shakespeare	《莎士比亚研究》
Desdemona	苔丝狄蒙娜
Rupert	鲁珀特
Saunderson	桑德森
Ophelia	奥菲莉娅
Colley Cibber	科利・西伯
Katherine and Petruchio	《凯瑟琳和彼特鲁乔》
Falconbridge	福尔肯布里奇
Leontes	里昂提斯
Les Amours de Meline	《梅林情诗》
Constance	康斯坦茨
Polonius	波洛尼厄斯
Drury Lane	德鲁里巷
Covent Garden Theatre	科芬园剧院
Essays of Elia	《伊利亚随笔》

Sadler's Wells Theatre	莎德斯威尔斯剧院
Lyceum Theatre	兰心大戏院
Matthew Locke	马修・洛克
Joseph Reynolds	约瑟夫・雷诺兹
Benjamin West	本杰明・韦斯特
Edwin Forrest	爱德温・佛利斯特
Junius Brutus Booth	朱尼厄斯・布鲁特斯・布思
Edwin Booth	爱德温・布思
Charlotte Cushman	夏洛特・库什曼
Miss Ada Rehan	艾达・里恩小姐
Zurich	苏黎世
Dresden	德累斯顿
Baron von Borck	冯・博克男爵
Beiträge zur deutschen Sprache	《德语的贡献》
Litteraturbriefe	《文学书简》
Corneille	科尔内耶
Hamburgische Dramaturgie	《汉堡剧评》
Johann Gottfried Herder	约翰・戈特弗里德・赫尔德
Blätter von deutschen Art und Kunst	《德意志艺术片断》
Christopher Martin Wieland	克里斯托弗・马丁・维兰德
Johann Joachim Eschenburg	约翰・约阿希姆・艾申堡
August Wilhelm von Schlegel	奥古斯特・威廉・冯・施莱格尔
Ludwig Tieck	路德维希・蒂克
Stuttgart	斯图加特
Friedrich von Bodenstedt	弗里德里希・冯・博登施泰特
Ferdinand von Freiligrath	斐迪南・冯・弗莱利格拉特
Paul Heyse	保罗・海泽
Weimar Theatre	魏玛剧院
Die Shakespearomanie	《莎士比亚狂热》
Friedrich Karl Elze	弗里德里希・卡尔・埃尔策
Vorlesungen über Shakespeare	《莎士比亚讲稿》
Shakespeare-Fragen	《莎士比亚问题研究》
Shakespeare's Dramatic Art	《莎士比亚的戏剧艺术》

Halle	哈雷
Gervinus	格维努斯
Gustav Emil Devrient	古斯塔夫・埃米尔・代夫里恩特
Altona	阿尔托那
Breslau	布雷斯劳
Frankfort-on-the-Maine	美因河畔的法兰克福
Hamburg	汉堡
Magdeburg	马格德堡
Rostock	罗斯托克
Mendelssohn	门德尔松
Franz Schubert	弗朗兹・舒伯特
Cyrano de Bergerac	西拉诺・德・贝尔热拉克
Agrippina	《阿格里皮娜》
Nicolas Clement	尼古拉・克莱门特
Abbé Prévost	普雷沃神父
Le Pour et Contre	《权衡利弊》
Voltaire	伏尔泰
Lettres sur les Anglais	《在英格兰的通信》
Lettre sur la Tragedie	《关于悲剧的信函》
Abbé des Fontaines	德丰丹神父
Observations	《观察》
Elizabeth Montagu	伊丽莎白・蒙塔古
De La Place	德・拉・普拉斯
Theatre Anglais	《英格兰戏剧》
Jean-François Ducis	让－弗朗索瓦・迪西
Pierre Le Tourneur	皮埃尔・勒・图尔纳
French Academy	法兰西学院
Marmontel	马蒙泰尔
La Harpe	拉・阿尔普
Nicolas Ellain	尼古拉・埃兰
Sonnets	《十四行诗》
Scévole de Sainte-Marthe	赛弗勒・德・圣玛尔特
Estienne de la Boétie	艾蒂安・德拉波埃西

Marie Joseph Chenier	玛利・约瑟夫・切尼尔
Chateaubriand	夏多布里昂
Essai sur Shakespeare	《莎士比亚研究论文集》
Madame de Staël	德・斯戴尔夫人
De la Littérature	《文学》
Baron Grimm	格林姆男爵
François Guizot	弗朗索瓦・基佐
Paul Duport	保罗・迪波尔
Essais Littéraires sur Shakespeare	《莎士比亚文学论文集》
Sur la Vie et les Œuvres de Shakespeare	《莎士比亚的生活和著作》
Shakespeare et son Temps	《莎士比亚及其时代》
Villemain	维耶曼
Barante	巴朗特
Francisque Michel	弗朗西斯克・米歇尔
Benjamin Laroche	本杰明・拉罗什
Emil Montégut	埃米尔・蒙特古
Alfred Mézières	阿尔弗雷德・梅齐埃
Shakespeare, ses Œuvres et ses Critiques	《莎士比亚作品及批评》
Hector Berlioz	赫克托・柏辽兹
Smithson	史密森
Ophelia	奥菲莉娅
Alfred de Vigny	阿尔弗雷德・德・维尼
Théâtre-Français	法兰西剧院
Alexandre Dumas	亚历山大・仲马
Chevalier de Châtelain	舍瓦利耶・德・查特莱
Comédie Française	法兰西喜剧院
Sarah Bernhardt	莎拉・贝恩哈特
Mounet-Sully	穆内－苏利
Ambroise Thomas	昂布鲁瓦・托马斯
Saint-Saëns	卡米尔・圣桑
Michele Leoni	米歇尔・莱昂尼
Verona	维罗那
Carlo Rusconi	卡洛・鲁斯科尼

Padua	帕多瓦
Ristori	里斯托利
Sumarakow	苏玛拉科夫
Nekrasow	尼克拉索夫
Gerbel	格贝尔
Ketzcher	科切尔
Lemberg	伦贝格
Warsaw	华沙
Kraszewski	克拉舍夫斯基
Kaschau	卡绍
Budapest	布达佩斯
National Theatre	国家大剧院
Prague	布拉格
Lund	隆德
Helsing'fors	赫尔辛基
Madrid	马德里
Menéndez y Pelayo	梅嫩德斯·佩拉约
Calderon	卡尔德隆
Lives of Eminent Men	《名人传》
William Beeston	威廉·比斯顿
Severn	塞弗恩
Corpus Christi College	基督圣体学院
Gloucestershire	格洛斯特郡
Saperton	萨佩顿
Theatrum Poetarum	《戏剧诗人》
English Dramatick Poets	《英格兰戏剧诗人》
Nicholas Rowe	尼古拉·罗尔
William Oldys	威廉·奥尔迪斯
Adversaria	《杂记》
Memoir of Oldys	《奥尔迪斯回忆录》
Dulwich	达利奇
Public Record Office	公共档案馆
History of English Dramatic Poetry	《英格兰戏剧诗史》

New Facts	《新事实》
New Particulars	《新资料》
Further Particulars	《补充资料》
Alleyn Papers	《阿莱恩文集》
Diary	《日记》
New Illustrations of Shakespeare	《莎士比亚新解》
Shakespeareana Genealogica	《莎士比亚宗谱》
Outlines of the Life of Shakespeare	《莎士比亚生平概览》
Frederick Gard Fleay	弗雷德里克・加尔・弗莱
Shakespeare Manual	《莎士比亚手册》
Life of Shakespeare	《莎士比亚传》
History of the Stage	《戏剧史》
Biographical Chronicle of the English Drama	《英格兰戏剧年谱》
History and Antiquities	《历史与文物》
Charlotte Carmichael Stopes	夏洛特・卡迈克尔・斯托普斯
Shakespeare's Warwickshire Contemporaries	《莎士比亚的沃里克郡同代人》
Nathan Drake	南森・德雷克
Shakespeare and his Times	《莎士比亚和他的时代》
George Walter Thornbury	乔治・沃尔特・索恩伯里
Shakespeare's England	《莎士比亚时期的英格兰》
Essay on the Learning of Shakespeare	《论莎士比亚的学问》
Octavius Gilchrist	奥克塔维厄斯・吉尔克里斯特
Lord Campbell	坎贝尔勋爵
Medical Knowledge of Shakespeare	《莎士比亚的医学知识》
Charles Frederick Green	查尔斯・弗雷德里克・格林
Shakespeare's Crab-Tree, with its Legend	《莎士比亚的酸苹果树传说》
Charles Holte Bracebridge	查尔斯・霍尔特・布雷斯布里奇
Shakespeare no Deer-stealer	《莎士比亚并非偷猎者》
William Blades	威廉・布雷兹
Shakspere and Typography	《莎士比亚与印刷术》
Shakespeare Primer	《莎士比亚读本》
'Introduction to Shakespeare	《莎士比亚导论》
Francis Douce	弗朗西斯・杜斯

Illustrations of Shakespeare	《解读莎士比亚》
Shakespeare's Library	《莎士比亚研究资料》
Shakespeare's Plutarch	《莎士比亚参考的普鲁塔克文集》
Shakespeare's Holinshed	《莎士比亚参考的霍林谢德文集》
Alexander Schmidts	亚历山大・施密特
Shakespeare Lexicon	《莎士比亚辞典》
Shakespearean Grammar	《莎士比亚时期的语法》
Cowden-Clarke	考登－克拉克
Furness	弗内斯
Handbook Index	《索引手册》
Library Manual	《资料手册》
Franz Thimm	弗朗茨・蒂姆
Shakespeariana	《莎士比亚研究资料汇编》
Encyclopedia Britannica	《大英百科全书》
British Museum Catalogue	《大英博物馆目录》
Notes and Lectures	《笔记和讲稿》
Characters of Shakespeare's Plays	《莎士比亚戏剧中的人物》
Shakespeare: his Mind and Art	《莎士比亚：思想和艺术》
A Study of Shakespeare	《莎士比亚研究》
English Dramatic Literature	《英格兰戏剧文学》
Shakespeare as a Dramatic Artist	《戏剧艺术家莎士比亚》
Thomas Spencer Baynes	托马斯・斯宾塞・贝恩斯
Shakespeare Studies	《莎士比亚研究》
Shakspere and his Predecessors	《莎士比亚和他的前辈们》
Georg Brandes	格奥尔格・布兰德斯
William Shakespeare	《威廉・莎士比亚》
Drury Lane Theatre	特鲁里街剧院
Vortigern	《沃蒂根》
Confessions	《忏悔书》
Bridgewater House	布里奇沃特庄园
Liberty of Southwark	萨瑟克自治市
Les Amours de Calliree	《卡利里爱情诗》
Les Amours d'Oriane	《奥丽埃纳爱情诗》

Harefield	黑尔菲尔德
Arthur Mainwaringe	阿瑟・梅恩沃林吉
Egerton Papers	《埃杰顿文稿》
Memoirs of Edward Alleyn	《爱德华・阿莱恩回忆录》
Moor of Venice	《威尼斯摩尔人》
East India Company's fleet	东印度公司舰队
Sierra Leone	塞拉利昂
India Office	印度事务部
Journal of William Keeling	《威廉・基林航海日志》
Toby Matthew	托比・马修
St. Albans	圣奥尔本斯
Norfolk	诺福克
Walsingham	沃尔辛厄姆
Sculthorpe	斯卡尔索普
Watten	沃滕
Joseph C. Hart	约瑟夫・科尔曼・哈特
Santa Cruz	圣克鲁兹
Romance of Yachting	《游艇的爱情故事》
Chambers's Journal	《钱伯斯杂志》
Putnams' Monthly	《普特南月刊》
Delia Bacon	迪莉娅・培根
Nathaniel Hawthorne	纳撒尼尔・霍桑
Minnesota	明尼苏达
Hastings	黑斯廷斯
Ignatius Donnelly	伊格内修斯・唐纳利
Baconiana	《培根资料汇编》
Cincinnati	辛辛那提
Shakespeariana	《莎士比亚研究资料汇编》
New Forest	新森林地区
Titchfield	蒂奇菲尔德
Beaulieu	比尤利
Welbeck	维尔贝克
Midhurst	米德赫斯特

Cowdray	考德雷
Hatfield	哈特菲尔德
Order of the Garter	嘉德勋位
Bevis	贝维斯
Bridget Manners	布丽奇特・曼纳斯
Rutland	拉特兰
Bedford	贝德福德
Cadiz	加的斯
Azores	亚速尔群岛
Fleet prison	弗利特监狱
Isle of Wight	怀特岛
Southampton Hundred	南安普顿百户邑
Wriothesley	莱奥斯利
Bergen-op-Zoom	卑尔根奥松姆
Gervase Markham	杰维斯・马卡姆
Dame Pintpot	平特波特夫人
Quickly	奎克利
Tower	伦敦塔
Zoilus	佐伊尔
Pierce Pennilesse	《贫穷的皮尔斯》
Ganimede	伽倪墨得斯
Amintas	阿米达斯
Choosing of Valentines	《情人的选择》
Maecenas	米西纳斯
Eleazar Edgar	以利亚撒・埃德加
Chloris	《克洛莉丝》
Middlesex	米德尔塞克斯
Barnet	巴尼特
Amalthée	《阿玛尔忒娅》
Vauquelin de la Fresnaye	沃克兰・德・拉・弗雷奈
Foresteries	《森林》
Jacques Grévin	雅克・格雷万
Olympe	《奥兰普》

Walter Burre	沃尔特·布雷
Ewelme	艾维尔米
Odcombian Banquet	《奥德康姆宴会》
Betraying of Christ	《背叛基督》
Poems in Divers Humours	《幽默诗集》
Dunstan Gale	邓斯坦·盖尔
Les Amours d'Artemis	《阿耳特弥斯爱情诗》
Passionate Poet	《热情的诗人》
Kildare	基尔代尔
Passionate Century of Love	《激情诗百首》
Faerie Queen	《仙后》
Idea, The Shepheard's Garland	《理想：牧羊人的花环》
Poemes Lyrick and Pastorall	《田园抒情诗集》
Golden Fleece	《金羊毛》
Sonnets and Madrigals	《诗集》
A Fourefould Meditation	《四重冥想》
Sejanus	《西姜努斯》
Satiro-Mastix	《嘲讽剧作家》
Viscount Cranborne	克兰伯恩子爵
Mundus alter et idem	《新世界的发现》
William Earle of Pembroke	彭伯克伯爵威廉
Poetical Rhapsody	《狂想诗》
Wiltshire	威尔特郡
Natural History of Wiltshire	《威尔特郡的自然历史》
Britton	布里顿
Angelo	安吉洛
Regan	里根
A song between Wit and Will	《智慧与欲望之歌》
Roger Ascham	罗杰·阿斯卡姆
Schoolmaster	《为师之道》
Louise Labé	路易丝·拉贝
Jacques Tahureau	雅克·塔胡里
Claude de Billet	克劳德·德·比耶

King of Navarre	纳瓦拉国王
Tears of Fancie	《幻想之泪》
Licia	《丽西娅》
Phillis	《菲利斯》
Cœlia	《西莉亚》
Amoretti	《小爱神》
Emaricdulfe	《埃玛里杜夫》
Diella	《迪耶拉》
Fidessa	《费德萨》
Chloris	《克罗斯》
Aurora	《奥罗拉》
Fulke Greville	富尔克·格雷维尔
Caelica	《西莉卡》
Clere	克利尔
Booke of Passionate Sonnetes	《十四行激情诗》
Penelope Rich	佩内洛普·里奇
Maurice Sève	莫里斯·赛弗
Delie, objet de plus haute vertu	《迪莉娅，美德最高的人》
Cleonice: Dernieres Amours	《克莱奥尼塞：最后的爱》
Pierre de Brach	皮埃尔·德·布拉赫
Amours d'Hippolyte	《希波吕忒的爱情诗》
Premières Œuvres	《首部诗集》
Colin Clout's come Home again	《克劳茨回家记》
Zepheria	《泽费莉娅》
Bartholomew Griffin	巴塞洛缪·格里芬
Diane	黛安
Amours de Diane	《戴安娜情诗》
Amours	《情诗》
Moschus	摩斯科斯
Amadis Jamin	阿玛迪斯·雅明
Ceuvres Poetiques	《诗歌作品》
Amour Fuitif, du grec de Moschus	《爱情逃亡者，希腊的摩斯科斯》
Les Amours de Diane	《狄安娜情诗》

Ideas Mirrour, Amours in Quatorzains	《伊迪亚之镜，十四行情诗》
Claude de Pontoux	克劳德·德·庞图克斯
Sonnets to the fairest Coelia	《致最美的西莉亚的十四行诗》
Alli veri figlioli delle Muse	缪斯最真诚的孩子们
gulling sonnets	《骗人的十四行诗》
Coridon	科里东
Alexis	亚历克西斯
Rowland	罗兰
Emaricdulfe	《埃玛里杜夫》
Adonis	阿多尼斯
Cytheræa	维纳斯
Amours	《情诗》
Argyle	阿盖尔
Agnes	艾格尼丝
Hawthornden	霍桑登
Poetical Exercises of a Vacant Hour	《闲暇诗作》
Gabriel Harvey	加布里埃尔·哈维
Harleian Miscellany	《哈利杂集》
Cleonice	克莱奥尼塞
Ecclesiasticus	《德训篇》
Helicona	《海利康》
Durham	达拉谟
Jacques de Billy	雅克·德·比利
Anne de Marquets	安妮·德·马奎茨
Dominican Order	道明会
Poissy	普瓦西
A Coronet for his Mistress Philosophy	《致哲学情妇的王冠》
La Pléiade	《七星诗社》
Melin de Saint-Gelais	梅林·德·圣席莱
Clement Marot	克莱门特·马罗
Maurice Sève	莫里斯·塞弗
Délie	《迪丽》
Joachim du Bellay	约阿希姆·杜·贝莱

Remy Belleau	雷米・贝洛
Jean-Antoine de Baif	让 – 安托万・德・巴伊夫
Ponthus de Thyard	朋都士・德・缔亚尔
Jean Daurat-Dinemandy	让・多拉 – 迪尼曼蒂
Jean de la Péruse	让・德・拉・佩吕斯
Olivier de Magny	奥利维尔・德・马尼